Corinna Müller / Irina Scheidgen (Hrsg.)
Mediale Ordnungen

**Schriftenreihe der
Gesellschaft für Medienwissenschaft (GfM) 15**

Corinna Müller / Irina Scheidgen (Hrsg.)

Mediale Ordnungen
Erzählen, Archivieren, Beschreiben

SCHÜREN

Bibliografische Information der Deutschen Nationalbibliothek
Die Deutsche Nationalbibliothek verzeichnet diese Publikation in der Deutschen Nationalbibliografie; detaillierte bibliografische Daten sind im Internet über http://dnb.d-nb.de abrufbar.

Schüren Verlag GmbH
Universitätsstraße 55 • D-35037 Marburg
www.schueren-verlag.de
© Schüren Verlag 2007
Alle Rechte vorbehalten
Gestaltung: Erik Schüßler
Umschlaggestaltung unter Verwendung von DVD-Stills aus dem Film:
IM LAUF DER ZEIT von Wim Wenders (1976)
Druck: FVA, Fulda
ISBN 978-3-89472-533-4

Inhalt

Corinna Müller / Irina Scheidgen
Einleitung   7

Erzählen und Beschreiben

Jan Christoph Meister
Computational Narratology oder:
Kann man das Erzählen berechenbar machen?   19

Jan-Noël Thon
Schauplätze und Ereignisse.
Über Erzähltechniken im Computerspiel des 21. Jahrhunderts   40

Markus Kuhn
Narrative Instanzen im Medium Film:
Das Spiel mit Ebenen und Erzählern in Pedro Almodóvars LA MALA EDUCATIÓN   56

Jürgen Kasten
Das Drehbuch: Erzählen als Bildbeschreibung und filmtechnischer
Realisierungsplan   77

Knut Hickethier
Erzählen mit Bildern.
Für eine Narratologie der Audiovision   91

Andreas Blödorn
Transformation und Archivierung von Bildern im Film:
Mediales Differenzial und intermediales Erzählen in Peter Greenaways
THE PILLOW BOOK   107

Thomas Weber
Die Erzählung von futurischen Medien als inszenierte Dysfunktion
im Kino der 1980er und 1990er Jahre   128

Inhalt

Dorit Müller
Erzählstrategien im populärwissenschaftlichen Film der 1920er Jahre 142

Christine Mielke
Die funktionale Ordnung der Serie
Medienhistorische und narrative Entwicklung eines gesellschaftlichen
Gedächtniselements 166

Heinz B. Heller
Mediale Ordnungen und das Imaginäre:
Aspekt und Probleme des aktuellen Semidokumentarismus 187

Elke Huwiler
Erzählen zwischen Radiosendung und Live-Performance.
Narratologische Aspekte unterschiedlicher Formen des Hörspiels 201

Norbert Schmitz
Der Subtext des Trivialen als Potenz der Poesie –
Joseph Cornells ROSE HOBART und die klassische Kinoerzählung 220

Erzählen und Archivieren

Christina Scherer
Coming HOME. Home movies und filmische Erinnerung 244

Matthias Steinle
Das Archivbild und seine ‹Geburt› als Wahrnehmungsphänomen in den
1950er Jahren 259

Wolfgang Kabatek
Lasten und Listen im Umgang mit anthropologischer Fotografie
Sammeln, (Er)Zählen, Doku-Montage, Archiv 283

Verena Kuni
Was vom Tag übrig bleibt. Netz-Kunst-Geschichte(n) –
Beschreiben und Erzählen als Basis des Archivs? 300

Autorinnen und Autoren 319

Corinna Müller / Irina Scheidgen

Einleitung

Das Erzählen von Geschichten ist längst nicht mehr das Privileg des Wortes, der Schrift und Literatur. Erzählt wird auch mit Bildern und Tönen, im Film und Fernsehen, im Hörspiel, in der Musik und Audiophonie, der Malerei, in Comics und Bildergeschichten, in Computerspielen, im Netz und dessen unterschiedlichen Plattformen – gerade auch in den Medien und durch die Medien ist das Erzählen zum nahezu allgegenwärtigen Phänomen geworden, das seinerseits die Medien in zentraler Weise prägt.

Erzählungen bilden ein unerschöpfliches Reservoir für die Angebotsstrukturen der Medien – und dies nicht nur in den fiktionalen Formen, sondern auch in den faktual-dokumentarischen und in anderen Modi der kommunikativen Vermittlung von Inhalten. Erzählungen unterhalten und bilden dabei ebenso ein wesentliches Element der kulturellen Verständigung, geben Auskunft über Normen und Werte, vermitteln Informationen über die Welt und den Umgang mit ihr, liefern Weltwissen und prägen das Verständnis der Wirklichkeit.

Erzählen bietet Orientierungen, indem es Ordnungen schafft. Aus dem unüberschaubaren Universum der gewesenen, aktuellen und prospektiven Ereignisse schenkt es diesen Beachtung und vernachlässigt jene, um Ordnungen und Orientierungen zu bieten: So wird beispielsweise in Wolfgang Petersens Hollywoodfilm TROJA von 2004 die vom Film bis dahin nur peripher behandelte Geschichte des Heros Achilleus aktualisiert, der zunächst nicht kämpfen mag, es dann aber doch tut, erst auf Befehl eines alten Mannes, dann aus eigener Sache. So könnte man vielleicht auch die Geschichte eines amerikanischen Soldaten im 2003 entfachten Irakkrieg aus einer bestimmten politischen Perspektive heraus erzählen. Von einer solch speziellen Interpretation abgesehen, bietet der antike Held Achill ein schönes Beispiel für eine turbulente Figurenkarriere in den Erzählungen: erst göttergleicher, zorniger Heros in Homers *Ilias*, verfasst um 730 v. Chr., dann auch Liebhaber einer Penthesilea und eines Patroklos bei Homers klassischen Epigonen, weichlicher Feigling bei Shakespeare, kämpferischer Held, mal zwiespältig bei Goethe, mal überlebensgroß und schön bei Schiller, schließlich bekennender Adept zum Luderleben bei Heinrich Heine und mordgieriger «Achill das Vieh» bei Christa Wolf. Jede Zeit erzählt sich ihre Geschichten auf die eigene Weise. Erzählt wird nicht an und für sich, sondern in einem bestimmten historischen und sozialen Kontext.

Das Erzählen von Geschichten schafft zudem Ordnungen im Erzählten selber: Es grenzt aus und schließt ein, es bildet Abfolgen, ordnet die Chronologie der Handlungen und Ereignisse in Raum und Zeit, stellt Kausalitäten und Konsekutionen her, verknüpft Zusammenhänge von Ursachen und Wirkungen – «Erzählend überführt der Mensch Geschehen in Geschichten, in denen Ereignisse auseinander und nicht bloß aufeinander folgen.»[1]

Wie das Beispiel der Erzählungen um die Figur des Achilleus zeigt, entstehen die Ordnungsprinzipien des Narrativen jedoch nicht aus sich selbst heraus, sondern unterliegen vielmehr Traditionen des Erzählens, Beschreibens, Darstellens und Präsentierens, die durch niedergelegte Formen archiviert und überliefert sind und ein kulturelles Gedächtnis prägen, das wiederum auf das weitere Erzählen einwirkt. Um dazu noch einmal auf Petersens Film TROJA zurückzukommen: Genauer betrachtet, sind über die Züge, die Homer dem Achill verlieh, hinaus auch etliche der literarischen Ausschmückungen in der Filmfigur vorhanden, die ihm spätere Zeiten zugedachten, und natürlich auch neue, vor allem solche, die den filmisch-aktualisierenden Trends Rechnung tragen.

Nicht zuletzt sind die Ordnungen des Narrativen medial bedingt und unterliegen daher unterschiedlichen vorgegebenen Einflussfaktoren. Dazu zählen etwa medienspezifische ästhetische und materialtechnische Eigenschaften, die zeitlichen Rahmen (etwa einer Vorstellungs-, Formats- oder Präsentationsdauer), wie auch die institutionellen und ökonomischen Bedingungen, denen Medien unterliegen und die auf mediale Produktionen Einfluss nehmen, ohne die diese aber auch nicht zustande kommen und wirksam werden könnten.

Eine Betrachtung des Erzählens in den Medien nötigt daher zu einer vielfältigen, vielschichtigen und dynamischen Perspektive. In einer solchen Komplexität wurde das Erzählen in den Medien bisher nicht in den Blick genommen, doch dies erscheint umso notwendiger, je komplexer die medialen Strukturen werden. Daher hat die Gesellschaft für Medienwissenschaft (GfM) dazu eingeladen, sich anlässlich ihrer Jahrestagung 2005 in Hamburg, die zugleich das 25-jährige Bestehen der Gesellschaft markierte, noch einmal entschieden mit dem Erzählen in den Medien zu befassen. Angesichts der Aspektbreite dieses Phänomens wurde dafür das weit gespannte Thema *Mediale Ordnungen. Erzählen – Archivieren – Beschreiben* gewählt, und der lebhafte und zahlreiche Zuspruch von Mitgliedern und Freunden der Gesellschaft bei der Tagung hat gezeigt, wie viel Interesse der Thematik in der *scientific community* der Medienwissenschaftler derzeit entgegengebracht wird. Fast alle der bei der Jahrestagung gehaltenen Vorträge sind im vorliegenden Band in der Druckfassung enthalten, zum großen Teil in überarbeiteter Form, wobei in den Überarbeitungen vor allem die An-

---

1 Michael Scheffel: «Theorie und Praxis des Erzählens». In: Der Deutschunterricht, 2005, Heft 2, S. 2–6, hier: S. 2.

regungen und Ergänzungen durch die Diskussionen bei der Jahrestagung aufgenommen wurden.

Das Anliegen der Tagung war indes nicht, dass sich aus den Beiträgen und den Diskussionen eine abschließende Medientheorie des Erzählens ergeben sollte – dies wäre vor dem gegenwärtigen theoretischen Stand selbst auf eine absehbare Zukunft hin prospektiert eine zu kühne Absicht. Gewünscht und erhofft war vielmehr, die Pluralität und Facettenbreite des Phänomens medialen Erzählens erfahrbar werden zu lassen. In dieser Hinsicht, eine zwar nicht abschließende, aber doch Impulse gebende Absicht, bietet der vorliegende Band eine Fülle von unterschiedlichen Ergebnissen und Anregungen, und in diesem Sinn wünschen wir uns, ihn verstanden zu sehen.

Erzählen und Beschreiben

Was die Theorie eines Erzählens an sich betrifft, so stehen zumeist bestimmte grundlegende Fragen im Vordergrund: Was wird erzählt, von wem wird erzählt und wie wird erzählt. Der vorliegende Band beginnt die Erörterung des Erzählens jedoch noch weit grundlegender mit der Frage, *was* eine Erzählung eigentlich ist, oder eher: *wann* eine Erzählung eine Erzählung ist. Diese Frage taucht normalerweise nicht auf, weil sie sich eigentlich erübrigt. Denn der Minimaldefinition nach ist eine Erzählung nicht mehr als eine «Darstellung von (...) Ereignisfolgen»[2] und somit allein schon durch eine simple Wortfolge wie «der Baum blüht» erfüllt, da die Feststellung des Blühens eine Zustandsveränderung (Ereignisfolge) vom Nichtblühen zum Blühen einschließt. Und dennoch kann diese scheinbar triviale, nachgerade überflüssige Frage elementar werden. Jan Christoph Meister schildert in seinem Beitrag das Forschungsprojekt *EpiTest*, bei dem es im Rahmen einer *Computational Narratology* darum geht, das Erzählen – im ganz wörtlichen Sinn – ‹berechenbar› zu machen. Das Ziel des Unternehmens ist nicht weniger als das menschliche Erzählvermögen in «all seiner Unberechenbarkeit» mittels des Computers und mathematischer Algorithmen zu simulieren. Meister führt aus, dass die Wurzeln eines solch ambitionierten Ansatzes, der scheinbar dem KI-Zeitalter entsprungen ist, historisch weit tiefer greifen. Angesichts der hier nun vorgetragenen Zwischenergebnisse darf man sich allerdings erneut die Frage nach dem ‹Wesen› der Erzählung durchaus stellen, und es kann nicht allzu sehr überraschen, wenn am Ende das Eingeständnis des Scheiterns steht; doch auch ein Scheitern kann erhellend sein.

Einer weiteren, zunächst vielleicht verblüffenden Frage geht der folgende Beitrag nach, der Frage nämlich, *ob* überhaupt erzählt wird, *wenn* erzählt wird.

---

2 Günther Schweikle/Irmgard Schweikle (Hg.): Metzler-Literatur-Lexikon. Begriffe und Definitionen. 2. überarbeitete Auflage. Stuttgart 1990, S. 138.

Diese paradox anmutende Frage nimmt indes schnell Kontur an, wenn man sie in ihrem Kontext des Computerspiels betrachtet. Computerspiele bergen dieses Paradoxon: an sich, denn sie sind fraglos narrativ, insofern sie sich alle im Rahmen des Fiktionalen als der genuinen Ebene des Narrativen bewegen, und doch ist damit nicht gesagt, dass sie auch erzählen. Wenn man das Erzählen als eine Darstellung von Ereignissen versteht, die ‹auseinander und nicht bloß aufeinander folgen›, so entzieht sich das Computerspiel der Narration, weil es eben nicht von einer feststehenden Ereignisfolge ausgeht, sondern diese vom Spieler interaktiv bestimmt wird. Der ludische Charakter kennzeichnet insofern das Computerspiel, doch Jan-Noël Thon zeigt, dass und wo Computerspiele dennoch sehr wohl auch narrative Elemente aufweisen und mit ihnen konzeptionell operieren. Diese Differenzierung ist nicht unerheblich, denn anders als das unverbindliche Spiel weisen die Weltwissen und Orientierung vermittelnden Narrationen implizit Möglichkeiten einer Handlungsanleitung auf, was dem Aspekt der Narrativität in Computerspielen eine über die Epistemologie hinausreichende Verbindlichkeit zuweist.

Die meisten der darauf folgenden Beiträge dieses Bandes widmen sich sodann unterschiedlichen Beispielen und auf verschiedenen Feldern erzähltheoretischen Fragen im engeren Sinn nach den Gegenständen, Mitteln und Zielen des medialen Erzählens und Beschreibens. Dabei zeigt sich, dass sich die Erzählanalyse in den Medien inzwischen höchst produktiv das erzähltheoretische Instrumentarium der Literaturwissenschaft zunutze macht und mit diesem arbeitet. Diese interdisziplinäre Entwicklung beim erzählanalytischen Zugriff in der Medienwissenschaft ist noch relativ jung, was sich auch an den unterschiedlichen Referenzen und Terminologien zeigt. Da die einzelnen Beiträge ihre Ansätze jeweils erklären, erübrigt sich an dieser Stelle eine Erläuterung zu den Begrifflichkeiten.

Gleichwohl erschien es uns gegeben, zusätzlich zu den bei der Jahrestagung gehaltenen Vorträgen einen Beitrag anzubieten, der sich mit dem medialen Erzählen aus dezidiert narratologischer Sicht auseinandersetzt. Deshalb haben wir Markus Kuhn eingeladen, ein von ihm entwickeltes Modell zur narrativen Kommunikation und deren Ebenen im Film vorzustellen und an einem Beispiel zu erproben. Hier scheinen zwar erneut abweichende Termini auf, die sich teilweise aber mit denen der Narratologie als neuer Richtung der Erzähltheorie decken, deren Positionen Kuhns Aufsatz einleitend zusammenfasst. Dabei werden auch speziell die Kategorien behandelt, mit denen sich eine Filmnarratologie, die ihre Wurzeln in der literaturwissenschaftlichen Erzähltheorie hat, eingehender auseinandersetzen muss: die Erzählinstanzen und die Erzählperspektive bzw. – etwas allgemeiner – die Frage nach der narrativen Vermittlung im Film. Dahinter stecken die Diskussionen der Literaturwissenschaft um den Autor, dessen genialisch-schöpferische Kontrolle über sein Werk in Zweifel gezogen wird, seitdem Roland Barthes ihn polemisch für ‹tot› erklärte. Die daraus, nicht zuletzt im Anschluss an Gérard Genette, entstandenen, komplexen Ansätze der Literaturtheorie können auch in der Medienanalyse den Blick auf die narrative Vermittlung schärfen. Kuhn modifiziert die von Genette eingeführten Kategorien und überträgt sie auf das Medium Film und entwirft ein Modell, um das Zusammenspiel von sprachlichen und audiovisuellen Erzählkonstellationen zu beschreiben. Die von Kuhn modellhaft dargelegten Schichten und Instanzen des audiovisuellen Erzählens finden sich in den Analyseansätzen anderer der hier versammelten Aufsätze wieder.

Mit der Problematik der Autorschaft im Film (als prototypischem Beispiel multipersonaler und multifunktionaler Medienproduktionen) befasst sich der Beitrag von Jürgen Kasten, diesmal jedoch aus einer pragmatischen Perspektive am Gegenstand des Drehbuchs. Kasten stellt das Drehbuch als Sonderform des literarischen Erzählens vor, das von vornherein im Dienste einer «selbst eingeleiteten Transformation» steht. Das Drehbuch erweist sich so als erzählerisch eigenständiges literarisches Genre, als das es häufig bestritten wurde. Kasten zeigt indes, dass sich im Drehbuchschreiben vielmehr die spezifische Form des literarischen Erzählens entwickelt hat, eine sowohl erzählerisch-diegetische wie auch extradiegetische ‹discours›-Schreibweise zu entfalten, die gewissermaßen wie eine ‹Gebrauchsanweisung› für seine audiovisuelle Umsetzung durch Dritte fungiert, die als professionelle Filmschaffende zu seiner Lektüre vorgebildet sind. Das Erzählen im Drehbuch ist davon geprägt, dass es «nicht nur seine eigene mediale Ordnung, sondern auch die eines anderen Werkes vorstrukturiert. Es generiert Vorstellungsbilder», die vom Ensemble der Filmschaffenden in die audiovisuelle Anschauung für die Zuschauer umgesetzt und umgeformt werden. Bei dieser Umformung bietet sich dann wiederum ein Spektrum für die gestaltende Phantasie wie auch für die ‹Handschriften› der unterschiedlichen Filmschaffenden.

Die Komplexität eines Erzählens mit Bildern verdeutlicht Knut Hickethier, dessen Beitrag sich zugleich mit einer Positionierung der Medienwissenschaft, gegenüber der literaturwissenschaftlichen Narratologie ebenso wie auch gegenüber der Bildwissenschaft, als komplexe Disziplin befasst. Den technisch reproduzierten Bewegtbild-Medien ist gegenüber dem Schriftmedium, aber auch gegenüber dem Standbild (der Fotografie), so argumentiert Hickethier, das Narrative eingeschrieben, da diese zwangsläufig permanente (und seien es noch so minimale) Zustandsveränderungen des Gezeigten vermitteln. Die Dualität eines Beschreibens (von Faktualem einerseits) und Erzählens (von Fiktionalem andererseits) ist in ihnen daher gewissermaßen per se aufgehoben, wird aber durch einen der menschlichen Wahrnehmung entsprechenden ‹Realanschein› zugleich erneut aufgeworfen. Die Komplexität ihrer Gegenstände nötigt die Medienwissenschaft daher zu Ansätzen der Produktanalyse und Theoriebildung, die diese Komplexität erfassen, bis in die ‹kleinen Gesten› der Schauspieler hinein, die es vermögen, mit einem Zucken im Mundwinkel einer Geschichte eine neue Wendung zu geben. Es ist die Herausforderung an die Medienwissenschaft, sich einer solchen medialen Komplexität zu stellen, die dazu zwingt – und als besondere Schwierigkeit hervorruft –, Sichtbarkeit, zumal auch in der Kombination mit Hörbarkeit in ein schriftsprachlich vermitteltes, wissenschaftliches Koordinatensystem modellhaft zu übertragen. Die Problematik an der theoretischen und damit schriftsprachlichen Durchdringung von medialen Phänomenen und Produkten, die auf der Basis einer unmittelbaren menschlichen Wahrnehmung des Seh- und Hörsinns beruhen, besteht darin, dass – zumal auf Seiten der damit zwangsläufig verbundenen Assoziationen – stets ein unberechenbares ‹Offenes› bleibt, oder, mit Hickethiers Worten, ein «Eigensinn», den sich die mediale Audiovision «bewahrt».

Ein Beispiel für eine solche Komplexität, die durchaus auch ‹Leerstellen› offen lässt, bietet Andreas Blödorns Beitrag zu Peter Greenaways Film THE PILLOW BOOK. Der Film verbindet ein audiovisuelles Erzählen, hier speziell ein Erzählen und Beschreiben in der Verschwisterung von Wort und Bild, zu einem narrativen Gefüge der intermedialen Bezugnahme der jeweiligen Codierungs- und Zeichensysteme eines ‹Be-Schreibens› (auch im wörtlichen Sinn) und eines (audio-visuellen) Erzählens der unterschiedlichen Medien in ihrer wechselseitigen Bezugnahme aufeinander. Die intermediale Bezugnahme der Medien aufeinander wird dabei auf eine komplexe Weise als Ordnungsmuster filmischen Erzählens eingesetzt, die eine (literarisch überlieferte, erinnerte) Vergangenheit und eine (scheinbar aktuell gültige filmische) Gegenwart filmisch so zueinander in Beziehung setzt, dass auch der ‹discours›-Ebene der formalen literarisch-filmischen (Re-)Präsentationsweise eine zentrale Funktion zukommt.

Wenn hier also mit einer Kongruenz der ‹sujet›- und ‹discours›-Ebenen als Movens der filmischen Narration experimentiert wird, so setzt Thomas Webers Beitrag gerade bei deren Störungen durch die inszenierte Dysfunktionalität eines ‹Erzählens mit Bildern› an. Wenn nämlich Filme futurische Medienrealitäten entwerfen – Medien also, die es (noch) nicht gibt –, so stoßen sie auf das Problem ihrer darstellerischen Mittel, die von den eigenen materialtechnischen Bedingungen begrenzt sind. Dieses Problem tritt vor allem dann hervor, wenn futurische Medien ein zentrales Element der erzählten Geschichte bilden. Da die filmische Fiktion und deren Illusion eines ‹Realanscheins› auf der Unsichtbarkeit der medialen Vermittlungsebene beruht, kann die Inszenierung futurischer Medien nur allzu leicht als Indikator einer ‹kaputten Technik› wirken, damit die Medialität der Darstellung zu Tage treten lassen und die Fiktion zerstören. Ein solch prononciertes ‹Erzählen mit Bildern› kann durch die offen gelegte Mittelbarkeit der Darstellung, so Weber, zum Verlust an Glaubwürdigkeit führen.

In diesem Sinne dysfunktional kann sich auch ein Blick in die Medienge-

Einleitung

schichte hinsichtlich des Changierens zwischen Beschreiben und Erzählen aus heutiger Perspektive auswirken. So lassen sich etwa populärwissenschaftliche Filme aus der späten Stummfilmzeit der 1920er Jahre, denen Dorit Müllers Beitrag gilt, aus retrospektiver Sicht im ‹klassischen› ideologiekritischen Sinne als manipulativ und indoktrinär verstehen. Indem Dorit Müller ein narratologisches Instrumentarium im Anschluss an Genette auch auf historische Fallbeispiele im non-fiktionale Film systematisch überträgt, werden die Strategien deutlich, mit deren Hilfe die hier analysierten drei Beispiele populärwissenschaftlicher Filme operieren. Dabei zeigt sich, dass es durchaus Unterschiede zwischen einer Thematik, deren Absichten und der Art und Weise ihrer formalen und narratologischen Umsetzung gibt. Zugespitzt gesagt, könnte man auch im populärwissenschaftlichen Film der 1920er Jahre allgemein gültige mediale Ordnungen im Sinne von Strategien der Rhetorik feststellen – hier umgesetzt in einer (noch stumm-)filmischen ‹Bild-Ton›-Relation –, wie sie seit der Antike bis heute gültig sind.

Einem narratologischen Spezialsegment gilt Christine Mielkes Beitrag, der dem seriellen Erzählen gewidmet ist. Serielles Erzählen verbindet man wohl unwillkürlich mit dem Fernsehen und seinen mittlerweile zur Allgegenwart gewordenen Serien. So ist auch in der medialen Erzählforschung das Bild entstanden, dass es sich beim seriellen Erzählen um ein narratologisches Stereotyp handelt, das in einer ‹Zopf-Struktur› zumeist drei miteinander verflochtene Erzählstränge pro Folge, proportional ausgewogen zwischen Haupt- und Nebenhandlungen, ineinander webt. Einem solchen, allzu sehr von der medialen Gegenwart ausgehenden und allzu sehr mit dem Verdikt eines erzählerischen ‹Trashs› verbundenen Verständnis seriellen Erzählens setzt Mielke die mannigfaltige Tradition des seriellen Erzählens in der Literatur im 19. Jahrhundert entgegen. Mielke zeigt, dass diese durchaus bis in die Linie anerkannt ‹klassischer› Autoren hineinreicht, wenn sie nicht sogar von diesen ausging. Dabei werden nicht nur andersartige narrative Muster seriellen Erzählens erläutert, sondern deren Bedingtheit durch institutionell-ökonomische Kontexte erörtert. Hier zeigt sich, wie stark die Ordnungen medialen Erzählens, auch was prospektive und avisierte Rezipientenkreise sowie deren präfigurierte Präferenzen angeht, vom Kontext der Ökonomie beeinflusst werden.

Indirekt kommt bei allen diesen Beispielanalysen eine weitere Kategorie des medialen Erzählens ins Spiel, die Imagination der Rezipienten, die an der narrativen Sinnstiftung der medialen Angebote mitwirkt und Kongruenz im Erzählten herzustellen sucht. Von dieser Mitarbeit profitierten die Medienangebote und planen sie mitunter konstitutiv in ihre Darstellungsformen mit ein. Heinz-B. Heller zeigt dies an einem zunächst überraschenden Beispiel aus dem Bereich des nicht narrativ-fiktionalen, dokumentarischen Films. Dass die Gattung des Dokumentarfilms das ihr inhärente Authentizitätsversprechen dadurch obstru-

13

iert, dass sie sich narrativer Mittel und Strategien bedient, ist häufig problematisiert worden und bereits aus den Anfängen des längeren Dokumentarfilms bekannt. In einem knappen Überblick über Entwicklungen im Dokumentarfilm erörtert Heller die Hintergründe des neueren Semidokumentarismus' im Film, auch in Abgrenzung zum Illusionismus der Hybridformen im ‹Doku›-Trend des Fernsehens. Der aktuelle, autoreferenzielle Semidokumentarismus thematisiert die Fiktionalität, auch seiner darstellerischen (vermeintlich ‹authentischen›) Mittel, um so Freiräume des Imaginären zu schaffen und es in einer authentischen Form, in der Kognition und Sinneseindrücke zusammenfließen, erfahrbar zu machen.

An das Imaginäre als narratives Potenzial schließen auch die Beiträge von Elke Huwiler und Norbert M. Schmitz an, die dem Anliegen gewidmet sind, Grenzgänge des Narrativen in Hörspiel und avantgardistischem Film zu verdeutlichen. Huwiler analysiert Kategorien unterschiedlicher Foren der Präsentation von Hörspielen von der ‹klassischen› Radiosendung bis hin zum interaktiven Live-Event in deren potenzieller bzw. avisierter Wirkungsabsicht und Effizienz. Dabei stellt sie fest, dass Zuhörer bei Formen der Live-Hörspielaufführung, die Visualisierungen einbeziehen, unweigerlich darum bemüht sind, eine narrative, sinnstiftende Kongruenz zwischen auditiven und visuellen Angeboten herzustellen, selbst wenn eine solche Konvergenz von den Produzierenden nicht beabsichtigt ist. Dieses Phänomen führt Huwiler darauf zurück, dass mediale Formen wie etwa Klangkunstwerke zwar nicht an sich narrativ sind, wohl aber «Narrativität besitzen». Daher sind auch nicht narrative Formen der medialen Darstellung offen für eine Rezeption der erzähltypisch sinnstiftenden Synästhesieleistung, Leerstellen zu vervollständigen und eine Kongruenz des medialen Angebots herzustellen.

Norbert M. Schmitz pointiert die Perspektive, dem Narrativen gegenzusteuern, im Blick auf die künstlerische Avantgarde, die sich in einer Überwindung des ‹Mainstreams› des Erzählens begründete und sich der Verweigerung des medialen ‹Mainstreams› der Narrativität verschrieb. Schmitz lotet das Scheitern solcher Bestrebungen aus und setzt ihnen am Beispiel von Joseph Cornells ROSE HOBART entgegen, dass sich eine Verweigerung der im Mainstream verankerten Narrationsmuster nur und gerade im Rückgriff auf diese erreichen lässt. Indem ein Hollywood-Spielfilm als ‹found-footage› im Sinne eines, den Subtextes des Trivialen rekapitulierenden Stilmittels in den filmischen ‹discours› eingeschaltet wird, lässt Cornell den unwillkürlichen Prozess einer rezeptiv imaginierten Sinnstiftung konsequent ins Leere laufen und ermöglicht, so Schmitz, somit erst eine offene, poetische und subjektiv bestimmte Lektüre des medialen Angebots.

Erzählen und Archivieren

In Cornells Film ROSE HOBART wie auch, allgemeiner, im aktuellen Semidokumentarfilm nehmen ‹Schlüsselbilder› eine zentrale Funktion des medial Narrativen ein, Bilder, die im kollektiven Gedächtnis so stark konnotiert und mit einem Bedeutungsüberschuss aufgeladen sind, dass sie den Status eines Archivbilds einnehmen und auch ohne eine Einbettung in ihre konkreten Kontexte an deren Stelle treten können. Das Erzählen in den Medien profitiert von solchen selbst geschaffenen Metonymien, die Komprimierung ermöglichen und assoziative Verbindungen von Raum und Zeit herstellen können. Christina Scherer stellt mit dem Home movie gleich ein ganzes Genre ins Zentrum ihrer Überlegungen, das an sich wie eine Metonymie wirkt, indem es als das «Erinnerungsmedium» schlechthin das subjektive mit dem kollektiven Gedächtnis verbindet. Home movies haben eine eigene ‹Schreibweise› durch ihre charakteristischen formalen Mittel – Unlängen, Unschärfen, unprofessionelle, amateurhafte Aufnahmen, meist ohne Kommentar und generell mit einem kaum ausgeprägten Ordnungsgrad von Kohärenz in ihrer narrativen Struktur. Sie stehen funktional im Dienst einer persönlichen Erinnerung an bestimmte Lebensmomente, an die eine eigene, subjektive Erinnerungserzählung angebunden wird. Home movies haben daher, so Scherer, trotz ihrer archivarischen Funktion mehr den Charakter einer Erzählung, da Erinnerungen stets mehr dem Prinzip des Erzählens in Zusammenhängen als dem des empirischen Archivierens folgen. Speziell im Einsatz von Home movies bzw. deren Simulation in Spielfilmen können daher nicht nur Verschränkungen von subjektiven Erinnerungen und kollektivem Gedächtnis geschaffen werden, sondern auch stark emotionalisierende Momente einer Authentisierung, die der Fiktion ‹Authentizität› im Sinne einer Verwendung von Archivbildern verleiht und der medialen Narration im Spielfilm einen vielfältig nutzbaren, oszillierenden Charakter eröffnet, wie Scherer an drei Fallbeispielen zeigt.

Wie sehr das Moment der Authentifizierung durch Archivbilder andererseits mit der Erwartung an die Zuverlässigkeit authentischen Erzählens Missbrauch treiben kann und treibt, behandelt Matthias Steinle, der den Umgang mit Archivbildern in Film und Fernsehen im Hinblick auf eine Vermittlung von historischem Weltwissen untersucht. Dabei tritt im Spektrum der ‹Erinnerungsbilder›, denen Archivbilder dienen, der Aspekt von deren gesellschaftlicher und politischer Funktion ins Zentrum des Blickfelds, denn «die politische Macht», so Steinle, «braucht die Kontrolle über die Archive». Die Archive liefern das Material für eine historisierende Kontextualisierung und Zementierung aktueller politischer Positionen, wie bereits Dorit Müllers Beitrag in diesem Band zeigte. Dabei kommt den Bildarchiven gegenüber den Textarchiven im Zeitalter der audiovisuellen Medien jedoch eine weitaus zentralere Funktion

15

als machtvoller Instanz zur Steuerung einer «Erinnerungspolitik» zu. Das Material, das aus den Bildarchiven geschöpft werden kann, prägt vor allem durch die von ihm im kollektiven Gedächtnis verankerten «Schlüsselbilder», die nach Steinle als ikonische «Monumente» im Spektrum der archivierten Zeitzeugnisse fungieren, das politische Verständnis nicht nur der Vergangenheit sondern auch der Gegenwart. Dabei nehmen medial verwendete Archiv-Bilder im Prozess der Medienkonkurrenz, immer Neues und immer Spektakuläreres anzubieten, zugleich den Charakter austauschbarer Palimpseste an, die einer sinnstiftenden Narration historischen Weltwissens (oder gar dessen analytischen ‹Beschreibens›, das sich stets dem Konflikt mit einer unumgänglichen Narration stellen muss) entgegenstehen.

Erhält der Umgang mit dem Archiv als Aspekt der Narration allein schon bis hierher einen immer zwiespältigeren Charakter, so soll nun auch das Archiv an sich, im ‹klassischen› Sinn als Ordnungsprinzip des Weltverstehens und ‹nüchternes› Prinzip der empirischen Sammlung, als Ordnungsfunktion des Narrativen erörtert und problematisiert werden. Wolfgang Kabatek widmet sich dem Entstehen des Archivgedankens am Beispiel der anthropologischen Fotografie. Er verfolgt dessen historisches Dilemma zwischen dem Prinzip der wertfreien Sammlung und deren Streben nach neutraler Allumfassenheit sowie dem Bedarf, einen Überblick des Ünüberschaubaren durch eine systematische Katalogisierung zu schaffen. Dabei erweist sich, dass auch das Prinzip der Archivierung nicht umhin kann, sich an der Ordnungsfunktion des kontextbildenden und sinnstiftenden Narrativen zu orientieren. Die Narration ist demnach ein Ordnungsprinzip im Orientierungsprozess sämtlicher Bereiche des menschlichen Lebens, das sich – ironisch gesagt: auch beim ‹besten› Willen – kaum umgehen lässt.

Und dennoch gibt es sogar in der Omnipräsenz des Narrativen Leerstellen, die Verena Kuni am Beispiel der Probleme der Internet-Netzwerke als Archive aufzeigt: Im Internet wird alles Präsentierte potenziell fluid und unterliegt einem mitunter extrem rapiden Wandel, ganz wie es den jeweiligen ‹User›-Interessen obliegt. So lässt sich denn etwa die Netz-Kunst heute noch betrachten und kann produktiv werden, ist morgen aber verschwunden und dem Orkus der Vergessenheit überantwortet. So verliert sich das kunst- und kulturhistorische Zeugnis ins Nirgendwo, büßt seine Bedeutung ein und ist für immer verloren – es sei denn, man würde sich darum bemühen, es erzählend zu rekapitulieren und in der Erzählung am Leben zu halten, selbst wenn es selbst keine Existenz mehr besitzt.

ERZÄHLEN UND BESCHREIBEN

Jan Christoph Meister

Computational Narratology oder: Kann man das Erzählen berechenbar machen?*

Im Mai 2006 wurde vom amerikanischen National Humanities Center zum fünften Mal der Richard W. Lyman Award vergeben. Dieser Preis «recognizes scholars who have advanced humanistic scholarship and teaching through the innovative use of information technology.»[1] Preisträger war in diesem Jahr Willard McCarty, einer der führenden Köpfe des seit den 1980er Jahren sich formierenden Forschungsfelds und Methodenparadigmas des so genannten *Humanities Computing*. McCarty, klassischer Philologe und Ovid-Spezialist, zugleich der vielleicht hartnäckigste Propagandist einer methodologisch reflektierten Alliance zwischen Philologie und angewandter Informatik, schlug bei der Entgegennahme des Preises eine neue, programmatische Unterscheidung vor, die das Verhältnis der Geisteswissenschaften zum Computer betrifft. Dabei geht es insbesondere um die Abwehr einer Tendenz, die der Preisträger in Anlehnung an Matthias Scheutz[2] als naiven *computationalism* charakterisierte. Mit *computationalism* bezeichnet McCarty eine Geisteshaltung, die das methodische Paradigma der Informatik – nämlich die mathematisch fundierte Modellierung empirischer Phänomene mit Hilfe von informationsverarbeitenden Systemen – nicht mehr als Modell *von* der Welt begreift, sondern als Modell *für* die Welt. Der zunächst auf die pragmatischen Bedürfnisse des Menschen abstellende informationstheoretische Ansatz verselbständige sich im *computationalism* und werde mit ihm, so McCarty, schließlich zu einer Welterklärungsmetapher, die wie eine Kosmologie gehandelt wird. Alles zwischen Welt und Hirn lässt sich, so behaupteten seine Gefolgsleute, *computational* abbilden und verstehen.

Diese Gefolgsleute aber sind: wir selbst, die modernen Zeitgenossen, die es zum Beispiel für durchaus plausibel halten und kaum mehr hinterfragen, wenn die Kognitionstheorie sich informatischer Modelle bedient. Die Unterscheidung, mit der McCarty diese unsere Naivität ins Bewusstsein heben will und auf der er deshalb insistiert, ist die zwischen *computation* und *computing*:

---

* Für wertvolle Anregungen und Ergänzungen, die in diesen Beitrag eingeflossen sind, möchte ich an dieser Stelle Dank sagen meinen Hamburger Kollegen Birte Lönneker-Rodman, Silke Lahn und Rolf D. Krause.
1 siehe http://www.nhc.rtp.nc.us/lymanaward/lymanaward.htm [18.12.2006]
2 Matthias Scheutz (Ed): *Computationalism: New Directions*. Cambridge MA 2002.

By the former [*computation*; JCM] I mean the mathematical theorizing at the heart of computer science and its philosophical extensions into cognitive science. By the latter [*computing*; JCM] I mean what we do with the computers we have and the philosophical extensions of these doings into all aspects of our cultural life.[3]

Der gegenwärtige Beitrag nun widmet sich der Frage, ob und inwieweit man das Erzählen ‹berechenbar› machen kann. Diese Frage ist das Anliegen eines noch sehr jungen Zweigs innerhalb der Narratologie, für den meine Hamburger Kollegin Birte Lönneker-Rodman jüngst die Bezeichnung *computational narratology* vorgeschlagen hat.[4] Die Bezeichnung liegt zwar ganz im Trend der vielen Komposita, die seit gut zehn Jahren die eminente Profusion der Narratologie in angrenzende Forschungsgebiete und -programme begleitet haben; eine Entwicklung, die u. a. von Ansgar und Vera Nünning erschöpfend dokumentiert worden ist.[5] Die Rede von einer *computational narratology* suggeriert jedoch andererseits im Hinblick auf die gerade getroffene Unterscheidung von *computation* und *computing* einen ‹computationalistischen› Bezug auf methodologisch-mathematische Grundlagen. Genau darum aber ist es mir im Folgenden nicht zu tun. Es geht mir vielmehr um die zweite von McCarty definierte Frage «what we do with the computers we have and the philosophical extensions of these doings» – dies nun allerdings nicht im globalen Bezug auf «all aspects of our cultural life», sondern im spezifischen auf einen einzigen, wenngleich zentralen Aspekt des kulturellen Lebens: das Erzählen.

Die soeben problematisierte und gewiss denkbar knappe Definition von *computational narratology* soll dabei nicht darüber hinwegtäuschen, dass ich mir mit dem Titel «Computational Narratology oder: Kann man das Erzählen berechenbar machen?» noch mindestens drei weitere Definitionsverpflichtungen eingehandelt habe. Sie lauten: Was ist Narratologie? Was ist überhaupt Erzählen? Und, last not least, was heißt in diesem Zusammenhang ‹berechenbar›? Ich beginne mit dem letzten Punkt.

---

3   Willard McCarty: «The imaginations of computing». Lyman Award Lecture, National Humanities Center, North Carolina, 6. November 2006, S. 4.
4   Die vermutlich erste Begriffsprägung findet sich in dem Beitrag von Takashi Ogata: «A computational approach to literary and narrative production: Toward computational narratology.» In: João Pedro Fróis/Pedro Andrade/J. Frederico Marques (Eds.): *Art And Science. Proceedings of the XVIII Congress of the International Association of Empirical Aesthetics*. Lisboa 2004, S. 509–516.
5   Ansgar Nünning/Vera Nünning (Hg.): *Neue Ansätze in der Erzähltheorie*. Trier 2002. Siehe auch den Band von Tom Kindt/Harald Müller (Hg.): *What is Narratology? Questions and Answers Regarding the Status of a Theory* (= Narratologia 1). New York/Berlin 2001.

Berechnen

Berechenbarkeit gilt uns – je nach Lage der Dinge und unserer Interessen – mal als eine erstrebenswerte, beruhigende Qualität, mal als eine fade Sache, die Langeweile verspricht. Vorhersagbarkeit, zumal wenn sie auf mathematisch-soliden Füßen steht, macht die Welt verlässlich und planbar; Unvorhersagbarkeit hingegen macht sie interessant und spannend. In unserem Kulturkreis haben die meisten Menschen ein ausgesprochenes Faible für Berechenbarkeit, solange es um Alltagspragmatik geht. Wenn wir aber aus der Domäne des Faktischen in die des Fiktiven, Spekulativen, Spielerischen, Forschenden überwechseln, dann legen wir den umgekehrten Maßstab an: Hier gilt uns das Unvorhergesehene, Überraschende, Unerwartete prinzipiell als erstrebenswert, als Garant von Unterhaltung oder Wissenszuwachs. Das Projekt einer ‹Vermessung der Welt› zwecks Austreibung von Kontingenz ist, wie Daniel Kehlmann in seinem gleichnamigen Roman jüngst auf grotesk-amüsante Weise vorgeführt hat, eine Kopfgeburt. Die Absurdität des Unterfangens tritt aufs Trefflichste hervor in der von Kehlmann geschilderten Begegnung des jungen Mathematikers Gauß mit dem «Genie von Königsberg», dem Gauß seine Theorie des sphärisch gekrümmten Raumes vorlegt und an dessen Urteil ihm, so Gauß in seiner emphatischen Gesprächseröffnung, so viel liege, handele es sich dabei doch um die

> [...] Meinung des Mannes, welcher die Welt mehr über Raum und Zeit gelehrt habe als irgendein anderer. Er ging in die Hocke, so daß sein Gesicht auf gleicher Höhe mit dem des Männchens war. Er wartete. Die kleinen Augen richteten sich auf ihn.
> Wurst, sagte Kant.
> Bitte?
> Der Lampe soll Wurst kaufen, sagte Kant. Wurst und Sterne. Soll er auch kaufen.
> Gauß stand auf.
> Ganz hat mich die Zivilität nicht verlassen, sagte Kant, Meine Herren! Ein Tropfen Speichel rann über sein Kinn.[6]

In der von Kehlmann genüsslich ausfabulierten Groteske prallt das hehre Projekt des Gaußschen *computationalism* auf das Lebendige in Gestalt eines schwachsinnig-animalischen Bedürfnisses, das perfiderweise ausgerechnet dem Überpreußen der kritischen Philosophie in den sabbernden Mund gelegt wird. Aber natürlich hat auch die damit zur Groteske verzeichnete Schematisierung – hie ästhetisch produktive, lebendige Kontingenz, da mathematisch präzise, le-

---

[6] Daniel Kehlmann: *Die Vermessung der Welt*. Reinbek bei Hamburg 2005, S. 96.

bensfeindliche Präzision – ihren ideologisch-blinden Fleck. Denn die Ästhetik der Originalität ist, wie man vor der Kontrastfolie der Regelpoetiken leicht sehen kann, ihrerseits ein historisches Produkt. Nicht minder ein Produkt des historischen Prozesses ist allerdings auch ihr Gegenteil: das Postulat der vermeintlich objektiv feststellbaren Evidenz und Probabilität des Faktischen, als dessen wortgewaltigster Proponent seit Newton die moderne Naturwissenschaft auftritt. Aus einer historischen oder anthropologischen Fremdperspektive betrachtet erweisen sich damit das Faktische wie das Fiktive letztlich als Genrebegriffe, unter die menschliche Gesellschaften je nach geltender Wissensideologie mal dies, mal jenes zu fassen bereit sind.

Kehren wir noch einmal zum Begriff der Berechenbarkeit zurück. Was wir bislang dazu gesagt haben, bezieht sich im einen wie im anderen Falle – also unabhängig davon, ob wir das Konzept in einem pragmatischen oder einem ästhetischen Kontext betrachten wollen – nicht auf den Literalsinn des Wortes, sondern auf seinen metaphorischen Gehalt, auf ‹Vorhersagbarkeit› als eine Konsequenz des ‹Etwas-Berechnen-Könnens›. Dabei müsste man aber zunächst klären, was man sich überhaupt unter eben diesem ‹Etwas-Berechnen-Können› vorzustellen hätte. Ich möchte deshalb versuchen, den Aspekt des kognitiven oder ästhetischen Nutzens auszublenden, auf den die metaphorische Auslegung von ‹Berechenbarkeit› letztlich wohl immer abzielt. Ob Berechenbarkeit – und zumal die Berechenbarkeit einer dem Menschen eigentümlichen Kompetenz, nämlich der, die von ihm wahrgenommene und imaginierte Welt auf eben jene ganz bestimmte Weise symbolisch zu repräsentieren, die wir als ‹narrativ› bezeichnen – ob also Berechenbarkeit in diesem weiteren philosophischen Sinne als erstrebens- oder verurteilenswert, als sinnvoll oder absurd, als Bereicherung oder Verlust anzusehen ist, dazu wollen wir nichts weiter sagen. Es geht zunächst allein um die Frage, was am Erzählen denn überhaupt einer formalen Modellierung zugänglich wäre, die man mit einem Computer umsetzen könnte. Die daran anschließende Frage lautet, welchen wissenschaftlichen Nutzen jene Disziplinen aus einer derartigen Operationalisierung ziehen könnten, die ein Interesse an narrativen Phänomenen haben.

Erzählen und Erzählung

Damit rückt der Begriff des Erzählens in den Mittelpunkt unseres Interesses. Die Fragen, was Erzählen ist und wie es funktioniert, beschäftigen das Abendland seit Aristoteles' Poetik; was es in philosophischer und politischer Hinsicht leistet, bereits seit Plato. Auch wenn sich diese Debatte weitgehend um das mündliche und schriftliche Erzählen als die prototypische Form narrativer symbolischer Repräsentation von Welt und Vorstellung rankt, so ist uns doch seit geraumer Zeit bewusst, dass das Erzählen an sich medienneutral zu konzeptualisieren ist.[7] Mit anderen Worten: Auch wenn es Spezifika geben mag, die man nur im literarischen, nur im filmischen, nur im musikalischen Erzählen usw. vorfindet, so ist der Begriff des Erzählens doch immer noch hinreichend definiert über die Schnittmenge der Phänomene, die diese spezifischen Formen gemein haben. Diese geteilten Phänomene sind ganz wesentlich performativer Art, weshalb zum Beispiel Mieke Bal folgende Arbeitsdefinition von *narrative* vorgeschlagen hat:

> A narrative is an account, in any semiotic system, of a subjectivized and often entirely or partly fictionalized series of events. It involves a narrator – whether explicitly or implicitly self-referenzial (...) – a focalizer – the implied subject who «colours» the story – and a number of actors or agents of the events. Narrative thus conceived is not confined to literary or, indeed, verbal narrative. It is a mode of semiotic behaviour rather than a finite set of objects.[8]

Ich möchte es hier zunächst bei dieser recht knappen, auf die semiologisch-behaviouristische Perspektive auf das Erzählen eingeschränkten Bestimmung belassen; ihr wird am Ende dieses Aufsatzes dann eine stärker formal bzw. genetisch orientierte an die Seite gestellt werden, wie sie für unseren aktuellen Zusammenhang relevanter ist. Denn diese vorläufig-einseitige Bestimmung in Anlehnung an Bal macht bereits deutlich, dass neben der Medienneutralität ein zweiter Gesichtspunkt zu berücksichtigen sein wird. Ebenfalls seit Plato und Aristoteles nämlich hat man in der philosophischen, der psychologischen wie der literaturwissenschaftlichen Reflexion das Erzählen immer sowohl unter der Perspektive der Produktion als auch unter jener der Rezeption narrativer symbolischer Repräsentation untersucht. Erzähltheorie ist insofern – auch wenn der Fokus im Einzelfall einer spezifischen Theorie deutlich enger gefasst sein mag – immer sowohl Theorie des Erzählens, Theorie des symbolverarbeitenden Prozesses im Spektrum Produktion-Rezeption als auch Theorie der Erzählung, d. h. Theorie des symbolisierenden Artefakts als eines semiotischen Funktionskomplexes. Wie in der Rhetorik, die sich als Anleitung zum möglichst wirkungsvollen Gebrauch der mündlichen Rede versteht, gehen damit in der narrativen Theoriebildung poetologische und wirkungsästhetische Überlegungen als funktionale Komplemente Hand in Hand.

Nicht zuletzt dieses Faktum erklärt denn auch die Vielfalt der Ansätze, die

---

[7] Siehe hierzu u. a. die Beiträge in: Jan Christoph Meister (Ed.): *Narratology beyond Literary Criticism* (=Narratologia 6). Berlin/New York 2005.
[8] Mieke Bal: «First Person, Second Person, Same Person: Narrative as Epistemology.» In: *New Literary History* 24, 1993, S. 308.

die Narratologie als Wissenschaft heutzutage auszeichnet. Wie auch immer diese Ansätze sich selbst bezeichnen mögen, sie nähern sich ihrem Gegenstand doch weitgehend unter einer teleologischen Prämisse an, die sie als genuine Geisteswissenschaften ausweist: Sie gehen nämlich von der Annahme aus, dass es zwischen der Phänomenologie und der Logik des untersuchten Phänomens ein natürliches Bindeglied gibt – das der Funktion von Erzählen und Erzählungen für den Menschen. Die fundamentale Rolle des Erzählens wird wohl am prägnantesten mit der These vom Erzählen als anthropologischer Universalie unterstrichen.[9]

Narratologie

Was nun aber ist Narratologie? Die Bezeichnung selbst wurde von Tzvetan Todorov geprägt und ist erst seit Ende der 1960er Jahre in Gebrauch; als eine Art Programmschrift der ‹harten› strukturalistischen Narratologie gilt mittlerweile Roland Barthes' *Introduction à l'analyse structurale des récits* von 1966.[10] Deutlich älter ist hingegen die so genannte Erzähltheorie, die in Deutschland schon gegen Ende des 19. Jahrhunderts entstand. Beide Forschungsrichtungen befassen sich mit dem Erzählen, tun dies jedoch mit unterschiedlicher Schwerpunktsetzung. Eine Besonderheit der Narratologie im Unterschied zur stärker interpretationsorientierten Erzähltheorie ist, dass sie besonderes Gewicht auf die formale Beschreibung ihres Gegenstandes legt. Sie will damit einerseits ein solides deskriptives Fundament für Einzelinterpretationen legen, andererseits aber auch umfassende systematische oder historische Korpusanalysen ermöglichen, deren Interesse sich ebenso auf das Artefakt ‹Erzählung› wie auf den Prozess seiner Produktion oder Rezeption richten mag. In der narratologischen Perspektive auf eine Erzählung wie auf den Vorgang des Erzählens rücken dabei in den Vordergrund formale Phänomene, die ihrerseits als Trägerschicht der inhaltlichen Dimension dienen. Nicht was, mit welcher Absicht und in welchen Traditionsbezügen erzählt wird, steht hier im Mittelpunkt, sondern wie erzählt wird. Merkmale dieses ‹wie› sind z. B. die spezifische Konstruktion der Ereignisabfolge, die temporale und perspektivische Strukturierung des Erzählverlaufs in seiner Relation zum Ereignisablauf, die Hierarchisierung von Erzählinstanzen, die Funktionalisierung von Figuren als Handlungsträgern, die Akzentuierung stärker handlungsinvolvierter oder stärker reflektierend-evaluierender Funktionsträger und dergleichen mehr.

---

9 Siehe Michael Scheffel: «Erzählen als anthropologische Universalie. Funktionen des Erzählens im Alltag und in der Literatur». In: Manfred Engel/Rüdiger Zymner (Hg.): *Anthropologie der Literatur*. Paderborn 2004, S. 121–138.
10 In: *Communications* 8 (1966), S. 1–27.

Dieses primäre Interesse der Narratologie an formalen Problemen des Erzählens erklärt sich teils aus ihrer wissenschaftlichen Vorgeschichte, deren Wurzeln, wie gesagt, bis in die Antike zurückreichen, mehr noch aber aus ihrer Genese in der Tradition der volkskundlichen Erzählforschung, die sich schon im 19. Jahrhundert um eine systematische Bestandsaufnahme von Erzählungstypen bemühte. Am deutlichsten beeinflusst wurde die Narratologie jedoch vom Russischen Formalismus und vom klassischen Strukturalismus der 1960er Jahre. Beide Schulen haben der Narratologie eine besondere Affinität zu mathematischen und logischen Modellierungen ihres Gegenstandes verliehen, wie sie sonst für die Geisteswissenschaften eher untypisch ist. Das Faible der Narratologen für abstrakte, formale Modellierungen ist dabei durchaus keine einseitige Liebesaffäre geblieben. Kaum ein Geisteswissenschaftler dürfte in der AI- und Kognitionsforschung der letzten 30 Jahre häufiger zitiert worden sein als der Gründervater der narratologischen Erzählforschung, Vladimir Propp. So beruft sich etwa der Kognitivist David Rumelhart[11] in seinem viel zitierten Aufsatz *Notes on a schema for stories* von 1975 ebenso auf den Russen wie noch das dreißig Jahre jüngere, aktuelle Projekt der spanischen Informatiker Federico Peinado, Pablo Gervás, Belén Díaz-Agudo und Raquel Hervás zur computergestützten Generierung von Märchen-Plots, das als Referenz an die Proppsche Methode den Namen *Proto-Propp* trägt.[12]

Propp, der sich methodisch an Goethes Morphologie-Konzept orientierte, hatte die Idee, bei der Beschreibung von Handlungsstrukturen in den so genannten Russischen Zaubermärchen deren konstitutive Einheiten als ‹Funktionen› zu definieren.[13] Funktionen sind aus der Perspektive einer Erzählung als eines performanten semiotischen Gesamtsystems definiert und nicht aus einer psychologisierenden und damit reifizierenden Perspektive, die nach den Motiven und Intentionen der Handlungsträger, des Erzählers oder des Autors fragt. Das war im weiten Feld der Erzähltheorien ein fulminanter methodologischer Paradigmenwechsel, der bis heute nachwirkt.

Die Verwandtschaft der ganz wesentlich mit Propps *Morphologie des Zaubermärchens* von 1925 begründeten formalen Methode in den Geisteswissenschaften zu formalen Methoden der Naturwissenschaften liegt zwar auf der Hand; jedoch sollte gerade diese äußerliche Affinität zur Vorsicht gemahnen. Mit welcher Methode auch immer wir in den Geisteswissenschaften unsere Gegenstände untersuchen mögen – kennzeichnend ist immer, dass diese Gegen-

---

11   David E. Rumelhart: «Notes on a schema for stories.» In: Daniel G. Bobrow/Allan Collins (Eds.): *Representation and Understanding: Studies on Cognitive Science, Language, Thought, and Culture: Advances in the Study of Cognition.* New York 1975, S. 211–236.
12   Siehe Federico Peinado/Pablo Gervás: «Evaluation of Automatic Generation of Basic Stories» (2002). http://www.fdi.ucm.es/profesor/fpeinado/publications/2006-peinado-evaluation-PRE.pdf [18.12.2006].
13   Vladimir Propp: *Morphologie des Zaubermärchens.* Frankfurt/M. 1975.

stände ebenso wie unsere Theorien und Diskurse über die Gegenstände auf uns selbst, die vermeintlich objektiven Beobachter, dynamisch zurückwirken. Neben der Tatsache der infiniten, dynamischen Rückkoppelung zwischen Erfahrungssubjekt und Erfahrungsgegenstand ist zudem zu berücksichtigen, dass geisteswissenschaftliche Gegenstände immer hochgradig kontextsensitiv sind. Das mussten nämlich auch die Hartgesottensten unter den formalistischen Narratologen, deren Formalisierungsversuche noch deutlich stringenter und radikaler angelegt waren als die ihres Vorläufers Propp, wie z. B. Gerald Prince, schnell eingestehen. Was hier mit Kontextsensitivität gemeint ist, möchte ich nun an zwei Beispielen demonstrieren.

Das erste Beispiel ist das der so genannten *minimal narrative*, die der Schriftsteller und Erzähltheoretiker E. A. Forster zu Demonstrationszwecken vorschlug.[14] Forster wollte die Frage klären, wie man sich eine absolute Minimaldefinition von ‹Erzählung› vorzustellen hätte. Dazu ersann er eine Minimalerzählung, die aus genau zwei Sätzen besteht. Sie lauten:

(1) The king died.
(2) And then the queen died.

Bei genauerer Betrachtung zeigt sich jedoch, dass diese scheinbar selbstevidente Minimalerzählung nur als Erzählung – und nicht etwa nur als reine Aufzählung von Zuständen oder unverbundenen Vorgängen – funktioniert, wenn man eine kausallogische Verknüpfung ergänzt:

(1) The king died.
(2) And then the queen died ...
 ... of grief.

Durch die Hinzufügung von «of grief» wird, so Forster, die außenperspektivisch geschilderte Ereignissequenz – die so genannte *story* – transformiert in einen motivational verknüpften Zusammenhang, d. h. in den *plot*. Warum wir das «of grief» so leicht – ja eigentlich: stillschweigend – hinzudenken können, liegt auf der Hand: dass der Tod des Ehepartners in der Regel große Trauer auslöst, gehört zu unserem kulturellen Gemeinwissen, ja, eigentlich ist es nachgerade eine Verhaltensnorm!

Das in der ersten Variante der Minimalerzählung noch elliptisch ausgesparte «of grief» beweist, dass für unser Verständnis von Erzählungen das Hinzudenken eines normativen Kontextes unumgänglich ist, ohne den sich z. B. motivationale Verknüpfungen erzählter Handlungen nicht erschließen lassen. Solche

---

14 Edward Morgan Forster: *Aspects of the Novel*. Harmondsworth 1962. Erstpublikation 1927.

Kontexte sind alle Bestandteil des Weltwissens, zu dessen Mobilisierung schon einzelne Wörter, Fragmente eines Handlungsskripts, mitunter gar bloße prosodische Merkmale ausreichen. Die ästhetische Abbreviatur all der relevanzstiftenden Kontexte einer Erzählung ist ihr Thema. Das Thema liefert gewissermaßen eine globale semantische Gebrauchsanweisung für die nackte Ereignisfolge der Story. Damit die Erzählung *als* Erzählung funktioniert, müssen wir daher immer im Bottom-up-Modus von der Infrastruktur der reinen Ereignisfolge zum thematischen Überbau der Ereignisverknüpfung voranschreiten können.

Kommen wir zu unserem zweiten Beispiel, zugleich von der Rezeption zur Produktion und damit zur zweiten Dimension von Mieke Bals *narrative as a semiotic behavior*. In einem literaturwissenschaftlichen Seminar wird den Studierenden folgende Aufgabe gestellt:[15]

> Write down a story, as short as possible, containing
> (1) religion
> (2) sex
> (3) mystery.

Wer sich an der Aufgabe versuchen will, sei gewarnt: Zu unterbieten sind gerade mal 33 Buchstaben für die komplette Erzählung. Eine gewitzte Studentin nämlich löste die Aufgabe wie folgt:

> «Oh, my God, I'm pregnant! I wonder who dunnit?»

Unser zweites Beispiel ist gewissermaßen eine Kontrafaktur des ersten. Denn es demonstriert, was passieren kann, wenn man eine Geschichte vollkommen Top-down, also rein vom Thema ausgehend, entwirft. Die Themenvorgaben werden hier ganz einfach auf ihren Literalsinn eingedampft. Aus Religion wird der Ausruf «My God!», aus Sex wird «I'm pregnant», und das Thema ‹Mystery› wird mit einer die Aufgabenstellung selbst karikierenden Volte auf die geläufige Kurzformel für Kriminalerzählungen «Who dunnit?» reduziert. Diese drei Teilaussagen werden kombiniert und, voilà, fertig ist die Erzählung!

Beide Beispiele zeigen, dass Erzählungen zwar offensichtlich ein Handlungs- oder Ereignissubstrat besitzen müssen, um überhaupt irgendein Geschehen symbolisch repräsentieren zu können. Sie müssen jedoch spätestens zum Zeitpunkt ihrer Rezeption darüber hinaus auch einen semantischen und normativen Kontext evozieren oder aktivieren, damit sie für uns als vollwertige Erzählungen – und nicht etwa nur als Auflistungen von Zuständen – funktionieren.

---

15 Das Beispiel ist leicht variiert dem City-Data.com-Blog entnommen (http://www.city-data.com/forum/other-topics/13440-can-you-one-sentence-tell-story.html [16.01.2007]).

Modellierungen: von der Rezeption zur Produktion

Das so genannte ‹Weltwissen› und seine Modellierung bezeichnen bis heute die methodologische Schallmauer, an der nahezu alle Versuche einer vollautomatischen Analyse oder Generierung von Erzählungen scheitern. Denn Maschinen wissen nichts von der Welt – es sei denn, man bringt es ihnen zuvor explizit bei.

Als Kinder nachaufklärerischer Epochen mögen wir das heute für selbstverständlich halten. Frühere Zeiten hingegen setzten da weitaus größere Hoffnungen in die Maschine. Die Idee, man könne der menschlichen Kreativität mit formelgeleiteter Kombinatorik auf die Schliche kommen,

Abb. 1 Kombinatorischer Begriffszirkel in Lullus' Ars Brevis.

findet sich bereits im Mittelalter. Im ausgehenden 13. Jahrhundert z. B. ersann Raimundus Lullus eine mechanische Begriffskombinatorik, mit der man aus etablierten Konzepten auf formalem Wege sinnhaltige Begriffe generieren und so zu neuen rationalen Einsichten gelangen können sollte.[16] Eines der kombinatorischen Tools von Lullus war der in seiner *Ars Brevis* (entstanden ca. 1305, erstmals gedruckt um 1350) abgebildete Begriffszirkel, der die semantisch-logischen Beziehungen benachbarter Konzepte visualisiert (Abb. 1)[17].

Auch wenn fraglich ist, ob Lullus' Begriffszirkel tatsächlich als «geheimer Ursprung der modernen Computertheorie» bezeichnet werden kann[18] – die Faszination, die von solchen kombinatorischen Modellen des Kognitionsprozesses ausging, schlug Europa gut 500 Jahre lang in ihren Bann. Eines der berühmtesten Beispiele ist sicherlich Gottfried Wilhelm Leibniz' *Dissertatio de ar-*

---

16 Raimundus Lullus: *Ars Brevis*, übers. u. mit e. Einl. hrsg. von Alexander Fidora. Hamburg 1999. Zu Lullus siehe auch die vorzügliche Website von Lola Badia/Anthony Bonner/Albert Soler: «Who is Ramon Llull?» (Centre de Documentació Ramon Llull an der Universität Barcelona) http://quisestlullus.narpan.net/eng/1_intro_eng.html [16.01.2007].
17 Die Grafik ist der vorgenannten Website entnommen und wird dort wie folgt kommentiert: «Fourth Figure from the *Ars Brevis*, where, by rotating the two inner circles, one can find all the possible ternary combinations of the principles from Figures A and T. Source: manuscript f-IV-12 from the Escorial.».
18 Siehe Werner Künzel/Peter Bexte: *Allwissen und Absturz. Der Ursprung des Computers*, Frankfurt/M./Leipzig 1993, S. 15–49. Das Buch stellt übrigens auch ein in COBOL geschriebenes Computerprogramm vor, in dem Lullus Kombinatorik als Algorithmus implementiert ist.

te combinatoria von 1666, in der Leibniz u. a. ausrechnete, wie viele Wörter man auf der Grundlage eines Alphabets von 24 Buchstaben bilden kann, wenn diese Wörter maximal 24 Buchstaben lang sein dürfen. Das Ergebnis straft den Glauben an die Möglichkeit einer rein mechanischen Generierung komplexer bedeutungshafter Strukturen – d. h. von Sätzen oder gar Texten, geschweige denn von Erzählungen! – Lügen. Wer eine blinde Kombinatorik walten lässt, muss nämlich schon auf der untersten Ebene mit 620 Trilliarden Wörtern rechnen.[19] Solche Gedankenspiele, die man durchaus als eine Leitidee des im 18. Jahrhundert aufkommenden enzyklopädischen Wissenschaftstypus ansehen kann, fordern natürlich ironische Kommentare heraus. Jonathan Swift etwa schickt seinen Helden Lemuel Gulliver 1726 an die Akademie von Lagado, wo dieser ein Experiment mit der *Literary Machine* beobachtet – einer noch recht kruden, aus Drähten und auf diese gespannte beschriftete Holzwürfeln bestehenden Maschine, an deren Seiten man Kurbeln drehen kann, um so immer neue Wortfolgen zu generieren. Das Ziel ist hoch gesteckt; mit Hilfe der Maschine sollen «without the least Assistance from Genius or Study», oder, wie die deutsche Übersetzung präzisiert, «mit mässigem Kostenaufwand und ein bisschen körperlicher Arbeit auch ohne die geringste Hilfe von Begabung oder Studium Bücher über Philosophie, Poesie, Politik, Recht, Mathematik und Theologie» entstehen[20] – alles nur eine Frage der Zeit und der zur Verfügung stehenden *computing power*!

Swifts Satire und seine *Literary Machine* machen deutlich, worum es uns heute bei Ansätzen wie dem der *Computational Narratology* tunlichst nicht gehen sollte – nämlich um den Versuch, die künstlerisch kreative Intelligenz des Menschen mit einem auf schiere *brute-force*-Methoden setzenden kombinatorischen Verfahren zu simulieren. Wer die Absurdität des an der Akademie von Lagado betriebenen Projekts selber erproben möchte, der sei auf den von Birte Lönneker programmierten, online aufrufbaren Lagado-Algorithmus verwiesen, der genau das in die Praxis umsetzt, was Swifts absurde *Literary Machine* zu leisten vorgab: Ein PERL-Skript kombiniert hier aufs Geratewohl Wörter, die es sich aus einem dem System *Morphy* unterliegenden Thesaurus der deutschen Sprache besorgt.[21] Ein Aufruf des Algorithmus produziert Resultate wie dies (Abb. 2):

Mit einiger Geduld kann man aus diesem Unsinn natürlich elementare Geschichten konstruieren – also simple Ereignissequenzen, wie sie die Grundla-

---

[19] Siehe Eberhard Knobloch: *Die mathematischen Studien von G. W. Leibniz zur Kombinatorik. Auf Grund fast ausschließlich handschriftlicher Aufzeichnungen dargelegt und kommentiert* (Studia Leibnitiana Supplementa 11). Wiesbaden 1973.

[20] Jonathan Swift: *Gulliver's Travels*. (1726) Boston/New York 1995, S. 174.

[21] Siehe Birte Lönnekers Lagado Algorithmus (http://webapp.rrz.uni-hamburg.de/~DGKL/cgi-bin/lagado_web.pl [16.01.2007]). Bei jedem Seitenaufruf werden neue Kombinationen generiert. Zu *Morphy* siehe W. Lezius/R. Rapp/M. Wettler: «A morphology system and part-of-speech tagger for German.» In: D. Gibbon (Ed.): *Natural Language Processing and Speech Technology*. Results of the 3rd KONVENS Conference. Bielefeld/Berlin 1996, S. 369–378.

Ausgabe Lagado-Algorithmus

Implementiert von Birte Lönneker

Verwendet wird ein Vollformenlexikon der deutschen Sprache aus *Morphy* (von Wolfgang Lezius). Das Lexikon enthält 431165 Formen.

labilster	Oldtimer	ungesetzlichen	verlotternderen	Spottendste	angeführten	boxenderen	abgeweichtesten
sühnet	Abschlaffendsten	auflehnenderen	herabgeschobenerer	Riesenanstrengungen	Evidenz	nachträgliche	aufgeschobenere
Annektierte	Zustellvermerk	kolossalstem	Körnern	gewuchertes	einstudierender	radioaktivere	unkritischeres
abgeblaßter	ergänzend	anbehaltendes	verschwatzendes	Beäugteste	zwängen	hagerste	Interstellaren
fettlöslichen	Akademikers	Zubindenden	angezeigtem	einfrierendes	Aluminium	mitreißendes	angefrorenen
ersetzten	einklagbare	nacharbeitet	Begreifliche	zurückschautet	weltmännischerer	Korrumpieren	sendest
nachgebetete	hintragen	Ausklebende	Aufgekratzteren	kolonisierter	swinget	schlammigem	Alternde
knurre	marmorierte	signalisieren	Danks	abgeklaubtestes	blasest	Synthesen	glasierenderer

Abb. 2 Beispiel einer Ausgabe des Lagado-Algorithmus von Birte Lönneker

ge jeder Erzählung sind. Aber der Weg dahin ist erkennbar weit – es sei denn, man verlässt sich nun nicht mehr nur auf eine blinde sequentielle Kombinatorik, sondern steuert diese vielmehr durch intelligente paradigmatische Operationen, wie sie jeder natürlichsprachlichen Grammatik und Semantik eingeschrieben sind, also z. B. Wortklassenbildung, semantische Felder, Syntaxregeln. Wie genau dieses Konstruieren von Ereignissequenzen als intelligent gesteuerter kombinatorischer Prozess funktioniert, war Gegenstand eines – nun durchaus ernsthaft gemeinten – Forschungsprojekts, aus dem das Buch *Computing Action* hervorgegangen ist.[22] Dieses Projekt hatte wohlgemerkt nun nicht das ehrgeizige Ziel, einen Computer in die Lage zu versetzen, selbsttätig Handlungssequenzen zu generieren.[23] Die Zielsetzung des «Epitest»-Projekts war vielmehr, mit Hilfe des Computers jenen kognitiven Prozess zu modellieren, zu analysieren und partiell auch zu simulieren, der es uns ermöglicht, aus einem Strom von Zustandsbeschreibungen zunächst einzelne Ereignisse, dann Episoden und schließlich eine komplexe Handlung zu synthetisieren. Denn Erzählungen – in welcher Form und in welchem Medium auch immer sie uns vorliegen mögen – ‹haben› ja nicht etwa eine Handlung in dem Sinne, wie sie etwa Charaktere oder Orte als repräsentierte Entitäten vorweisen. Ihre Handlung ist vielmehr ein Konstrukt, das jeder Rezipient für sich auf der Basis des symbolischen Repräsentationsmaterials und in Abhängigkeit von bestimmten

---

22 Jan Christoph Meister: *Computing Action. A Narratological Approach*. Berlin/New York 2003. Die nachfolgend beschriebene Software steht zum Download bereit unter www.jcmeister.de. Die folgende Beschreibung des Projekts orientiert sich weitgehend an einem analogen Abschnitt in meinem Aufsatz «Projekt Computerphilologie». In: Harro Segeberg/Simone Winko (Hg.): *Literarität und Digitalität. Zur Zukunft der Literatur* (= Texte einer Hamburger Ringvorlesung im Wintersemester 2002/03.). München 2005.

23 Solche Programme untersuchen wir in unserem gegenwärtigen Forschungsprojekt; doch dazu später.

logischen Regeln und individuellem Weltwissen in seinem eigenen Kopf generiert.
 Grundlegend für das Projekt war die Entwicklung von zwei Computerprogrammen, mit denen das theoretische Modell in der Praxis der Literaturanalyse zur Anwendung gebracht werden konnte. Das erste Tool, *EventParser* genannt, ist ein Mark-up-Werkzeug, das die Identifizierung und standardkonforme Auszeichnung von einzelnen Ereignissen im narrativen Text erleichtert. Der EventParser protokolliert den Rezeptionsprozess als ein Lesen von Ereignissen. Ganz wesentlich ist dabei, dass das Programm im Hintergrund zugleich ein Bild des konzeptuellen Weltwissens erfasst, das der Bearbeiter im Laufe der konstruktiven Rezeption einbringt. Die vom EventParser protokollierten Daten werden anschließend mit einem zweiten, eigens hierfür entwickelten Programm ausgewertet, das den Namen *EpiTest* trägt. EpiTest verwendet einen kombinatorischen Algorithmus, mit dem alle theoretisch möglichen Episoden generiert werden, die man aus den von Lesern identifizierten Ereignissen bilden kann. Die Menge dieser per Computer generierten virtuellen Episoden übersteigt um ein Erhebliches die Anzahl der manifesten Episoden, die wir als Leser normalerweise wahrnehmen. Man kann die Zahl der virtuellen Episoden und ihre Relation zur Zahl der manifesten Episoden damit als einen Indikator für das Handlungspotenzial nutzen, das einen spezifischen Text im Vergleich zu anderen Texten auszeichnet.
 Der Text, an dem ich den hier skizzierten Ansatz praktisch erprobt habe, war Goethes «Unterhaltungen deutscher Ausgewanderten» (1795), ein aus sechs Einzelerzählungen bestehender und von einer Rahmenhandlung umschlossener Novellenroman. Dieser Text hat die Germanistik insbesondere deshalb beschäftigt, weil seine Einzelerzählungen von der trivialen Gespenstergeschichte bis zu einem verwirrenden symbolischen Märchen reichen, dessen Handlung man, salopp gesagt, nur noch schwerlich auf die Reihe bringen kann. Die Untersuchung des Gesamttextes mit EventParser und EpiTest konnte zeigen, wie dieser uneinheitliche Lektüreeindruck zustandekommt: Je nach semiotischer Anschlussfähigkeit der von uns gelesenen Ereignisse fallen die von uns anschließend generierten komplexen Handlungskonstrukte unterschiedlich komplex und umfassend aus. Dieser Befund lässt sich in der Form eines Graphen darstellen, der das integrative Potenzial der Einzelerzählungen an drei Parametern misst: Wie viele Ereignisse lassen sich prozentual zu Episoden verknüpfen? Wie viele Episoden kann man ihrerseits zu einer durchgehenden Handlung integrieren? Wie hoch ist das Handlungspotenzial? Interessanterweise korrespondiert das dabei gewonnene rechnerische Resultat nahezu 1:1 mit der qualitativen Bewertung, die die Einzelerzählungen in der wissenschaftlichen Rezeptionsgeschichte des Textes im Vergleich untereinander erfahren haben: Die als trivial geltende «Bassompierre»-Geschichte ist im höchsten Maße handlungs-

Text segment	(%) EVENT integration	(%) EPISODE integration	ACTION product
Antonelli	26.95	27.40	738.48
Bassompierre	84.25	39.19	3301.71
Klopfgeist	16.27	35.29	574.16
Prokurator	59.06	14.65	865.20
Ferdinand	55.81	18.71	1044.04
Märchen	9.70	1.49	14.44
Average	42.01	22.79	1089.67
Unterhaltungen total	6.34	6.50	41.22

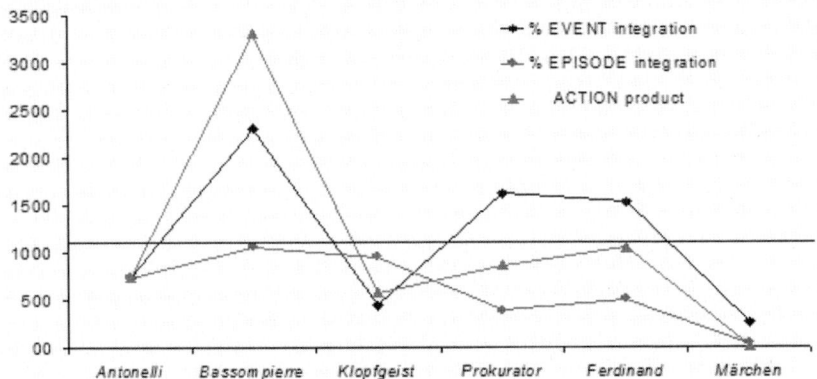

Abb. 3 Evaluation des sog. Handlungspotenzials der sechs konstitutiven Einzelerzählungen in Goethes «Unterhaltungen Deutscher Ausgewanderten» (1795) mit der narratologischen Analyse-Software EpiTest

logisch integrativ und semantisch anschlussfrei, während das durchweg als ästhetisch herausragend bewertete «Märchen» zahlreiche offene Anschlussstellen aufweist (Abb. 3).

Zwei Ergebnisse des EpiTest-Projekts waren narratologisch gesehen von prinzipieller Bedeutung. Erstens macht diese Beispieluntersuchung deutlich, dass wir angesichts der immensen Zahl theoretisch möglicher Handlungskonstrukte uns dennoch – wenigstens innerhalb eines Kulturraumes und einer Epoche – offenkundig stillschweigend auf eine relativ eng umgrenzte Teilmenge an Konstrukten zu einigen vermögen, die wir für überhaupt diskussionswürdig halten. Das Lesen von ‹Handlung› im Sinne eines kombinatorischen Entwerfens von Handlungskonstrukten auf der Basis narrativer Informationen in Gestalt von Text, Wort, Bild, Klang usw. ist also vermutlich nicht allein als ein symbolgesteuerter ästhetischer Rezeptionsprozess anzusehen. Man muss es auch als einen sozialen Koordinationsprozess begreifen, in dessen Verlauf ein Abgleich zwischen dem hinzugezogenen individuellen und kulturellen Weltwissen vorgenommen wird. Um diesen Abstimmungsprozess produktiv zu halten, darf das Lesen bzw. Konstruieren von Handlung weder auf ideologische Gleichschaltung und eindeutige Normierung hinauslaufen noch auf eine radikale Subjektivierung.

Zweitens habe ich selbst im Verlauf des Projekts schmerzlich erfahren, was für ein unerbittlicher Zuchtmeister der Rechner für den zu theoretischen Adhoc-Lösungen und ‹Normalisierungen› seiner Daten und Hypothesen neigenden Geisteswissenschaftler sein kann. Ein für die konkrete Verwendung mit einem Computer in Form einer Software zu operationalisierendes narratologisches Modell kann man nämlich auf genau zwei Weisen entwerfen: so, dass das Programm funktioniert – und so, dass es nicht funktioniert. Die kleinste Lücke, Ambiguität oder gar Widersprüchlichkeit im narratologischen Modell führt, sobald sie sich in der Software niederschlägt, zum Desaster. Denn Software und Rechner kennen weder Gnade noch Geduld, noch rührt sie ein Appell an den Common Sense. Was man schon immer über das Erzählen zu wissen glaubte, sich jedoch eigentlich hätte fragen müssen: Genau das ist es, worauf die digitale Maschine in jedem Detail insistieren wird.

In der Computational Narratology – wie überhaupt in allen auf digitale Modellierung abzielenden computerphilologischen Projekten – arbeiten wir damit immer unter den Bedingungen eines methodologischen *double check*: Unsere Konzepte und Modelle müssen einerseits den klassischen methodischen Anforderungen geisteswissenschaftlicher Forschung entsprechen. Andererseits jedoch müssen sie auch für den Computer operationalisierbar sein – salopp gesagt, man muss sein jeweiliges narratologisches Konzept oder Modell auch auf einem Computer zum Laufen bringen können, und das möglichst ohne theoretische Abstriche. Der konkrete Nachweis, dass ein narratologisches Modell erfolgreich operationalisiert werden kann, lässt sich allerdings nur mit erheblichem Aufwand führen. Die erzähltheoretischen Phänomene, um deren formale Modellierung wir uns in der Computational Narratology bemühen, sind schon innerhalb der traditionell arbeitenden Narratologie nicht umsonst Gegenstand fortgesetzter Debatten.

Das ambitionierteste Projekt überhaupt wäre nun sicherlich der Versuch, das menschliche Erzählvermögen als solches mit einem Computer zu simulieren – und dies macht das Problem auch für KI-Forscher äußerst attraktiv, denn Schachwettkämpfe zwischen Computer und Großmeister sind vergleichsweise Schnee von gestern. So stellt Selmer Bringsjord – Schöpfer von BRUTUS, einem der derzeit avanciertesten Systeme zur Generierung von Erzählungen –

denn auch nur lapidar fest: «Chess is too easy!»[24] Tatsächlich läuft der Versuch, das Erzählen kognitionstheoretisch zu modellieren, wenn nicht gar konkret als Software zu implementieren, nachgerade auf eine *killer application* hinaus, die das Leistungsvermögen von informatischen Modellen, Architekturen und Systemen extrem herausfordert. Was eine solche Softwarearchitektur alles können müsste, um einen idealen *Story Generator Algorithmus* (SGA) abzugeben, wird von uns in Hamburg derzeit im Rahmen des *Story-Generator*-Projekts erforscht.[25] Dabei haben wir uns bewusst nicht an dem orientiert, was technisch machbar ist, sondern vielmehr jene Desiderata zu spezifizieren versucht, die aus der Perspektive von Literatur- und Medienwissenschaftlern sowie speziell von Narratologen essenziell für unsere qualitativen Ansprüchen an ‹echte› und nicht bloß zu experimentellen Zwecken konstruierte Erzählungen sind. Nach Sichtung etlicher SG-Algorithmen haben wir unseren narratologischen Anforderungskatalog dann in die Form eines Prozessgraphen gebracht, der die einzelnen Funktionskomplexe visualisiert, die nach unserer Ansicht das *sine qua non* eines anspruchsvollen SGA ausmachen, wie man ihn bislang wohl nur theoretisch entwerfen kann (Abb. 4).

Ein idealer SGA, der nicht auf eine Neuauflage der Swiftschen *Literary Machine* hinausläuft, wäre, wie sich hier zeigt, eine komplizierte Sache. Zunächst einmal müsste er in der Lage sein, die mimetischen Grundbausteine jeder Erzählung zu generieren – also die Ereignisse und die belebten wie unbelebten Gegenstände einer (möglichen) Welt (Modul INVENTOR). Sodann müsste er die zu den jeweiligen Ereignistypen passenden Agenten aus der Gesamtmenge der Gegenstände rekrutieren (Modul RECRUITER), um diese dann an ein weiteres Modul zu übergeben, das alle vorgenannten Elemente und Grundstrukturen zu einer bedeutungshaften Gesamtstruktur verknüpft (Modul COMPOSER). Erst auf dieser Grundlage beginnt das eigentliche Geschäft des Erzählens: der Aufbau einer diskursiv strukturierten Narration mit den üblichen Rück-

---

24 Selmert Bringsjord/David Ferrucci: *Artificial Intelligence and Literary Creativity: Inside the Mind of BRUTUS, a Storytelling Machine*. Mahwah/London 2000.
25 Zum Projekt siehe die folgenden Publikationen: Birte Lönneker-Rodman: «Modelle erzählender Texte Computerlinguistik und ‹Computernarratologie›.» In: *Abstracts of the 28th annual meeting of the German Society for Linguistics (DGfS), Bielefeld, Germany, February 22–24, 2006*, S. 246–247. Birte Lönneker: «Narratological Knowledge for Natural Language Generation». In: Graham Wilcock/Kristiina Jokinen/Chris Mellish/Ehud Reiter (Ed.): *Proceedings of the 10th European Workshop on Natural Language Generation (= ENLG 2005), Aberdeen, Scotland, August 8-10, 2005*, S. 91–100. Birte Lönneker/Jan Christoph Meister/Pablo Gervás/Federico Peinado/Michael Mateas: «Story Generators: Models and Approaches for the Generation of Literary Artefacts». In: *ACH/ALLC 2005 Conference Abstracts. Proceedings of the 17th Joint International Conference of the Association for Computers and the Humanities and the Association for Literary and Linguistic Computing, Victoria, BC, Canada, June 15-18, 2005*, S. 126–133. Weitere Informationen siehe auf der Projektwebsite http://www1.uni-hamburg.de/story-generators//publications.html [16.01.2007].

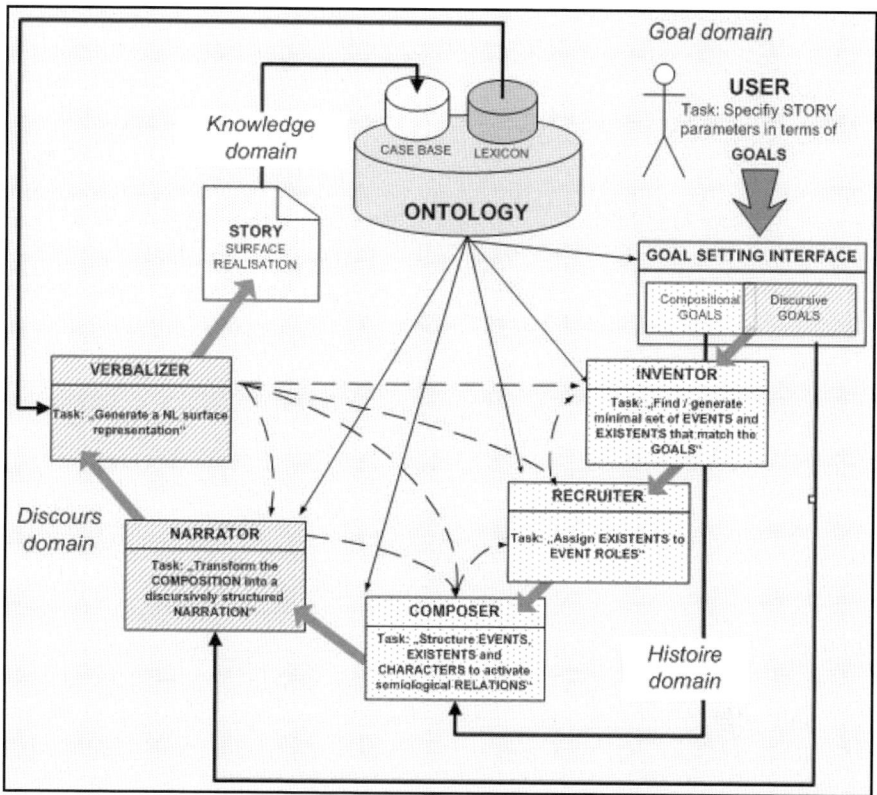

Abb. 4 Workflow-Schema eines idealen Story Generator-Algorithmus nach Lönneker & Meister

blenden, Einschüben, Rahmungen usw. (Modul NARRATOR). Und erst danach erfolgt die Versprachlichung des Ganzen (Modul VERBALIZER) und die Oberflächenrealisation z. B. als Text (STORY). Erschwerend kommen bei all dem noch hinzu der laufende Bezug zu einer Datenbank des Weltwissens (ONTOLOGY) und vielfältige Rückkoppelungsprozesse. Von Anfang an ausgeblendet haben wir in dieser Architektur zudem das Problem, dass wir uns (abgesehen von primär pragmatisch orientierten Alltagserzählungen) der ästhetischen und normativen Präferenzen, die die Erzählung insgesamt determinieren, nie vorab bewusst sind – ganz im Gegenteil: Wir erzählen und interpretieren Erzähltes vielmehr gerade, um diese Determinanten unserer Sicht auf die Welt erschließen zu können. Genau diesen Aspekt, der den eigentlichen kognitiven Mehrwert des Erzählens als Akt der Produktion wie der Rezeption ausmacht, kann unser Modell nur mit einer Hilfskonstruktion einholen, nämlich einem interaktiven GOAL-SETTING-Interface, über das der zum USER mutierte Rezipient die narrativen Parameter› im Sinne von Default-Einstellungen explizit deklarieren muss, um dem Generierungsprozess eine globale semiotische Orientierung zu verleihen.

Ein ambitionierter SGA, wie ihn das Workflow-Schema skizziert, läuft in gewisser Weise auf eine Quadratur des Kreises hinaus: Denn es ginge ja um ein auf mathematischen Operationen basierendes System, das dennoch kreative Unberechenbarkeit vortäuscht und insofern den berühmten Turing-Test bestünde, indem sein Output von dem eines menschlichen Erzählers nicht unterscheidbar wäre. Dieses Ziel ist sicher sehr hoch gesteckt – beim gegenwärtigen Stand der Entwicklung kann man schon froh sein, wenn konkret implementierte Systeme überhaupt etwas generieren, was die Minimaldefinition von Erzählung erfüllt.

Mit dieser Minimaldefinition ist nun allerdings zugleich ein in der Narratologie nach wie vor umstrittenes Thema angesprochen, zu dem eine ganze Reihe interessanter Definitionsversuche vorliegen. Für unseren Zusammenhang vielleicht besonders relevant ist der Versuch von H. Porter Abbott, speziell das Phänomen *Narrative Literature* unter Bezugnahme auf die im Umgang mit Computertechnologie und Software gängige Rede von Plattformen und interaktiv definierbaren Programmparametern (*platform* und *toggle switches*) zu erklären. *Narrative* ist nach Abbotts Meinung eine Art Plattform für die symbolische Repräsentation von Ereignissen; man könnte auch sagen: die *Narrative* ist eine Art semiotisches Betriebssystem, das darüber gelagerte Operationen überhaupt erst möglich macht – darunter eben auch die des literarischen Erzählens. Dessen spezifische Erscheinungsweise ist dagegen abhängig von den *switches*, mit denen die Merkmale *instrumentality, reflexivity, fictionality, significance, originality* zu- oder abgeschaltet werden. Bestimmte Konstellationen dieser Schalter führen dabei zu der spezifischen Erscheinungsform einer *literarischen* Narration.[26]

Abbotts Verwendung der Computermetapher macht zwar die kategoriale Unterscheidung zwischen Narration und Literarizität in einer für uns operationalisierbaren Weise verständlich; sie hilft uns jedoch nicht bei dem vorgelagerten Problem der Bestimmung von Narrativität als solcher. Hier verweist Abbott nur auf die in der Narratologie und Erzählforschung *communis opinio*, nach der Narrationen auf der untersten Ebene immer Repräsentationen von Ereignissen oder Ereignissequenzen sein müssen, die dann diskursiv und medial auf verschiedenste Art überformt und realisiert werden können. Statt eines Referates zu den diversen Definitionsansätzen, die diese Tradition entfaltet und entwickelt haben, möchte ich als Synthese derartiger Explikationen folgende

---

26 H. Porter Abbott: «What Do We Mean When We Say ‹Narrative Literature›? Looking for Answers Across Disciplinary Borders.» In: *Style* 34 (2000), S. 260–273.

Bestimmung vorschlagen, die ebenfalls auf die Metaphorik von Programmparametern Bezug nimmt.

Vorausgesetzt sei, dass eine Erzählung aus einer endlichen Menge von symbolischen Repräsentationen besteht – beispielsweise (aber nicht notwendig) aus einer bestimmten Zahl natürlichsprachlicher Ausdrücke, die empirische oder vorgestellte Gegenstände und Zustände repräsentieren. Ein derartiges Ensemble symbolischer Repräsentationen kann man nun auf verschiedene Weise ordnen. Zum Beispiel könnte man die Ausdrücke rein nach ihrer nummerischen Position innerhalb der wahrgenommenen Zeichenkette sortieren, oder alphabetisch, oder nach Wortklassen, oder nach irgendwelchen anderen paradigmatischen Kriterien. Klar ist: Keine dieser mechanischen Sortierungen ist hinreichend, um aus dem Ensemble eine Erzählung zu machen. Damit unser Ensemble als narrativ gelten kann, müssen die einzelnen Repräsentationen vielmehr auf der Produzentenseite so arrangiert und markiert und dann auf der Rezipientenseite so transformiert werden, dass sie drei wesentliche Kriterien in hinreichendem Maße erfüllen. Diese drei Bedingungen möchte ich – jetzt unter Verbindung unserer Computer- mit einer ökonomischen Metapher – als die Parameter der narrativen Wertschöpfung bezeichnen. Es sind dies:

- Temporalität: Einzelrepräsentationen und ihre Inhalte erhalten eine (absolute oder relative) Markierung auf einer unilinearen Zeitachse (WAS passiert/existiert WANN?)
- Konnektivität: Zwischen einzelnen symbolisch repräsentierten Entitäten oder Zuständen werden kausallogische, teleologische oder motivationale Verknüpfungsrelationen postuliert (WAS passiert/existiert WARUM?)
- Medialität: Repräsentationsinhalte werden als durch eine subjektive Wahrnehmungs- und/oder Interpretationsinstanz vermittelte Re-Präsentationen angezeigt, die ihnen Bedeutung beimisst (WAS wird WIE vermittelt durch WEN?)

Das hört sich nun recht abstrakt an. Aber jeder von uns weiß, was narrative Wertschöpfung in der Praxis bedeutet: die Transformation eines ‹flachen›, non-narrativen Symbolkomplexes in einen narrativen. Die dazu notwendige narrative Plattform (Abbott) lässt sich jederzeit aktivieren, wie das folgende Bild beweist, bei dem ich die zugehörige Pressemeldung bewusst in der Fußnote verstecke, um dem Leser Gelegenheit zur eigenständigen Narrativierung zu geben (Abb. 5)[27].

---

27 Die Meldung zum Bild vom 17. November 1999 lautete: «KABUL, Afghanistan (AP) – Thousands of people watched as a woman, cowering beneath a pale blue all-enveloping burqa, was shot and killed today in the first public execution of a woman in Kabul since the Taliban religious army took control three years ago» (http://www.rawa.org/murder-w.htm [16.01.2007]).

Abb. 5 Pressebild

Ich habe gerade gesagt, dass die drei Bedingungen Temporalität, Konnektivität, Medialität in hinreichendem Masse zu erfüllen sind, damit eine symbolische Repräsentation als narrativ gelten kann. Das provoziert die Frage, *wie viel* Temporalität, Konnektivität oder Medialität denn nun genau hinreichend ist, damit Narrativität entsteht. Wir sind, so scheint es, damit offenbar wieder bei unserem Ausgangsproblem angelangt: bei der ‹Berechenbarkeit› des Erzählens. Wer allerdings diese Frage unter einem normativen Gesichtspunkt stellt, verkennt, dass das Erzählen, obzwar eine universale anthropologische Kompetenz, sich nie als Abstraktum, sondern ausschließlich in seinen historischen, kontingenten Performanzen zeigt – also als konkrete Erzählung bzw. als konkreter Erzählprozess. Und so können z. B. je nach kulturellem Kontext, nach Epoche oder nach Genre unsere drei Parameter durchaus in unterschiedlicher gradueller Gewichtung realisiert sein. Eindeutig ist nur, dass die Null-Realisierung eines oder mehrerer Parameter eine narrative Wertschöpfung prinzipiell unmöglich machen dürfte. Der Leser ist aufgefordert, diese These durch bewusstes An- und Abschalten der drei *toggle switches* Temporalität, Konnektivität, Medialität zu überprüfen.

Fazit

Kann man also das Erzählen berechenbar machen? Die Antwort muss geteilt ausfallen.

Definitionsversuche wie der eben vorgestellte Entwurf oder auch das im SGA-Projekt entworfene Workflow-Schema einer Erzählsoftware- und Systemarchitektur verwenden bewusst der Computertechnologie entlehnte technisch-experimentell Konzepte wie das des ‹Parameters› und des ‹toggle switch› oder Funktionsmetaphern wie die der Plattform, um sich einen neuen Begriff von der Funktionslogik des Erzählens zu machen. Was die Computational Narratology auf dieser Grundlage zur Zeit durchaus leisten kann, ist die digitale Modellierung einzelner narratologischer Konzepte und zentraler generativer wie rezeptiver Prozesse – und dies dezidiert nicht im Sinne eines computationalistischen und verhohlen normativen *model for*, sondern in dem eines erkenntnisproduktiven, experimentellen *model of*.[28] Experimentelle Modelle sind flexi-

---

[28] Die hier angesprochene Unterscheidung von *model of* und *model for* wird eingehend diskutiert von Willard McCarty in seinem Beitrag «Modelling: A Study in Words and Meanings». In: Susan Schreibman/Ray Siemens/John Unsworth (Ed.): *A Companion to Digital Humanities*. Ox-

ble, interaktiv handhabbare Hilfsmittel der Annäherung, nicht finale Lösungen oder gar Applikationen, die man mechanisch einsetzen und sich selbst überlassen könnte. Die perfekte Simulation des menschlichen Erzählvermögens mit dem Computer bleibt für uns ein abstraktes Fernziel und überhaupt ein Projekt, an dem uns primär interessiert, warum wir auf dem Weg dorthin immer wieder so spektakulär scheitern. Denn jedes Scheitern weist auf ein theoretisch unterdefiniertes Konzept, auf eine Lücke im Modell, auf ein Phänomen oder auf eine Kompetenz, die für unsere Formalisierungen uneinholbar geblieben ist. Und so gilt auch für die Computational Narratology letztlich die – durchaus nicht defätistisch, sondern hoffnungsvoll gemeinte – Devise aller experimentellen Arbeit: «Gescheiter Scheitern»!

ford: 2004, S. 254–70. Ein *model for* setzt die Modellierung zunächst instrumentell ein und reduziert insofern den modellierten Gegenstand auf ein operationalisierbares Konzept; dieses reduktionistische Modell verselbstständigt sich dann aber und wird als nachgerade idealtypisches Konstrukt gehandelt, an dem schließlich die Gegenstände selbst gemessen werden. Ein *model of* hingegen versteht sich als flexible, tentative Gegenstandskonzeptualisierung, zu der Alternativen denkbar und mehr noch: erwünscht sind. Während das normative *model for* also den Erkenntnisprozess abschließt, hält das *model of* ihn offen und befördert ihn, weshalb McCarty letzterem auch methodologische Dignität zuspricht.

Jan-Noël Thon

Schauplätze und Ereignisse
Über Erzähltechniken im Computerspiel des 21. Jahrhunderts

1. Das Computerspiel im 21. Jahrhundert

Die nicht einmal ein halbes Jahrhundert umfassende Geschichte des Computerspiels lässt sich als Erfolgsgeschichte bezeichnen. Auch wenn sich das Medium Computerspiel nach wie vor rapide weiter entwickelt, spielt es bereits jetzt eine wichtige Rolle in der Unterhaltungskultur. Als vor 33 Jahren das erste kommerziell erfolgreiche Computerspiel, *Pong*[1], erschien, war wohl keinem der damals Beteiligten klar, dass die Herstellung von Computerspielen einmal derart lukrativ werden würde. Heute sind die Umsätze der Computerspielindustrie mit denen der Filmindustrie Hollywoods durchaus vergleichbar. Während Filme aber spätestens seit den 1960er Jahren als Gegenstand diverser wissenschaftlicher Disziplinen etabliert sind, handelt es sich bei der akademischen Beschäftigung mit Computerspielen um eine relativ junge Entwicklung.[2]

Der Begriff ‹Computerspiel› bezeichnet ein weites Feld mit einer Vielzahl von Erscheinungsformen. Nicht zuletzt deshalb werden Computerspiele heute innerhalb verschiedener Disziplinen aus unterschiedlichen Perspektiven betrachtet. Ich beschäftige mich hier mit der Frage, inwiefern Computerspiele als narrative Medien verstanden werden können. Die Annahme, dass Computerspiele narrative Medien sind, ist keineswegs selbstverständlich und war in der Vergangenheit teilweise recht polemischen Angriffen aus einer häufig als Ludologie bezeichneten Forschungsrichtung ausgesetzt, die Computerspiele in erster Linie als Spiele untersucht sehen möchte.

Inzwischen herrscht aber weitgehend Konsens, dass die Mehrzahl insbesondere neuerer Computerspiele weder ausschließlich narrativ noch ausschließlich ludisch ist, sondern vielmehr recht komplexe Kombinationen dieser und

---

1   *Pong*. Atari 1972.
2   Zwar hat es seit etwa Ende der 1970er Jahre innerhalb der Pädagogik und der Psychologie immer wieder Versuche gegeben, sich dem Phänomen Computerspiel zu nähern, allerdings sind die Ergebnisse dieser Versuche zumindest für das Thema des vorliegenden Beitrags eher von geringer Relevanz. Eine Beschäftigung mit Computerspielen innerhalb der Geistes- und Kulturwissenschaften, insbesondere der Medienwissenschaft, ist verstärkt seit den 1990er Jahren zu beobachten.

weiterer Elemente darstellt. So schaffen Computerspiele fiktionale Welten und Schauplätze für verschiedene Arten von Ereignissen. Ich werde im Folgenden zu klären versuchen, wie diese fiktionalen Welten und Schauplätze beschaffen und welche Arten von Ereignissen in Schauplätzen eigentlich als narrativ zu bezeichnen sind. Nach dieser Abgrenzung von narrativen und nicht-narrativen Elementen in Computerspielen werde ich zeigen, wie Computerspiele im 21. Jahrhundert filmische und literarische Erzähltechniken zur Darstellung von narrativen Ereignissen verwenden. Schließlich werde ich noch auf einige über die Vermittlung von Geschichten hinausgehende Funktionen narrativer Ereignisse in Computerspielen eingehen.

Ziel ist dabei im Wesentlichen eine präzise Bestimmung der Narrativität neuerer Computerspiele, wobei ich als Beispiele den Shooter *Halo*[3] und seinen Nachfolger *Halo 2*[4], das Aufbaustrategiespiel *Warcraft III*[5] und das Rollenspiel *Neverwinter Nights*[6] heranziehen werde. In Anbetracht der Vielzahl von Plattformen und Genres, auf die sich der Begriff ‹Computerspiel› bezieht, ist es nicht weiter verwunderlich, dass es auch im 21. Jahrhundert Computerspiele ohne oder mit kaum ausgeprägten narrativen Elementen gibt. Solche auch kommerziell erfolgreichen Spiele wie *Die Sims*[7] sind allerdings nicht Thema dieses Textes. Obwohl ich mich hier also nur auf vier ausgewählte Computerspiele beziehe, sollten sich die im Folgenden zu entwickelnden Kategorien auf die meisten Computerspiele anwenden lassen, da sie sich prinzipiell auch dazu eignen, nicht-narrative Spiele als solche zu erkennen und zu beschreiben.

2. Fiktionale Welten

Die Game-Designer Ernest Adams und Andrew Rollings stellen in ihrem Buch *On Game Design* fest, dass jedes noch so kleine Spiel in einem künstlichen Universum, einer Spielwelt stattfindet.[8] Diese Feststellung gilt auch für Computerspiele. Allerdings gibt es signifikante Unterschiede in der Ausgestaltung solcher Computerspielwelten. Während das klassische *Tetris*[9] eine ziemlich begrenzte Spielwelt mit ebenso begrenztem Inventar in Form von verschieden geformten Blöcken und recht übersichtlichen Spielregeln aufweist, sind neuere Spiele

3 *Halo: Kampf um die Zukunft*. Bungie/Microsoft 2002.
4 *Halo 2*. Bungie/Microsoft 2004.
5 *Warcraft III: Reign of Chaos*. Blizzard/Sierra 2002.
6 *Neverwinter Nights*. Bioware/Atari 2002.
7 *Die Sims*. Maxis/Electronic Arts 2000.
8 Vgl. Andrew Rollings/Ernest Adams: *Andrew Rollings and Ernest Adams on Game Design*. Berkeley 2003. «A game world is an artificial universe, an imaginary place whose creation begins with the (usually unspoken) words ‹Let's pretend...›. Every game, no matter how small, takes place in a world» (S. 55).
9 *Tetris*. Spectrum Holobyte 1986.

wie *Halo* häufig in sehr komplexen Welten angesiedelt. Es handelt sich hierbei um fiktionale Welten, und als solche lassen sie sich prinzipiell mit Hilfe der aus der modalen Logik entwickelten Theorie fiktionaler bzw. möglicher Welten beschreiben. Ein Versuch in dieser Richtung wurde etwa von Marie-Laure Ryan in *Narrative as Virtual Reality* unternommen.[10]

Obwohl die Rezeption und Erweiterung der *Possible Worlds Theory* zu einer Theorie fiktionaler Welten insbesondere im Kontext der Narratologie stattgefunden hat, handelt es sich bei dieser zunächst um eine Fiktionalitätstheorie. Die *Possible Worlds Theory* geht davon aus, dass neben der aktuellen bzw. realen Welt eine Vielzahl möglicher, aber nicht aktueller Welten existiert. Diese möglichen Welten sind laut Carola Surkamp «Produkt mentaler Aktivitäten (also Träume, Wünsche, Hypothesen, Fiktionen usw.)»[11]. Mit Lubomír Doležel lässt sich feststellen, dass durch verschiedene menschliche Aktivitäten kontinuierlich neue mögliche bzw. fiktionale Welten entstehen.[12] Computerspiele sind nicht weniger als Romane oder Gemälde an dieser menschlichen Tätigkeit des Erschaffens von Welten beteiligt. Obwohl hier weder eine umfassende Diskussion der Theorie fiktionaler Welten noch ihre Anwendung auf Computerspiele unternommen werden soll, bleibt zumindest festzustellen, dass Computerspiele bzw. die von ihnen erschaffenen fiktionalen Welten im Rahmen dieser Theorie untersucht werden können.

Eine solche Untersuchung von Computerspielen des 21. Jahrhunderts scheint insbesondere im Hinblick auf eine bisher in der Forschung eher vernachlässigte Eigenschaft solcher Spiele sinnvoll. Diese beziehen sich häufig gemeinsam mit weiteren kulturellen Artefakten wie Romanen oder Paratexten wie Gebrauchsanleitungen auf dieselbe fiktionale Welt. Dieses Phänomen lässt sich auch abseits der unzähligen *Star Wars*-Umsetzungen recht gut an *Halo* und seinem Nachfolger illustrieren. Zwar erfährt der Spieler innerhalb des jeweiligen Spiels einiges über die fiktionale Welt, auf die sich beide Spiele beziehen, jedoch werden darüber hinaus nicht zuletzt für ein tieferes Verständnis der Spielhandlung relevante Informationen durch andere kulturelle Artefakte vermittelt. Zunächst sind hier vor allem die Anleitung zum Spiel und die Bungie-Homepage[13] zu nennen, die detailliert ausgearbeitete Informationen über die fiktionale Welt und die Vorgeschichte der Spiele zur Verfügung stellen.

Neben einer großen Anzahl an inoffiziellen Beiträgen von Fans wie Co-

---

10 Vgl. Marie-Laure Ryan: *Narrative as Virtual Reality. Immersion and Interactivity in Literature and Electronic Media*. Baltimore (u. a.) 2001. S. 307 ff.
11 Carola Surkamp: «Narratologie und *Possible-Worlds Theory*: Narrative Texte als Alternative Welten». In: Ansgar Nünning/Vera Nünning (Hg.): *Neue Ansätze in der Erzähltheorie*. Trier 2002, S. 153–184. Zitat S. 156.
12 Vgl. Lubomír Doležel: *Heterocosmica. Fiction and Possible Worlds*. Baltimore (u. a.) 1998. «The universe of possible worlds is constantly expanding and diversifying thanks to the incessant world-constructing activity of human minds and hands» (S. ix).
13 Vgl. http://halosm.bungie.org/story/ (Stand: 01.07.2006).

mics, Kurzgeschichten und Versuchen, interpretierend oder kreativ die Lücken in der Geschichte zu füllen, sind zudem (zum Zeitpunkt des Vortrags) drei offiziell lizenzierte *Halo*-Bücher veröffentlicht worden. *Die Schlacht um Reach*[14] beschäftigt sich mit der unmittelbaren Vorgeschichte von *Halo*, *Die Invasion*[15] adaptiert die Spielhandlung, und *Erstschlag*[16] spielt zwischen der Handlung von *Halo* und seinem Nachfolger *Halo 2*. Zwar würde eine ausführliche Behandlung dieses Phänomens hier zu weit führen, es ist jedoch noch einmal zu betonen, dass häufig ein wechselseitiger Bezug zwischen Computerspielen und anderen kulturellen Artefakten besteht. Da es sich bei diesen anderen kulturellen Artefakten in den meisten Fällen um narrative Texte handelt, bietet es sich an, hier vom narrativen Kontext von Computerspielen zu sprechen. Auf diesen narrativen Kontext beziehen sich Computerspiele häufig auch dort, wo sie selbst nicht im eigentlichen Sinne narrativ sind.[17]

Allein die Feststellung, dass Computerspiele fiktionale Welten erschaffen, bringt uns der Antwort auf die Frage nach ihrer Narrativität noch nicht wesentlich näher. Computerspiele verwenden eine Reihe unterschiedlicher Techniken zur Vermittlung ihrer fiktionalen Welt, die sich wiederum aus unterschiedlichen Perspektiven beschreiben lässt. Ich unterscheide hier eine räumliche, eine ludische und eine narrative Ebene in Computerspielen. Diese Ebenen bezeichnen gleichzeitig Perspektiven, aus denen sich Computerspiele und ihre fiktionalen Welten beschreiben lassen. Die Ebene der räumlichen Strukturen bezieht sich auf den Raum der fiktionalen Welt sowie ihr Inventar, d. h. die Objekte, die sich in diesem Raum befinden. Die Ebene der ludischen Strukturen bezieht sich im Wesentlichen auf den Bereich der Spielregeln und ihrer Wirkungen. Die Ebene der narrativen Strukturen schließlich bezieht sich auf die Frage, inwiefern die Vermittlung einer Geschichte Teil der Darstellung der fiktionalen Welt ist. Es handelt sich hierbei um eine relativ willkürlich gesetzte Unterscheidung und ein Heranziehen weiterer Perspektiven kann in anderen Zusammenhängen sicherlich nötig werden.[18] Im Hinblick auf die hier unternommene Abgrenzung der narrativen von den nicht-narrativen Elementen in Computerspielen, scheint mir die eingeführte Unterscheidung allerdings sinnvoll zu sein.

14 Eric Nylund: *Halo: Die Schlacht um Reach*. Stuttgart 2003.
15 William C. Dietz/Claudia Kern: *Halo: Die Invasion*. Stuttgart 2004.
16 Eric Nylund: *Halo: Erstschlag*. Stuttgart 2004.
17 An dieser Stelle sei noch auf die ebenfalls innerhalb der Theorie fiktionaler Welten beschreibbaren, von mir aber nicht näher behandelten Fragen nach thematischen und genrespezifischen Gemeinsamkeiten zwischen den fiktionalen Welten von Computerspielen und den Welten anderer kultureller Artefakte hingewiesen.
18 So ist etwa bei der Analyse der hier nicht behandelten Multiplayerspiele die Ebene der sozialen Strukturen, welche sich auf die Kommunikation und soziale Interaktion der Spieler bezieht, von einiger Relevanz. Vgl. hierzu Jan-Noël Thon: «Communication and Interaction in Multiplayer First-Person-Shooter Games». In: Giuseppe Riva et al. (Hg.): *From Communication to Presence. Cognition, Emotions and Culture Towards the Ultimate Communicative Experience. Festschrift in honor of Luigi Anolli*. Amsterdam 2006, S. 239–261.

3. Schauplätze und Ereignisse

In der klassischen Narratologie besteht weitgehend Einigkeit darüber, dass ein Text dann als narrativ zu bezeichnen ist, wenn es sich bei ihm um die Darstellung von Ereignissen handelt.[19] Die Abfolge von zeitlich aufeinander und kausal auseinander folgenden Ereignissen bildet die Geschichte, die ein narrativer Text vermittelt. In der transmedialen Narratologie hat sich nun seit einiger Zeit die Erkenntnis durchgesetzt, dass auch audiovisuelle Darstellungen von Ereignissequenzen als narrativ bezeichnet werden können. Insbesondere im Hinblick auf Computerspiele ist hervorzuheben, dass es sich hierbei um zum Zeitpunkt ihrer Darstellung bzw. Rezeption bereits determinierte Ereignisse handelt. Matías Martínez und Michael Scheffel bemerken hierzu in ihrer *Einführung in die Erzähltheorie*: «Wer narrative Texte liest, tut etwas scheinbar Paradoxes, denn er nimmt das dargestellte Geschehen zugleich offen und gegenwärtig und als abgeschlossen und vergangen auf.»[20] Es ist also keineswegs jede beliebige Darstellung einer Abfolge von Ereignissen narrativ zu nennen. Narrative Ereignisse sind Darstellungen von Ereignissen, die sich bereits ereignet haben.[21]

Anhand dieser charakteristischen Prädeterminiertheit lassen sich narrative Ereignisse etwa recht deutlich von einer weiteren Art von Ereignissen in Computerspielen abgrenzen, die ich ludische Ereignisse nenne. So handelt es sich bei den Bewegungen der Spieler und des Balls im Rahmen eines in einem Computerspiel simulierten Fußballspiels nicht um narrative Ereignisse, da (und nur insofern) der Ablauf dieser Bewegungen nicht von vornherein im Programmcode festgelegt ist. Ähnliches gilt für ein reales Fußballspiel. Für die meisten Fußballfans verliert eine Aufzeichnung eines solchen im Vergleich zu einer Live-Übertragung ganz erheblich an Reiz. Allein das Vorhandensein einer Reihe von Ereignissen ist also nicht hinreichend, damit daraus eine Geschichte wird. Ein Fußballspiel kann zwar (nach-)erzählt werden, wenn es vorüber ist und der während des Spiels offene Verlauf determiniert wurde. Die Elemente eines Fußballspiels (wie einer Fußballsimulation) haben aber selbst zunächst keine narrative Funktion. Bei derartigen spielhaften, nicht prädeterminierten und regelgeleiteten Ereignissen in Computerspielen handelt es sich dann nicht um narrative, sondern um ludische Ereignisse.

---

19 Vgl. etwa Gerald Prince: *Dictionary of Narratology. Revised Edition.* Lincoln (u. a.) 2003. S. 58.
20 Matías Martínez/Michael Scheffel: *Einführung in die Erzähltheorie.* München 1999. S. 119.
21 Vgl. hierzu auch H. Porter Abbotts Überlegungen zu den hier nicht behandelten *Massive Multiplayer Online Role Playing Games* (vgl. H. Porter Abbott: *The Cambridge Introduction to Narrative.* Cambridge (u. a.) 2002. S. 32f) und Fotis Jannidis´ Diskussion und Verfeinerung dieser Überlegungen (vgl. Fotis Jannidis: «Narratology and the Narrative.» In: Tom Kindt/Hans-Harald Müller (Hg.): *What is Narratology? Questions and Answers Regarding the Status of a Theory.* (=Narratologia, Vol. 1). Berlin (u. a.) 2003, S. 35–54).

Bevor ich näher auf narrative Ereignisse in Computerspielen eingehe, möchte ich mich zunächst noch kurz der räumlichen Ebene der fiktionalen Welten von Computerspielen zuwenden, die die Umgebung sowohl für ludische wie narrative Ereignisse bildet. Hier kann zunächst unterschieden werden zwischen dem gesamten Raum der fiktionalen Welt und den Räumen, die dem Spieler über seinen Avatar, seinen Stellvertreter in der Spielwelt, zugänglich sind und auf die der Spieler über das Interface einwirken kann.[22] Während ersterer meist zu großen Teilen ausschließlich narrativ vermittelt wird (etwa durch verschiedene Erzähltechniken, auf die ich noch zurückkommen werde), handelt es sich bei letzteren vor allem um Schauplätze für ludische Ereignisse. Ich bezeichne im Folgenden die Gesamtheit des Raums im Computerspiel als fiktionale Welt bzw. Raum der fiktionalen Welt, während ich für die dem Spieler über seinen Avatar zugänglichen Räume den Begriff ‹Schauplatz› benutze. Obwohl selbstverständlich auch nicht zugängliche Räume in Computerspielen Schauplätze von Ereignissen sein können, halte ich eine solche terminologische Unterscheidung nicht zuletzt deshalb für sinnvoll, weil sich in den zugänglichen Räumen von Computerspielen fraglos mehr ereignet als in den ausschließlich narrativ vermittelten. Folglich interessieren mich hier auch in erster Linie Schauplätze und nicht so sehr die Gesamtheit des Raums der fiktionalen Welt.

Sowohl *Halo* und sein Nachfolger als auch viele andere Computerspiele im bisherigen 21. Jahrhundert stellen auf einem zweidimensionalen Bildschirm einen dreidimensionalen Raum dar. Wie Mark J. P. Wolf in seinem Buch *The Medium of the Video Game* festgestellt hat, orientieren sie sich dabei häufig an filmischen Konventionen der Raumdarstellung. Räume in Computerspielen können zwar aus verschiedenen und auch wechselnden Perspektiven betrachtet werden, diese sind aber immer zumindest soweit miteinander verbunden, das die dargestellten Räume genug Konsistenz aufweisen, um für den Spieler navigierbar zu bleiben.[23] Es handelt sich also bei Schauplätzen normalerweise um dreidimensionale Umgebungen, in denen der Spieler seinen Avatar und darüber hinaus häufig auch den Punkt, von dem aus dieser Raum auf dem Bildschirm zu sehen ist, mehr oder weniger frei bewegen kann. Solche Schauplätze finden sich auch in *Halo* (vgl. Abb. 1 und Abb. 2). Sie lassen sich zunächst dadurch beschreiben, dass sie die freie Bewegung des Avatars durch bestimmte Hinder-

---

[22] Vgl. auch die Unterscheidung zwischen «world space» und «game space» in Jesper Juul: *Half-Real. Video Games between Real Rules and Fictional Worlds*. Cambridge, Mass. (u. a.) 2005. S. 164–167.

[23] Vgl. Mark J. P. Wolf: «Space in the Video Game». In: Ders. (Hg.): *The Medium of the Video Game*. Austin 2001, S. 51–76. «Most games representing their diegetic space as an interactive three-dimensional environment follow, to some degree, the precedent set by the space represented in classical Hollywood film. Spaces and the objects in them can be viewed from multiple angles and viewpoints which are all linked together in such a way as to make the diegetic world appear to have at least enough spatial consistency so as to be navigable by the player» (S. 66).

Abb. 1 Schauplatz aus Halo *(2002):
in einem Gebäude*

Abb. 2 Schauplatz aus Halo *(2002):
auf einem Bergweg*

nisse wie Wände, Abgründe oder nicht zu öffnende Türen begrenzen. Diese Hindernisse bestimmen wesentlich die Dimensionen des Schauplatzes.

Es geht bei der Beschreibung von Schauplätzen allerdings nicht ausschließlich um ihre Abmessungen und Grenzen. Vielmehr ist vor allem ihr Inventar zentral sowohl für die wesentlich durch die Gestaltung von Schauplätzen vermittelte Atmosphäre der fiktionalen Welt als auch für die Interaktionsmöglichkeiten des Spielers mit dem Schauplatz. In *Halo* besteht das Inventar hauptsächlich aus Landschaftsmerkmalen wie Felsen, Flüssen und Bäumen sowie Gebäuden, Fahrzeugen, Gegnern und Waffen. Die Tätigkeiten des Erkundens von Schauplätzen und der Interaktion mit ihrem Inventar sind hier wie in vielen Computerspielen zentral für das Spielerlebnis. Sie entsprechen den von Espen Aarseth in seinem Buch *Cybertext* als Exploration und Konfiguration bezeichneten und der in Filmen und Romanen vorherrschenden Interpretation zur Seite gestellten Tätigkeiten.[24] Es war auch Espen Aarseth, der vorgeschlagen hat, den Modus des Computerspiels in Abgrenzung zum narrativen Modus als Simulation zu bezeichnen.[25] Dies scheint zumindest im Hinblick auf ludische Ereignisse angebracht zu sein.

Trotz der häufig sehr detaillierten Darstellung von Schauplätzen und ihrem Inventar und der Tatsache, dass diese sich auf den narrativen Kontext beziehen, handelt es sich bei ihnen nicht um narrative Bestandteile des Computerspiels. Die räumlichen Strukturen in Computerspielen sind zwar prädeterminiert, da Schauplätze im Programmcode enthalten sind und nicht wie ludische Ereignisse erst im Prozess des Spielens durch ein Zusammenspiel von Spieler und Pro-

---

24 Vgl. Espen Aarseth: *Cybertext. Perspectives on Ergodic Literature.* Baltimore (u. a.) 1997, S. 64.
25 Vgl. Espen Aarseth: «Genre Trouble: Narrativism and the Art of Simulation». In: Noah Wardrip-Fruin/Pat Harrigan (Hg.): *FirstPerson. New Media as Story, Performance, and Game.* Cambridge/Mass. (u. a.) 2004, S. 45–55.

gramm generiert werden. Auch werden Schauplätze durch an filmischen Konventionen orientierte Techniken dargestellt. Es handelt sich bei der Darstellung von Schauplätzen in Computerspielen jedoch eher um eine Form von Deskription als von Narration. Die Definition von Schauplätzen im Programmcode von Computerspielen wird normalerweise keine für eine Geschichte signifikante Zustandsveränderung beinhalten. Schauplätze ereignen sich nicht.

Natürlich kommt es im Spielverlauf zu Zustandsveränderungen. Kämpft sich der Master Chief genannte Avatar in *Halo* durch einen Schauplatz, wird er sich – teilweise mit Hilfe von Fahrstühlen, Panzern oder anderen Fahrzeugen – bewegen, wobei es sich um eine Zustandsveränderung, ein Ereignis, handelt. Auch seine Gegner werden nicht an derselben Stelle stehen bleiben. Sowohl der Avatar als auch seine Gegner werden Waffen aufnehmen und benutzen, um den Zustand der jeweiligen Gegner oder anderer Objekte zu verändern. Hierbei handelt es sich fraglos um Ereignisse. Ihr Auftreten wird allerdings durch ein Zusammenspiel von Eingaben des Spielers, den Spielregeln, dem Schauplatz und dessen Inventar bestimmt, so dass es sich hier nicht um prädeterminierte Ereignisse oder Ereignisfolgen handelt. Folglich scheint es in der Tat angebracht, den Modus solch ludischer Ereignisse als Simulation und nicht als Narration zu bezeichnen. Der Unterschied zwischen narrativen und ludischen Ereignissen besteht darin, dass ein narratives Ereignis bereits im Programmcode festgelegt ist, während ein ludisches Ereignis erst im Spielverlauf auf die eben beschriebene Weise berechnet wird. Der Unterschied zwischen narrativen Ereignissen und räumlichen Strukturen ist, dass sich letztere nicht ereignen, sondern als Schauplätze sowohl für ludische wie narrative Ereignisse dienen. Vor diesem Hintergrund scheint es möglich, der Ebene der ludischen Strukturen den Modus der Simulation und der Ebene der räumlichen Strukturen den Modus der Deskription zuzuordnen.

Was hat es nun aber mit den narrativen Ereignissen auf sich? Zunächst soll noch einmal betont werden, dass narrative Ereignisse auch im 21. Jahrhundert nicht in jedem Computerspiel zu finden sind. So finden sich insbesondere in den häufig über das Internet gespielten Multiplayerspielen narrative Ereignisse eher selten. Zwar ist es in der Xbox-Version von *Halo* möglich, den ‹Kampagne› genannten Singleplayer-Modus mit mehreren Spielern zu spielen, aber es existiert auch ein klassischer Multiplayer-Modus, in dem ein Schauplatz mit entsprechendem, vor allem aus Waffen bestehendem Inventar einer variablen Anzahl von Spielern für verschiedene Variationen des gegenseitigen Abschießens zur Verfügung gestellt wird. Bei solchen, mit Jesper Juul[26] emergent zu nennenden Spielarten trifft fraglos zu, was Britta Neitzel in ihrem 2005 erschie-

---

26 Vgl. Jesper Juul: «The Open and the Closed: Games of Emergence and Games of Progression». In: Frans Mäyrä (Hg.): *Proceedings of Computer Games and Digital Cultures Conference*. Tampere 2002, S. 323–329, http://www.digra.org/dl/db/05164.10096 (Stand: 01.07.2006).

nenen Aufsatz *Narrativity in Computer Games* noch auf Computerspiele im Allgemeinen bezieht. Neitzel schreibt, dass das Programm selbst keine Chronologie von Ereignissen beinhalte, sondern vielmehr mögliche sequentielle und kausale Beziehungen in Algorithmen, Objektdefinitionen und Datenbanken organisiere.[27] Dies trifft auf emergente Spiele mit offenem Spielverlauf zu. Bei solchen Spielen handelt es sich im Wesentlichen um Simulationen in Aarseths Sinne und bei den sich während eines solchen Spiels ereignenden meist um ludische Ereignisse.

Demgegenüber ist bei Computerspielen mit ausgeprägter narrativer Struktur jedoch eine chronologische Abfolge narrativer Ereignisse im Programm durchaus enthalten. So besteht etwa die Kampagne in *Halo* bzw. *Halo 2* aus einer durch den Spieler prinzipiell nicht zu verändernden Anordnung von narrativen Ereignissen. Es lässt sich hier von einer virtuellen Geschichte sprechen, die im Spielverlauf durch den Spieler aktualisiert wird. Hierbei folgen die narrativen Ereignisse jedoch nicht direkt aufeinander, sondern werden von diversen ludischen Ereignissen unterbrochen. Vergleichbares gilt für *Warcraft III*. Insbesondere in Rollenspielen mit ihrer typischen Queststruktur kann es sich bei der virtuellen Geschichte um eine nonlineare Anordnung narrativer Ereignisse handeln. Hier wird die chronologische Abfolge bestimmter narrativer Ereignisse offen gelassen, oder es gibt mehrere mögliche Abfolgen, von denen jeweils nur eine pro Spieldurchgang aktualisiert wird. Allerdings ist normalerweise auch bei solchen nonlinearen Geschichten eine chronologische Abfolge durch das Programm zumindest teilweise vorgegeben. So kann der Spieler in *Neverwinter Nights* zwar großen Einfluss auf die Abfolge vieler narrativer Ereignisse nehmen, jedoch ist trotzdem eine unabänderliche Abfolge von fünf mit bestimmten narrativen Ereignissen verbundenen Kapiteln im Programmcode festgelegt. Die Nonlinearität ist nur innerhalb des jeweiligen Kapitels und auch hier nur bis zu einem gewissen Grad gegeben.

Abschließend sei noch erwähnt, dass Computerspiele genau wie konventionelle Erzähltexte auf der Vermittlungsebene von der Chronologie der Geschichte abweichen können. So werden etwa im mit zwei verschiedenen Avataren arbeitenden *Halo 2* Teile der Geschichte nacheinander präsentiert, die auf der Geschehensebene zeitlich parallel stattfinden. Hier wird besonders deutlich, dass auch die Abfolge der ludischen Ereignisse im narrativen Kontext sowohl der gesamten fiktionalen Welt als auch der ihnen vorangehenden narrativen Ereignisse innerhalb des Computerspiels stehen. Es werden nämlich über die narrativen Ereignisse hinaus auch eine Reihe ludischer Ereignisse als auf der Ebene des Gesche-

---

27 Vgl. Britta Neitzel: «Narrativity in Computer Games». In: Jost Raesens/Jeffrey Goldstein (Hg.): *Handbook of Computer Game Studies*. Cambridge, Mass. (u. a.) 2005, S. 227–245. «The program itself does not contain a chronology of events; rather, it organizes possible sequential and causal relationships in algorithms, object definitions and databases» (S. 240).

hens zeitlich parallel stattfindend präsentiert. Es scheint plausibel, dass eine Abfolge sowohl ludischer als auch narrativer Ereignisse in ihrer Gänze als gespielte Geschichte rezipiert wird, wie es von Britta Neitzel zuletzt in ihrem von mir bereits zitiertem Aufsatz *Narrativity in Computer Games*[28] beschrieben wurde. Neitzel geht davon aus, dass der Spieler in Computerspielen an der Konstruktion des Plots beteiligt ist und damit so etwas wie eine kooperative Autorschaft zwischen dem Game Designer, dem Programmierteam und dem Spieler besteht.

Ich halte die hier getroffene Unterscheidung zwischen ludischen Ereignissen, narrativen Ereignissen und räumlichen Strukturen schon aus Gründen der gerade in einem umstrittenen Bereich wie der Narrativität von Computerspielen häufig fehlenden terminologischen Klarheit für notwendig. Eine solche Unterscheidung nimmt jedoch der hier ausgeklammerten Frage, inwiefern Spieler die Abfolgen von narrativen und ludischen Ereignissen in linear angelegten Computerspielen möglicherweise in ihrer Gesamtheit als Geschichten rezipieren, nichts von ihrer Relevanz. Hier ließe sich etwa mit Richard Rouse III. zwischen Designer-Geschichte und Spieler-Geschichte unterscheiden.[29] Mir geht es im Folgenden allerdings in erster Linie um die durch den Designer bestimmte, spielerabgewandte Seite der Geschichte und die Frage, durch welche Erzähltechniken sie vermittelt wird.

4. Erzähltechniken

Nachdem nun klar geworden ist, dass mindestens ein Teil der Ereignisse in Computerspielen als narrativ zu bezeichnen ist, soll gezeigt werden, inwiefern Computerspiele sich bei der Darstellung von narrativen Ereignissen recht konventioneller Erzähltechniken aus Film und Literatur bedienen.

Die Orientierung am Film wird besonders deutlich in den heute in nahezu allen kommerziell erfolgreichen Computerspielen verwendeten Cut-Scenes. In Anlehnung an Hugh Hancocks Artikel *Better Game Design Through Cutscenes* bezeichne ich als Cut-Scene zunächst jedes nicht-interaktive Element in einem Computerspiel, das – erstens – zur Vermittlung einer Geschichte oder – zweitens – zur Ausgestaltung des Schauplatzes oder der fiktionalen Welt beiträgt.[30] Später werde ich noch auf eine dritte wichtige Funktion von Cut-Scenes eingehen. Im Bereich der aus filmähnlichen Sequenzen bestehenden Cut-Scenes[31] sind

---

28 Vgl. ebd., S. 239 ff.
29 Vgl. Richard Rouse: *Game Design. Theory & Practice*. Plano 2005. S. 203 ff.
30 Vgl. Hugh Hancock: «Better Game Design Through Cutscenes». In: *Gamasutra* (2002), http://www.gamasutra.com/features/20020401/hancock_01.htm (Stand: 01.07.2006). «Perhaps the best definition of a cutscene is ‹any non-interactive storytelling or scene-setting element of a game›.»
31 Es gibt auch andere, etwa Comics in *Max Payne* (Remedy/Gathering 2001) und Mischformen,

im Wesentlichen zwei Varianten zu unterscheiden. Einerseits gibt es Cut-Scenes, die dieselbe Grafikqualität verwenden, in der auch die Schauplätze dargestellt werden. Andererseits werden häufig vorgerenderte, gefilmte oder sich anderweitig von der Spielgrafik abhebende Sequenzen verwendet.[32] Beiden Arten von Cut-Scenes ist gemein, dass keine über den häufig möglichen Abbruch der Cut-Scene hinausgehende Partizipationsmöglichkeit des Spielers besteht. Insofern es sich hierbei um filmische Darstellungen handelt, gilt schon länger, dass sich Spieledesigner an den etwa in Hollywoodfilmen zu findenden Konventionen orientieren. So hat Hal Barwood bereits auf der ersten *Game Developer's Conference* des neuen Jahrtausends einen Vortrag über die Verwendung von Techniken des Films in Computerspielen gehalten.[33] Sowohl *Warcraft III* als auch *Halo* und sein Nachfolger verwenden beide Arten von Cut-Scenes (vgl. Abb. 3–5). *Neverwinter Nights* verwendet eine Sonderform, auf die ich später zurückkommen werde.

Es handelt sich bei den keine Partizipation des Spielers zulassenden Cut-Scenes um eine hervorragend zur Vermittlung von prädeterminierten Ereignissen und Ereignissequenzen geeignete Erzähltechnik. Gerade bei neueren Spielen werden narrative Ereignisse jedoch immer häufiger innerhalb von Schauplätzen vermittelt. Der Ablauf solcher geskripteter Ereignisse ist im Programmcode festgelegt, jedoch hat der Spieler hier auch während des Ereignisses prinzipiell die Möglichkeit, über seinen Avatar mit dem Schauplatz und dessen Inventar zu interagieren. In *Halo* fallen hier als Erstes die recht häufig an bestimmten Stellen des Spiels auftretenden Audiokommentare durch die künstliche Intelligenz Cortana und andere Figuren auf. Es finden sich allerdings auch diverse Beispiele für audiovisuell dargestellte geskriptete Ereignisse. Hier wäre etwa die Startsequenz des Spiels zu nennen, die ich noch im Rahmen der Funktionen narrativer Ereignisse analysieren werde.

Im Zusammenhang mit den erwähnten Audiokommentaren ist festzustellen, dass viele Computerspiele eine oder mehrere Formen von Figurenrede verwenden. Diese kann innerhalb von Cut-Scenes oder auch als geskriptetes Ereignis vermittelt werden und tritt sowohl in schriftlicher als auch in gesprochener Form auf. Weiter sind Kombinationen wie in *Neverwinter Nights* möglich, wo bestimmte Teile der überwiegend schriftlich dargestellten Dialoge zusätzlich gesprochen werden. Bei Dialogen ist neben der Form ihrer Darstellung zudem zu unterscheiden zwischen solchen, die die Partizipation des Spielers am Gesprächsverlauf etwa über Multiple-Choice-Menüs wie in *Neverwinter Nights* erlauben, und solchen, wie in *Halo* und *Warcraft III*, die dies nicht tun. Auch in Fällen von umfangreicher Figurenrede, wie sie etwa in *Neverwinter Nights* zu

auf die ich noch eingehe. Vgl. ebd.
32 Ein mögliches Begriffspaar zu dieser Unterscheidung wäre Machinima/Cinematic.
33 Vgl. Hal Barwood: «Cutting to the Chase: Cinematic Construction for Gamers». In: *Gamasutra* (2000), http://www.gamasutra.com/features/20000518/barwood_01.htm (Stand: 01.07.2006).

Schauplätze und Ereignisse

Abb. 3   Cutscene aus Warcraft III *(2002): Schauplatzähnliche Grafik*

Abb. 4   Cutscene aus Halo *(2002): Master Chief, der vom Spieler gesteuerte Avatar*

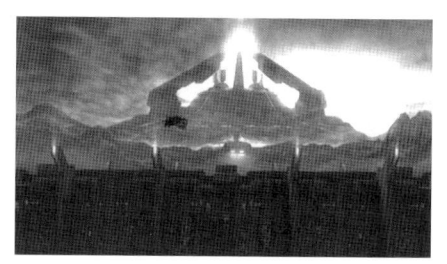

Abb. 5   Cutscene aus Halo 2 *(2004): kleines Schiff, große Festung*

beobachten ist, handelt es sich eher selten um literarisch anspruchsvolle Sprache. Eine Orientierung an konventionellen Erzähltexten und deren etwa die direkte Rede betreffenden Konventionen kann hier aber konstatiert werden.

In diesem Zusammenhang möchte ich noch kurz auf das Auftreten verschiedener Erzählinstanzen in Computerspielen eingehen. Es lassen sich in Computerspielen des 21. Jahrhunderts sowohl diegetische als auch nicht-diegetische Erzählinstanzen finden. Bei diegetischen Erzählinstanzen handelt es sich normalerweise um Figuren, die ihre hypodiegetischen Erzählungen meist sprachlich vermitteln. Neben der Tatsache, dass solche Geschichten durchaus auch visuell vermittelt werden können, ist zudem zu beachten, dass hypodiegetische Erzählungen auch auf anderem Wege als durch Figuren vermittelbar sind. So findet etwa der Master Chief in *Halo* im Helm eines von der Flood getöteten

51

> Während Aarin Gend nach den alten Relikten suchte, führte Maugrims Armee den Ansturm gegen Niewinter fort. Die finstere Magie und zahlenmäßige Überlegenheit der Angreifer führten bald zum Fall der Stadt.

Abb. 6 Cutscene aus Neverwinter Nights *(2002): monochromes Standbild*

Marines namens Private Jenkins ein Video, in dem die Ereignisse gezeigt werden, die zu dessen Tod geführt haben. Ein anderes Beispiel für nicht durch Figurenrede vermittelte hypodiegetische Erzählungen bilden die zahllosen und über die ganze fiktionale Welt verstreuten Bücher in *Neverwinter Nights*, die entscheidend zur Ausgestaltung der fiktionalen Welt des Spiels beitragen.

Einer nicht-diegetischen Erzählinstanz sind im sprachlichen Bereich in erster Linie Formen wie die in *Warcraft III* besonders häufig auftretenden Zeit- und Ortsangaben zuzuschreiben. Hier werden während des Ladens der einzelnen Level Ausschnitte aus Landkarten gezeigt, die mit einer sprachlichen Zeit- und Ortsangabe verbunden sind. Insbesondere neuere Rollenspiele verwenden zudem nicht-diegetische sprachliche Erzählinstanzen zur Vermittlung von narrativen Ereignissen. So ist etwa der Spielverlauf in *Neverwinter Nights* in 5 Kapitel aufgeteilt, die jeweils durch eine Sequenz mit monochromen Standbildern und einer im klassischen Präteritum gehaltenen, die Ereignisse des vorhergehenden Kapitels rekapitulierenden und auf das nächste Kapitel verweisenden sprachlichen Erzählung gegeneinander abgegrenzt sind (vgl. Abb. 6).

Wie *Warcraft III* Sprache verwendet, um sowohl narrative als auch ludische Ereignisse zeitlich und räumlich zu verorten, verwenden *Neverwinter Nights* und andere Rollenspiele solche an konventionellen Erzähltexten orientierten Sonderformen der Cut-Scene im wesentlichen zur zeitlich stark gerafften Darstellung von Ereignissen. Ein möglicher Grund für die häufige Verwendung von Sprache zur zeitlichen Markierung von Ereignissen wäre die Schwierigkeit von zeitlichen Markierungen in nicht-sprachlichen Erzählungen.

5. Funktionen narrativer Ereignisse

Abschließend möchte ich auf die Funktionen der narrativen Ereignisse in Computerspielen eingehen. Hierzu habe ich drei meiner Ansicht nach zentrale Funktionen ausgewählt. Neben die recht nahe liegende Funktion der Konstitution einer Geschichte stelle ich die Ausgestaltung der fiktionalen Welt des Computerspiels sowie die Vermittlung von Kenntnissen über die ludische Struktur des Spiels. Zur ersten der genannten Funktionen ist nicht mehr viel anzumerken. Narrative Ereignisse werden in Computerspielen zur Vermittlung von (manchmal nonlinearen) Geschichten verwendet. Obwohl diese im Vergleich mit den Geschichten konventioneller Erzähltexte eher einfach anmuten, steuern sie, etwa über die Erzeugung narrativer Spannung, fraglos ihren Teil zur von Computerspielen ausgeübten Faszination bei.[34]

Bei der zweiten Funktion handelt es sich wohl um eine der wichtigsten Funktionen von narrativen Ereignissen in Computerspielen. Ich habe bereits erwähnt, dass häufig ein großer Teil des Raums der in einem Computerspiel dargestellten fiktionalen Welt durch narrative Ereignisse, etwa in Form von Cut-Scenes, vermittelt wird. Zudem laden narrative Ereignisse die Schauplätze in Computerspielen mit zusätzlicher Bedeutung auf. So zeigt etwa die einleitende Cut-Scene in *Halo* nicht nur einen großen Teil der fiktionalen Welt, in der die Spielhandlung stattfindet, sondern es wird hier auch der Schauplatz für das erste Kapitel des Spiels eingeführt. Wenn er das erste Mal die Steuerung des Master Chief übernimmt, weiß der Spieler bereits, dass dieser sich auf einem von Feinden arg bedrängtem Raumschiff, der Pillar of Autumn, befindet. Dieses narrativ vermittelte Wissen beeinflusst auch die Rezeption des Schauplatzes. Hierin ähnelt die Funktion narrativer Ereignisse in Computerspielen der ihres narrativen Kontexts. Narrative Ereignisse wie der narrative Kontext eines Computerspiels laden sowohl dessen Schauplätze als auch die sich in ihnen ereignenden ludischen Ereignisse mit zusätzlicher Bedeutung auf.

Die dritte Funktion schließlich bezieht sich auf die ludische Ebene von Computerspielen. Zunächst haben der narrative Kontext wie die narrativen Ereignisse in Computerspielen die generelle Funktion, bestimmte Normen- und Wertesysteme und dadurch letztendlich auch einen nicht unerheblichen Teil der Spielziele zu vermitteln. So wird in *Halo* durch den narrativen Kontext etwa der Anleitung wie durch narrative Ereignisse im Spiel klar gemacht, dass die Außerirdischen der Allianz wie auch die parasitäre Lebensform der Flood Gegner der Menschen sind, deren Vernichtung innerhalb des Normen- und Wertesystems der Menschen in der fiktionalen Welt *Halos* als positiv bewertet wird. Über sol-

---

34 Vgl. etwa Jan-Noël Thon: «Immersion revisited. Varianten von Immersion im Computerspiel des 21. Jahrhunderts.» In: Christian Hißnauer/Andreas Jahn-Sudmann (Hg.): *medien – zeit – zeichen. Beiträge des 19. Film- und Fernshwissenschaftlichen Kolloquiums*. Marburg 2006, S. 125–132.

Abb. 7 Cutscene aus Halo *(2002):*
Cortana, die künstliche Intelligenz

Abb. 8 Cutscene aus Halo 2 *(2004):*
Dialog zwischen Kriegern der Allianz

che recht allgemeinen Hinweise auf Spielziele hinaus verwendet *Halo* narrative Ereignisse allerdings auch, um dem Spieler Informationen über die Spielsteuerung und konkrete Spielziele zu geben.

Deutlich wird dies schon zu Beginn des Spiels, wenn der gerade aufgetaute und bereits vom Spieler gesteuerte Master Chief von einem Besatzungsmitglied der Pillar of Autumn einer Reihe von Tests unterzogen wird. Es handelt sich bei diesen Tests um eine Abfolge geskripteter Ereignisse innerhalb eines als Cryo-Kammer bezeichneten Schauplatzes, die im Wesentlichen die Funktion erfüllen, den Spieler mit der Steuerung seines Avatars vertraut zu machen. Darüber hinaus werden narrative Ereignisse sowohl in *Halo* als auch in seinem Nachfolger immer wieder dazu verwendet, dem Spieler Hinweise auf konkrete Spielziele zu geben. So informiert etwa die künstliche Intelligenz Cortana den Master Chief (und damit auch den Spieler) sowohl in Cut-Scenes als auch in geskripteten Audiokommentaren immer wieder über das jeweils angebrachte Vorgehen (vgl. Abb. 7).

Diese Hinweise reichen von direkten Handlungsanweisungen bis hin zu strategischen Empfehlungen. In *Halo 2* findet sich eine Cut-Scene, in der ein Dialog zwischen zwei Kriegern der Allianz gezeigt wird (vgl. Abb. 8). Einer der Krieger, bei dem es sich um einen von zwei Avataren handelt, sagt: «In der Mitte dieser Zone gibt es ein heiliges Symbol, unerlässlich für die große Reise. Ich muss es finden.» Der zweite Krieger antwortet: «Wir sollten direkt ins Zentrum der Verseuchung, das Symbol holen und alle Flood, die wir sehen vernichten.» Hier wird nicht nur ein Teil einer Geschichte vermittelt, der zudem die nun folgenden ludischen Ereignisse in einen narrativen Kontext stellt, sondern es werden darüber hinaus klare Handlungsanweisungen für den Spieler gegeben. Ins Zentrum der Verseuchung gehen, das Symbol holen und alle Flood auf dem Weg vernichten! Das ist schon ziemlich deutlich. Es lassen sich allerdings noch deutlichere Handlungsanweisungen finden.

Insbesondere Cortana teilt dem Master Chief (und damit dem Spieler) häufig sehr direkt mit, was er als nächstes zu tun hat. Im Rahmen eines Versuchs zur Befreiung einiger von der Allianz gefangen genommener Marines wird der Spieler durch geskriptete Kommentare Cortanas zunächst zu den Aufenthaltsorten der zwei Marinegruppen geführt («Chief, kommen Sie zur unteren Ebene.» bzw. «Kommen Sie zur mittleren Ebene, Chief»), bevor sie die Mission schließlich für abgeschlossen erklärt («Das waren alle Marines, Chief. Gute Arbeit!»). Schließlich gibt es wie schon in *Halo* auch in dessen Nachfolger die Situation, dass verschiedene Gruppen von Feinden nicht nur den Master Chief, sondern sich auch untereinander bekämpfen. Ein Beispiel für eine strategische Empfehlung, der der Spieler folgen kann, aber nicht muss, liefert wiederum Cortana. Ihr lakonischer Kommentar zu einem Raum voller sich gegenseitig bekämpfender Aliens lautet: «Sie sollten erwägen, einfach nur abzuwarten.» Folgt der Spieler der empfohlenen Strategie nicht, ist es allerdings unwahrscheinlich, dass der Master Chief die nächsten Minuten überlebt. Zusammenfassend lässt sich feststellen, dass eine zentrale Funktion narrativer Ereignisse in Computerspielen in der Vermittlung von Informationen über ihre ludische Struktur besteht.

Diese etwa von Matthias Bopp in seinem Vortrag *Immersive Didaktik: Verdeckte Lernhilfen und Framingprozesse in Computerspielen*[35] genauer untersuchte didaktische Funktion narrativer Ereignisse ist nicht zuletzt deshalb interessant, da sie deutlich macht, dass es sich bei narrativen Elementen in Computerspielen durchaus um mehr als der wissenschaftlichen Aufmerksamkeit unwürdiger Ornamente handelt, als die sie ein radikaler Ludologe wie Markku Eskelinen immerhin noch 2001 bezeichnete.[36] Eskelinen schreibt auch, dass wir in Computerspielen interpretieren müssen, um konfigurieren zu können[37], und zumindest damit scheint er Recht zu haben. Um ein Computerspiel erfolgreich zu spielen, muss ein Spieler dessen verschiedene Ebenen erfolgreich interpretieren. Zu diesen gehört insbesondere in Computerspielen des 21. Jahrhundert in zunehmendem Maße eine narrative Ebene.

---

35 Matthias Bopp: «Immersive Didaktik: Verdeckte Lernhilfen und Framingprozesse in Computerspielen». In: Britta Neitzel/Rolf F. Nohr (Hg.): *Das Spiel mit dem Medium. Partizipation – Immersion – Interaktion*. Marburg 2006. S. 170–186.
36 Vgl. Markku Eskelinen: «The Gaming Situation». In: *Game Studies* 1/1 (2001), http://www.gamestudies.org/0101/eskelinen (Stand: 01.07.2006). «In this scenario stories are just uninteresting ornaments or gift-wrappings to games, and laying any emphasis on studying these kinds of marketing tools is just a waste of time and energy.»
37 Vgl. ebd. «To generalize: in art we might have to configure in order to be able to interpret whereas in games we have to interpret in order to be able to configure, and proceed from the beginning to the winning or some other situation.»

Markus Kuhn

Narrative Instanzen im Medium Film

Das Spiel mit Ebenen und Erzählern in Pedro Almodóvars
LA MALA EDUCATIÓN[1]

1. Grundlagen und Problemfelder einer Filmnarratologie

Die Versuche, narratologische Ansätze aus der literaturwissenschaftlichen Erzähltheorie auf das Medium Film zu übertragen, bringen einige grundlegende Schwierigkeiten mit sich, die sich immer dann zeigen, wenn narratologische Modelle für einzelne Werk- oder Werkgruppenanalysen genutzt werden sollen: die Vielfalt an Begriffsbildungen, Klassifikationstypologien und Erweiterungsvorschlägen auf den klassisch-narratologischen Feldern.[2] Zwar wird der Ansatz von Gérard Genette[3] an verschiedenen Stellen als zentraler Ansatz oder *lingua franca* der Narratologie bezeichnet[4] und tatsächlich arbeiten sich die meisten Rekonzeptualisierungen zentraler narratologischer Modelle an Genettes Definitionen ab, aber wie viele Möglichkeiten es beispielsweise gibt, allein die Ge-

---

1 Der vorliegende Beitrag ist die veränderte deutschsprachige Version des Artikels: Markus Kuhn: «Film Narratology: Who Tells? Who Shows? Who Focalizes? Narrative Mediation in Self-Reflexive Fiction Films». In: Peter Hühn/Wolf Schmid/Jörg Schönert (Hg.): *Modeling Mediacy: Point of View, Perspective, Focalization*. Berlin [in Vorbereitung]. Während dort selbstreflexive Aspekte im Mittelpunkt stehen und anhand der Filmbeispiele LA MALA EDUCATIÓN (Pedro Almodóvar, Spanien 2003) und KEINE LIEDER ÜBER LIEDER (Lars Kraume, Deutschland 2005) analysiert werden, referiert der vorliegende Beitrag die narratologischen Grundlagen ausführlicher und legt den Schwerpunkt auf Voice-Over-Narration im Mehrebenenfilm LA MALA EDUCATIÓN.
2 Einen breiten Querschnitt durch die verschiedenen Ansätze, Modelle und Terminologien, die im Bereich der Narratologie entwickelt worden sind, zieht die *Routledge Encyclopedia of Narrative Theory* (David Herman/Manfred Jahn/Marie-Laure Ryan (Hg.): *Routledge Encyclopedia of Narrative Theory*. London (u. a.) 2005.
3 Vgl. Gérard Genette: «Discours du récit. Essai de méthode». In: Ders.: *Figures III*. Paris 1972, S. 65–282 (deutsche Übersetzung in: Gérard Genette: *Die Erzählung*. München 1994, S. 15–192); ders.: *Nouveau discours du récit*. Paris 1983 (dt. Übersetzung in: Ders.: *Die Erzählung*. München 1994, S. 193–298).
4 Vgl.: Marie-Laure Ryan/Ernst van Alphen: «Narratology». In: Irena R. Makaryk (Hg.): *Encyclopedia of Contemporary Literary Theory*. Toronto/Buffalo 1993, S. 112; Ansgar Nünning/Vera Nünning: «Von der strukturalistischen Narratologie zur ‹postklassischen› Erzähltheorie: Ein Überblick über neue Ansätze und Entwicklungstendenzen». In: Ders./Dies. (Hg.): *Neue Ansätze in der Erzähltheorie*. Trier 2002, S. 4–33, hier: S. 6f.

schichte der auf Genette zurückführbaren Fokalisierungs-Konzepte zu schreiben, dürften die immer neuen Aufsätze und Bände zum Thema veranschaulichen.[5] Eine Filmnarratologie steht hierbei vor einer doppelten Schwierigkeit: Sie muss sich einerseits innerhalb der Diskussionen verschiedener Konzepte in den literaturbasierten Narratologien verankern, andererseits die spezifische Problematik des jeweiligen Konzepts im Medium Film berücksichtigen, denn nicht alle Modelle und Kategorien lassen sich mit derselben Plausibilität und Effektivität von der Erzählliteratur auf den Film übertragen. Auch die Verortung einer Filmnarratologie in den poststrukturalistischen *narratologies* ist nicht selbstverständlich. So kann man insgesamt zwar auf eine Reihe vielversprechender Impulse und Ansätze blicken, von einer etablierten oder gar *der* Filmnarratologie zu sprechen, wäre allerdings übertrieben.

Selbst dann, wenn zwei filmnarratologische Versuche auf eine scheinbar vergleichbare Begriffsnomenklatur zurückgreifen, sind die zu Grunde liegenden Definitionen oft nicht deckungsgleich.[6] Neben Fragen der Fokalisierung und Perspektivierung ist in den verschiedenen Ansätzen zur Filmnarratologie kaum ein Feld so kontrovers diskutiert wie die Frage nach der narrativen Vermittlung. Ist es sinnvoll mit einem Konstrukt wie dem ‹Filmerzähler› zu operieren? David Bordwell und seine Schüler lehnen einen «narrator» ab, betonen über das Konzept des «classical spectators» die Rezeptionsseite und orientieren sich an kognitiven Ansätzen.[7] Von anderen Wissenschaftlern wird das Konzept einer «Erzählinstanz» verteidigt und häufig in einem mehrschichtigen Kommunikationsmodell verortet. So wurden Begriffe wie «camera» (Pudovkin), «image-maker» (Kozloff), «grand imagier» (Metz), «fundamental narrator» (Gaudreault) und «cinematic narrator» (Chatman) geprägt, ohne sich allerdings allgemein durchzusetzen.[8]

---

5   Vgl. Manfred Jahn: «Windows of Focalization: Deconstructing and Reconstructing a Narratological Concept». In: *Style* 30.2, 1996, S. 241–267. Seymour Chatman/Willie van Peer (Hg.), *New Perspectives on Narrative Perspective.* Albany/New York 2001; Hühn/Schmid/Schönert: *Modeling Mediacy* (wie Anm. 1); Übersicht in: Herman/Jahn/Ryan: *Encyclopedia of Narrative Theory* (wie Anm. 2), S. 173–177.

6   In lockerem Bezug vor allem auf verschiedene Publikationen von Gérard Genette, Mieke Bal, Edward Branigan, David Bordwell und Seymour Chatman ‹basteln› sich die meisten Aufsätze und Analysen ihren eigenen ‹filmnarratologischen Mix›, wobei das, was unter Begriffen wie «Fokalisierung» oder «unzuverlässigem Erzählen» verstanden wird, selten deckungsgleich ist. Vgl. Petra Grimm: *Filmnarratologie. Eine Einführung in die Praxis der Interpretation am Beispiel des Werbespots.* München 1996; Celestino Deleyto: «Focalcisation in Film Narrative». In: Susana Onega/José Ángel Garcia Landa: *Narratology: An Introduction.* London/New York 1996; Michaela Bach: «Dead Men – Dead Narrators. Überlegungen zu Erzählern und Subjektivität im Film». In: Walter Grünzweig/Andreas Solbach (Hg.): *Grenzüberschreitungen. Narratologie im Kontext.* Tübingen 1999, S. 231–246; Fabienne Liptay/Yvonne Wolf: *Was stimmt denn jetzt? Unzuverlässiges Erzählen in Literatur und Film.* München 2005.

7   Vgl. David Bordwell: *Narration in the Fiction Film.* London 1985, S. 62; Avrom Fleishman: *Narrated Films. Storytelling Situations in Cinema History.* Baltimore (u. a.) 1992, S. 13; Edward Branigan: *Narrative Comprehension and Film.* London/New York 1992, S. 108–110.

8   Eine Übersicht verschiedener Positionen liefern Julika Griem/Eckart Voigts-Virchow: «Film-

Die Benennung und Verortung einer angenommenen narrativen Instanz im Kommunikationsmodell des Films ist ein zu behandelnder Problembereich; ein weiterer tut sich im Rahmen einer über Erzählliteratur und Film hinausweisenden intermedialen Narratologie auf, wenn weitere visuelle, auditive und audiovisuelle Medien wie das Drama, Comics, Computerspiele, Bilderfolgen und Einzelbilder der bildenden Kunst, Musik etc. in die Gegenstandsfelder der Narratologie integriert werden sollen. Wie muss Narrativität definiert werden, damit die Definition nicht nur für verbal-sprachliche Erzählungen gültig ist? *Enge* Definitionen der Narrativität, wie sie beispielsweise in der deutschen Tradition der Erzähltheorie aufzufinden sind, beziehen sich auf den Aspekt der Mittelbarkeit und postulieren das Vorhandensein einer Instanz der narrativen Vermittlung (d. h. sie operieren klassisch-strukturalistisch gesprochen auf Ebene des *discours*); *weite* Definitionen beziehen sich auf die Ebene des Dargestellten (die *histoire* im klassisch-strukturalistischen Sinne) und definieren das Narrative anhand der Veränderung eines Zustands (die bestimmte Bedingungen erfüllen muss) unabhängig davon, in welchem Medium die Zustandsveränderung repräsentiert wird.[9] Das weite Feld der Diskussionen um einen universellen Narrations-Begriff wird bereichert durch kombinatorische Definitionsversuche, die sich sowohl auf Ebene des *discours* als auch der *histoire* beziehen[10], funktionale Definitionen und graduelle Definitionen, die den Grad der Narrativität entweder durch die Annahme von Prototypen bestimmen (anhand derer Merkmale der Narrativität gewonnen werden können) oder durch die Auflistung verschiedener notwendiger und hierarchisch geordneter nicht-notwendiger Bedingungen, die eine Narration zu erfüllen hat.[11]

Es ist evident, dass man mit einer *weiten* Definition der Narrativität – aber auch mit einer graduellen oder funktionalen – eher ein Modell begründen kann, das sich auf das Erzählen in verschiedenen sprachlichen, audiovisuellen, visuellen und auditiven Medien anwenden lässt und somit eine umfassende interme-

---

narratologie: Grundlagen, Tendenzen und Beispielanalysen». In: Ansgar Nünning/Vera Nünning (Hg.): *Erzähltheorie transgenerisch, intermedial, interdisziplinär*. Trier 2002, S. 155–183, hier: S. 161–163. Bei der Bewertung der Konzepte konzentrieren sich Griem/Voigts-Virchow allerdings zu sehr auf die Frage nach der Anthropomorphisierung eines Filmerzählers im jeweiligen Konzept und kommen so zu fragwürdigen Ergebnissen.

9 Zur Diskussion verschiedener Definitionen von Narrativität vgl. Seymour Chatman: *Coming to Terms. The Rhetoric of Narrative in Fiction and Film*. Ithaca/London 1990; Manfred Jahn: «Narratologie: Methoden und Modelle der Erzähltheorie». In: Ansgar Nünning (Hg.): *Literaturwissenschaftliche Theorien, Modelle und Methoden: Eine Einführung*. Trier 1995; Wolf Schmid: *Elemente der Narratologie*. Berlin 2005.

10 Z. B. Chatman: *Coming to Terms* (wie Anm. 9).

11 Z. B. Werner Wolf: «Das Problem der Narrativität in Literatur, bildender Kunst und Musik. Ein Beitrag zu einer intermedialen Erzähltheorie». In: Ansgar Nünning/Vera Nünning (Hg.): *Erzähltheorie transgenerisch* (wie Anm. 8), S. 23–104; Marie-Laure Ryan: «On the Theoretical Foundations of Transmedial Narratology». In: Jan Christoph Meister (Hg.): *Narratology beyond Literary Criticism. Mediality, Disciplinarity*. Berlin 2005, S. 1–23.

diale und transgenerische Narratologie ermöglicht. Die Gegenfrage muss aber lauten: Was ist mit der jeweiligen Definition und dem daraus abgeleiteten Modell für die Erzähltheorie des jeweiligen Mediums bzw. für die Einzelanalyse eines Werks innerhalb eines Mediums gewonnen? Und: Besteht nicht die Gefahr, dass eine *zu* weite Definition an den narrativen Grundmustern eines Mediums vorbeizielt? So wundert es aus filmwissenschaftlicher Sicht, dass in vielen Ansätzen zu einer medienübergreifenden Narratologie der Film unter die *mimetischen* narrativen Medien bzw. als Medium ohne Vermittlungsinstanz subsumiert wird, ohne die Fragen nach dem – um es möglichst neutral zu formulieren – das Geschehen vor der Kamera vermittelnden ‹Filmapparat› überhaupt zu stellen.[12]

Bei der Anwendung narratologischer Konzepte in der Werkanalyse zeigt sich, dass der Blick auf filmische Strategien der narrativen Vermittlung notwendig ist, um die Grundstrukturen eines filmischen Werks oder einer Werkgruppe herauszuarbeiten. Die narrative Vermittlung ist – wenn man sie nicht an das Konzept eines anthropomorphen Erzählers bindet – ein *tertium comparationis* zwischen Erzählliteratur und Film auf Ebene des *discours* bzw. des Verhältnisses vom *discours* zur *histoire*. Die Möglichkeiten der narrativen Vermittlung in den Medien Erzählliteratur und Film aus narratologischer Sicht zu vergleichen, kann der Forschung zur Literaturverfilmung neue Impulse geben und dazu beitragen, dass Studien über crossmediale Beeinflussungen zwischen Erzählliteratur und Film, die sich hinter Begriffen wie «filmische Schreibweise» verbergen, nicht in vagen ästhetischen Kategorien stecken bleiben.[13]

---

12 So vernachlässigt beispielsweise Werner Wolf in seinem ansonsten überzeugenden Ansatz zur intermedialen Erzähltheorie den Aspekt der narrativen Vermittlung durch den Filmapparat und spricht dem Drama ein größeres narratives Potenzial zu als dem Film; vgl. Wolf: Das Problem der Narrativität (wie Anm. 11). Wolf versteht Narrativität als graduelles Phänomen und definiert das Narrative als kognitives Schema. Bei seinem Vorgehen anhand eines Prototyps des Narrativen «Narreme», d. h. werkseitige Signale von Narrativität, zu gewinnen, hätte er der narrativen Vermittlung durchaus eine entscheidendere Rolle zuschreiben können und wäre so zu einer anderen Bewertung des narrativen Potenzials gekommen. Chatman subsumiert den Film zwar unter den «mimetic narratives» (Chatman: *Coming to Terms* (wie Anm. 9), S. 115), setzt sich aber an anderer Stelle differenziert mit der narrativen Vermittlung im Film auseinander, wenn er sein Konzept eines «cinematic narrator» beschreibt (ebd., S. 124–138) – anders als viele Autoren, die seine Schemata zitieren (Jahn: Narratologie (wie Anm. 9), Bach: Dead Men – Dead Narrators (wie Anm. 6), u. a.).
13 Damit soll einer engen Definition von Narrativität im Rahmen einer intermedialen Narratologie nicht prinzipiell der Vorzug gegeben werden. Im Bereich der Filmnarratologie, die noch nicht so ausdifferenziert ist wie die literaturbasierten Narratologien, steht eine systematische Beschreibung verschiedener Formen der narrativen Vermittlung jedoch noch aus. Auch vom Gegenstandsbereich her gedacht spricht eine Vielzahl von Filmen, die mit den Mitteln der narrativen Vermittlung spielt, für einen derartigen Ansatz.

2. Das Modell der narrativen Kommunikationsebenen im Film

Das von mir vorgeschlagene Modell der narrativen Kommunikationsebenen ist die Übertragung eines Kommunikationsmodells der literaturwissenschaftlichen Erzähltheorie, wie man es etwa bei Rolf Fieguth, Manfred Pfister oder Wolf Schmid findet[14], auf das Medium Film (Abb. 1). Es ist mit dem Ebenen- und Instanzenverständnis von Seymour Chatman in vielen Punkten kompatibel.[15] Ein Unterschied ist, dass ich die Kategorie einer «filmischen Erzählinstanz» (Chatmans «cinematic narrator») ausdifferenziere in eine ‹audiovisuelle narrative Instanz›, die ich *visuelle Erzählinstanz (visuelle EI)* nenne und eine/mehrere fakultative *sprachliche Erzählinstanz(en)*. Somit setzt der *implizite Regisseur*, der selber über keine semiotischen Zeichensysteme ‹verfügt›, eine *visuelle Erzählinstanz* und eine oder mehrere (oder auch keine) *sprachliche Erzählinstanz(en)* auf extradiegetischer Ebene ein, um filmisch zu erzählen. Im Zusammenspiel der zeigenden *visuellen Erzählinstanz* mit den fakultativen erzählenden *sprachlichen Erzählinstanzen* (technisch als *voice-over* oder auf Schriftinserts/Texttafeln) können hochkomplexe «Erzählsituationen» entstehen.

Der *visuellen Erzählinstanz* muss nicht nur das visuelle Aufzeichnen einer Einstellung, also die Auswahl, Perspektivierung und Akzentuierung durch die *Kamera*, sondern auch die filmische *Montage* zugeordnet werden. Denn das, was gemeinhin als «filmisches Erzählen» bezeichnet wird, entsteht erst durch das Zusammenfügen der Einstellungen. Die filmische Perspektivierung ergibt sich erst aus dem Zusammenspiel verschiedener Kameraeinstellungen und die Fokalisierung lässt sich erst in der Relation verschiedener Einstellungen zueinander bestimmen. Beim kinematographischen Erzählen durch visuelles *Zeigen* gibt es keine kategoriale Trennung des Zeigens innerhalb einer Einstellung (durch das, was die *Kamera* aufzeichnet) von dem Zeigen der Verhältnisse verschiedener Einstellungen zueinander (dadurch dass das, was die Kamera jeweils

---

14 Vgl. Rolf Fieguth: «Zur Rezeptionslenkung bei narrativen und dramatischen Werken». In: *Sprache im Technischen Zeitalter* 43, 1973, S. 186–201, hier: S. 186; Manfred Pfister: *Das Drama. Theorie und Analyse*, München ⁹1997, S. 20–22; Wolf Schmid: *Elemente der Narratologie* (wie Anm. 9), S. 47 f.
15 Vgl. Seymour Chatman: *Story and Discourse: Narrative Structure in Fiction and Film*, Ithaca/New York/London 1978 und ders.: *Coming to Terms* (wie Anm. 9); Sabine Schlickers: *Verfilmtes Erzählen: narratologisch-komparative Untersuchung zu «El beso de la mujer anaña» (Manuel Puig/Hextor Babenco) und «Crónica de una muerte anunciada» (Gabriel Garcéa Márquez/Francesco Rosi)*. Frankfurt/M. 1997. Sabine Schlickers nimmt eine vergleichbare Übertragung vor; ein Unterschied besteht allerdings im Verständnis der ‹inneren› Ebenen (Diegese, Metadiegese, etc.). So stellt eine *subjektive Kamera* für mich noch keinen Ebenenwechsel auf die intradiegetische Ebene dar, weil die Kamera nicht Element der diegetischen Welt wird, wenn sie den ‹Blick› einer Figur einnimmt. Bei einer *subjektiven Kamera* zeigt die *visuelle Erzählinstanz* in etwa, was eine Figur sieht. Erst wenn eine Einstellung oder Sequenz einer Figur zugeordnet wird – etwa bei Traum- oder Erinnerungssequenzen oder bei der Etablierung einer Rahmenhandlung, spreche ich von einem Wechsel der diegetischen Ebene (vgl. Abschnitt 5).

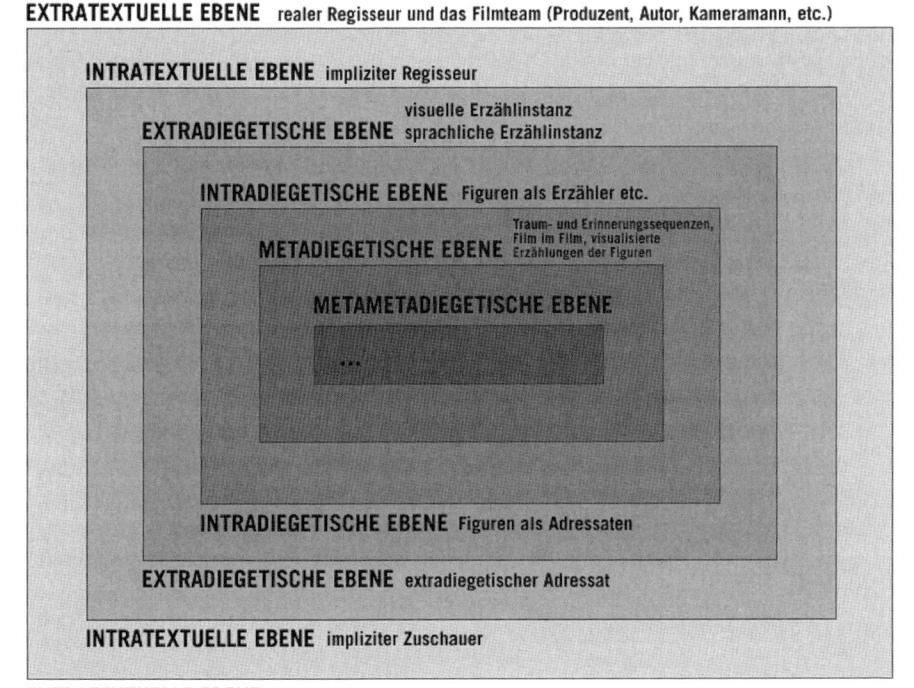

Narrative Instanzen im Medium Film

EXTRATEXTUELLE EBENE realer Regisseur und das Filmteam (Produzent, Autor, Kameramann, etc.)

INTRATEXTUELLE EBENE impliziter Regisseur

EXTRADIEGETISCHE EBENE visuelle Erzählinstanz / sprachliche Erzählinstanz

INTRADIEGETISCHE EBENE Figuren als Erzähler etc.

METADIEGETISCHE EBENE Traum- und Erinnerungssequenzen, Film im Film, visualisierte Erzählungen der Figuren

METAMETADIEGETISCHE EBENE ...

INTRADIEGETISCHE EBENE Figuren als Adressaten

EXTRADIEGETISCHE EBENE extradiegetischer Adressat

INTRATEXTUELLE EBENE impliziter Zuschauer

EXTRATEXTUELLE EBENE realer Zuschauer

Abb. 1 Das Modell der narrativen Kommunikationsebenen im Film

aufgezeichnet hat, durch *Montage* zueinander in Beziehung gesetzt wird). Oft wird erst durch die Veränderung, die sich von einer Einstellung zur nächsten ergibt, eine Zustandsveränderung angezeigt (und somit eine Minimaldefinition des Narrativen erfüllt).[16] Die *visuelle Erzählinstanz* ist eine durch *Kamera* und *Montage* «perspektivierende, selektierende, akzentuierende und gliedernde Vermittlungsinstanz»[17]. Aber auch Aspekte der *mise-en-scène* müssen der visuellen

---

16 Es gibt auch Handlungen von Figuren, die innerhalb einer Einstellung stattfinden (Sprachhandlungen, Bewegungen im Raum etc.) bzw. Filme, die nur aus wenigen Einstellungen bestehen (z. B. ROPE, Alfred Hitchcock, USA 1948), aber in der Regel werden Handlungssegmente in verschiedene Einstellungen zerlegt, so dass sich die narrative Vermittlung meist erst im Zusammenspiel der Einstellungen oder durch den Wechsel der Kameraperspektiven nachweisen lässt. Das Montieren der Einstellungen wird auch in verschiedenen klassischen Filmtheorien als der ‹eigentliche› filmische Erzählvorgang beschrieben. So beispielsweise bereits bei den russischen Formalisten, mehr bei Pudowkin (der die Unterstützung der Erzählung durch die Montage betont) als bei Eisenstein (dem es auf die Schaffung von neuen Bedeutungen durch die Montage ankommt). Auch Metz hat die narrativen Funktionen einiger Syntagmen untersucht. Vgl. u.a. Wsewolod Pudowkin: *Filmregie und Filmmanuskript*. Berlin 1928; Sergej M. Eisenstein: *Jenseits der Einstellung. Schriften zur Filmtheorie*. Franfurt/M. 2006; Christian Metz: *Semiologie des Films*. München 1972; Christian Metz: *Sprache und Film*. Frankfurt/M. 1973.

17 Vgl. Pfister: *Das Drama* (wie Anm. 14), S. 47f; Pfister spricht an einigen Stellen zwar von der

Instanz zugerechnet werden, da auch durch die Auswahl bestimmter Gegenstände vor der Kamera, die Komposition, die spezifische Ausleuchtung und die Raumgestaltung visuell erzählt werden kann.[18] Eine derartige paradigmatisch selektierende und syntagmatisch organisierende *visuelle Erzählinstanz* ist ein synthetisches Konstrukt, das das Pendant zum vermittelnden Kommunikationssystem der Erzählliteratur bildet, das als strukturalistisches Unterscheidungsmerkmal zwischen narrativen und dramatischen Texten herangezogen wird.[19]

Die Kategorie der *sprachlichen Erzählinstanz* ist vergleichbar mit Genettes Kategorie der *Stimme*. Technisch realisiert wird sie im Film durch *voiceover*, durch zwischengeschnittene *Schrifttafeln* oder durch über das Filmbild geblendete *Textinserts* (d. h. entweder phonetisch/auditiv oder graphemisch/visuell). Da eine *sprachliche Erzählinstanz* im Film theoretisch so komplex sein kann wie eine *Erzählinstanz/Stimme* in der Literatur, folge ich bei der Analyse den von Genette vorgeschlagenen Kategorien, die etwas modifiziert auch von Martinez/Scheffel übernommen worden sind.[20] Das gilt auch für das Verständnis der ‹inneren› narrativen (Kommunikations-)Ebenen: Die *Diegese* ist die ‹erzählte› oder ‹filmische› Welt, die von einer (oder mehreren) *extradiegetischen* Instanz(en) hervorgebracht wird; die *Metadiegese* ist eine durch eine *(intra)diegetische* Instanz (einem ‹erzählten Erzähler›) eröffnete «Diegese innerhalb der Diegese», etc.[21] Auf die Problematik, das ein ‹erzähltes Erzählen› im Medium Film und damit die narrative/diegetische Ebene nicht mit der selben Eindeutigkeit bestimmbar ist wie in der Erzählliteratur, gehe ich in Ab-

---

«Kamera», meint damit aber nicht nur den technischen Apparat, sondern ordnet ihr auch das «Prinzip der Montage» zu.
18 Welche Variabeln einen «cinematic narrator» prägen, zeigt Chatmans Schaubild (Chatman: *Coming to Terms* (wie Anm. 9), S. 135); allerdings unterscheidet Chatman nicht zwischen audiovisuellen und verbal-sprachlichen Instanzen, wie es in meinem Modell vorgesehen ist.
19 Vgl. Pfister: *Das Drama* (wie Anm. 14), S. 48.
20 Vgl. Genette: *Die Erzählung*. München 1994 (vgl. Anm. 3), S. 151–188; und Matias Martinez/Michael Scheffel: *Einführung in die Erzähltheorie*. München 1999, S. 67–89. Es geht dabei vor allem um a) das zeitliche Verhältnis des *Aktes der Narration* zum *discours* («Zeit der Narration» bei Genette; «Zeitpunkt des Erzählens» bei Martinez/Scheffel), b) die Erzähl-/Kommunikationsebenen («narrativen Ebenen» bei Genette; «Ort des Erzählens» bei Martinez/Scheffel) sowie c) das Verhältnis des Erzählers zur diegetischen Welt («Person» bei Genette; «Stellung des Erzählers zum Geschehen» bei Martinez/Scheffel). Die wichtigsten Kategorien sind a) die *spätere, frühere, gleichzeitige* und *eingeschobene Narration*, b) die *extradiegetische, intradiegetische, metadiegetische, etc. Stimme/Erzählinstanz* und *narrative Metalepsen* sowie c) die Unterscheidung *hetero-* vs. *homodiegetisch* (mit der Sonderform *autodiegetisch*).
21 Genettes Ebenennomenklatur ist von verschiedenen Seiten kritisiert worden, worauf er wiederum im *Nouveau discours du récit* reagiert hat (vgl. Genette: *Die Erzählung* (vgl. Anm. 3), S. 249–256). Ich übernehme die Präfixe *Meta-* und *Metameta-* von Genette (und nicht *Hypo-* oder *Hypohypo-* von Bal; vgl. Mieke Bal: *Narratologie. Les instances du récit*. Paris 1977, S. 24, S. 35 f.), spreche aber im Gegensatz zu Genette von der nächst*tieferen* Ebene, wenn ich die Metadiegese im Verhältnis zur Diegese meine (d. h. umgekehrt, dass die Metadiegese in der nächst*höheren* narrativen Ebene, der Diegese, eingebettet ist). Alternativ zu Genette könnte man zur Bezeichnung von Diegese, Meta- und Metametadiegese auch von primärer, sekundärer und tertiärer Erzählung sprechen (vgl. Schmid: *Elemente der Narratologie* (wie Anm. 9), S. 83–85).

schnitt 5 am Beispiel expliziter Sequenzen ein. Traumsequenzen, visualisierte Erinnerungen von Figuren, Film-im-Film-Sequenzen oder visuell umgesetzte Geschichten, die einer (intra)diegetischen Figur als Erzähler zugeschrieben werden, können in der Regel als *Metadiegesen* analysiert werden.

Der *implizite Regisseur* befindet sich auf der Ebene, auf der die Aspekte aller *narrativen Instanzen* im Film zusammenlaufen.[22] Er dient zur Erklärung des komplexen Zusammenspiels aus *visuellen* und *sprachlichen Erzählinstanzen* und zur Analyse bestimmter Formen der Unzuverlässigkeit. Da sich die Frage stellt, ob man die Problemgeschichte des Begriffs des *impliziten Autors/Regisseurs* und die umstrittenen theoretischen Implikationen vernachlässigen kann[23], wird der Begriff hier ausdrücklich nur im Hinblick auf nachweisbare werkseitige Aspekte verwendet. Alternativ könnte man von komplexen filmischen ‹(Gesamt-)Erzählsituationen› sprechen, die durch das Zusammenspiel aus *visueller Erzählinstanz* und *sprachlichen Erzählinstanzen* konstituiert werden.[24]

Wie bei allen Instanzen, die sich aus der Werkstruktur ableiten lassen, handelt es sich bei der *visuellen Erzählinstanz*, den *sprachlichen Erzählinstanzen* und dem *impliziten Autor* um theoretisch angenommene Instanzen und nicht um tatsächlich existierende Entitäten (und schon gar nicht um anthropomorphe Figurationen). Die Gefahr eines tautologischen Kurzschlusses ist gegeben, wenn die Analyse nur dazu dient, die angenommen Instanzen nachzuweisen oder wenn die Instanzen als Anwälte einer Interpretation missbraucht werden. Aber gerade im Bereich der Filmanalyse können theoretische narratologische

---

22 Zur Beschreibung von Filmen mit einfachen narrativen Strukturen wäre das Konstrukt des *impliziten Autors* nicht notwendig, aber zur Erfassung von Filmen, die mit *voice-over* oder Texttafeln operieren, die Zuverlässigkeit der Erzählinstanzen in Frage stellen oder Fokalisierungen vortäuschen, die erst später aufgelöst werden, hat die Instanz des *impliziten Regisseurs* großen heuristischen Wert.
23 Vgl.: Wayne C. Booth: *The Rhetoric of Fiction*. Chicago 1961; Genette: *Nouveau discours du récit* (wie Anm. 3); Chatman: *Story and Discourse* (wie Anm. 15) und ders.: *Coming to Terms* (wie Anm. 9); Ansgar Nünning: «Renaissance eines anthropomorphisierten Passepartouts oder Nachruf auf ein literaturkritisches Phantom? Überlegungen und Alternativen zum Konzept des *implied author*». In: *Deutsche Vierteljahresschrift für Literaturwissenschaft und Geistesgeschichte* 67, 1993, S. 1–25; Tom Kindt/Hans Harald Müller: «Der ‹implizite Autor›. Zur Explikation und Verwendung eines umstrittenen Begriffs». In: Fotis Jannidis/u a. (Hg.): *Rückkehr des Autors. Zur Erneuerung eines umstrittenen Begriffs*. Tübingen 1999, S. 273–87; James Phelan: *Living to Tell about It. A Rhetoric and Ethics of Character Narration*. Ithaca/New York 2005; Schmid: *Elemente der Narratologie* (wie Anm. 9); Tom Kindt/Hans Harald Müller: *The Implied Author. Concept and Controversy*, Berlin 2006.
24 Allerdings ist der Begriff der *Erzählsituation* ähnlich ‹vorbelastet›, weil er gewöhnlich auf die Ansätze von Franz K. Stanzel bezogen wird (vgl.: Franz K. Stanzel: *Die typischen Erzählsituationen im Roman*. Wien/Stuttgart 1955; ders.: *Theorie des Erzählens*, Göttingen 1979). Matthias Hurst zeigt indes, dass man den Begriff der Erzählsituation zumindest in gewissem Rahmen auf den Film übertragen kann (Vgl. Matthias Hurst: *Erzählsituationen in Literatur und Film. Ein Modell zur vergleichenden Analyse von literarischen Texten und filmischen Adaptionen*, Tübingen 1996). Allerdings nimmt Hursts viel zu eng auf Stanzel bezogener Ansatz die Impulse der französischen und internationalen Narratologie kaum zur Kenntnis und muss deshalb insgesamt als veraltet gelten.

Kategorien die Versuchung einer zu produktionsästhetischen Herangehensweise verhindern. Allzu oft findet man filmwissenschaftliche Analysen, die sich vor allem an der Werkgenese und den Produktionsbedingungen orientieren.

3. Fokalisierung als Informationsrelation

Grundlegend für mein filmisches Fokalisierungskonzept ist, dass ich *Fokalisierung* wie François Jost und Sabine Schlickers auf das Wissen bzw. die Relation des Wissens zwischen Erzählinstanz und Figur beziehe und von Fragen der Wahrnehmung im engeren Sinn abkopple. Für die visuellen Aspekte der Wahrnehmung (das ‹Sehen›) verwende ich den Begriff *ocularisation*, für die auditiven Aspekte (das ‹Hören›) *auricularisation*.[25]

Die von mir vorgenommene Klassifizierung der *Fokalisierung* in Hinblick auf die Wissensrelation zwischen Erzählinstanz und Figur in a) *Null-*, b) *interne* und c) *externe Fokalisierung*, wenn die *visuelle/sprachliche Erzählinstanz* a) mehr, b) genau so viel und c) weniger zeigt/erzählt als eine Figur weiß, hat sich in der vergleichenden Analyse von Literatur und Film bewährt.[26] Der Begriff der *Nullfokalisierung* wird trotz seiner unglücklichen Implikationen beibehalten und bezieht sich hier nur auf die Relation des Wissens zwischen narrativer Erzählinstanz und Figur und nicht auf die Eingeschränktheit oder Uneingeschränktheit des Wissens der narrativen Instanz an sich, die mit einem komplexeren Modell der Perspektive beschrieben werden müsste.[27]

---

25 Vgl.: Schlickers: *Verfilmtes Erzählen* (wie Anm. 15) und François Jost: *L'Oeil – Caméra. Entre film et roman*. Lyon 1989. Beide zeigen den heuristischen Wert der analytischen Trennung von *Fokalisierung* (Fragen der Information) und *ocularisation/auricularisation* (Fragen der Wahrnehmung), auf den ich hier nicht genauer eingehen kann.
26 Die auf Genette (Discours du récit (wie Anm. 3) und *Nouveau discours du récit* (wie Anm. 3)) zurückzuführende Trennung zwischen Fragen der Stimme («Wer spricht?») und Fragen des Modus («Wer sieht»/«Wer nimmt wahr?») wird mit einem derartigen Fokalisierungsmodell, das sich auf die Relation des Wissens zwischen Erzählinstanz/Stimme und Figur bezieht, freilich teilweise unterlaufen. Aber Genette selbst schlägt bei der Einführung seiner Fokalisierungstypologie, bei der er auf Pouillon und Todorov rekurriert, ein ähnliches Modell vor. Dieser Widerspruch in Genettes Werk hat für viele Diskussionen des Fokalisierungs-Begriffs und immer neue und weitere Definitionsvorschläge gesorgt (vgl. Chatman: *Coming to Terms* (wie Anm. 9); Gerald Prince: «A Point of View or Refocusing Focalization». In: Willie van Peer/Seymour Chatman (Hg.): *New Perspectives on Narrative Perspective*. New York 2001, S. 43–50; James Phelan: «Why Narrators Can Be Focaliers – and Why It Matters.» In: Willie van Peer/Seymour Chatman (Hg.): *New Perspectives on Narrative Perspective*, New York 2001, S. 51–64). Durch die relativ enge Definition anhand der Relation zwischen narrativer Instanz und Figur muss kein «focalizor» (vgl. Mieke Bal: *Narratology. Introduction to the Theory of Narrative*. Toronto (1985) ²1997, S. 142–161, S. 144 ff.) angenommen werden und es kann davon ausgegangen werden, dass jede narrative Instanz an sich eigen fokalisieren kann. Im Zusammenspiel des unterschiedlichen Zeigens, Erzählens und Fokalisierens der *visuellen* und *sprachlichen* Erzählinstanzen im Film ergeben sich komplexe ‹Erzählsituationen›, die man durch das von mir vorgeschlagene Modell analytisch ausdifferenzieren kann.
27 Der Fehlschluss, dass ein Film tendenziell objektiv erzähle, weil eine *externe Fokalisierung* vor-

Die Fokalisierung, d. h. die Informationsrelation, lässt sich in den meisten Fällen erst in der Abfolge der Einstellungen klassifizieren. Oft wird eine bestimmte Fokalisierung in einer Einstellungsfolge allmählich etabliert.[28] Nicht jede Einstellungsfolge ist in ihrer Fokalisierung jedoch eindeutig zu bestimmen, weshalb es notwendig ist, Ambivalenzen und Unbestimmtheiten der Fokalisierung deutlich zu markieren und nicht durch Interpretation einzuebnen.

4. Die visuelle Erzählinstanz im Zusammenspiel mit fakultativen sprachlichen Erzählinstanzen

In Filmen wie Rainer Werner Fassbinders EPILOG ZU BERLIN ALEXANDERPLATZ (Deutschland 1980)[29], in denen neben einer *visuellen Erzählinstanz* verschiedene *sprachliche Erzählinstanzen* auf extradiegetischer Ebene eingesetzt werden (Zusammenspiel verschiedener *voice-overs*, Textinserts und Zwischentitel), zeigt sich der Nutzen der vorgeschlagenen methodischen Trennung der Instanzen.[30] Jede extradiegetische *sprachliche Erzählinstanz* im Film kann in ihrer Beziehung zur filmischen Welt *hetero-* oder *homodiegetisch* sein, unterschiedlich fokalisieren und in Spannung zur visuellen Erzählinstanz stehen, die ihrerseits unterschiedlich fokalisieren kann (ich gehe Jost folgend davon aus, dass narrative Instanzen fokalisieren können und verzichte auf die Instanz eines «fo-

---

herrsche (weil die Figuren vor allem von außen gesehen werden), wird durch das vorgeschlagene Fokalisierungskonzept vermieden. Wenn man mit Deleyto (Focalisation (wie Anm. 6)) oder Griem/Voigts-Virchow (Filmnarratologie (wie Anm. 8)) postuliert, dass das filmische Erzählen vor allem *extern fokalisiere*, dann verstellt man sich die Möglichkeit, filmische und literarische Fokalisierungen zu vergleichen. Der seltenere Fall der *externen Fokalisierung* in der Erzählliteratur hat meist andere Funktionen als das den Regelfall bildende Zeigen einer Figur von außen im Film. Außerdem gibt es im Film eine Reihe von ‹Stilfiguren›, in denen man die Figur von außen sieht und trotzdem gleichzeitig Einblicke in ihr Bewusstsein oder Unterbewusstsein bekommt (verschiedene Formen des *mindscreen* (vgl. Bruce F. Kawin: *Mindscreen: Bergman, Godard, and First-Person Film*. Princeton 1978), Traum- und Erinnerungssequenzen, etc.). Die Einschränkung des Fokalisierungsbegriffs auf die Informationsrelation heißt nicht, dass andere Aspekte wie das Verhältnis der ideologischen Perspektiven von *visueller* und *sprachlicher Erzählinstanz* nicht auch untersucht werden könnten. Für die Untersuchung derartiger Aspekte müsste ein umfassenderes Perspektiv-Konzept, wie es etwa Wolf Schmid vorschlägt, herangezogen und für das Medium Film modifiziert werden (vgl. Schmid: *Elemente der Narratologie* (wie Anm. 9), S. 113–149).

28 Für Detailanalysen kann es wichtig sein, auch die Wissensrelationen der Instanzen innerhalb der Diegese und möglicher Metadiegesen sowie das Verhältnis des Wissens von extra- und intradiegetischen Adressaten zu untersuchen.

29 BERLIN ALEXANDERPLATZ (Rainer Werner Fassbinder, Deutschland 1980, Fernsehfilm in 13 Teilen und einem Epilog); hier: TEIL XIV: EPILOG – RAINER WERNER FASSBINDER: MEIN TRAUM VOM TRAUM DES FRANZ BIBERKOPF.

30 Vgl. Markus Kuhn: *Erzählsituationen in Literatur und Film. Der Roman «Berlin Alexanderplatz» und seine filmischen Adaptionen. Ein medienübergreifender narratologischer Vergleich*, Hamburg 2003 (unveröffentlichte Magisterarbeit, Fachbereich Sprach-, Literatur- und Medienwissenschaft, Universität Hamburg).

calizors»). Ob eine *visuelle Erzählinstanz* auch homodiegetisch sein kann (d. h., ob es eine ‹Ich- oder Du-Erzählsituation› auf rein visueller Ebene des Films geben kann), muss anhand von Grenzfällen diskutiert werden.[31]

Anders als an verschiedenen Stellen postuliert, gibt es im Zusammenspiel zwischen *visueller* und *sprachlicher Erzählinstanz* im Film keine feststehende Dominanzrelation bzw. kein Primat des Bildes, d. h. man kann die Instanzen nicht auf zwei hierarchisch zueinander stehenden Ebenen ansiedeln. Die *sprachliche Erzählinstanz* steht nicht automatisch über der *visuellen Erzählinstanz* und umgekehrt. Die zuverlässige extradiegetische *visuelle Erzählinstanz* kann die unzuverlässige extradiegetische *sprachliche Erzählinstanz* entlarven (ALL ABOUT EVE, Joseph Mankiewicz, USA 1950), doch auch die extradiegetische *visuelle Erzählinstanz* kann unzuverlässig sein (STAGE FRIGHT, Alfred Hitchcock, USA 1950; FIGHT CLUB, David Fincher, USA 1999), durch *sprachliche Erzählinstanzen* in ihrer Zuverlässigkeit in Frage gestellt werden (RASHOMON, Akira Kurosawa, Japan 1950) oder durch eine extradiegetische *sprachliche Erzählinstanz* entlarvt werden (Anfang von AN AMERICAN IN PARIS, USA 1951). Eine extradiegetische *sprachliche Erzählinstanz* kann die *visuelle Erzählinstanz* dominieren und sie auf ihre illustrierende Funktion reduzieren (Anfang von MAGNOLIA, Paul T. Anderson, USA 1999; sie kann aber auch nur dazu dienen, das von der *visuellen Erzählinstanz* Gezeigte zu strukturieren, zeitlich und räumlich einzuordnen oder die Vorgeschichte zusammenzufassen («expositorisches *voice-over*» in vielen Blockbustern, z. B. die Einleitung in THE LORD OF THE RINGS – THE FELLOWSHIP OF THE RINGS, Peter Jackson, USA 2000 oder zeit- und raumanzeigende Schriftinserts und Texttafeln, z. B. im Stummfilm). Das Verhältnis kann so wechselhaft und ironisch-verspielt sein wie in JULES ET JIM (François Truffaut, Frankreich 1962) oder so ambivalent und unzuverlässig wie in L´ANNÉE DERNIÈRE À MARIENBAD (Alain Resnais, Frankreich/Italien 1961). Auch bei Stummfilmen ist das Zusammenspiel durch den fakultativen Einsatz verschiedener Redeformen vom Erzählerbericht bis zur zitierten Rede auf den Texttafeln auf komplexe Weise verschachtelt.

Um das Zusammenspiel von verbaler «narration» und visuellen «images» im Film zu beschreiben, schlägt Sarah Kozloff ein kontinuierliches Schema mit drei

---

31 Zur Frage des Ich-Films bzw. subjektiver Erzählvarianten im Film vgl.: Kawin: *Mindscreen* (wie Anm. 27), Hurst *Erzählsituationen* (wie Anm. 24), Christine N. Brinckmann: «Ichfilm und Ichroman». In: Alfred Weber/Bettina Friedl (Hg.): *Film und Literatur in Amerika*. Darmstadt 1988, S. 65–96; Jan Marie Peters: «*The Lady in the Lake* und das Problem der Ich-Erzählung in der Filmkunst (Raymond Chandler, 1944/Robert Montgomery, 1946)». In: Franz-Josef Albersmeier/Volker Roloff: Literaturverfilmungen. Frankfurt/ M. 1989; Bach: Dead Men – Dead Narrators (wie Anm. 6); Kuhn: Film Narratology (wie Anm. 1). Filmbeispiele, die im Rahmen der Diskussion um subjektive Erzählvarianten im Film diskutiert werden und werden könnten sind u. a. DER FLORENTINER HUT (Wolfgang Liebeneiner, Deutschland 1939), THE LADY IN THE LAKE (Robert Montgomery, USA 1947), DARK PASSAGE (Delmer Daves, USA 1947), BEING JOHN MALKOVICH (Spike Jonze, USA 1999), KEINE LIEDER ÜBER LIEBE (Lars Kraume, Deutschland 2005).

Bereichen vor: «disparat», «komplementär» und «überlappend».³² Sie versucht keine binären oder klar abgegrenzten Kategorien einzuführen, sondern spricht vom «*degree* of correspondence between narration and images», was sinnvoll ist, da keine feststehenden Trennlinien zu ziehen sind. Als grobes Raster zur Beschreibung des dynamischen Verhältnisses von *visueller* und *sprachlicher Erzählinstanz* ist Kozloffs Schema geeignet, wenn man im Bereich des disparaten Verhältnisses noch differenziert, ob beide Instanzen im direkten, nachweisbaren *Widerspruch* zueinander stehen oder nur disparat von etwas *Verschiedenem* erzählen. Im Bereich des komplementären Verhältnisses stellt sich die Frage, ob beide Instanzen *verzahnt* die Hauptgeschichte weitererzählen oder ob sie verschiedene Aspekte/Handlungsstränge der Geschichte beleuchten, die sich *ergänzen*. Im Bereich des überlappenden Verhältnisses können sich beide Instanzen gleichberechtigt *paraphrasieren*, die visuelle Erzählinstanz kann nur *illustrieren*, was die dominierende sprachliche Erzählinstanz berichtet und umgekehrt: Die sprachliche EI kann *umschreiben*, was die dominierende visuelle Erzählinstanz zeigt. Zwischen dem überlappenden und dem komplementären Verhältnis liegt das *polarisierende*, von dem man spricht, wenn die eine Erzählinstanz die andere einbettet, verortet, bzw. eine Ambivalenz oder Unbestimmtheit auf anderer Ebene auflöst. So ergibt sich folgende schematische Abstufung:

widersprüchlich – verschieden – sich ergänzend – verzahnt – polarisierend – illustrierend/umschreibend – paraphrasierend

Theoretisch kann es für jedes Verhältnis eine Dominanzrelation geben. Allgemeine Richtlinien für die Bestimmung des Verhältnisses und etwaiger Dominanzrelationen aufzustellen, ist nicht möglich. Es gibt Filme, in denen das Verhältnis eindeutig auszumachen ist, andere, in denen keine klaren Relationen bestimmbar sind. Das Verhältnis zwischen *visueller* und *sprachlicher Erzählinstanz* innerhalb eines Films ist selten statisch. In komplexeren Fällen (z. B. bei Fragen der Unzuverlässigkeit oder Filmen mit mehreren *sprachlichen Erzählinstanzen*) muss untersucht werden, wie das Zusammenspiel der Instanzen vom *impliziten Regisseur* im Verlauf des Films organisiert ist.

Bereits bei der Analyse konventioneller Formen des Übergangs zwischen verschiedenen Zeit- und Erzählebenen zeigt sich der heuristische Wert einer analytischen Trennung von *visueller* und *sprachlicher Erzählinstanz*.³³ Beson-

---

32 Sarah Kozloff: *Invisible Storytellers. Voice-over Narration in American Fiction Film*, Berkeley/Los Angeles/London 1988, S. 103.
33 Die teilweise subtile Verzahnung in den Übergangs-Sequenzen und deren Funktion für die narrative Vermittlung sowie die Etablierung bestimmter Muster der narrativen Vermittlung innerhalb eines Films oder einer Filmtradition lässt sich erst beschreiben, wenn man die narrativen Instanzen und ihre Fokalisierungen getrennt erfasst.

ders aufschlussreich für Fragen der narrativen Vermittlung sind Filme mit unzuverlässigen Erzählinstanzen[34], Filme mit *voice-over* und einer verschachtelten Ebenenstruktur[35] oder die seltenen Sonderfälle eines Filmdrehs im Film – etwa wenn auf Ebene der Diegese die (fiktiven) Dreharbeiten eines Films gezeigt werden, von dem auf Ebene der Metadiegese Ausschnitte zu sehen sind.[36] Die beiden letztgenannten Aspekte sollen in der folgenden narratologischen Filmanalyse vertieft werden.

5. Die narrative Vermittlung im selbstreflexiven Mehrebenenfilm: LA MALA EDUCACIÓN von Pedro Almodóvar

Der Eröffnungsfilm der Filmfestspiele von Cannes 2004 LA MALA EDUCACIÓN (SCHLECHTE ERZIEHUNG) des spanischen Regisseurs Pedro Almodóvar erzählt auf drei ineinander verschachtelten diegetischen Ebenen. Eine knappe Inhaltsskizze soll in die Ebenenstruktur einführen. Die Diegese wird nach den Credits mit einem Insert verortet: «Madrid 1980». Der Erfolgsregisseur Enrique Goded (Fele Martínez) ist auf der Suche nach einem Stoff für seinen nächsten Film. Durch Zufall taucht sein Jugendfreund Ignacio auf, ein Schauspieler, der sich den Künstlernamen Ángel gegeben hat (Gael García Bernal). Er gibt Enrique seine Erzählung «Der Besuch», die auf ihrer gemeinsamen Kindheit basiert. Als Metadiegese werden Teile dieser Erzählung gezeigt: Ignacio kommt als Transvestit in die Stadt seiner Schulzeit zurück und will seinen ehemaligen Lehrer Pater Manolo mit einer Geschichte über seine Kindheit erpressen. Auf Ebene einer Metametadiegese wird auch diese fiktive Kindheitsgeschichte gezeigt: wie die Knaben Enrique und Ignacio in der katholischen Klosterschule erste Blüten ihrer zarten homosexuellen Liebe entdeckten, wie ihre Freundschaft von Pater Manolo im Keim erstickt wurde und wie der seinerseits in den Knaben Ignacio verliebte Pater Manolo seine Machtstellung als Schulleiter ausnutzte, um Ignacio zu missbrauchen. Ob Ignacio auf Ebene der Metadiegese Erfolg mit seiner Erpressung hat, wird nicht gezeigt, allerdings wird später von einem Happy End der Erzählung «Der Besuch» gesprochen.

---

34 Neben den oben genannten Beispielen z. B. LE LOCATAIRE (Roman Polanski, Fr 1976), THE USUAL SUSPECTS (Bryan Singer, USA 1995), THE SIXTH SENSE (M. Night Shyamalan, USA 1999), MEMENTO (Christopher Nolan, USA 2000), A BEAUTIFUL MIND (Ron Howard, USA 2001).

35 Neben dem in Abschnitt 5 analysierten Film LA MALA EDUCACIÓN z. B. RASHOMON (Akira Kurosawa, Japan 1950), ABRE LOS OJOS (Alejandro Amenábar, Sp/Fr/It 1989), ADAPTATION (Spike Jonze, USA 2002).

36 Z. B. LA NUIT AMÉRICAINE (François Truffaut, Fr/It 1973), THE FRENCH LIEUTNANT´S WOMAN (Karel Reisz, GB 1981), THE TRUMAN SHOW (Peter Weir, USA 1998). Ein besonderer selbstreflexiver Ausnahmefall ohne Ebenenwechsel liegt vor in dem Film KEINE LIEDER ÜBER LIEBE (Lars Kraume, Deutschland 2005); vgl. Kuhn: Film Narratology (wie Anm. 1).

Der Regisseur Enrique entscheidet (auf Ebene der Diegese), die Erzählung «Der Besuch» zu verfilmen und stellt parallel dazu Recherchen an, die ihn ins Elternhaus seines Schulfreundes Ignacio führen. Dort erfährt er, dass Ignacio seit etwa drei Jahren tot ist und dass sich sein jüngerer Bruder Juan den Namen Ángel gegeben hat. Ein Foto beseitigt letzte Zweifel: Ángel hat ihn betrogen, als er sich als Ignacio ausgegeben hat. Die Erzählung «Der Besuch» ist allerdings tatsächlich von Ignacio geschrieben worden. Ein nicht angekommener Brief von Ignacio an Enrique, den Ignacios Mutter Enrique nun aushändigt, erklärt, dass Ignacio tatsächlich versucht hat, Pater Manolo mit «Der Besuch» zu erpressen.

Für die Verfilmung schreibt Enrique das Ende der Erzählung um. Bei ihm endet «Der Besuch» tragisch: Pater Manolo ermordet den Transvestiten Ignacio, weil er befürchtet, dass dieser ihn immer wieder erpressen würde. Am Ende der Dreharbeiten zu diesem Film im Film, der teilweise gezeigt wird (die zweite Metadiegese), taucht ein Unbekannter auf: Señor Berenguer, der sich später als neue Identität Pater Manolos zu erkennen gibt. In einem Gespräch mit Enrique erzählt er, wie Ignacio vor mehr als drei Jahren ‹wirklich› umgekommen ist, was in einer dritten Metadiegese gezeigt wird: Ignacio versucht als drogenabhängiger Transvestit, Señor Berenguer/Manolo mit der Erzählung «Der Besuch» zu erpressen. Als Berenguer regelmäßig zu Ignacio geht, um ihn hinzuhalten, lernt er dessen jüngeren Bruder Juan/Ángel kennen, mit dem er eine Liebesaffäre beginnt. Gemeinsam mit Juan bringt Berenguer Ignacio mit einer Überdosis Rauschgift um.

Als erster analytischer Befund lässt sich festhalten: So komplex die Ebenenstruktur auch ist, es sind alle Ebenen eindeutig markiert, in ihrer Hierarchie zu bestimmen und alle Meta- und Metametadiegesen jeweils in eine Gesprächs- oder Erzählsituation auf nächsthöherer diegetischer Ebene eingebettet (ganz im Gegensatz z. B. zu einigen Filmen David Lynchs, in denen die Ebenenstruktur nicht eindeutig zu rekonstruieren ist[37]). Das Erzählen und Inszenieren von Geschichten ist zentrales Thema des Films: auf inhaltlicher Ebene, indem mit Enrique ein Regisseur gezeigt wird, der auf der Suche nach Filmstoffen Zeitungsausschnitte mit bizarren Geschichten sammelt und über die Qualität und Eignung von Geschichten für die Verfilmung diskutiert; auf formaler Ebene, da es verschiedene eingebettete literarische Erzählungen gibt, mehrere Briefe (die Geschichten erzählen) und einen Film im Film; und nicht zuletzt, weil die fiktiven Erzählungen Auswirkungen auf den Handlungsverlauf auf der jeweils höheren diegetischen Ebene haben. Das Thema ‹Erzählen von Geschichten› wird ergänzt durch einen reflexiven Umgang mit dem Verhältnis zwischen faktua-

---

37 Vgl. LOST HIGHWAY (David Lynch, USA 1996), MULLHOLLAND DRIVE (David Lynch, USA/Fr 2001), INLAND EMPIRE (David Lynch, USA/Pol/Fr 2006).

lem und fiktionalem Erzählen. Die Kindheit von Ignacio und Enrique und der handlungsentscheidende Missbrauch Ignacios durch Pater Manolo werden beispielsweise nur als ‹erzählte erzählte Erzählung› (Metametadiegese) präsentiert. Allerdings hat die fiktive Kindheitserzählung für die diegetischen und metadiegetischen Figuren so viel Wahrheitswert, dass sie Erpressungsvorgängen dienen kann.

Entscheidend ist nun die Frage, wie die Erzählungen innerhalb des Films vermittelt werden. Die Diegese, d. h. die Handlungsebene um den Regisseur Enrique Goded, wird vor allem von einer extradiegetischen *visuellen Erzählinstanz (visuellen EI)* gezeigt. Im zweiten Drittel mischt sich kurz eine extradiegetische, homodiegetische *sprachliche Erzählinstanz (sprachliche EI)* in Form eines *voice-overs* von Enrique dazwischen, die Enriques Eindrücke während der Dreharbeiten zum Film im Film zusammenfasst (*Summary/Raffung*) und weitgehend *intern* auf Enrique fokalisiert (sie ist in diesen Abschnitten *komplementär/sich ergänzend* zur *visuellen EI*). Diese *interne Fokalisierung* der *sprachlichen EI* korrespondiert mit der Tendenz zur *internen Fokalisierung* der extradiegetischen *visuellen EI* auf Enrique (die aber oft durch eine *Nullfokalisierung* unterbrochen ist).

Der konventionellste Ebenenwechsel des Films ist der letzte: Señor Berenguer und Enrique sitzen in Enriques Büro und Berenguer, der inzwischen in einem Verlag tätig ist, will Enrique erzählen, wie Ignacio umgekommen ist. Berenguer beginnt als intradiegetische, homodiegetische *sprachliche EI* szenisch zu erzählen: «Vor etwa drei Jahren bekam ich die Erzählung ‹Der Besuch› auf den Tisch...». Mit dem letzten Wort seiner Replik («Ignacio Rodríguez») wechselt die *visuelle EI* in die Metadiegese: Berenguer sitzt als Lektor in seinem Büro und bekommt einen Anruf von Ignacio Rodríguez, der ihn erpressen will. Vor der nächsten Szene der Metadiegese mischt sich Berenguers Stimme als *voice-over* erneut dazwischen, danach zeigt die *visuelle EI* ein zweites Mal den erzählenden Berenguer auf Ebene der Diegese. Durch das sich zwischendurch immer wieder einschaltende *voice-over* Berenguers und durch die häufige Rückkehr in die Gesprächssituation der Diegese auf visueller Ebene (insgesamt fünf Mal), wird diese lange visuelle Metadiegese eindeutig an die Gesprächssituation (Berenguer erzählt Enrique) gebunden. Bei einigen Übergängen ist die Stimme Berenguers klassisch *überlappend* eingesetzt: Sie beginnt szenisch auf diegetischer Ebene, wird als *voice-over* fortgesetzt (während die *visuelle EI* auf metadiegetische Ebene wechselt) und setzt erst aus, wenn schon ein Teil der Metadiegese gezeigt wurde.

Ähnlich konventionell ist der erste Ebenenwechsel des Films. Die extradiegetische *visuelle EI* zeigt Enrique, der den Text «Der Besuch» vor sich liegen hat. Er liest den Titel «Der Besuch», wobei sich sein Mund synchron zur Stimme bewegt. Dann beginnt seine Stimme als *voice-over*, die Erzählung zu lesen (sein Mund bewegt sich nicht mehr – klassische Form des ‹filmischen Inneren Monologs› zur Darstellung von Gedanken und ‹inneren Stimmen›).[38] Die *visuelle EI* blendet allmählich über auf die erste Einstellung der Metadiegese und das *voice-over* setzt bald darauf aus. Die Metadiegese ist hier eindeutig an den lesenden Enrique gebunden, was dadurch verstärkt wird, dass die *visuelle EI* im Laufe der Sequenz mehrfach zur ‹Lesesituation› zurückspringt. Auch diese Zuordnung ist klassisch, wenngleich die Zuordnung zu einer *lesenden* Figur auch seltener ist als zu einer im Dialog *erzählenden* Figur. Bemerkenswert ist, dass es Enriques *lesende* Stimme ist, die als *voice-over* zu hören ist und nicht die Stimme des Text*urhebers*. Die umgekehrte Konstellation gibt es an anderer Stelle, wenn Enrique einen von Ignacio geschriebenen Brief liest und Ignacios Stimme als *voice-over* zu hören ist (obwohl er auf Handlungsebene bereits tot ist). Allgemein gilt: bei Ebenenübergängen in den nächsttieferen Level ist darauf zu achten, in welche Gesprächs- oder Erzählsituation die tiefere Ebene eingebettet, wem sie zuzuschreiben und wessen Stimme als *voice-over* zu hören ist.[39]

Etwas auffälliger ist der erste Übergang von der Metadiegese in die Metametadiegese: Innerhalb der gezeigten Metadiegese geht Ignacio mit einem Text über seine Kindheit zu Pater Manolo, um diesen zu erpressen. Er gibt ihm den Text und fordert ihn auf zu lesen. Die *visuelle EI* zeigt, wie Ignacio mit seinem Finger auf eine Textstelle deutet. Eine Kinderstimme beginnt (als homodiegetisches *voice-over*), den Text zu lesen (exakt das, was von dem Text in dieser Einstellung zu sehen ist). Nach einem Schnitt zeigt die *visuelle EI* das lesende Gesicht Manolos (immer noch Metadiegese), während die Kinderstimme ununterbrochen weiterliest. Dann führt ein Schnitt zur Ebene der Metametadiegese, auf der spielende Kinder gezeigt werden. Das *voice-over* fährt noch etwas fort, setzt dann aus und der szenische Ton der Metametadiegese ist zu hören. Die Verzahnung zwischen *voice-over* und *visueller EI* entspricht einem konventionellen Ebenenübergang, allerdings hören wir diese Mal nicht die innere Stimme des *lesenden* Manolo, sondern die auffällig hohe Kinderstimme des homodiegetischen Text*urhebers* (denn die Erzählung, mit der Ignacio Pater Manolo bestechen will, ist bereits vom Schuljungen Ignacio geschrieben worden). Das

---

38 Rein technisch ist seine Stimme kein Element der diegetischen Welt. ‹Filmische Innere Monologe› lassen sich in der Regel als extradiegetische, homodiegetische *sprachliche EI* mit *interner Fokalisierung* auf das *erzählte/gezeigte Ich* beschreiben.

39 Bei der Einbettung und Zuschreibung von visuellen Metadiegesen gibt es weitaus komplexere und mehrdeutigere Formen. Allein aus dem Gegeneinander widersprüchlicher Zuschreibungen durch visuelle und sprachliche Markierungen, fehlende Markierungen, narrationale Formen der Zuschreibung und widersprüchliche Auflösungen der Metadiegesen bei der Rückkehr in die Diegese, resultiert eine Vielzahl an Formen. Auf einige Möglichkeiten der Verankerung einer «voice-over-narration» in der Diegese geht Sarah Kozloff ein (vgl. Kozloff: *Invisible Storytellers* (wie Anm. 32), S. 49–53), allerdings ohne visuelle und komplexe Formen der Zuschreibung zu berücksichtigen. Die erste Metadiegese in LA MALA EDUCACIÓN ist zusätzlich dadurch markiert, dass das Filmbild rechts und links gerahmt wird, was als Indikator für die Fiktionalität der (visuell gezeigten) Erzählung «Der Besuch» interpretiert werden könnte.

heißt, das *erzählende* Ich der Metametadiegese ist die Stimme des Schuljungen Ignacio, der die Geschichte aufgeschrieben hat, *nachdem* er sie erlebt hat (angezeigt durch das Präteritum). Das *erzählte* Ich der Metametadiegese ist der szenisch gezeigte Knabe Ignacio. Die visuelle Metametadiegese wird sowohl an die erzählende Kinderstimme Ignacios gebunden, die sich immer wieder als *voice-over* einschaltet, als auch an den lesenden Manolo, zu dem die *visuelle EI* zwischendurch erneut wechselt.[40]

Wie die Ebenenwechsel innerhalb des Films konstruiert und eingebettet sind und wie die jeweiligen Meta- und Metametadiegesen einer lesenden, schreibenden oder erzählenden intra- oder metadiegetischen Figur zugeordnet werden, ist somit skizziert. Zu beantworten bleibt die Frage, *wer* die Meta- und Metametadiegesen eigentlich *erzählt*. Sie werden zwar einer Erzähl- oder Lesesituation zugeschrieben und meist durch eine *sprachliche EI* eingeleitet, aber der größte Teil wird von einer *visuellen EI* gezeigt, die eindeutig mehr durch visuelles Zeigen von Situationen und Dialogen erzählt als die kurzen *voice-overs* sprachlich erzählen. Entsprechend der Ebenenlogik müsste man die *visuelle EI* als a) intradiegetisch bzw. b) metadiegetisch klassifizieren, wenn sie a) die Metadiegese bzw. b) die Metametadiegese zeigt. Aber: erstens ist die *visuelle EI*, die die Metadiegese zeigt, kein Element der rahmenden diegetischen Welt, d. h. keine ‹gezeigte zeigende Instanz› (wie man in der Literatur ‹erzählte erzählende Instanzen› kennt) und zweitens unterscheidet sie sich in Art und Duktus des Zeigens, in ihrer Fokalisierung und Perspektivierung, im Schnittrhythmus und der *mise-en-scène* nicht von der extradiegetischen *visuellen EI* (das gleiche gilt eine Ebenenstufe tiefer).

Hier zeigt sich ein inhärenter Widerspruch, der durchaus nicht nur für diesen Film gilt: Einerseits können Ebenen durch Zuordnung zu Figuren der Handlung eindeutig in ihrem diegetischen Niveau bestimmt werden, andererseits werden sie von einer *visuellen EI* gezeigt, die nicht an ein inneres Ebenenniveau gebunden scheint. Das hängt damit zusammen, dass eine filmische Binnenerzählung innerhalb einer äußeren filmischen Erzählung im Regelfall einen Medienwechsel bedeutet: Die audiovisuelle Metadiegese innerhalb der filmischen Diegese soll eine mündliche Erzählung, einen gerade geschriebenen Text, einen gelesenen Text etc. darstellen, aber nur selten soll sie das sein, was sie eigentlich ist: eine untergeordnete *filmische* Sequenz innerhalb eines *Films*. Der seltenere Fall eines eindeutigen visuellen Ebenenwechsels, d. h. ein tatsächlich ‹gezeigtes visuell-zeigendes Erzählen›, kommt in LA MALA EDUCACIÓN in zwei Formen vor: Zum einen, indem die Dreharbeiten des Films im Film gezeigt werden und zum anderen, indem Figuren zu sehen sind, die einen Film im

---

40 Eine weitere Form des Ebenenwechsels in LA MALA EDUCACIÓN kommt ganz ohne *voice-over* aus: Die *visuelle EI* zeigt zuerst eine Seite des Textes, der gerade gelesen wird, und blendet dann langsam über in die nächsttiefere diegetische Ebene.

Kino oder Fernseher sehen. Statistisch häufiger im fiktionalen Film ist die zweite Form, das gezeigte Film*sehen*: Die extradiegetische *visuelle EI* zeigt den intradiegetischen *Adressaten*, der den Film im Film schaut, welcher von einer intradiegetischen *visuellen EI* gezeigt wird. Film*produzieren* im Film gibt es dagegen nur in Ausnahmefällen.

Im Fall der Zuschreibung einer filmischen Metadiegese zu einer sprachlichen Erzählsituation der Diegese liegt allerdings in der Regel kein eindeutiger visueller Ebenenwechsel vor. Die *visuelle EI* der Diegese ist nicht systematisch von der *visuellen EI* der Meta- oder Metametadiegese zu unterscheiden. Dieses Phänomen, das hier nur exemplarisch behandelt werden kann, bezeichne ich als ‹visuellen Ebenenkurzschluss›. Der Kurzschluss besteht darin, dass hier eine *visuelle EI*, die kein Element der diegetischen Welt ist und deshalb auf extradiegetischer Ebene angenommen werden kann, Geschichten durch Zeigen erzählt, die durch spezifische Markierungen intra- und metadiegetischen Figuren zugeschrieben werden, von diesen aber nicht oder nur in Auszügen sprachlich erzählt werden.[41]

Der ‹visuelle Ebenenkurzschluss› kann für einen Film unerheblich sein, im Fall von LA MALA EDUCACIÓN führt er zu einer klaren visuellen Dominanz: Das meiste, das auf den unterschiedlichen Ebenen erzählt wird, wird von einer extradiegetischen *visuellen EI* im selben Duktus gezeigt, fokalisiert und auch bewertet. Dadurch bekommt die Kindheits-Metametadiegese einen größeren ‹Realitätsgrad› zugeschrieben, als sie von der Ebenenlogik her hätte, was wiederum für die Bewertung des angesprochenen Verhältnisses zwischen fiktionalem und faktualem Erzählen von Bedeutung ist.

Eine von mehreren markanten Sequenzen, die die ‹über den Ebenen› stehende Potenz der *visuellen EI* demonstriert, ist eine spezifische Form der Rückkehr aus der Metametadiegese in die Diegese, die die Metadiegese überspringt. Im Schuss-Gegenschuss-Wechsel werden die Knaben Ignacio und Enrique gezeigt, die von Pater Manolo getrennt wurden (Metametadiegese). Dann bleibt die *visuelle EI* bei Ignacio stehen und zeigt, wie sich sein Gesicht durch schnel-

---

41 Dieses bisher wenig diskutierte Phänomen, das ich unter dem Hilfsbegriff ‹visueller Ebenenkurzschluss› subsumiere, lässt sich in vielen Spielfilmen mit mehreren Ebenen oder eingebetteter Voice-Over-Narration nachweisen. Etwas anders als hier liegen die Verhältnisse, wenn die gesamte Metadiegese visuell markiert ist (z. B. durch schwarz-weiß im Farbfilm, spezielle Linsen etc.). Der ‹visuelle Ebenenkurzschluss› muss zumindest als Problem benannt werden, wenn man versucht, ein Ebenen-/Kommunikationsmodell literarischer Texte auf den Film zu übertragen. Wie man es letztlich für den Film modelliert, hängt vom jeweiligen Ebenenverständnis ab. Es spricht einiges dafür, die Ebenenbegriffe beizubehalten (ggf. könnte man von ‹*Pseudo*metadiegesen› statt von ‹Metadiegesen› sprechen), aber gleichzeitig zu untersuchen, welche Funktionen und Effekte der ‹visuelle Ebenenkurzschluss› im jeweiligen Film hat. Sarah Kozloff umgeht die Frage, indem sie auf den Zuschauer verweist (den sie allerdings nicht als Kategorie definiert), der letztlich alles visuell Gezeigte der Figur zuordne, obwohl der «more powerful narrating agent, the image maker» über jedem homodiegetischen Voice-Over stehe (vgl. Kozloff: *Invisible Storytellers* (wie Anm. 32), S. 43–49).

le Alterung in das angebliche Gesicht Ignacios auf Ebenen der Diegese (also in das Gesicht Ángels) verwandelt. Im Anschluss zeigt sie analog, wie sich das Gesicht des Knaben Enrique in der Metametadiegese in das Gesicht Enriques auf Ebene der Diegese verwandelt. Daraufhin wird die Diegese mit den verwandelten Figuren szenisch fortgesetzt. Dieser (durch technische Effekte realisierte) Übergang von der Metametadiegese in die Diegese ist für die Bewertung der folgenden Sequenzen nicht unerheblich, denn er gibt vor, dass Ángel tatsächlich Ignacio ist, was sich im Verlauf der Handlung als Irrtum herausstellt. Der Adressat der extradiegetischen *visuellen EI* wird genauso getäuscht wie Enrique (*interne Fokalisierung*).

Die Dominanz der extradiegetischen *visuellen EI* fällt noch deutlicher auf in der einzigen Sequenz, in der eine ‹echte› intradiegetische *visuelle EI* in Form einer gezeigten Kamera vorliegt, also während der Dreharbeiten des Films im Film. Zu Beginn der Sequenz wird exakt das gezeigt, was die intradiegetische Kamera des Filmteams aufzeichnet: eine Einstellung auf Ignacio beim Versuch Manolo zu erpressen. Die Klappe im Kamerabild und einige Stimmen im szenischen *off* («Ruhe»; «Kamera ab») markieren, dass es sich um einen Filmdreh handelt. Dann wird das Filmteam einschließlich Kamera gezeigt, dann wieder das, was die Kamera des Filmteams aufzeichnet. Nach zwei weiteren Wechseln wird nur noch die gefilmte Szenerie, also die Metadiegese, gezeigt. Bis hierhin lässt sich die Sequenz wie folgt auflösen: Der *implizite Regisseur* setzt im Wechsel die extradiegetische *visuelle EI* ein, die den Filmdreh beobachtet und die intradiegetische *visuelle Instanz* (Kamera), die innerhalb der Diegese aufzeichnet. Konsequenterweise dürfte in der nun folgenden Sequenz, in der nur noch die Szene aus dem Film im Film gezeigt wird, nur die Einstellung der intradiegetischen Kamera vorherrschen, im Verlauf der Szene kommt es jedoch zu auffälligen Montagen: Das Gespräch zwischen Manolo, seinem Gehilfen und Ignacio wird im Schuss-Gegenschuss-Wechsel gezeigt (wofür mindestens zwei, eher drei in der Diegese positionierte Kameras notwendig wären). Da im Anschluss an den Filmdreh eindeutig zu sehen ist, dass nur *eine* Kamera innerhalb der Diegese postiert wurde, kann die Sequenz nicht dieser einen intradiegetischen Kamera zugeschrieben werden. Das bedeutet, dass die extradiegetische *visuelle EI* mehr und mehr das Zeigen der Szene des Films im Film übernommen hat (ohne die Illusion der Metadiegese zu brechen und die intradiegetische Kamera erneut von außen zu zeigen). Auch hier liegt also ein zumindest latenter ‹visueller Ebenenkurzschluss› vor: Die extradiegetische *visuelle EI* zeigt Teile der Metadiegese und zwar derart, dass dieser Film im Film visuell so erzählt wird wie die erste Metadiegese (der gelesenen Geschichte im Film). So könnte man den Film im Film auch als Fortsetzung der gelesenen Geschichte interpretieren oder aber das Lesen der Geschichte durch den Regisseur Enrique als seinen ‹inneren Film› (seine Vision des Films, die er bereits beim Lesen hat und später verwirklichen wird). Für beide Lesarten gibt es weitere Indizien, so dass LA MALA EDUCACIÓN zunehmend zu einem reflexiven Film über das visuelle Erzählen von Geschichten wird. Die Ambivalenz kann hier nicht durch Analyse, nur durch Interpretation aufgelöst werden.

Auf Ebene des *impliziten Regisseurs* ist festzuhalten, dass die von ihm eingesetzte extradiegetische *visuelle EI* die verschiedenen extra-, intra- und metadiegetischen *sprachlichen Erzählinstanzen* dominiert. Allerdings korrespondiert eine nachweisbare Tendenz der *visuellen EI* zur *internen Fokalisierung* auf Enrique mit dem zeitweiligen Einsatz von Enriques Stimme als extradiegetischer, homodiegetischer *sprachlicher EI* (mit *interner Fokalisierung* auf das *erzählte* Ich von Enrique). Womit man von einer «Ich-Erzählsituation» mit *interner Fokalisierung* sprechen kann, bei der sich das *erzählende* Ich im *voice-over* Enriques nachweisen lässt, der szenisch gezeigte Enrique *erzähltes* Ich ist.[42] Nimmt man hinzu, dass die erste und längste Metadiegese (die gelesene Erzählung) mit Enriques Stimme eingeleitet und ihm als lesender Instanz zugeordnet wird, dass er es ist, der den Film im Film inszeniert und dass er der Zuhörer der ‹Gesprächssituation› der letzten Metadiegese ist, rückt er auf verschiedenen Ebenen in den Mittelpunkt des Films. Nimmt man des Weiteren hinzu, dass Enrique auf Handlungsebene Regisseur ist, von dem in einem über die gezeigte Geschichte hinausweisenden, proleptischen Insert am Ende gesagt wird «Er macht immer noch Filme – mit derselben Leidenschaft», woraufhin nach einer kurzen Abblende als erster Schriftzug des Abspanns «Ein Film von Pedro Almodóvar» folgt, könnte man den Bogen weiterspannen und nach autobiografischen Zusammenhängen zwischen dem realen Filmregisseur Pedro Almodóvar und dem fiktiven Filmregisseur Enrique Goded suchen. Ein Beispiel dafür, wie eine werkimmanente narratologische Untersuchung eine die Werkgrenze überschreitende Interpretation anstoßen kann. Zumindest aber ist LA MALA EDUCACIÓN Ergebnis und Bericht der im Film angestellten Reflexionen über das filmische Umsetzen einer Geschichte.

Die Ebenenschachtelung in LA MALA EDUCACIÓN hat entscheidende Funktionen für die Spannungsdramaturgie des Films. Die Spannungsbögen werden nicht nur auf Ebene der *histoire*, sondern vor allem auf Ebene des *discours* und durch das Spiel mit den Möglichkeiten des jeweiligen Handlungsverlaufs eröffnet. LA MALA EDUCACIÓN lässt sich so in eine Tendenz des zeitgenössischen Ki-

---

42 Ich übernehme die Begriffe *erzählendes* Ich und *erzähltes* Ich aus der Erzähltheorie der Literaturwissenschaft, wo sie zur Beschreibung von «Ich-Erzählsituationen» verwendet werden. Das *erzählte* Ich wird mitunter auch als *erlebendes* Ich bezeichnet. Im Film ist das *erzählende* Ich häufig im *voice-over* nachweisbar, das *erzählte* Ich eine in der Szene gezeigte Figur, also eine Art *gezeigtes* Ich. Oft ist diese Konstellation allerdings nur auf den ersten Blick so eindeutig festzumachen, weil man meist auch im *voice-over* zwischen *erzählendem* und *erzähltem* Ich differenzieren kann und ggf. Schwankungen der Fokalisierung zwischen Null-Fokalisierung und interner Fokalisierung (selten externer Fokalisierung) nachweisen kann.

nos einordnen, die nicht nur das Autorenkino erreicht hat: Filme, die selbstreflexiv mit den Möglichkeiten filmischen Erzählens umgehen, um hochgradig verdichtete filmische Erzählungen zu konstruieren und Spannung durch die narrative Realisierung zu erzeugen.

Die exemplarische Analyse hat gezeigt, dass aus der literaturwissenschaftlichen Narratologie exportierte Kategorien zur Beschreibung der narrativen Vermittlung im Film greifen können, wenn sie medial reflektiert werden. Vergleichbare Typologien scheinen möglich. Man kann im Film nach verschiedenen Erzählkonstellationen suchen, die aus der Erzählliteratur bekannt sind und umgekehrt. Ein wichtiger Punkt ist dabei allerdings, dass sich die Ausnahme- und Regelfälle im Film und in der Erzählliteratur in unterschiedlichen Bereichen finden lassen – eine unmittelbare Folge der unterschiedlichen Art des Erzählens in beiden Medien. Auch Rekonzeptualisierungen und Ausdifferenzierungen der narratologischen Modelle müssen in der Erzählliteratur und im Film auf unterschiedlichen Feldern angestrebt werden. Deshalb sind einige Diskussionen der literaturwissenschaftlichen Narratologie für die Filmnarratologie irrelevant; andere, notwendige, müssen erst noch losgetreten werden. Gerade das verzahnte Erzählen von sprachlichen und visuellen Erzählinstanzen auf verschiedenen Ebenen harrt weiterhin einer genauen und systematischen Betrachtung sowie einer umfassenden Klassifizierungstypologie.

Jürgen Kasten

Das Drehbuch: Erzählen als Bildbeschreibung und filmtechnischer Realisierungsplan

Der Begriff des ‹Erzählens› changiert häufig, so auch in den Produktionsstufen und Produktionsbeiträgen eines Films. Der Kameramann, der Architekt, die Schauspieler und natürlich der Regisseur – sie alle tragen mit ihrem jeweiligen Werkbeitrag zur Narration des Films bei, aber in der Regel auf der Grundlage eines vorbestehenden Werkes: des Drehbuchs. Es ist der primäre erzählerische Text des späteren Films. In ihn will es aufgehen und um ihn zu entwerfen, hat es eine spezifische Textform entwickelt. Es ist ein eigenständiges Werk, das ein anderes präformiert. Ich gehe grundsätzlich davon aus, dass es eines originären eigenschöpferischen Werkes bedarf, um in einer erzählten Welt eine Geschichte und eine mediale Ordnung davon zu erzeugen. Erzählen meint in diesem Kontext nicht die nachschöpfende Interpretation oder Darstellung, sondern die umfassende Kreation einer Welt, die durch den Erzähltext erzeugt wird.

Wenn man diesem Erzählbegriff folgt und ihn auf den Film anwendet, hätte dies Konsequenzen: Man sollte dann nämlich unterscheiden zwischen gestaltenden und ausgestaltenden Werkbeiträgen, Präsenz- und Präsentationsvorgängen, um unterschiedliche Arten des Erzählens sowie ihre differenten ästhetischen Prägegrade innerhalb der arbeitsteiligen Herstellung kennzeichnen zu können. Das erfolgt bisher recht selten, weil sich Filmpublizistik und Filmwissenschaft noch kaum für den komplexen Herstellungsprozess interessieren, in dem teils vorbestehende, teils eigenständige Werke, teils frei oder unfrei nachschöpfende Werkbeiträge im Filmwerk verschmelzen. Meist stehen mit Regie und Schauspiel die Bereiche des Inszenierens sowie des Darstellens im Mittelpunkt, zwei wichtige, aber in der Chronologie der Filmherstellung eigentlich nachgelagerte Bereiche des Interpretierens und der medialen und figuralen Vermittlung der erzählten Welt bzw. von Teilaspekten davon.

Im Folgenden soll es darum gehen, wie und mit welchen Textmitteln das Drehbuch eine Geschichte in Bildern erzählt und dabei den Film präformiert, den es sprachlich evoziert. In seiner geläufigsten Funktion, der Komposition einer Story, kombiniert es zwei Modi des literarischen Erzählens: den fiktional vergegenwärtigenden Modus eines dramatischen Gebildes, insbesondere im szenischen Entwurf und der Figurenrede, und den Modus des Zeit und Raum weitgehend frei skalierenden Epos. Es vereint also «the epic mode of narration through observation and the dramatic mode of presentation through action and dialogue»[1]. Außerdem weist es noch einen weiteren wichtigen Modus aus: den der Beschreibung eines Bildentwurfs, der zumeist in schnörkelloser Gebrauchsprosa wie eine Gebrauchsanleitung gegeben wird.

Das Drehbuch entsteht vor dem Film, ist eine erste Werk gewordene Vision davon. Verfasst wird es schriftsprachlich, also in einem anderen medialen System als das Werk, das es entwirft. Es enthält die Informationen zur Konstruktion der Story, es charakterisiert Figuren, ihre Konflikte, es entwirft die Figurenrede, die szenischen Abläufe, und es gibt einen ersten Aufriss eines Bildes, das alle wichtigen Informationen für die spätere plastische Realisierung und kinematografische Aufnahme enthält. Es ist der Drehbuchautor, der aus der Vielzahl möglicher sichtbarer Vorgänge eine erste Auswahl trifft und darin einen dramatischen Ereignisvorgang codiert. Die Bildhaftigkeit bzw. die visuelle Struktur einer Szene präjudizieren seine Erzählmöglichkeiten. Man kann noch einen Schritt weitergehen und feststellen: Das Drehbuch wird grundsätzlich durch die medialen Wesensbedingungen des Werkes determiniert, das es entwirft und antizipiert: Die mediale Ordnung der erzählten Welt eines Films wird bestimmt durch die Möglichkeit ihrer audiovisuellen Realisierbarkeit, also durch die Aufnahme-, Perspektiv- und Abbildungsmöglichkeiten des technischen Apparates der Kamera sowie durch die Möglichkeit, Bilder in einer sukzessiven Ablaufform zu reihen und dadurch zu einem erzählerischen Ganzen zu fügen.

Erzählvorgänge, die nicht dem visuellen Primat und den technisch-logistischen Bedingungen des Aufnahmevorgangs, des Schnitts und der Montage unterworfen werden können, bleiben durch das spezifische Erzähl- und Anordnungsinteresse des Drehbuchs ausgeschlossen. Es können neben den medial-technischen Wesensbedingungen des intendierten Produkts spezifische Produktionsumstände hinzukommen, die den Erzählbereich eines Films weiter eingrenzen, etwa die Produktionsklasse, ein ungefähres Budget, vorab fixierte Handlungsschauplätze oder die Besetzung mit bestimmten Schauspielern. Die medialen wie die produktionsspezifischen Prämissen zu akzeptieren und als werkimmanente Herausforderung dieses Erzählmediums zu begreifen, das unterscheidet den professionellen Drehbuchautor vom literarischen Autor.

Für einen eher literarisch orientierten Autor wie Patrick Süskind resul-

---

[1] Yaakov Malkin: *Criticism in Cinematic Creation and the Screenplay as a New Literary Form.* Jerusalem 1980, S. 1, zit. n. Claudia Sternberg: *Written for the Screen. The American Motion-Picture Screenplay as Text.* Tübingen 1997, S. 65.

tiert aus diesen Faktoren eine Beschneidung der Erzählmöglichkeiten. Das Drehbuch zeichne eine «plumpe Behauptungssyntax» sowie «dieses primitive, undifferenzierte, grobschlächtige ‹Hier-bin-ich› des Bildes»[2] aus. Es sei so sehr von der Beschreibung des Sichtbaren geprägt, dass es seiner Ansicht nach fast nur «ordinäre binäre Optionen»[3] habe etwas entweder als an- oder als abwesend darzustellen. Süskind verkennt, dass sich gerade aus den Beschränkungen, die Gebrauchszweck und Materialstruktur der Phantasie und dem Werkwillen des Autors entgegensetzen, die poetologischen Wesensmerkmale der Werkgattung ergeben und bestimmen lassen. Auf die will er sich aber nicht wirklich einlassen. Für das Drehbuch ist das Primat des visuell Darstellbaren (als Leitstruktur des Erzählten) und die Formulierung spezifischer Blickwinkel darauf (als Vorstrukturierung einer Bildkomposition und deren technischer Realisierbarkeit) absolut konstitutiv. Davon zeugen bereits die ersten theoretischen Charakterisierungsversuche im frühen Stummfilm, wenn sie das damals noch eher Filmmanuskript genannte Drehbuch als «Bildhafte Tatenreihe»[4] und als «optisch-logisches Werk»[5] beschreiben.

Das Drehbuch benutzt als kleinste Erzähleinheit ein deutlich vom nächsten abgegrenztes Bild. Das erzählerische Bild entspricht in der Regel nicht der filmischen Einstellung, sondern muss bei der späteren Realisierung des Films in diese aufgelöst werden. Das erfolgt entweder in einem Storyboard oder durch entsprechende Kennzeichnungen im Drehbuch, die der Regisseur und der Kameramann vornehmen. Dieser Umstand provoziert häufig, es mit dem später auf seiner Entwurfsgrundlage hergestellten Film zu vergleichen und dann mediale Systemdifferenz, Unvollständigkeit sowie den aus beidem resultierenden Ausgestaltungsbedarf festzustellen. Gern wird das zur Ab- bzw. zur Ausgrenzung des Drehbuchs vom Film herangezogen. Betrachtet man aber die Herstellung eines Films in seinem Prozesscharakter vom Anbeginn an und nicht retrospektiv vom finalen Ergebnis her und versucht man, die Ursprünge ästhetischer Konzeptionen und Lösungen zu verfolgen, dann offenbart das Drehbuch einen Doppelcharakter. Es ist ein

---

2   Patrick Süskind: «‹Film ist Krieg, mein Freund›. Über einige Schwierigkeiten beim Drehbuchschreiben». In: Helmut Dietl/Patrick Süskind: *Rossini oder die mörderische Frage, wer mit wem schlief. Vollständiges Drehbuch mit zahlreichem Fotos aus dem Film, mit einem Essay von Patrick Süskind*. Zürich 1997, S. 199–273, hier: S. 227.
3   Ebd., S. 245.
4   Peter von Baer: «Der Film und wir Dichter!». In: *Lichtbild-Bühne* 1913, H. 23, S. 153.
5   William Wauer: «Filmkunst». In: *Der Film* 1916, H. 11, S. 10. Zur umfangreichen Theoriediskussion in der Filmpublizistik der 1910er Jahre über den zentralen Gestaltungsansatz des Drehbuchs, in Bildern zu denken und zu erzählen und diese schriftlich vorzuformulieren vgl. Alexander Schwarz: *Der geschriebene Film. Drehbücher des deutschen und russischen Stummfilms*. München 1994; sowie Jürgen Kasten: «Kohärente Konstruktionen des Kolossalen. Zur Theorie und Frühgeschichte des Drehbuchs in Deutschland bis ca. 1914». In: *KINtop. Jahrbuch zur Erforschung des frühen Films*. Bd. 13: *Wort und Bild*. Frankfurt/M. 2004, S. 31–43.

schriftsprachliches Erzählwerk, das eine nach dramatischen Gesichtspunkten konstruierte Geschichte in einer besonderen Ablaufform darbietet. Mit der besonderen Textstruktur und -präsentation, also womit und wie es erzählt, will es zugleich zweckgerichtet eine andere mediale Werkstruktur aufzeigen: die des Films.

Ein Drehbuch zeichnet aus, dass es mit all seinen formalen wie inhaltlichen Stilmitteln eine Geschichte so darbietet, dass darin auch deren spezifische audiovisuelle Umsetzungsmöglichkeit aufscheint. Dies erfolgt, in Termini der neoformalistischen Narratologie, durch die besondere Form seines Sujets oder Discourses[6], also die Reihenfolge, textformale Anordnung und Vermittlung der Geschichte (der Story oder Fabula). Die besondere Form und Akzentuierungen der Discourse-Ebene eines Drehbuchs wären als Form eines literarischen Lesetextes fiktiv, rein äußerlich dem Text aufgepfropft und damit funktionslos. Erst wenn man die Entwurfsaufgabe des Drehbuchs, resultierend aus den spezifischen Narrations- und Produktionsanforderungen des Films, als doppelgliedrig begreift, erschließen sich Sinn und Informationswert seiner speziellen Darbietungsform. Das Drehbuch gibt eben nicht nur die Figurendialoge und die auf kausale Motivierung und Ursache-/Wirkung-Reihen abzielenden Story-Informationen der Handlung. Sondern deren Auflösung in Segmente bildhafter Ablaufvorgänge macht die darin erzählte Geschichte für die kinematografische Realisierung überhaupt erst verfügbar. Weder eine mündlich erzählte Geschichte, noch eine, die in üblicher, zeilenweise fortlaufender Verschriftlichung fixiert ist, noch ein Roman oder ein Theaterstück sind in ihrer jeweiligen Präsentationsform verfilmbar. Sie bedürfen für die filmische Aneignung der besonderen Erzähl- und Textform des Drehbuchs.

Bildentwurf + Erzählung = Bildererzählung

Der Drehbuchautor erfindet und gestaltet – wie der Bühnendichter oder Romancier auch – eine Abfolge von Ereignissen, er entfaltet also eine Geschichte in einer erzählten Welt. Insofern ist das Drehbuchschreiben eine literarische Angelegenheit. Die Erfindung einer Geschichte kann, wie jeder Erzählvorgang, als werkspezifische Eingrenzung aus der beinahe unendlichen Vielzahl von Ereignismöglichkeiten begriffen werden. Auf der Story- oder Fabula-Ebene ist es zumeist der Drehbuchautor, der als originärer erzählerischer Urheber des Films zu betrachten wäre, was Filmpublizistik und Filmwissenschaft jedoch recht sel-

---

6   Vgl. Seymour Chatman: *Story and Discourse. Narrative Structures in Fiction and Film.* Ithaca/New York 1978, sowie zusammenfassend Jens Eder: *Dramaturgie des populären Films. Drehbuchpraxis und Filmtheorie.* Hamburg 1999, S. 10.

ten im Blick haben, weil sie den realisierten Film einschließlich seiner Erzählung zumeist überwiegend dem Regisseur zuschreiben.

Das Drehbuch bietet die Geschichte, die es erzählt, in einer Form dar, die zwar dem Drama verwandt, jedoch nicht deckungsgleich mit ihm ist, sondern medien-, anwendungs- und kommunikationsspezifische Erweiterungen erhalten hat. Der Drehbuchautor entwirft dramatische Personen und ihre Beziehungen zueinander. Er gestaltet die Sprechakte, Monologe und Dialoge der Figuren. Er gliedert die Handlung in von ihm segmentierte Bilder, in die er den inneren szenischen Ablauf einpasst. Das alles formuliert er so, dass ein Blickwinkel auf das entworfene Erzählbild deutlich wird. Im Grunde genommen sind es zwei Strategien, die hier verfolgt werden: das erzählerische Kompositionselement der Story und in diesem eingekapselt einen Entwurf von dessen audiovisueller Realisierung zu geben. Für jeden Erzählschritt der in der klassischen Dramaturgie stets voranschreitenden Handlung hat der Drehbuchautor dramatisch repräsentative Bilder (in Form szenischer Abläufe und Sprechpassagen) zu finden. Sie müssen koppelbar und filmtechnisch realisierbar sein. Die entworfene Handlung muss in einer Folge von Bildern verständlich, darstellbar und auflösbar sein. Bedeutungs- und Erzählvorgänge entwickelt der Drehbuchautor nicht nur aus dem Beschreiben von Ereignissen, die im Bild zu zeigen sind, sondern auch aus der Differenz und Veränderung zum zuvor im Bild gezeigten Zustand sowie durch die syntaktische Koppelung der Erzählbilder.

Mit dem für das Drehbuch verwendeten Begriff ‹Bild› ist nicht die Einstellung des Films gemeint, sondern ein szenischer Komplex, der an ein und demselben Handlungs- = Aufnahmeort angesiedelt ist. Wechselt dieser, so wird das durch ein neues Bild unter fortlaufender Nummerierung angezeigt. Die besondere Form der Textpräsentation gliedert das Bild in eine Ort und Tageszeit charakterisierende Überschrift, die Beschreibung des szenischen Ablaufs und die gesprochene Rede von Figuren. Alle diese Textelemente werden satztechnisch gesondert dargestellt. Die schlagwortartige Überschrift wird durch Unterstreichen oder Fettdruck hervorgehoben. Sie soll eine schnelle Orientierung bei der späteren Filmherstellung ermöglichen. Der Text der Bildbeschreibung steht danach entweder in einer von zwei Spalten, oder er wird in fortlaufender Zeilenpräsentation gegeben. Dialoge und andere Audiotexte erscheinen entweder in der anderen Spalte oder werden mittenzentriert abgesetzt. Bildbeschreibung und Figurenrede sind mit Blick auf die realisierungspraktischen Anwendungsbedingungen gesondert. Der Schauspieler benötigt aus dem Drehbuch andere Informationen als der Kameramann oder der Architekt. Die satztechnische Sonderung soll es ermöglichen, individuelle Realisatoreninformationen selektiv herauslesen zu können, was deutlich auf die arbeitsteilige Anwendungsbezogenheit des Textes verweist.

Das Drehbuch will eine Geschichte erzählen, es will aber auch die Konstruktion seiner Elemente anwendungsspezifisch verdeutlichen. Sein dominierendes Interesse ist es, den gewählten Blick auf einen Vorgang, der eine bestimmte Stellung in einem erzählerischen Gesamtgeschehen hat, in seiner Story-Funktion wie in seiner Discourse-Gestalt nachvollziehbar zu machen. Diese weist in der Regel auf Grundaspekte der audiovisuellen Realisierung hin. Es verwundert deshalb nicht, wenn das Drehbuch neben der Figurenrede die Aufmerksamkeit vor allem gezielt auf Akte des Sehens bzw. des visuell Wahrnehm- und Gestaltbaren lenkt. Dabei fällt auf, dass der Darstellungsgestus des Sehens nicht allein auf Figuren bezogen oder an sie gebunden ist, sondern oft die Position eines Betrachters von Außen antizipiert und dessen bildausgestaltenden Blick zu aktivieren versucht.

Mitgeteilt wird zunächst der Rahmen des Bildes durch schlagwortartige Bestimmung eines Handlungsortes, der in einer Bild- und Ablaufbeschreibung weiter eingegrenzt wird, so dass ein Ausschnitt deutlich wird und wie er betrachtet wird, was bedeutet: wie ihn die Kamera einnehmen könnte, ohne dass dies genau technisch bestimmt wird. Informationen für die spätere exakte Cadrierung des Bildes durch Regisseur und Kameramann ergeben sich aus den Angaben zum Handlungsort, der Beschreibung des Vorgangs im Bild, der Figuren und deren Sprechpassagen. Der Drehbuchautor formuliert mit der szenischen Vorgangsbeschreibung einen grob cadrierten Ausschnitt, einen Bildumriss, der bestimmte Grundpositionen der Aufnahme nahelegt. Filmtechnische Hinweise sind quasi in den Storyinformationen eingebunden. Sie sind Bestandteil einer bildhaften szenischen Anordnung und der darin integrierten Beschreibung eines hör- und sichtbaren Vorgangs. Wenn ein Autor formuliert: «Wir sehen einen Reiter ein Flusstal durchqueren», so ist es einleuchtend, dass dies in einer Totalen aufzunehmen wäre. Eine nähere Vorstellung des Reiters (was einen entsprechenden Einstellungswechsel erfordert) würde etwa ein Satz wie: «Seine Augen sind zusammengekniffen» bewirken, der zu einen Umschnitt auf eine Nah- oder eine Großaufnahme auffordert.

Das Drehbuch kann ohne vorherige Ankündigung oder Modulation zwischen Bild-, szenischer Ablaufbeschreibung und Figurenrede, den Elementen der Storykonstruktion, nicht nur wechseln, sondern aus ihnen ganz herausspringen und auch explizite technische Hinweise oder rhetorische Kommentare geben. Entsprechend verändert sich der erzählerische Modus von der Beschreibung zum Bericht oder von der dramatischen Figurenrede zum Kommentar.

Die Figurenrede sowie die Bild- und szenische Ablaufbeschreibung sind am umfangreichsten ausgearbeitet. Der Begriff Bildbeschreibung legt nahe, dass sich das Drehbuch hier um die Formulierung räumlicher Organisationsparameter bemüht (auch die Figurenrede, da sie mit den haptischen und proxemischen Bedingungen der Figur verbunden ist, kann darunter subsumiert werden). Das Drehbuch ist im Unterschied zum Drama eben nicht nur an der szenischen Anordnung von Handlungsvorgängen und Figurenrede interessiert, sondern auch an deren Bildausformung in Form einer technisch rezipierbaren Beschreibung, ohne jedoch selbst ein technisches Vokabular zu benutzen.

Die zeitliche Bestimmung eines Bildes hat als Ausgangspunkt in der Überschriftenzeile die lakonische Bemerkung «Tag» oder «Nacht». Sie wird durch den Ablauf der Handlung, Rede oder Aktion in dem gegebenen Raum weiter konkretisiert. Für das Erzählbild gilt ein raumzeitliches Kontinuum, das solange andauert, bis sich Zeit oder Ort durch eine neue Bildüberschrift oder durch ausdrückliche Bezeichnung innerhalb des Bildes verändern. Das Kontinuum wird unterstellt, da nur in Ausnahmefällen Erzählzeit und reale Filmzeit erkennbar zusammenfallen. Anfang und Ende eines Bildes markieren auch im Film einen raumzeitlichen Orientierungsrahmen, der aufgrund der fragmentierenden Raum- und Zeitrepräsentation des Films durch wechselnde Einstellungen und Schnitte notwendig ist. Zentral gestützt wird die Herstellung eines sinnhaften Zusammenhangs Ereignisse zersplitternder Bilder bzw. Bildfolgen vor allem durch die Handlungslogik und Kontinuität der Story.

Die genaue zeitliche Ausformung einer Einstellung kann der Drehbuchautor nicht festlegen. Sie erfolgt erst durch die Aufnahme bzw. später bei der Postproduktion in der genauen Bestimmung der Einstellungslänge. Die Grundrichtungen des zeitlichen Ablaufs eines Erzählbildes werden aber bereits im Drehbuch festgelegt, Kontinuitäten ebenso wie Zeitlupen oder -raffungen angezeigt. Auch können durch spezielle Figurenrede, die Wahl des Off-Kommentars einer Erzählerstimme oder eines inneren Monologs zeitliche Abläufe des Bildvorgangs gedehnt oder komprimiert werden.

Der Zeitverlauf des Erzählten wird im Film, über die Beschreibung des Ablaufs eines sichtbaren Vorgangs hinaus, vor allem in der Abfolge und Verkettung disparater Bilder artikuliert. Gilles Deleuze hat darauf hingewiesen, dass Zeit noch im realisierten Film «notwendigerweise eine indirekte Repräsentation» erfährt, «die sich aus der Synthese der Bilder ergibt».[7] Der Drehbuchautor legt eine Gesamtkonstruktion vor, wie die von ihm entworfenen Segmente zueinander in Beziehung stehen und welche erzählerische Synthese sich aus der Reihung der Bilder ergibt. Insofern wird im Drehbuch in etwa eine erste Grobmontage von Szenen und Sequenzen vorgenommen. Sie arbeitet natürlich noch nicht mit einem Feinschnitt, mit dem später Einstellungen verkettet werden, sondern orientiert sich an den Umrissen der szenischen Bildsegmente. Die Grundlagen der Erzählbildanordnungen und Verkopplungsprin-

---

[7] Gilles Deleuze: *Das Zeit-Bild. Kino 2* (1985). Frankfurt/M. 1997, S. 53–54.

zipien, die das Drehbuch niederlegt, finden sich in der Regel so auch im realisierten Film. Auch wenn die Erzählbilder noch etwas rohe Entwürfe für die Formen der tatsächlichen kinematografischen Verkopplung der später in Einstellungen aufgelösten Filmbilder abgeben, prägen sie nicht nur die Erzählart des Drehbuchs, sondern auch des Films. Ob etwa ein Zeitsprung erfolgt, Bilder als Rückblenden fungieren, ob die Bildfolge kontinuierlich voranschreitet oder diskontinuierlich springt, ob in parallelen Haupt- und Nebenhandlungen oder linear-chronologisch erzählt wird, das ist im Drehbuch zumeist bereits indiziert.

Doppelte Codierungen

Vielen Formulierungen in der Bildbeschreibung wie in der Figurenrede kommt eine doppelte, eine storykonstruierende wie eine filmtechnisch präformierende Funktion zu. Das Drehbuch erzählt zumeist aus einer beobachtenden Grundposition, die den Blick eines Betrachters imaginiert. Dieser ist natürlich die Kamera, zumeist gedacht als Stellvertreter des Zuschauers. Abweichungen davon, etwa der subjektive Blick einer bestimmten Person, müssten gekennzeichnet werden. Ohne Benennung wird von einer Art Grundposition des Kamerablicks ausgegangen, der so tut, als würde er dem Zuschauer die jeweils bestmögliche Betrachtungsposition eines szenischen Ablaufs bieten.

Aus der Beschreibung der Handlungen von Figuren ist ihr Radius und ihre Stellung im Raum erschließbar. Daraus resultiert in der Regel bereits ein Blickwinkel für die Kamera. Auch Umschnitte oder Blickwechsel ergeben sich daraus, auf welche Figur oder welches Objekt sich der Fokus der Szenenführung richtet und wie er sich ggf. verändert. Die recht häufig in Drehbüchern verwandten deiktischen Appelle, etwa hinweisende adverbiale Zeitbestimmungen wie «Plötzlich», «Dann» oder «Jetzt», gliedern eine Aktion im Bild zeitlich, geben zudem aber auch Hinweise für die filmtechnische Strukturierung und für die Gliederung des Vorgangs in Einstellungen. Erzählerisch als szenisches Ablauf- wie als rhythmisierendes Element verwandt, sind entsprechende Zeitbestimmungen auch geeignet, Schnittmarken und Einstellungswechsel zu markieren.[8]

Aufnahmepraktische Hinweise finden sich an vielen Stellen des Drehbuchs, ohne dass sie nach einer bestimmten technischen Nomenklatur oder Prioritä-

---

8   Zur besonderen Verwendung von hinweisenden adverbialen Zeitbestimmungen, Adverbien und Konjunktionen als Mittel der Strukturierung von Bildfolgen, Einstellungen und Schnittmarken in den Drehbüchern Carl Mayers vgl. Jürgen Kasten: *Carl Mayer: Filmpoet. Ein Drehbuchautor schreibt Filmgeschichte.* Berlin 1994, S. 279–281.

tenliste formuliert sind. Explizite Angaben filmtechnischer Realisierungsbegriffe wie Einstellungsgrößen, Überblendungen, Trickmöglichkeiten oder Kamerabewegungen sind im Drehbuch zwar möglich, jedoch heute zunehmend unüblich geworden. Auch in der Zeit bis etwa 1960, als explizite filmtechnische Hinweise noch häufiger gegeben wurden, galt, diese nur dann einzufügen, wenn sie für die entworfene Gestalt des Erzählbildes bzw. für dessen Verklammerung mit anderen Bildern unbedingt notwendig sind.

Die Zurückdrängung expliziter technischer Angaben zur Bewegung der Kamera, einer Blende, eines Schnitts o. ä. könnte mehrere Gründe gehabt haben. Anscheinend reifte eine Ansicht, dass die filmische Syntax mit der schriftsprachlichen Benennung filmsprachlicher Fachbegriffe und abstrakter Schlagworte nur unzureichend darstellbar ist, wenn diese nicht unmittelbar mit dem Erzählbild und der Storykonstruktion verknüpft sind. Die Zurückdrängung nackter filmtechnischer Angaben mag auch damit zusammenhängen, dass diese sogar aus den heterogenen Textmitteln des Drehbuchs herausspringen, weil sie auf der Story/Fabula-Ebene praktisch keine Informationen bereitstellen. Trifft diese Annahme zu, würde das bedeuten, dass fast durchgängig von einer doppelten Codierung der im Drehbuch formulierten Textelemente ausgegangen wird.

Es sind vor allem die um doppelte Codierungen bemühten Besonderheiten in der Textpräsentation, die der Lektüre eines Drehbuchs einen gebrochenen Lesefluss verleihen. Die formale Anlage samt ihrer Heraushebungen, Abbreviaturen und besonderen Markierungen macht wenig Sinn für einen Fließ- oder Dialogtext gewohnten Leser. Sie erschließt sich vor allem dem Fachleser mit Hilfe von dessen zu antizipierender Ausgestaltungskompetenz. Produzent, Regisseur, Schauspieler, Produktionsleiter oder Kameramann lesen das Drehbuch nicht nur als bildhaft-szenische Anordnung einer Geschichte, sondern auch als Masterplan, aus dem sie ihre eigenen Filmwerkbeiträge entwickeln und in das bis zum Rohschnitt nur als Drehbuchvision vorliegende Gesamtwerk einpassen werden.

Einzel- und Gesamtplan, Kommunikations- und Steuerungsinstrument

Das Drehbuch ist ein Text, der wie kaum eine andere Textsorte mit Schnitten, Ellipsen, hebbaren Lücken, Leerstellen und Perspektivwechseln erzählt. Es ist selbst eine Montage unterschiedlich formulierter und funktionalisierter Bestandteile. Dass in ihm erst gar nicht der Versuch unternommen wird, das Bild umfassend sprachlich ‹auszumalen›, hat einen Grund auch jenseits des medialen Paradoxons. Sicherlich wäre eine ausführlichere Bildbeschreibung einschließlich einer detaillierten Auflösung in Einstellungen möglich und vielleicht sogar von literarischem Interesse. Doch die konkrete Ausgestaltung des Erzählbildes bei der Filmherstellung wird stets üppiger und plastischer sein als ein auch noch so ausführlicher schriftsprachlicher Beschreibungsversuch.

Ein professioneller Drehbuchautor weiß, dass er nur einen beschränkten Darstellungsraum von etwa 100 bis 140 Seiten und eine limitierte Erzählzeit von etwa 90 Minuten für einen abendfüllenden Spielfilm hat.[9] Er weiß damit um den textkonstitutiven Zwang zur Komprimierung und zur erzählerischen Beschränkung auf das Wesentliche. Innerhalb dieser Rahmenbedingungen nimmt sich der Drehbuchautor den Darstellungsraum, den er für die Festlegung der Geschichte, der Dialoge, des szenischen Ablaufs und der Bildbeschreibung benötigt. Würde man einen literarischen Maßstab anlegen, scheint das Erzählen im Drehbuch nur unter Prämissen und Beschränkungen zu erfolgen. Doch die rigide Erzählökonomie hat einen wichtigen Grund. Es soll eine weitreichende Konstruktionstransparenz des einzelnen Bildes ebenso eröffnen wie es den Überblick auf ein zu schauendes erzählerisches Ganzes von Bild, Bildfolgen und Gesamtfilm zu gewährleisten hat.

Das Drehbuch ist in seiner spezifischen Discourse-Gestalt für einen bestimmten Gebrauchszweck entwickelt worden. Indem es die Narration des Films und dessen Bildumrisse entwirft, soll es einen Aufriss zur Verfügung stellen, den Film für die Produktrealisierung in die Aufnahmeschritte zerlegen, ihn aber auch als Ganzes im Auge behalten und steuern zu können. Dafür nimmt man den Verlust in Kauf, in einem anderen medialen Zeichensystem als dem intendierten und präformierten Objekt planen zu müssen. Er wird durch die Praktikabilität, Einfachheit und Vertrautheit, die alle an der Filmherstellung Beteiligten mit schriftsprachlichen Texten haben, leicht kompensiert. Bei der Produktion des Films ist das Drehbuch zentraler Bezugsrahmen für die arbeitsteilig zu leistenden Werke und Werkbeiträge, die ja nicht alle zum gleichen Zeitpunkt erbracht werden. Das Drehbuch hat in diesem Zusammenwirken von erzählästhetischen und filmtechnischen Konstruktionsparametern, seiner Verfügbarkeit als Segment-Aufriss des einzelnen Bildes und als Gesamtplan wesentliche Bedeutung auch für die Finanzierung, Logistik der Drehvorbereitung sowie für die Überwachung der Filmherstellung. In den Händen der Filmrealisatoren, vor allem in denen des Produzenten, wird es zur Kommunikationsleitstelle des gesamten Herstellungsprozesses.

---

9 Die in den USA gebräuchliche Faustformel, dass eine Minute Filmzeit etwa dem Darstellungsumfang von einer Seite Drehbuchtext zu entsprechen hat, wird in Europa nur ungefähr beachtet. Trotzdem sind Drehbücher mit mehr als 200 Seiten für einen etwa 90-minütigen Film auch hier unüblich.

Erzählerische Lenk- und Transformationsprozesse

Es gibt einen weiteren wichtigen Grund für die Inkaufnahme der – im literarischen Erzählmaßstab – aufreizenden Grobheit und Unvollständigkeit, die konstitutiv für die Ästhetik des Drehbuchs ist. Er liegt in der verabredeten Form- und Zeichenökonomie eines jeden Plans. Der Autor weiß um die Beschränkung, die der Plancharakter seines Textes mit sich bringt. Er weiß auch um die spätere Vervollständigung und Ausgestaltung seines Entwurfs. Dabei kann er sich auf die «induktive Zusammengehörigkeit des Ganzen»[10], auf das als Produktionsprozess verabredete und konventionalisierte Zusammenspiel in der Rezeption dieses nur scheinbar grob und unvollständig anmutenden Textes verlassen. Der Drehbuchautor setzt dieses Zusammenspiel ebenso voraus, wie umgekehrt von ihm keine poetischen Ausschmückungen, ausführlichen Herleitungen, Verweise und detailreichen technischen Explikationen erwartet werden. Das Drehbuch ist also nicht nur ein kodifizierter Text, sondern auch der Lesevorgang ist durch seine fachspezifische Rezeption innerhalb der Filmproduktion konventionalisiert.

Vom Leser des Drehbuchs wird in dem so verabredeten Rezeptionszusammenhang eine anders strukturierte Ergänzungsleistung gefordert als vom Leser eines literarisch-erzählerischen oder dramatischen Werkes. Das Lesen von Drehbüchern erfolgt in einem engen, arbeitsteilig festgelegten Kompetenz- und Kooperationsrahmen. Der Leseakt erschöpft sich nicht in der Erzeugung von frei assoziierbaren Vorstellungsbildern, sondern diese dienen als Durchgangsstadium hin zu koordinierten Handlungsvorgängen der Realisierung dieser Bilder. Insofern haben die im Drehbuch entworfenen und stimulierten Vorstellungsbilder Folien- oder sogar Blaupausen-Charakter für Werke oder Werkbeiträge der den Film herstellenden Rezipienten. Der Ausgestaltungsbedarf, den ein Erzählbild in seiner Transformation zum Filmbild zwangsläufig hat, bedeutet nicht, dass es dabei beliebig oder völlig frei ausformbar ist. Vielmehr ist es gerichtet, in eine erzählerische Gesamtkonstruktion eingebunden, und in den Abgrenzungen und Umrissen des Erzählbildes sind die Koordinaten des aufzunehmenden Filmbildes markiert.

Die kommunikative Grundhaltung des Drehbuchs liegt nicht im Beharren auf den Details des Bildentwurfs, sondern in der erzählerischen Evokation und Lenkung von konkreter Umsetzungsphantasie, die auch abgestimmte Freiheiten lässt. Die Einschätzung des Regisseurs und Produzenten Hans W. Geißendörfer, das Drehbuch sollte «Platz lass[en] für seine [des Regisseurs, JK] Arbeit, für seine Phantasie» und «im freien Sinne zu lenken versteh[en]»[11],

---

10 Arno Rußegger: «Das Drehbuch als Literatur». In: *Linguistica* 1995, H. 1, S. 189–202, hier: S. 198.
11 Hans W. Geißendörfer: «Drehbuch, Vorgabe für die Regie». In: *2. Hamburger Autorenseminar*

ist ein nicht nur kommunikationspsychologisch zu verstehendes Plädoyer für eine offene Textstruktur und einen entsprechenden Darstellungsgestus. Sie misst den scheinbar unvollständigen Bildauf- und -umrissen mit den bewusst gelassenen Leerstellen für die Evokation der Ausgestaltungskompetenz der Filmrealisatoren die gleiche Bedeutung bei wie der geschlossenen Storykonstruktion.

Das Drehbuch soll nicht nur narrative Vorstellungsbilder hervorrufen, sondern sie soweit konkretisieren, dass sie von den verschiedenen Filmrealisatoren möglichst nicht polysemantisch, sondern kongruent, sich koordiniert ergänzend nachvollzogen werden. Auf diesen besonderen Charakter der Erzählbilder von Drehbüchern scheint der Schriftsteller und gelegentliche Filmkritiker Joseph Roth hinzuweisen, wenn er ihnen die Wirkungskraft von «direkten Bildern»[12] beimisst. Eigentlich ist es unmöglich, in ‹direkten Bildern› zu sprechen oder zu schreiben, einmal weil Sprache abstrakt ist, zum anderen weil ein Bild seinen Gegenstand, zumal den sprachlich imaginierten, ja nicht direkt repräsentiert. Roth deutet hier einerseits das Paradoxon des Drehbuchautors an, mit Worten Bilder erzeugen zu müssen. Das Problem ist auch für den heute zunehmend mit dialoggestalterischen Mitteln szenische Abläufe und Bildumrisse vermittelnden Drehbuchautor noch immer virulent. Andererseits scheint Roth darauf hinweisen zu wollen, dass diese Bilder tatsächlich plastisch vorhanden sein müssen, bevor sie auf das Trägermaterial des Films gebannt werden und sich auch insofern von literarischen Vorstellungsbildern unterscheiden.

Die sprachlich evozierte Vorstellung eines Bildes ist eigentlich eine mittelbare. Doch die doppelte Codierung im Drehbuch, die stets auf die plastische wie auf die filmische Umsetzungsgestalt des Erzählten zielt, sie explizit formuliert oder implizit fordert, setzt einen Transformationsprozess in Gang, an dessen Ende das erzählerisch dargebotene Bild tatsächlich zu einem direkten Bild wird. In seiner Formulierung im Drehbuch soll es dem Rezipienten, der es realisieren wird, instruktiv und möglichst konkret Gestalt, Kontur und Richtung des Bezeichneten angeben. Joseph Roth erkannte in seiner Filmkritik zu *Der letzte Mann* (1924), die sich vor allem Carl Mayers Drehbuch widmete, das Spezifikum dieser Textsorte in dem eigentümlichen Metamorphoseprozess, den es anstößt und steuert. In Mayers Drehbuch, so Roth, würde sich «die dichterische Vision verwandel[n] (bewußt oder unbewußt) in die filmtechnische Art zu sehen»[13].

Das Drehbuch greift stets durch seine allgemein rezipierbare Erzählung (quasi seine literarische Seite) hindurch und versucht, die Spezifik *eines be-*

über die Erstellung von Drehbüchern. Dokumentation. Hamburg 1980, S. 76.
12 Joseph Roth: «Der letzte Mann». In: *Frankfurter Zeitung* v. 8.1. 1925. Zit. n.: Ders.: *Werke, Bd. 2: Das journalistische Werk 1924–1928*. Köln 1976, S. 324.
13 Ebd.

stimmten Films zu präformieren. Es ist damit nicht so allgemein rezipierbar wie etwa ein Drama, das als Grundlage vieler Theaterinszenierungen dient. Das Drehbuch dient in der Regel als Vorlage für nur eine einzige Filminszenierung. Zumeist kommt es in ihm nur auf der Ebene der Story (und auch hier nur sehr zurückhaltend) zu poetischen Verdichtungen und zu symbolischen Gestaltungen. In seiner komplementären Bildbeschreibung, der Ebene des Discourses, ist es dagegen an der möglichst genauen und anwendungsbezogenen Konkretion des visuellen Rahmens und der szenischen Abläufe interessiert. Aus diesem Grund greifen die meisten Drehbuchautoren gerade nicht zu einem literarisch ambitionierten Sprachstil oder zu eigenwertigen poetischen Darstellungsmitteln. Vielmehr dominiert ein Sprachgestus der knappen, aber präzisen Beschreibung eines sichtbaren Vorgangs. Die meisten Drehbuchautoren wählen dafür den sachlich beschreibenden Darstellungsstil einfacher Modalsätze, die sie zumeist parataktisch reihen. Das technizistische Reihungsprinzip des Films scheint sich auch im vorherrschenden Sprachstil niederzuschlagen. Semantische Ambiguität, die eine literarische Erzählung oft zu codieren versucht, wird im Drehbuch bewusst vermieden.

Das Drehbuch ist – im Unterschied zum Drama – nicht absolut[14], es hat nicht zuvorderst seine eigene Textautonomie im Blick. Man ist fast geneigt zu sagen, es will nicht es selbst sein, denn es verweist mit allen seinen Darstellungsmitteln auf den Film, den es erzählerisch entwirft, und auf den dafür notwendigen filmisch-technischen Realisierungsprozess. Pier Paolo Pasolini hat das Drehbuch deshalb als eine Form beschrieben, «die den Willen hat, eine andere Form zu sein»[15]. Wenn ein Werk sich nicht in seiner eigenen Werk- und Medienform erschöpft, sondern auf eine andere verweist, organisiert es einen beweglichen Prozess. Es verweist auf ein work in progress, ohne dies in seinem eigenen Werkcharakter zu sein. Pasolini bezeichnet das Drehbuch als eine «Struktur des Übergangs» vom «literarischen zum kinematographischen Stadium» und als eine «Struktur, die aus dem Prozeß ihr eigenes Strukturmerkmal macht»[16].

Dieses Strukturmerkmal ist das der selbst eingeleiteten Transformation. Das Drehbuch entwirft mit den gebotenen unterschiedlichen Erzähl- und Darstellungsmodi eine Geschichte und einen Bewegungsprozess, der nicht nur seine eigene mediale Ordnung, sondern auch die eines anderen Werkes vorstrukturiert. Es generiert Vorstellungsbilder, die aufgrund der besonderen Discourse-Gestalt seiner Erzählung konkrete Umsetzungsphantasie und Handlungsvorgänge for-

---

14 Vgl. Peter Szondi: *Theorie des modernen Dramas (1880-1950)*. Frankfurt/M. 1965, S. 15–16.
15 Pier Paolo Pasolini: «Das Drehbuch als ‹Struktur, die eine andere Struktur sein will›» (1965). In: Ders: *Ketzererfahrungen. Schriften zu Sprache, Literatur und Film*. München 1979, S. 205–216, hier: S. 212.
16 Ebd., S. 213 und S. 216.

dern, die in der Schaffung oder dem Arrangement plastischer szenischer Vorgänge münden. Diese werden auf den zweidimensionalen Bildträger Film gebannt und in der Rezeption durch den Zuschauer zu Wahrnehmungsbildern auf der Leinwand bzw. dem Bildschirm, die wiederum Vorstellungsbilder erzeugen. Durch die Emotionslenkung, die der Drehbuchautor durch die Konstruktion der Story gestaltet, wie durch die von ihm gewählten Betrachtungsperspektiven und Bildwerdungshinweise prägt er auch diesen Metamorphoseprozess wesentlich mit.

Knut Hickethier

Erzählen mit Bildern
Für eine Narratologie der Audiovision

Sich mit der visuellen Narration, dem Erzählen in Bildern, zu beschäftigen, wird gegenwärtig von zwei Seiten gefordert: zum einen von der Narratologie[1], die das Erzählen von einer Position des verbalen Erzählens neu vermisst, neu systematisiert, und deshalb die Medienwissenschaft, die sich mit den audiovisuellen Medien beschäftigt, herausfordert. Zum anderen von einer neuen Erforschung der Bilder durch verschiedene Ansätze, die den griffigen Titel der Bildwissenschaft[2] gewählt haben[3].

Das medienwissenschaftliche Problem, das sich bei der Bestimmung des audiovisuellen Erzählens stellt, besteht darin, dass häufig auf Kategorien zurückgegriffen wird, die zum großen Teil aus der Analyse des allein sprachlichen, hier vor allem des schriftsprachlichen Erzählens, kommen, nicht jedoch aus einer Bestimmung des audiovisuellen Erzählens selbst. Ungeachtet dieser notwendigen Begründung des Erzählens in einer allgemeinen, medienübergreifenden Theorie der Narration, die das ‹Erzählen mit Bildern› als ein allgemeines und nicht nur als ein abgeleitetes und sekundäres Phänomen zu bedenken hat, muss es jedoch auch eine Theorie des audiovisuellen Erzählens geben, die das Besondere und Spezifische des bildhaften Erzählens hervorhebt.[4]

Das audiovisuelle Erzählen, das Erzählen in Bildern, ist erzähltheoretisch nicht als ein Derivat einer avancierten literarischen Erzählkunst zu verstehen, die es von der Film- und Fernsehkunst einzuholen gälte, sondern es stellt umgekehrt eine Basisform des Erzählens dar, die – ohne hier eine Bildanthropologie im Sinne Hans Beltings[5] betreiben zu wollen – anthropologisch verankert ist. Denn der Rohstoff des Erzählten setzt sich in der Regel aus visuell und auditiv Er-

---

1 Vgl. Wolf Schmid: Elemente der Narratologie. Berlin/New York 2005; Jörg Schönert: «Was ist und was leistet Narratologie». In: literaturkritik.de, Nr. 4, 2006; Vera Nünning/Ansgar Nünning: Erzähltextanalyse und Gender Studies. Stuttgart 2004.
2 Klaus Sachs-Hombach: Das Bild als kommunikatives Medium. Köln 2003; Torsten Hoffmann/Gabriele Rippl (Hg.): Bilder. Ein (neues) Leitmedium? Göttingen 2006; Götz Großklaus: Medien-Bilder. Inszenierung der Sichtbarkeit. Frankfurt/M. 2004.
3 Vgl. zur medienwissenschaftlichen Kritik auch Martin Richling: «Anmerkungen zum Stellenwert von Medium und Technik in den Diskursen der Bildtheorie». In: Medienwissenschaft. Rezensionen, Reviews, Jg. 2007, H. 1, S. 16–25.
4 Vgl. auch Thomas Koebner/Thomas Meder (Hg.): Bildtheorie und Film. München 2006.
5 Vgl. Hans Belting: Bild-Anthropologie. Entwürfe für eine Bildwissenschaft. München 2001.

lebtem zusammen und eher selten aus textsprachlich Gefasstem. Auch ist das audiovisuelle Erzählen von einer anderen Komplexität als das nur sprachliche Erzählen. Zwar sind – wie die Sprache – das mediale Bild und der mediale Ton auf der Ebene der Zeichen angesiedelt, bringen das vormediale Reale in eine Form und erzeugen damit eine Erzählgestalt, aber sie weisen eine andere Nähe zum vormedialen Geschehen auf als der literarische Text, erzeugen vielfach – auch wenn es sich dabei immer um Zeichenprozesse handelt – einen Eindruck von Unmittelbarkeit und Direktheit, wie es die Sprache allein nur selten vermag.

Die folgenden Überlegungen bedienen sich einer symmetrischen Argumentationsfigur: Sie gehen zunächst von der Narration aus und konfrontieren diese mit dem Bild, sie gehen in einem zweiten Schritt vom Bild aus und gehen dann zur Frage nach der Erzählbarkeit mit Hilfe von Bildern weiter.

I. Von der literarischen Narration zur visuellen Narration

Erzählen ist eine Form der Kommunikation. Es setzt mindestens zwei Kommunikationspartner voraus: einen, der erzählt, und einen, dem erzählt wird, wobei diese Rollenverteilung nicht einseitig, statisch jeweils singulär ist: Erzählen kann dialogisch erfolgen, einer kann vielen etwas erzählen und viele einem. Gerade das audiovisuelle Erzählen kennt bei Filmen und Fernsehsendungen in der Regel mehrere Urheber, kennt also mehrere Erzählinstanzen; ebenso wie sich Filme und Fernsehsendungen in der Regel an mehrere Adressaten, an ein Publikum richten.[6] Damit ist nicht das Phänomen der Mehrfachadressierung gemeint. Mehrfachadressierung setzt zwar ein Publikum voraus, meint jedoch, dass eine Rede (z. B. in einem fiktionalen Film oder in einer Fernseh-Talkshow) direkt an jemanden (der z. B. im Film zu sehen ist) gerichtet wird, aber ein anderer (z. B. das Publikum vor der Leinwand) gemeint ist.[7]

Das Erzählen der Welt

‹Narration› als Erzählung ist die Entfaltung einer Darstellung von Welt. Sie kann sowohl eine fiktionale als auch eine faktische Welt erzeugen. In den massenmedialen Formen hat sich die Unterscheidung zwischen den journalistischen Formen des Berichtens (z. B. in Nachrichtensendungen) und denen des Erzählens (z. B. in den fiktionalen Formen wie dem Spielfilm, dem Fernsehfilm und der Serie) eingebürgert, wobei die Differenz zwar auch in den Mitteln der Dar-

---

6 Vgl. hier ausführlicher: Knut Hickethier: Einführung in die Medienwissenschaft. Stuttgart 2003, S. 43 ff.
7 Vgl. Knut Hickethier: «‹Wie bitte, Sie lieben das Meer nicht?› – ‹Bleiben Sie dran!› Mediale Inszenierungen und Mehrfachadressierungen». In: Dieter Möhn/Dieter Roß/Marita Tjarks-Sobhani (Hg.): Mediensprache und Medienlinguistik. Festschrift für Jörg Hennig. Frankfurt/M. 2001, S. 111–130 (= Sprache und Gesellschaft. Beiträge zur Sprachwissenschaft. Bd. 26).

stellung liegt, die aber schon Niklas Luhmann als akzidentiell eingestuft hat.[8] Hauptsächlich liegt sie in der unterschiedlichen Referenz auf das vormedial Vorhandene, auf das Bezug genommen wird, die als Differenz zwischen Fiktionalität und Faktizität zu fassen ist. Erzähltheoretisch wäre damit ein weiter und ein enger Begriff der Narration zu unterscheiden, wobei der weitere Erzählbegriff sowohl fiktives als auch faktisches Geschehen umschließt. Mit viel Erkenntnisgewinn lassen sich deshalb auch Nachrichten als Erzählungen, als Formen der Narration, verstehen, wenn sie daraufhin betrachtet werden, wie sie ein Bild von Welt konstruieren, wie sich aus ihnen ein Weltbild zusammensetzt.[9]

Erzählen und Darstellen sind eng miteinander verbunden, dabei kann zum Erzählen alles verwendet werden, was Zeichencharakter annehmen kann: akustische und visuelle Phänomene, insbesondere Sprache, Töne, Bilder. Der Eindruck, eine Welt dargestellt bzw. erzählt zu bekommen, entsteht dadurch, dass sich das Erzählte zu einem mehr oder weniger geschlossenen Ganzen fügt, die für sich eine eigene Totalität beansprucht. Dieser Eindruck eines ‹dichten› Zusammenhangs entsteht bereits durch die Medialität, in der erzählt wird. Erscheint die Geschlossenheit der dargestellten Welt beim literarischen Erzählen bereits durch das einheitliche System der Schrift, so ist die Einheit der erzählten Welt beim audiovisuellen Erzählen durch das technische Bild und den technischen Ton zusammengefügt. Doch gerade deshalb ist die Einheit des audiovisuellen Erzählens auch ambivalent: Einerseits ist sie als eine visuell und akustisch erzeugte besonders nah an der vormedialen Wahrnehmung von Welt, so dass bei den audiovisuellen Bildern oft der Eindruck entsteht, an einer realen, nur abgebildeten Welt teilzuhaben. Andererseits gibt es gerade in Film und Fernsehen eine besonders intensive Erfahrung, an einer anderen als der realen Welt teilzuhaben, an einer Welt, in der Dinge geschehen, die unserer Alltagserfahrung und Gewissheit der Lebenszusammenhänge widersprechen und in der wünschbare, mögliche Ereignisse geschehen.

Ohne hier weiter auf den Charakter dieser medial erzählten Welten eingehen zu können, zeigt sich doch, dass die Spanne, wie fern oder wie nah diese Welt unserer alltäglichen Erfahrungswelt ist, groß ist: dass sich einerseits sehr ferne Welten konstruieren lassen, die wir nur darüber verstehen, weil ihre Handlungsstrukturen, ihre Grundprobleme (Liebe, Tod, Hass, Neid, Erfolg, Scheitern) allgemein menschliche sind, und andererseits Welten, die sehr wohl ganz in unserem Alltag wurzeln, hier aber neue Dimensionen des Möglichen eröffnen, die gerade dadurch Faszination erzeugen, weil die Mediennutzer scheinbar

---

8 Niklas Luhmann: Die Realität der Massenmedien. Opladen 1996, S. 55: «Es muss mit allen Mitteln einer eigens dafür ausgebildeten journalistischen Schreibweise der Eindruck erweckt werden, also ob das gerade Vergangene noch Gegenwart sei, noch interessiere, noch informiere.»
9 Vgl. Knut Hickethier: «Fernsehnachrichten als Erzählung der Welt. Überlegungen zu einer Theorie der Nachrichtenerzählung». In: Rundfunk und Fernsehen. 45. Jg. (1997), H. 1, S. 5–18.

in eine ihnen ganz vertraute Welt einsteigen können, die ganz nach ihren Wünschen funktioniert. Die Besonderheit liegt darin, dass im audiovisuellen Erzählen diese verschiedenen Welten Sichtbarkeit erlangen, nicht mehr nur im Imaginären der einzelnen Subjekte verbleiben. Diese Sichtbarkeit, diese Visualität, die ihren Realitätsschein dadurch verstärkt, dass sie akustisch unterstützt wird, Ton, ‹Atmo›, Sound erhält, ist das Besondere des audiovisuellen Erzählens.

Gerade hier entsteht eine für die audiovisuelle Narratologie spannende Grauzone zwischen dem Faktischen und dem Fiktionalen, eine Sphäre «möglicher Welten», die sich in neuen Erzählformen wie den Dokusoaps, den Reality-TV-Inszenierungen des Fernsehens, aber auch in den digitalen interaktiven Parallelwelten des Internets wie «Second Life» oder «MySpace» manifestieren, wobei sich durch diese neuen Formen die Grundstrukturen der Narration erweitern und verändern. Eine Theorie des audiovisuellen Erzählens wird deshalb auch die Aspekte der ‹Theorie der möglichen Welten›, wie sie Marie Laure Ryan skizziert hat, für sich nutzbar machen müssen.[10]

Das ‹Was› der Erzählung
Zu unterscheiden ist mit dem Literaturwissenschaftler Gerárd Genette beim Erzählen zwischen dem, was erzählt wird (histoire), und dem, wie erzählt wird (discourse)[11], wobei diese Bereiche nicht wirklich trennscharf zu scheiden sind, denn erst in dem, wie erzählt wird, konstituiert sich das Erzählte. Die erzählte Welt gewinnt ihre Eigenart durch die Art und Weise, wie erzählt wird. Die traditionelle Scheidung zwischen Inhalt und Form ist deshalb nicht aufrechtzuerhalten. Wenn dennoch hier daran festgehalten wird, dann allein aus heuristischen Gründen.

Das ‹Was› wird als ein Geschehen verstanden, das als berichtenswert, erzählenswert erscheint. Es setzt eine Wertung voraus, die auf der Seite der Herstellung der Erzählung, aber auch auf der Seite des Adressaten zu verorten ist. Diese kann sehr unterschiedlich sein, denn das zu Erzählende muss nicht etwas Großes, Spektakuläres sein, sondern kann in den Beobachtungen kleiner und kleinster Dinge bestehen. Dementsprechend ist der Begriff des ‹Ereignisses› relativ zu verstehen, der als Merkmal der Narration verwendet wird.

Die Ereignishaftigkeit des Erzählten entsteht dadurch, dass aus dem vielfältigen Fluss der realen vormedialen Vorgänge ein Geschehen ausgewählt und durch die Setzung von Anfang und Ende als etwas Zusammengehörendes markiert wird. Damit wird bereits der Aspekt des ‹Wie› angesprochen. Ereignisse müssen dabei nicht immer das Unerwartete, das die Erwartung Durchbrechende sein. Innerhalb der audiovisuellen Bildkommunikation wird vieles, was

---

10 Vgl. hier: Marie Laure Ryan: «The Text as World. Theories of Immersion». In: Dies. (Hg.): Narrative as Virtual Reality. Baltimore/London 2001.
11 Vgl. Gerárd Genette: Die Erzählung. München 1998.

gezeigt wird, vom Betrachter erwartet, er fühlt sich bestätigt und das Gelingen der audiovisuellen Kommunikation liegt oft (nicht immer) gerade im Herstellen dieser Übereinstimmung.

Entscheidend ist dabei offenbar, dass diesem Geschehen selbst das Moment der Veränderung innewohnt, also eine Differenz auf einer zeitlichen Ebene zwischen zwei Zuständen zu beobachten ist, die eine Sukzession erkennen lässt. Der tiefere Grund für das Interesse an den Veränderungen im Geschehen ist, dass sie Kennzeichen des Lebens sind und wir Menschen vor allem an Geschichten interessiert sind, die mit dem Leben zu tun haben.

Innerhalb des Erzählens müssen Veränderungen für das Gesamt des Geschehens funktional und damit bedeutsam werden; zwischen dem Vorher und Nachher muss also eine spezifische Beziehung entstehen. In der Regel stellt sich diese als ein Kausalitätsverhältnis dar, ein Verhältnis von Ursache und Wirkung. Dieses ‹Wenn-Dann› muss allerdings nicht in einem unmittelbaren Nacheinander erfolgen, sondern kann verzögert werden. Hier setzen die erzählerischen Strategien ein, und es gehört zu den Konventionen des filmischen Erzählens, dass im Mainstreamfilm alles das, was gezeigt wird, funktional für die Erzählung ist. Der Zuschauer hält deshalb – aus einer weitgehend unbewussten Kenntnis der Konventionen – alles, was er sieht, für bedeutsam, weil er aufgrund seiner medialen Erfahrungen annimmt, dass es absichtsvoll gezeigt wurde. Die Nebenbemerkung einer Figur, die in der Situation, in der sie geäußert wird, überflüssig erscheint, ist für die Geschichte und die dargestellte Welt notwendig, weil sie später eine Handlung motivieren muss. In diesem Sinne wird ihr schon beim ersten Betrachten eine potenzielle Funktion unterstellt. Die Beziehungen zwischen den verschiedenen Veränderungen, die sich dem Zuschauer bei zunehmender Dauer der Betrachtung als ein sich verdichtendes Geflecht von Beziehungen darstellt, trägt zur Konstitution des Totalitätscharakters der erzählten Welt bei, weil – so die sich daraus ergebende Annahme des Betrachters – sich alle Ereignisse in diesem Beziehungsnetz wiederfinden und ihren ‹Sinn› machen.

Das ‹Wie› der Erzählung

Weist das ‹Was› der Erzählung eine große Nähe zum Erzählen in anderen Medien auf, sind die Differenzen im ‹Wie› größer, weil hier die Medialität von entscheidender Bedeutung ist. Auf den engen Zusammenhang von Form und Medium hat Joachim Paech in einem grundlegenden Beitrag hingewiesen.[12] Im ‹Wie› vor allem sprachliche Erzählstrategien der Perspektivierung, Figuren- und Zeitstrukturierung zu sehen, wie es die literarische Narratologie macht, ist für das audiovisuelle Erzählen wenig brauchbar.

12 Joachim Paech: «Mediales Differenzial und transformative Figurationen». In: Jörg Helbig (Hg.): Intermedialität. Theorie und Praxis eines interdisziplinären Forschungsgebiets. Berlin 1998, S. 14–30.

Schon die Frage danach, wer denn in der Audiovision erzählt, wie der Erzähler beschaffen ist, ist mit den literarischen Begriffen des auktorialen, personalen und Ich-Erzählers (oder mit entsprechenden Kategorien Genettes[13]) nicht zu beantworten, ob sie sich nun auf Stanzel[14] oder auf Genette beziehen. Denn als Erzählinstanz schiebt sich die Kamera eindeutig in den Vordergrund. Diese erscheint in der Regel mit einem personalen Gestus, sie ist innerhalb eines Geschehens dabei, sie kann sich im Geschehen bewegen. Das Bild kann durch Montage und Schnitt der Einstellungen, durch den von Einstellung zu Einstellung variierenden Standort der Kamera im Verhältnis zum Gezeigten auch auktoriale Züge annehmen, so wie es durch eine verreißende Schulterkamera den Eindruck eines Ich-Erzählers erzeugen kann. Tendenziell neigt die Kamera im Film durch den hohen Grad an Konventionalisierungen in der Aufnahme und Darstellung dazu, nach Aufnahmen, die einen Ich-Erzähler nahelegen, immer wieder in einen auktorialen Gestus zurückzufallen. Gleichwohl erschöpft sich die Frage nach dem Erzähler nicht darin, die Erzählsituationen im Kameraverhalten wiederzufinden und damit den Erzähler in der Kamera zu lokalisieren. Denn es kann durchaus auch auf der sprachlichen Ebene einen Erzähler geben, der als Sprecher auch selbst im Bild erscheint, aber auch aus dem Off (voice over) sprechen kann. Dabei können hier wieder sehr spezielle Haltungen des Sprechers erscheinen, die den auktorial auftretenden Bildern eine subjektive Färbung geben, sie als Innensicht einer Figur erscheinen lassen.

Man kann sich auf die Positionen eines mehrfachen Erzählers im Sinne einer Kommunikation mehrerer Urheber mit einer Vielheit von Adressaten zurückziehen, wie sie oben mit dem Hinweis auf den kommunikativen Charakter des Erzählens geschehen ist. Doch dieser Schritt hilft wenig weiter. Die Erzählerposition im audiovisuellen Erzählen ist von vornherein mehrdimensional; der Betrachter erzeugt ähnlich dem Leser ein homogenes Bild in seinem Kopf, indem er die verschiedenen Dimensionen als Formen versteht und sie zu einer homogenen Welt zusammenfügt.

Es ist eben nicht *ein* Erzähler, der dem Betrachter die dargestellte Welt vermittelt, selbst wenn eine Erzählstimme als Voice over die Erzählung lenkt und das Gezeigte in eine dann oft auch personal zugeordnete Sicht einordnet, denn zu allen sich auf die Sprache und die Figuren beziehenden Erzählerkonstruktionen kommt im Film immer die Erzähl(er)funktion der Kamera hinzu. Indem die Kamera als eigenständige visuelle Erzählinstanz auftritt, entsteht ein eigenes narratives System, das einen Erzählzusammenhang aufbaut und den Betrachter dahingehend befähigt, eine erzählte Welt zu erleben und sie in seiner Vorstellung durch eigene Imaginationen zu ergänzen und zu seinen subjektiven Vor-

---

13 Genette: Erzählung (wie Anm. 11).
14 Franz K. Stanzel: Theorie des Erzählens. Göttingen 1989.

stellungen in Beziehung treten zu lassen.

Setzt das literarische, das sprachliche Erzählen allein auf das Wort, also die Verwendung symbolischer Zeichen, so bedient sich das audiovisuelle Erzählen einer Vielfalt von visuellen und audiofonen Zeichen, die sowohl symbolisch als auch ikonisch oder indexikalisch sein können. Im Bereich der technisch-apparativen Medien wie Film und Fernsehen haben wir es mit audiovisuellen Bildern zu tun, die – sieht man einmal vom Sonderfall des Stummfilms (der gleichwohl durch die Kinobegleitmusik nie wirklich stumm war) ab – immer durch Töne unterstützte Bilder sind. Natürlich trägt der Ton in seinen vielfältigen Dimensionen von der gesprochenen Sprache mit ihrer Intonation, ihrem Klang, ihren Dialektfärbungen etc. über die Geräusche bis zur Musik wesentlich mit zur Bedeutungsproduktion bei und unterstützt das Visuelle, indem er das Bild einerseits ausrichtet auf einen Bedeutungszusammenhang, andererseits Kommentierungen erlaubt und emotionale Akzente im Visuellen setzen kann. Es geht ja hier darum, die spezifischen Besonderheiten der audiovisuellen Bilder zu erfassen, und diese bestehen eben nicht nur in ihrer Visualität, sondern eben darin, dass sie auch audiofon erfahrbar sind.

Bilddifferenzen

Bei den Bildern selbst (also ohne begleitenden Ton) ist zunächst zu unterscheiden zwischen dem stehenden Bild (still) und dem bewegten Bild. Das stehende Bild ist von einer grundsätzlich präsentativen Struktur. Es enthält in seiner Bildhaftigkeit zunächst keine Veränderungen, es sei denn, es präsentiert sich in einer Folge mehrerer, gleichzeitig sichtbarer Bilder. Es kann jedoch auf einen vom Betrachter gewussten Kontext einer Erzählung verweisen, aus deren Zusammenhang heraus das Bild eine Station des Geschehens sichtbar macht. Das fotografische Bild weist jedoch noch eine weitere Möglichkeit auf, die in der Malerei seit der Renaissance schon angelegt ist, die aber durch die Fotografie radikalisiert wurde. In der Fotografie ist über die zentralperspektivische Abbildung des Vormedialen immer ein Standpunkt des Betrachters (als Standpunkt der Kamera) eingeschrieben. Indem nun die Fotografie einen Augenblick des vor ihr stattfindenden Geschehens festhält, macht sie häufig im Abgebildeten das Ausdem-Bewegungsvorgang-Herausnehmen sichtbar (durch Körperhaltungen, die erkennbar nicht einer Ruhesituation entstammen, durch Blickrichtungen, durch Spuren eines Bewegungsvorgangs wie z. B. Unschärfen etc.) – etwa in der Momentfotografie. Dadurch verweist ein stehendes Bild auf einen Veränderungs- und damit Erzählzusammenhang und kann damit zu einem *Narrativ* werden.

Dem Bewegtbild ist grundsätzlich ein narrativer Charakter eigen, weil es die Veränderung, die Differenz zwischen verschiedenen Zuständen einer Situation, als Grundprinzip enthält. Selbst wenn das Filmbild nur sehr geringe Differenzen enthält (etwa in den mehrstündigen Filmen EMPIRE oder SLEEP von Andy Wahrhol, in denen bei statischer Kamera mit einer fortdauernden Planeinstellung nur das Empire State Building acht Stunden lang nachts oder ein Schlafender vier Stunden lang aufgenommen wurden), ist es narrativ, weil es sich in der Reduktion der Veränderungen bis zu deren Negation um eine mediale Darstellung handelt, der von ihrer filmischen Medialität her die Veränderung und damit auch eine strukturelle Narrativität eingeschrieben ist.

Erzählen mit Bildern enthält beides: Narration und Präsentation. Das zu Zeigende muss nicht erst von einem Rezipienten in seiner Imagination erzeugt werden, wie dies beim nur sprachlichen Erzählen der Fall ist, sondern es ist immer sofort zu sehen, das zu Erzählende ist etwas, was mit dem Sichtbar-Gemachten in einem engen Zusammenhang steht. Das schließt die Erzeugung einer Imago nicht aus, sondern dieses wird nur anders organisiert und in starkem Maße von den medialen Bildern beeinflusst. Es bedeutet nicht, dass nur erzählt werden kann, was auch gezeigt wird. Das komplexe audiovisuelle System mit seinen unterschiedlichen Kombinations- und Kontrastmöglichkeiten von Sprache und Bild, von Sprache und Tönen, von Tönen und Bild, sowie mit den Möglichkeiten der Montage einzelner Einstellungen und Sequenzen in unterschiedlicher Anordnung des zu erzählenden zeitlichen Ablaufs eines Geschehens erlaubt vielschichtige Formen des Erzählens, die denen der nur mit sprachlichen Zeichen operierenden Literatur in nichts nachstehen.

Durch das Visuelle entsteht eine völlig neue Dimension des Erzählens, weil es das Sichtbarwerden eines Geschehens mit den vielfältigen Möglichkeiten der Inszenierung, der sinnlichen Präsentation von Menschen in unterschiedlicher Nähe, in unterschiedlichen körperlichen Haltungen und Figurationen kombiniert, weil es zu den mehrschichtigen symbolischen Bedeutungsebenen auch eine Ebene der scheinbaren Evidenz schafft, einer der sinnlichen Unmittelbarkeit, die auf ganz eigene affektive und Emotionen stiftende Weise den Betrachter anspricht und ihn in das Erzählte involviert.

Erzählungen von handelnden Figuren
Es ist deshalb nicht zufällig, dass die erzählerische Potenz von Film und Fernsehen im Erzählen und Darstellen von Menschen und ihren Beziehungen besteht, weil sie diese sinnlich erlebbar macht. Dabei sind die gezeigten Menschen im Rahmen der Erzählung Figuren, die in dem, was sie zeigen und tun, in keiner Weise identisch sein müssen mit dem, was die Menschen, die diese Figuren verkörpern, außerhalb ihres Filmhandelns im außermedialen Zusammenhang tun. Für viele Zuschauer gerät beim Betrachten von Filmen in den Hintergrund, dass es sich dabei um Filme, um Bilder, um etwas letztlich Technisches handelt. Sie erleben stattdessen die Figuren in dem, was mit ihnen auf der Leinwand geschieht, wie reale Menschen in deren unmittelbarer Umgebung.

Im audiovisuellen Erzählen handelt es sich nicht nur um Figuren, die der

Rezipient wie bei der Lektüre eines Romans in seiner Imagination zu einer auch visuellen Vorstellung werden lassen muss, sondern es sind ganz konkrete, individuelle Menschen, die die Figuren verkörpern, und die er auf der Leinwand oder auf dem Bildschirm sieht – und dies von dem Augenblick, in dem sie zum ersten Mal in dem jeweiligen Film oder in der Fernsehsendung gesehen werden. Figuren werden also nicht erst von den Betrachtern im Verlauf der Lektüre von Beschreibungen, dem Erzählen von Situationen, also nach und nach, mit Bedeutung ‹aufgefüllt›, sie sind durch ihre Physiognomie und deren Konnotationen sofort präsent. Häufig besitzt der Zuschauer zu ihnen bereits ein besonderes Verhältnis, wenn es sich um einen bekannten Darsteller (Schauspieler) oder sogar um einen ‹Star› handelt, der in seiner Erscheinungsweise ein bestimmtes Lebensgefühl inkorporiert hat und eben dadurch zum ‹Star› geworden ist. ‹Figur›, ‹Rolle› und ‹Darsteller› gehen also im audiovisuellen Erzählen eine besonders enge Verbindung ein, die durch die Sichtbarkeit als Element der Narration bedingt ist.

Audiovisuelle Erzählungen können allerdings damit operieren, dass sie diese Bildwerdung einer Figur hinauszögern (etwa wie in Steven Spielbergs JAWS, in dem der Hai zwar immer schon gegenwärtig ist, aber erst sehr spät wirklich zu sehen ist, und sich auf diese Weise eine Imagination der Angst und des Schreckens aufbaut).

Die Faszination des filmischen Erzählens liegt jedoch nicht nur in der scheinbaren Evidenz des Sichtbaren, sondern auch darin, dass – durch die Konventionen des Mainstreamfilms – das Handeln der Figuren in einer – in aller Regel – komprimierten Abfolge erlebt werden kann, wodurch eine Verdichtung entsteht, die aus dem Handeln ein mehrfach aufeinander bezogenes und in der Regel ineinander verschachteltes Handlungsgeflecht werden lässt. In dieses Handlungsgeflecht sind die bereits erwähnten Kausalitätsbeziehungen in unterschiedlichen Bezugsrichtungen eingearbeitet, so dass ein vielfältig kausal aufeinander bezogenes Neben-, Mit- und Ineinander entsteht und sich das auf diese Weise narrativ konfigurierte System von Anfang und Ende einer Erzählung als eine Eröffnung und ein Schließen einer erzählten Welt verstehen lässt.

Große Erzählungen in den kleinen Geschichten
Geschichten stellen sich als Handlungen zwischen Figuren dar, wobei diese nicht immer durch Menschen verkörpert sein müssen. Handlung ist das, was sich als Interaktion zwischen den sichtbaren Figuren ereignet, wird aber ergänzt durch weitere Möglichkeiten, indem Akteure (übergeordnete Mächte, innere Zwänge der Figuren) im Bild nicht sichtbar gemacht werden.

Unter der Oberfläche der vorgängigen Geschichte der Figuren gibt es offenbar eine weitere Ebene des Erzählens, in dem es um etwas Anderes, Grundsätzlicheres geht, das sich in der Struktur dieser Geschichte, in einem narrativen Muster, artikuliert und das vielfach als Mythos verstanden wird. Über diese Art von Erzählung in der Tiefenstruktur hat es zahlreiche Debatten gegeben, z. B. über die Frage, ob hier Archetypen (im Sinne C. G. Jungs) anzunehmen sind, ob vielleicht sogar alle Geschichten sich auf Grundmuster, nämlich das der Heldenreise, im Sinne von Campbell[15] und Vogeler[16] reduzieren lassen usf.

Zwischen dem Mythos als der ‹großen Erzählung› einerseits und den alltäglich medial erzählten Geschichten andererseits haben sich Erzählmuster unterschiedlicher Reichweite und Art etabliert, stereotype Anordnungen, Schemata, Konstellationen, die vereinzelt als ‹narrative patterns› oder nur als ‹narratives› verstanden werden, oder eben als ‹Narrative›, um den Begriff ins Deutsche zu transformieren. Sie zu erkennen, setzt beim Betrachter immer voraus, dass sie ihm vorgängig bereits bekannt sind, er ihnen in anderen Erzählzusammenhängen als Strukturmuster schon einmal begegnet ist und er sie – bewusst oder unbewusst – in den jeweils neuen Erzählzusammenhang zu transferieren versteht oder sie eben als verwendete Muster erkennen kann. Diese Schemata stehen für größere Erzzählungen, auch wenn sie angesprochen werden. Dies geschieht jedoch nicht nur auf der sprachlichen, sondern ebenso auch auf der visuellen Ebene. Bildzitate verweisen auf ikonografische Reihen von Bildern, die wieder und wieder in Film und Fernsehen aufgegriffen und in immer neuen Zusammenhängen präsentiert werden. Gerade in den audiovisuellen Erzählungen in Film und Fernsehen sind es häufig diese Bildzitate, die die jeweils konkrete Geschichte in größere intertextuelle Zusammenhänge einrücken und Bezüge zu anderen visuellen Erzählungen knüpfen.

II. Vom Bild zur audiovisuellen Narration

Film und Fernsehen haben nur am Rande mit stehenden Bildern zu tun, mit denen sich die Bildwissenschaft im Konzept von Klaus Sachs-Hombach[17] vor allem beschäftigt. Kennzeichen der Bilder in Film und Fernsehen sind die Bewegung im Bild und die Bewegung des Bildausschnittes, oder anders formuliert: die Bewegung der Kamera, die das Abgebildete insgesamt in Bewegung versetzt. Das hat zur Folge, dass die am stehenden Bild gewonnenen Merkmale der Bildlichkeit im bewegten Bild einerseits vorhanden sind[18], aber andererseits sich gleich wieder auflösen – im Extremfall verschwinden sie durch das Verwischen aller

---

15 Joseph Campbell: Der Heros in tausend Gestalten. Frankfurt/M. 1978 (engl. 1949).
16 Christopher Vogeler: Die Odyssee des Drehbuchschreibers. Über die mythologische Grundmuster des amerikanischen Erfolgskinos. Frankfurt/M. 21998 (1. Aufl. 1997).
17 Vgl. auch Klaus Sachs-Hombach (Hg.): Bildhandeln. Interdisziplinäre Forschungen zur Pragmatik bildhafter Darstellungsformen. Magdeburg 2001.
18 Vgl. Knut Hickethier: Film- und Fernsehanalyse. 3., überarb. Aufl., Stuttgart/Weimar 2001, S. 42ff.

Kenntlichkeiten und damit aller Referenzen in einer Art von Bewegungsrausch. Zu diesen Bewegungsbildern fehlen bislang differenzierte kategoriale Bestimmungsversuche – und es ist einsichtig, dass eine Bezeichnung wie «Reißschwenk» allenfalls der technischen Bezeichnung derartiger Bilderzeugung dient, aber wenig über die Bildlichkeit selbst aussagt. Im Extremfall bleibt von den zuvor erkennbaren Gegenständen nichts übrig, dennoch erlebt der Betrachter den Vorgang einer Veränderung, erlebt einen erzählerischen Akt zwischen einem Ausgangs- und einem Endbild.

Wie schon erwähnt, geht es beim Erzählen um das Verfolgen von Veränderungen von Zuständen, bzw. Situationen, um eine Sukzession, einen Vorher-Nachher-Zustand, der sich bereits in kleinsten Differenzen zwischen einem Zustand 1 und 2 äußern kann. Nun trifft diese Bedingung stärker als für sprachliche Texte für den audiovisuellen Text zu, bedeutet sie doch gleichsam, dass in einen solchen medialen Text bereits die Voraussetzung für jeden der vorgängig stattfindenden Verläufe eingeschrieben ist, was auf seine Beschaffenheit als zeitlich basierten Text zurückzuführen ist.

Der Film als ein Medium der Bewegung und der Darstellung von Bewegung setzt seine Texte durch die Abfolge von in der Regel 24 Einzelbildern pro Sekunde (das Fernsehen von 25 Einzelbildern) zusammen und jede Bewegung, die beim Betrachten eines Films wahrzunehmen ist, besteht aus diesen kleinen Veränderungen von Einzelbild zu Einzelbild. Die Veränderungen sind ein Konstituens des medialen Textes Film. Man kann behaupten, dass allein schon durch die Struktur des medialen Textes dem Film per se eine Nähe zur Narration innewohnt. Um nun eine visuelle Ereignishaftigkeit zu schaffen, bedarf es nicht viel: Eine kleine Bewegung, eine kleine Geste, der Wimperschlag in einem sonst unbewegten Gesicht reicht schon, um ein Ereignis zu konstituieren. Denn die Ereignishaftigkeit wird ja nicht nur durch den Erzähler bestimmt, sondern auch durch den Betrachter, für den eine Veränderung zu einem Ereignis wird. Prononcierter lässt sich also behaupten: Der Film ist das Erzählmedium schlechthin, das audiovisuelle Erzählen stellt die Grundform des Erzählens dar.

Sichtbarkeit und Narrativität

Einzelbilder gelten – wie oben schon dargestellt – als präsentativ und vom Modus her als nicht-narrativ, weil ihnen die Sukzession, die zeitliche Dimension, die Veränderungen markiert, nicht eingeschrieben ist. Sie werden deshalb als Repräsentation eines vormedialen Zustands von Welt verstanden, vor allem dann, wenn es sich um fotografische Bilder handelt, die in der Regel zeichentheoretisch als indexikalisch-ikonische Zeichen verstanden werden. Es hat um die Repräsentation von Bildern einen langen Streit gegeben, der sich an der Ikonizität und dem hier begrifflich festgelegten Ähnlichkeitsverhältnis des Bildes zum Abgebildeten festmachte. In der neueren Debatte ist vorgeschlagen worden, den Begriff der Sichtbarkeit, bzw. des Sichtbarmachens, im Bild zu verwenden und damit den Begriff der Abbildung und das leidige Problem der Referenz auszuklammern.[19]

Für die Bilder-Debatte im Umkreis der Bildenden Kunst mag dies hilfreich sein, für die technischen Bilder der Audiovision ist dies wenig brauchbar, weil der Referenzaspekt für die Bedeutungsproduktion und vor allem für das Erzählen von Welt wesentlich ist. Hier geht es darum, dass in den technischen Bildern und durch sie eine Welt konstituiert wird, ein filmischer Raum entsteht und eine filmische Zeit sich ereignet, in denen etwas geschieht, und dass diese Weltkonstitution wesentlich davon abhängt, dass Referenzen vorhanden sind oder vom Betrachter angenommen werden können.

Das fotografische Bild, das in der Regel den Ausgangspunkt für das audiovisuelle Bild bietet, ist selbst nur ein Ausschnitt aus einem zeitlichen Ablauf, es stellt im Extremfall einen so genannten ‹Schnappschuss›, ein Einfrieren eines Vorgangs in einem Bruchteil einer Sekunde dar. Frank Capras Foto eines Kämpfers im Spanienkrieg, der im Augenblick des Fotografiertwerdens von einer Kugel getroffen wird, ist dafür ein prototypisches Beispiel. Wenn davon auszugehen ist, dass hier ein Augenblick im Prozess einer Veränderung innerhalb eines realen Geschehens gezeigt wird, auf den aus dem Gezeigten im Bild selbst geschlossen werden kann, so ist dieses Bild als ein ‹Narrativ› zu verstehen: Es enthält erzählerische Ansatzstücke, Brückenkopfelemente, die auf einen Bewegungs- und damit Erzählvorgang eines Geschehens verweisen, der aber nicht in seinem zeitlichen Verlauf gezeigt wird und der auch keine Vollständigkeit in dem, was sichtbar wird, beansprucht.

Viele (stehenden) Fotografien können als Narrative gelesen werden, und sie bilden damit Konstruktionen, die auf einen Bewegungsvorgang schließen lassen, die letztlich ein Narrativ darstellen, dass auf einen größeren Zusammenhang verweist, der aus der Konstellation, die im Bild zu sehen ist, erschlossen werden kann. Gerhard Paul hat das Foto aus dem Vietnamkrieg, das ein nacktes weinendes Mädchen zeigt, das vor einer riesigen Napalmwolke und amerikanischen Soldaten auf den Zuschauer zuläuft, als ein Narrativ bezeichnet. In das Bild ist also eine narrative Struktur eingeschrieben, die auf eine Erzählung verweist.[20]

Gehen wir von solchen Narrativen aus, die in die technischen Bilder eingeschrieben sind, dann lässt sich das filmische Erzählen als eine fortgesetzte Verbindung solcher Narrative in den einzelnen Bildern, den Einstellungen – die natürlich nicht nur für sich allein stehen, sondern durch auditive Erzählelemente ergänzt und erweitert werden – verstehen.

---

19 Vgl. hier z. B. Großklaus: Medien-Bilder (wie Anm. 2).
20 Gerhard Paul: «Die Geschichte hinter dem Foto. Authentizität, Ikonisierung und Überschreibung eines Bildes aus dem Vietnamkrieg». In: Zeithistorische Forschungen. Jg. 2005, H. 2, S.224–245.

Verbindungen und Wechsel zwischen den Bildern

Das audiovisuelle Erzählen hat es grundsätzlich mit Bilderfolgen zu tun. Auf der Basis der Bewegungserzeugung durch die – jeweils kleine Veränderungen zeigende – Einzelbilder setzt ein Erzählen ein, das über die Montage von Einstellungsfolgen Verbindungen zwischen verschiedenen visuellen Vorgängen herstellt, die Abfolgeregeln unterliegen. Diese werden von den Prinzipien der Plausibilität und der Wahrscheinlichkeit bestimmt, mit der sich die Bilder zu einem Ganzen, zu einem audiovisuellen Kosmos zusammenschließen, mithin zu einer visuell erzählten Welt werden. Diese Verknüpfungen sind nicht sprachlich-grammatisch bestimmt, sondern von den Realerfahrungen des Lebens und Handelns der Betrachter. Diese können durch Erzählstrategien dann aufgehoben und modifiziert werden (etwa durch Vor- und Rückgriffe im Geschehen). Entscheidend ist aber die innere ‹Bildlogik›, die die Zusammengehörigkeit der Bilder, die visuelle Kohärenz des Gezeigten evident werden lässt. Hierzu kann an dieser Stelle nur auf die einschlägigen Montagetheorien verwiesen werden.[21] Zwar findet sich in den Mainstreamfilmen die visuelle Montage immer kombiniert mit einer verbalen Erzählkonzeption, doch natürlich lassen sich auch Filme ohne solche narrative Unterstützung denken. Die Geschichte des Stummfilms hat gezeigt, wie sich der Film vor allem in den späten 1920er Jahren von den verbalen Zwischentiteln befreit hat und nur visuell erzählt hat. Zahlreiche Beispiele lassen sich hier finden.

Doch das audiovisuelle Erzählen hat sich nicht auf einen visuellen Purismus reduzieren lassen. Zwischen den Bildern, der Musik, den Geräuschen, zwischen dem Agieren der Figuren, ihren Blicken, zwischen den symbolischen Elementen im Gezeigten wird im audiovisuellen Erzählen sowohl in der Fiktion als auch in den faktischen Formen häufig hin und her gewechselt. Indem zwischen den verschiedenen Mitteilungsebenen oszilliert wird, entsteht der Eindruck, die dargestellte Welt werde gerade nicht absichtsvoll von einem Erzähler erzählt; sondern die Bilder zeigen ganz ohne narrative Strategie etwas ‹Reales›, an dem man medial teilhaben und die einzelnen Ereignisse auch emotional und empathisch erleben kann.

Die narrativen Elemente sind in allen audiovisuell vorhandenen Zeichenformationen enthalten, bzw. sie lassen sich in die filmischen und televisuellen Erzählstrategien einbinden. Dabei werden diese durch die Montage der Einstellungen und der Sequenzen, durch die thematische und figurale Kohärenz zu einem erzählerischen Ganzen. Die Beschreibung und Kategorisierung der filmischen und televisuellen Verknüpfungen ist bislang nur wenig entwickelt, selbst für Standardsituationen, mit denen der Film besonders häufig operiert, fehlt eine Systematik. Alle Ansätze einer visuellen Rhetorik oder einer filmischen Gram-

---

21 Vgl. Karel Reisz/Gavin Millar: Geschichte und Technik der Filmmontage. München 1988; Hans Beller: Handbuch der Filmmontage. München 1993.

matik sind bislang gescheitert, weil sie sich immer an den linguistischen Vorbildern orientierten und diese ins Visuelle zu übersetzen versuchten, und nicht vom audiovisuellen Bild selbst ausgegangen sind. Für die Formen der durch Verknüpfung hergestellten audiovisuellen Narration gelten andere Prinzipien, die von einer visuellen Plausibilität, von einer Wahrscheinlichkeit im Sichtbaren bestimmt sind und das Moment einer ‹dichten Nähe› zu dem als real Angenommenen herstellen.

Visuelle Narration jenseits literarisch-sprachlicher Konstruktionen des Erzählens
Wenn wir von einem Erzählen ausgehen, das jenseits der literarischen Formen des sprachlichen Erzählens zu bestimmen ist, das also nicht nur in sprachlichen Formen und Begriffen zu einer Konstitution einer ästhetischen Welt führt, dann müssen in einer solchen Narratologie der Audiovision zahlreiche Codes eingebunden werden, die sich nicht im gleichen Maße einer benennbaren Bedeutungsproduktion wie der Sprache bedienen, oder anders formuliert: die in anderer Weise Bedeutung produzieren. Für das literarische Erzählen mit Hilfe von sprachlichen Texten liegt es auf der Hand, dass eine Narratologie, die sich selbst der Sprache zur Formulierung ihrer Theorie bedient, ein optimales Verhältnis zwischen theoretischer Metasprache und Objektsprache herstellen kann. Eine audiovisuelle Narratologie, die sich auf Bilder bezieht und dabei auch Töne unterschiedlicher Art einbezieht, hat ganz andere Darstellungsschwierigkeiten, weil sie die visuellen und auditiven Phänomene in Sprache übersetzen muss.

Ein solches Transformationsproblem hat Folgen. Bedeutung im filmischen Erzählen setzt voraus, dass diese sprachlich formulierbar ist. Ihre Verweigerung gegenüber der sprachlichen Darstellbarkeit hat zur Folge, dass sie als nicht existent angenommen wird. Aber liegt nicht gerade hier das wesentliche narrative Element des Audiovisuellen? Dies bedeutet nicht, auf sprachliche Darstellung zu verzichten, nur muss diese sich immer bewusst sein, dass es einen Rest des nicht in Sprache Übersetzbaren gibt, dass sich das Audiovisuelle auch einen Rest an Eigensinn bewahrt.

Beim Film- und Fernsehbild wird von einem Transparent gesprochen[22], hinter dem die erzählte Welt sichtbar wird als eine quasi real existierende, während die apparative Anordnung, die das Bild hervorbringt, im Rahmen zurückbleibt und unsichtbar wird. Der erzählte und dargestellte Raum erscheint als perspektivisch erlebbar, der Realitätsanschein stellt sich als ein Effekt der audiovisuellen Dispositive ein.

Doch es ist eben nicht nur ein Transparent, das einen Blick in einen erleuchteten Raum der Erzählung frei gibt, das Filmbild präsentiert sich in einer Ma-

---

22 Vgl. Knut Hickethier: Film- und Fernsehanalyse (wie Anm. 18), S. 149.

terialität, die das Bildhafte als kompakt, als dicht und abschließend gegenüber einer Tiefe erscheinen lässt. Es ist die Dichte der Farbkörper im Farbfilm, die Dichte der Stufungen im Grau des Schwarzweißfilms, die sich als sinnlich intensives Erlebnis dem Betrachter erschließt, je dichter er sich dem Bild gegenüber befindet. Auf einer mikrostrukturellen Ebene weist das Filmbild eine unauflösbare eigene Kohärenz auf, die als ein eigenes konstitutives Element des Audiovisuellen verstanden werden kann und sich in ganz unterschiedlichen Varianten auch im Fernsehbild mit seinen analogen Zeilen, bzw. seinen digitalen Pixeln wiederfindet. Diese Kohärenz können wir im Unterschied zu einem textgrammatisch orientierten, bzw. dem aus der allein auf Sprache ausgerichteten Narratologie kommenden Kohärenzbegriff, als ‹Kompaktheit› des Bildes verstehen, wobei dieser Begriff das Moment einer hermetischen Undurchdringlichkeit andeutet, die eben das Bild in seiner Bildhaftigkeit auszeichnet. In der Rezeption wird diese Kompaktheit der Bildoberfläche oft zugunsten des Transparent-Charakters und der dahinter dem Betrachter als gegenständlich zeigenden Repräsentation von Welt zurückgedrängt, aber sie bleibt vorhanden und wird nicht zuletzt dort auffällig, wo sie als Störung, als Irritation der Bilderzeugung den Transparentcharakter des audiovisuellen Bildes unterläuft.

Diese Dichte und Materialität des Bildes entwickelt sich beim genauen Betrachten zu einem Gegensatz der Gegenständlichkeit des Abgebildeten und zeigt in ihren Valeurs und deren Schwankungen eine eigene Narrativität auf. Sie deuten eine Körperlichkeit an, die sich als Folge von Zuständen und Veränderungen darstellt und die sich als eine Dimension der dargestellten und erzählten Welt dem Betrachter darbietet.[23]

Das Herausstellen der Kompaktheit des Filmbildes soll darauf aufmerksam machen, dass die Narrativität der Bilder in dem materiellen Charakter der Bilder verankert ist, sich somit im Visuellen selbst begründet, und mit den nichtzeichenhaften Elementen des Filmbildes operiert, die sich schon allein in den visuellen Bewegungen und im Geräuschhaften manifestieren und die eine Erlebnisqualität entstehen lassen, die nicht in Allem sprachlich benennbar ist.

Der Film erzählt, indem er zeigt, und je exzessiver er dieses Zeigen betreibt, umso mehr erzählt er auf filmische Weise von der Welt, lässt den Betrachter eintauchen in diese andere, in die erzählte und gezeigte Welt. Das macht die Faszination aus, die verschiedene Filmgenres entwickeln, indem sie die Betrachter in die Präsenz unterschiedlicher Welten führen, die den Anschein einer realen Weltkonstruktion enthalten, die jedoch selbst in hohem Maße künstlich und konstruiert ist. Der narrative Vorteil des Films gegenüber dem literarischen Text ist, dass letzterer durch sprachliche Beschreibung einen Text in der Vor-

---

23 Vgl. ausführlicher Knut Hickethier: «Die Sehnsucht der Bilder. Opakheit und Transparenz, Begehren und Emotionalität in den filmischen Bildern». In: Susanne Marschall/Fabienne Liptay (Hg.): Mit allen Sinnen. Gefühl und Empfindung im Kino. Marburg 2006, S.430–443.

stellung des Lesers erst evozieren muss, während der Film in seiner sinnlichen Präsentation dieser Welt schwelgen kann, die Zuschauer mit einer Vielfalt von optischer Gegenwärtigkeit und sinnlicher Anschaulichkeit überwältigen kann – ohne dass der Betrachter wirklich alles Gezeigtem bewusst wahrnehmen muss.

Dazu gehören neben der in die Präsenz der Bilder eingeschriebenen Sinnlichkeit die Bewegung der Bilder selbst, der Rhythmus der Schnitte und die Montage, die Erzeugung von Tempo, die Atemlosigkeit, mit der sich Konfigurationen entfalten und wieder aufgelöst werden, die Langsamkeit bis hin zum temporären Stillstand. Der Film narrativiert die Darstellung von Welt, indem er sie in Bewegung versetzt und sie aus diesen Bewegungen heraus entstehen und wieder vergehen lässt.

Zum filmischen Erzählen gehören auch die durch die Bilder (nicht durch Beschreiben und Benennen) erzeugten Stimmungen, das im Zeigen evozierte Begehren, das Sich-Verweigern, die Faszination, die aus der Körperlichkeit der Körper, dem Reiz der Physiognomien, dem Rauschhaften der Musik und den Bewegungen sowie der raschen Montageabfolge entsteht. Von einer Narratologie der Emotionen sind wir jedoch noch weit entfernt; dass Emotionen mit zum Erzählen mit Bildern gehört, kann hier nicht weiter ausgeführt werden.

Es bleibt deshalb die Aufgabe, die Theorie des audiovisuellen Erzählens von den Bildern her neu zu begründen und die Arbeit an ihr weiterzuführen, im Rahmen der medienwissenschaftlichen Prämissen.

Andreas Blödorn

Transformation und Archivierung von Bildern im Film

Mediales Differenzial und intermediales Erzählen in Peter Greenaways THE PILLOW BOOK

> Das Kino ist zu wichtig, um es den Geschichtenerzählern zu überlassen.
>
> (Peter Greenaway)

1. Greenaways Kino: Mehrdimensionale Realitätserfahrung im Film

Peter Greenaways Filmwerk gilt als Musterbeispiel für die Untersuchung intermedialer Bezüge der Vermischung und Vernetzung von Medien im Film.[1] Doch die unterschiedlichen Ansätze und Ebenen, die das Phänomen ‹Intermedialität› zu fassen versuchen, differieren erheblich: Neben multimedialen Darstellungsformen werden hierunter auch Formen des Medienwechsels (*media shift*) sowie mediale Transformationen verstanden. In Greenaways Film THE PILLOW BOOK (1996)[2] fungiert die intermediale Bezugnahme darüber hinaus, so meine These, als fremdmediale Inszenierungsstrategie und als Ordnungsmuster filmischen Erzählens, das eine lineare Chronologizität mit einer raumzeitlichen Mehrdimensionalität in Beziehung setzt. Dieser Befund scheint einer Vorstellung vom Film zu entsprechen, wie sie der britische Filmemacher, Regisseur, Autor und Künstler Greenaway in einem Interview formuliert und damit zugleich seine Vorbehalte gegenüber einem konventionellen ‹Erzählkino› geäußert hat:

> Nehmen wir ‹Die Bettlektüre› als Beispiel. Der Film beinhaltet simultan mehrfache Bilder. Irgendwie entspricht das viel mehr der menschlichen Erfahrung, denn schließlich erfahren wir die Welt nicht, als

---

[1] Vgl. Yvonne Spielmann: *Intermedialität. Das System Peter Greenaway*. München 1994.
[2] THE PILLOW BOOK (DIE BETTLEKTÜRE). Regie und Drehbuch: Peter Greenaway. Großbritannien/Niederlande/Japan 1995/96, 123 min.

gingen wir durch ein Rechteck, sondern, wenn wir die Straße entlang gehen, umgeben von menschlichen Aktivitäten, *verbinden* wir unser Gedächtnis, Eindrücke und Vorstellungen in Echtzeit.[3]

Nun erzählen Greenaways Filme bekanntlich durchaus Geschichten, die sich auf der Ebene der erzählten *histoire* logisch-chronologisch rekonstruieren lassen. Zu fragen ist daher, in welchem Verhältnis ‹Erzählweise› (auf der Ebene des *discours*) und erzählte Geschichte, in welchem Verhältnis also insbesondere Kadrierung und *mise-en-scène* zueinander stehen (zumal im Rahmen einer digitalisierten Bildbearbeitung). Vor allem die Anforderung, wahrgenommene äußere Realität bzw. äußere Handlung (‹die Straße entlang gehen›; ‹Eindrücke›) und inneres Erleben (rückwärtsgewandtes ‹Gedächtnis› sowie imaginative, prospektive ‹Vorstellungen›) als mehrdimensionale subjektive Wirklichkeit filmisch darzustellen, wirft Fragen nach der medialen Konzeption des Kinos bei Greenaway auf. Auffällig ist in dieser Hinsicht die mediale Grenzüberschreitung, die Greenaways Filme hinsichtlich anderer Medien (z. B. in Richtung Theater, Literatur, Bildende Kunst) vornehmen, um gegebene Formen fremdmedial im neuen Kontext ‹umzusemantisieren›. «Hierbei spielt», so Yvonne Spielmann, «die mediale Selbstreflexion eine besondere Rolle, handelt es sich doch um ein Verfahren, mit dem Bildformen, die sich in dem einen Medium herausgebildet haben, in den Formen eines anderen Mediums reflektiert werden.»[4] Die damit verbundene gegenseitige Profilierung der Strukturmerkmale der einander konfrontierten Medien resultiert nicht selten in «intermedialer Selbstreflexion»[5]. Die signifikante Intermedialität seines Kinos bildet einen zentralen Aspekt in Greenaways filmischer ‹Poetik›, die im Fall von THE PILLOW BOOK (in schlechter deutscher Übersetzung: DIE BETTLEKTÜRE[6]) auf der medialen Kopplung an kalligraphische Schrift/Literatur basiert und dort selbstreflexiv funktionalisiert wird. THE PILLOW BOOK stellt damit nicht nur einen Musterfall intermedialen Erzählens dar, sondern Greenaway konzipiert hier darüber hinaus metareflexiv seine Poetik des Films als eines *Archivs* bildhaften Erzählens.[7] Dies geschieht, indem auf der Ebene des *discours* die Möglichkeiten filmischen Erzählens vor-

---

3   Peter Greenaway im Interview mit Manu Luksch: «Das Medium ist die Botschaft. Interview mit Peter Greenaway, Januar 97» (13.02.1997). In: *Telepolis*. URL: http://www.telepolis.de/r4/artikel/6/6111/1.html (Datum des Zugriffs: 14.08.2006); meine Hervorhebung.
4   Spielmann: *Intermedialität* (wie Anm. 1), S. 7.
5   Ebd.
6   Womit die im Original vorhandene Kongruenz von Buch- und Filmtitel nicht gegeben ist: Die deutsche Übersetzung von Sei Shonagons Buch lautet «Das Kopfkissenbuch»; vgl. *Das Kopfkissenbuch der Hofdame Sei Shonagon. Aus dem Japanischen übertragen von Mamoru Watanabé.* Zürich [12]1992.
7   Zu Greenaways filmischer Poetik als Archiv der Buchkultur und seiner Filme als «kinematographische Archive» vgl. auch Detlef Kremers kulturgeschichtliche Studie, die die Bezugnahme zu «älteren, literarischen und pikturalen Kunstformen» untersucht; Detlef Kremer: *Peter Greenaways Filme. Vom Überleben der Bilder und Bücher.* Stuttgart/Weimar 1995, S. 7f.

gestellt, reflektiert und anschließend auf der Ebene der erzählten *histoire* funktionalisiert werden. Die komplexitätssteigernde Strategie des Erzählens beruht dabei auf der mehrdimensionalen Erweiterung des Erzählten in Zeit und Raum, die sich formal durch die Aufteilung des Bildkaders (durch die Einfügung von Inserts) sowie durch die Übereinanderblendung verschiedener Bildebenen realisiert und damit sowohl die ‹Kommentierung› von Handlung ermöglicht als auch die Parallelisierung von Handlungen erlaubt, indem die Hauptbildebene um entweder gleichzeitige oder aber pro- bzw. analeptische Sequenzen erweiterbar wird.

Das audiovisuelle Zeichensystem ‹Film› thematisiert seine Pluri- bzw. Multimedialität hier selbst, indem diese vervielfacht wird: Die im Bild dargestellte Lektüre des alten japanischen *Kopfkissenbuchs* (*Pillow Book*) veranlasst die rückblickende Ich-Erzählerin Nagiko, deren Stimme als *voice-over narration* aus dem Off zu hören ist, zur Imagination der im *Pillow Book* niedergeschriebenen Sprachbilder (z. B.: «Schneebedeckte Pflaumenblüten» (0:07:11); «Ein Kind, das Erdbeeren ißt», 0:07:24). Diese bildhaften Beobachtungen jedoch werden dem Rezipienten nicht nur akustisch vermittelt (vorgelesen), sondern gleichzeitig visualisiert bzw. als Bildsequenzen dargestellt (per Insert bzw. Überblendung) – als ob man zu dem Bewusstsein bzw. der Imagination der Ich-Erzählerin Zugang hätte. Diese Parallelisierung von äußerem Vorgang (Lektüre) und innerem Erleben (Imagination) auf der Bildebene, die insgesamt in die (nur als *voice-over narration* bewusst gemachte) Rückblickserzählung der Ich-Erzählerin eingebettet ist, weist filmisches Erzählen als sprachlich initiierte Bild-Erzählung aus. Die Zeitdifferenz zwischen *story time* und *discourse time*[8] verringert sich dabei immer mehr, bis beide Zeitebenen am Ende des Films ineinander fallen: Das (vor den Augen des Rezipienten vollendete) ‹Kopfkissenbuch› Nagikos (also der Film THE PILLOW BOOK) wird am Filmende auf der Ebene der Handlung vor der Kamera gerade zu ‹schreiben› begonnen. Damit ist der Film als Nagikos imaginäre Re-Lektüre ihres eigenen Lebens ausgewiesen – und der Rezipient als ‹Leser› ihres filmischen ‹Tage›- bzw. ‹Kopfkissenbuchs›. Dargestellt wird folglich auch nicht primär das Bewusstsein Nagikos, zu dem wir Zugang haben: Der Film ist vielmehr als aus dem Rückblick ‹geschriebenes› *Buch* semantisiert, in dem es (allerdings nur der Ich-Erzählerin)[9] möglich ist,

---

8   Zu den beiden Begriffen, die analog zur literaturwissenschaftlichen Unterscheidung von «Erzählter Zeit» (*story time*) und «Erzählzeit» (*discourse time*) figurieren, vgl. Seymour Chatman: «What novels can do what films can't (and Vice Versa)». In: *Critical Inquiry* 7 (1980), S. 121–140.
9   Weshalb Greenaways eigene Deutung, es handele sich hier um eine Form des interaktiven Kinos, nur sehr bedingt zutrifft: Zwar nennt Greenaway seinen Film THE PILLOW BOOK «in gewisser Hinsicht interaktiv», «da es am Publikum liegt, in welcher Reihenfolge es die Bilder verbindet und wie es sie benutzt, wenn mehrere gleichzeitig zur Wahl stehen», vgl. das Interview mit Manu Luksch: «Das Medium ist die Botschaft». Doch kann hier, so meine ich, von Interaktivität keine Rede sein: Schließlich vermag der Zuschauer den Film nur als lineare, *invariable* Abfolge zu rezipieren, unabhängig davon, welche Ebene der (invarianten) Bildfragmentierung

imaginär vor- und zurück zu ‹blättern›. Die zahlreichen *intratextuellen* Zitate von Bildern, Worten, Handlungen und Sequenzen, die sich hier v. a. auf der Ebene der Inserts manifestieren, erweitern das jeweilige Hauptgeschehen durch vor- und/oder nachzeitiges Geschehen, so dass filmische Realität als Neben- und Ineinander unterschiedlicher, parallel laufender Bildsequenzen dargestellt wird, die wechselseitig aufeinander bezogen sind. THE PILLOW BOOK ist somit nicht nur das filmische ‹Kopfkissenbuch› Nagikos, sondern ist zuallererst eine Darstellung des prozessualen Vorgangs des Tagebuch-*Schreibens*: Als eine Selbst-Narration kommt der Film durch die lineare Rekonstruktion der eigenen äußeren Lebensgeschichte zustande, die der permanenten Spiegelung an der inneren Erlebensgeschichte, am Abgleich mit Vergangenem und Nachfolgendem (als emotionaler Selbstdeutung) bedarf. Indem der Film als tagebuchartiges ‹Kopfkissenbuch› der Ich-Erzählerin Nagiko semantisiert ist und paradoxerweise zugleich das Schreiben dieses Buches verkörpert, schlägt seine Multimedialität, wie ich zeigen möchte, in *Intermedialität* um. Denn THE PILLOW BOOK ist durch eine umfassende intermediale Bedeutungskomponente gekennzeichnet, die sich keinesfalls auf eine Abfilmung von Text (des *Kopfkissenbuchs*) reduziert, sondern die auf die Präsentation der Filmbilder *als* ‹Textseiten› eines neuen, filmischen Tagebuchs zielt sowie auf die bedeutungskonstitutive *narrative* Kopplung der filmischen ‹Textseiten› aneinander. «Wenn somit die gefilmte kalligrafische Schrift im Bild von THE PILLOW BOOK der Objektebene zugehört», so hat Yvonne Spielmann hierzu ausgeführt, «so besteht eine Parallele zum Filmbild als Schrift genau genommen dort, wo die grafischen Anteile im Bewegungsbild gemeint sind.»[10] Auf dieses durch die elektronische Bildbearbeitung ermöglichte Verfahren, das mediale Eigenschaften der Kalligrafie metaphorisch auf den Film überträgt, möchte ich nachfolgend genauer eingehen.

Ausgangspunkt meiner Überlegungen zum erzählerischen Verfahren Greenaways in THE PILLOW BOOK stellt sein Strukturprinzip dar, die zeitliche Folge der filmischen Narration immer wieder zu durchbrechen durch paradigmatische Einschnitte, die in Form von Aufzählungen und visueller ‹Listen› – ein häufig verwendetes strukturierendes Mittel bei Greenaway[11] – den Erzählfluss als narratives Syntagma scheinbar anhalten, zugleich aber eine Sukzession assoziativer Bilder zu einem bestimmten Themenkomplex präsentieren.[12]

bzw. (invarianten) Übereinanderblendungen in der Rezeption von ihm/ihr zuerst erfasst wird.
10 Yvonne Spielmann: «Das Bild der Schrift und des Schreibens in Peter Greenaways Film THE PILLOW BOOK». In: Hans-Edwin Friedrich/Uli Jung (Hg.): *Schrift und Bild im Film*. Bielefeld 2002, S. 81–95, hier: S. 86.
11 Mit der Strukturierung durch Serien und Zahlenreihen, die das Erzählen als ‹Zählen› ausweisen, beschäftigen sich grundlegend Kremer: *Peter Greenaways Filme* (wie Anm. 7), S. 97 ff.; Spielmann: *Intermedialität* (wie Anm. 1), S. 216 ff.; und Christer Petersen: *Jenseits der Ordnung: Das Spielfilmwerk Peter Greenaways. Strukturen und Kontexte*. Kiel 2001.
12 Von einem «vertikalen Erzählen», das die eindimensionale «horizontale Erzählweise» zugunsten einer mehrdimensionalen Illusionsbrechung unterbricht, spricht in diesem Zusammenhang

Die Grundfunktion, filmische ‹Wirklichkeit› als eine mehrdimensionale erfahrbar zu machen, die syntagmatische durch die paradigmatische Ebene zu erweitern, wird im Film selbst als mediale Verdopplung thematisiert, wenn Bücher, in denen Auflistungen z. B. «besonders schöner Dinge» zusammengestellt sind (0:06:40 ff.), als Repräsentation einer fiktionalen Realität neben die ‹normale Realität› der Diegese treten. Auf einer Meta-Ebene wird ‹Film› hier als erzählerisches Medium der Vermittlung reflektiert, das aus dem zeitlichen Nacheinander des Bilderflusses die Kohärenz eines quasi-räumlichen, *archivarischen* Nebeneinanders von Erinnerungsbildern herstellt – was die Semantisierung des Films als ‹Buch› wiederum zugunsten der sekundären Bedeutungskomponente zurücktreten lässt: Als imaginäres Bilder-Archiv versucht der Film zugleich den kognitiven Erkenntnisprozess eines selbstvergewissernden Schreibens darzustellen. Archivierung stellt im Film somit eine Form dar, auf der Ebene der fiktionalen Realität ‹Wirklichkeit› zu verarbeiten und in eine erzählte Welt zu überführen – und damit narrative Muster zu erzeugen, die nachfolgend als kognitive und ästhetische Deutungsmuster in der Erzählgegenwart abgerufen werden können. Wie aber kommt es überhaupt vom Aufzählen von heterogenen und diskontinuierlichen Bildern zum Erzählen einer kohärenten und linearen Geschichte?

2. Schreiben als Be-Zeichnen

Die Ereignisstruktur der erzählten Geschichte in Greenaways THE PILLOW BOOK lässt sich wie folgt rekonstruieren: Die junge Japanerin Nagiko Kiyohara wächst mit einem Ritual auf, das ihr Leben prägen wird: Ihr Vater, ein Schriftsteller und Kalligraph, schreibt ihr an jedem Geburtstag die Erschaffung des Menschen auf ihr Gesicht und signiert seine ‹Schöpfung› in ihrem Nacken. Ihre Tante liest ihr parallel dazu aus dem Klassiker der japanischen Literatur vor: dem *Makura no Sôshi*, dem *Kopfkissenbuch* (*Pillow Book*), das die kaiserliche Hofdame Sei Shonagon als ein intimes Tagebuch während der letzten Jahrzehnte des 10. Jahrhunderts, in der Heian-Zeit, führte. Mit 18 Jahren wird Nagiko zwangsverheiratet mit dem Neffen des homosexuellen Verlegers ihres Vaters. Doch ihr geistloser Ehemann verweigert nicht nur das jährliche Geburtstagsritual, sondern verbrennt auch Nagikos erstes eigenes Tagebuch. Nagiko flieht nach Hongkong und wird schließlich ein erfolgreiches Model, stets auf

---

auch Kerstin Frommer: *Inszenierte Anthropologie. Ästhetische Wirkungsstrukturen im Filmwerk Peter Greenaways*. (Diss.) Köln 1994, S. 166. – Eine «Vertikalisierungstendenz» macht auch Yvonne Spielmann aus, und zwar im Zusammenhang mit den eingesetzten *split-screen*-Techniken der Bildteilung, die der horizontal-sukzessiven Montagefunktion einer linearen Verkettung der Elemente kontrastieren; vgl. Spielmann: *Intermedialität* (wie Anm. 1), S. 134.

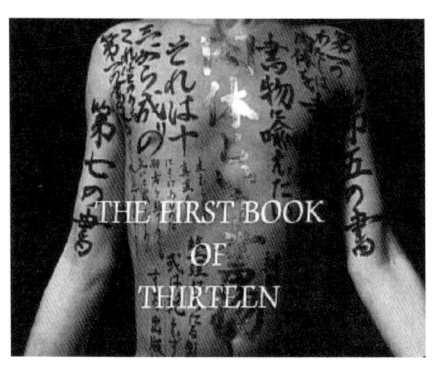

Abb. 1 «The First Book of Thirteen»: Jerome

der Suche danach, die beiden für sie schönsten Dinge des Lebens zu verwirklichen: die «Freuden der Literatur» und die «Freuden des Fleisches» (1:04:04 f.). Sie nimmt sich Kalligraphen als Liebhaber und lässt sich von ihnen ihren Körper beschriften. Schließlich lernt sie den bisexuellen Übersetzer Jerome kennen, der für den Verleger ihres Vaters arbeitet. Jerome veranlasst Nagiko, die Perspektive zu wechseln und selbst kalligrafische Gedichte zu schreiben, die Körper anderer zu beschriften. Sie sendet dem Verleger die beschrifteten Körper als Serie von 13 Körper-Büchern mit dem Ziel, ihn für die Publikation ihrer Texte zu gewinnen (Abb. 1).

Jerome und Nagiko verlieben sich, doch Nagiko beendet das Verhältnis, als sie von Jeromes homosexueller Liebesbeziehung zum Verleger erfährt. Als Jerome sich das Leben nimmt, schreibt Nagiko voller Trauer ein prachtvolles Liebesgedicht auf Jeromes toten Körper und kehrt nach Kioto zurück. Der Verleger jedoch lässt Jeromes Leiche exhumieren, enthäuten und aus der beschriebenen Haut, dem Körper-Text, einen Text-Körper anfertigen: ein gebundenes Buch aus menschlichem Pergament, das er – im wörtlichen Sinne – zu seinem eigenen ‹Kopfkissenbuch› macht. Nagiko setzt die angekündigte Serie von 13 Körperbüchern fort und sendet nun ihre beschriebenen Boten an den Verleger, um die Herausgabe des ‹Buchs Jerome› zu erwirken. Doch erst dem 13. und letzten der Boten, dem «Buch der Toten», einem Sumo-Ringer, der ihn hinrichten wird, händigt der Verleger das Buch aus. Sein Tod sühnt die Erpressung von Nagikos Vater, der dem Verleger sexuell zu Diensten hatte sein müssen, sowie den Frevel an Jeromes Leiche. Nagiko, die sich ebenfalls Sei Shonagon nennt («Nagiko Kiyohara na Motosuke Sei Shonagon»), bekommt ein Kind von Jerome. An ihrem 28. Geburtstag, zugleich dem 1000. Geburtstag des *Pillow Book* Sei Shonagons, begräbt sie in Kioto das ‹Buch Jerome› und beginnt ihr neues eigenes *Kopfkissenbuch* zu schreiben (das damit zugleich als Film THE PILLOW BOOK abgeschlossen vorliegt), während sie das Schöpfungsritual des Vaters an ihrer eigenen Tochter wiederholend vollzieht – womit sich der Kreis der Geschichte schließt.

Auffällig hinsichtlich der medialen Transformationen ist der obsessive Einsatz von Schrift und der sinnlich erotischen Ebene des (Be-)Schreibens: Es werden Körper mit Kalligrafien beschrieben und die menschliche Haut wird zum Papier umfunktionalisiert; die Texte werden abgeschrieben und zu Büchern verarbeitet und somit konserviert. Und es werden Bücher und Texte (vor-)gelesen, die über die Liebe geschrieben wurden. Vor allem aber kommt es zu einer «Kongruenz von Medium und Botschaft in der Figur des beschrifteten Boten»[13], denn die das Leben der Erzählerin bestimmenden ‹Freuden des Fleisches› und die ‹Freuden der Literatur›, von denen auch Sei Shonagons *Pillow Book* handelt, sind in den Boten körperlich vereint. Zudem umfasst die japanische Tradition der Kalligrafie bereits beide Dimensionen: Schreiben bedeutet hier zugleich ‹zeichnen›/‹schreiben› *und* ‹dichten›. So ist das Schriftzeichen zwar Träger von Bedeutung, doch zugleich ein Bildzeichen, welches das Bedeutete nicht nur symbolisch (im Sinne Peirces), sondern sinnlich-ästhetisch verkörpert (da es piktografischen Ursprungs ist).

Welche Bedeutung, so fragt sich, bekommt die Kongruenz von Nagikos Schreiben (auf der Ebene der Handlung vor der Kamera) und ihres ‹Schreibens› mit Bildern (auf der medialen Ebene des Filmbilds: der Film als *Pillow Book*) hinsichtlich einer intermedialen Korrelation von Schrift/Buch und Film? Und wie verhalten sich dazu die Inszenierungen dieser prozessualen Vorgänge des Schreibens, Lesens und ‹Sehens›, die auf vielfältige Weise selbstreflexiv thematisiert werden: als durch paradigmatische Aufzählungen unterbrochenes narratives Syntagma und als formale Aufteilung des Filmbilds in nebeneinander laufende Handlungsfelder bzw. in übereinander gelegte Bildebenen? Welche Funktion nimmt in dieser Hinsicht die Intermedialität des Erzählens ein, um der Mehrdimensionalität des Erzählten die Form einer kohärenten Geschichte zu geben?

3. Intermedialität und intermediales Erzählen

Über den Begriff und das Konzept der Intermedialität konnte die Forschung bislang kein Einverständnis erzielen, so dass hier verschiedene Definitionsversuche nebeneinander existieren. Insbesondere die Abgrenzung von Multi- und Intermedialität stellt ein zentrales Problem dar, weil multimediale Medienkombinationen häufig im Rahmen von «Mediengrenzen überschreitenden Phänomenen, die mindestens zwei konventionell als distinkt wahrgenommene Medien involvieren», als Teilphänomen der Intermedialität betrachtet werden,[14] obwohl sich doch, so die Kritik an diesem weit gefassten Intermedialitätsbegriff, Intermedialität im engeren Sinne gerade vom multimedialen Nebeneinander medialer Formen abgrenzen müsste.[15] Im Folgenden soll versucht werden, In-

---

13 Spielmann: *Das Bild der Schrift und des Schreibens* (wie Anm. 10), S. 85.
14 Vgl. Irina O. Rajewsky: *Intermedialität*. Tübingen/Basel 2002, S. 199.
15 Vgl. dazu etwa Jürgen E. Müller: «Intermedialität und Medienwissenschaft. Thesen zum State of the Art». In: *montage av* 3/2 (1994), S. 119–138, hier: S. 128; sowie Jürgen E. Müller: *In-*

termedialität auf der Basis medialer Differenz und zugleich auf den bedeutungskonstitutiven «Formen der Aneignung des anderen Mediums»[16] für die Filmanalyse zu operationalisieren, ohne dabei jedoch einem oberflächlichen Begriffsverständnis Vorschub zu leisten.[17]

Unter Intermedialität betrachte ich in Anlehnung an Joachim Paech und Jürgen E. Müller ‹intermediale Bezugnahmen› im engeren Sinne, die sich durch eine mediale Transformation auszeichnen. Von zentraler Bedeutung insbesondere für die (literarische, filmische usw.) Narration ist hierfür – mit einem Begriff Manfred Pfisters – die «syntagmatische Integration» eines anderen Mediums und der Stellenwert bzw. der «Grad der Vereinnahmung des aus dem anderen Medium Übernommenen» innerhalb der Semantik des neuen (Kon-)Textes.[18] Zur Abgrenzung von Multi- und Intermedialität schlägt Jürgen E. Müller vor, ein mediales Produkt dann als intermedial aufzufassen, «wenn es das multimediale Nebeneinander medialer Zitate und Elemente in ein konzeptionelles Miteinander überführt, dessen (ästhetische) Brechungen und Verwerfungen neue Dimensionen des Erlebens und Erfahrens eröffnen».[19] Daraus folgt, dass sich «weder eine Addition verschiedener medialer Konzepte noch ein Zwischen-die-Medien-Platzieren [sic] einzelner Werke» schon als intermediale Bezugnahme fassen lässt, sondern dass dazu «eine Integration von ästhetischen Konzepten einzelner Medien in einen neuen medialen Kontext» notwendig wird.[20] Die zentrale Figur der Übertragung medialer Eigenschaften von einem Medium auf ein anderes führt somit zu einer «produktive[n] Medienkollision»,[21] deren Kernpunkt «die fremdmediale Inszenierung im aktuellen Medium»[22] dar-

---

termedialität: Formen moderner kultureller Kommunikation. Münster 1996, S. 127f.; Susanne Müller: *Intermedialität. Zur Transformation von Unterschieden, die einen Unterschied machen*, URL: http://www.susimueller.de/download/s.mueller. intermedialitaet.pdf (Datum des Zugriffs: 15.08.06), S. 1–8, hier: S. 4f.

16 Thomas Eicher: «Was heißt (hier) Intermedialität?». In: Ders./Ulf Bleckmann (Hg.): *Intermedialität. Vom Bild zum Text*, Bielefeld 1994, S. 11–28, hier: S. 12.

17 Vorausgehen müsste jeder Definition von Intermedialität notwendigerweise eine Definition des ‹Mediums› bzw. von ‹Medialität›, auf die ich an dieser Stelle jedoch verzichten möchte. So finden sich bereits für den Begriff des Mediums Differenzen zwischen den einzelnen Intermedialitätstheorien, weshalb sich die einzelnen theoretischen Ansätze auch nur bedingt aufeinander beziehen lassen. Exemplarisch verwiesen sei hier auf Jürgen E. Müllers konventionell-kommunikationssoziologischen Medienbegriff und Joachim Paechs entschiedene Kritik daran, wenn er eine Konzeption der Intermedialität als «Behälter für mediale Elemente, strukturiert durch ein konzeptionelles Miteinander» für fraglich hält; vgl. Joachim Paech: «Intermedialität. Mediales Differenzial und transformative Figurationen». In: Jörg Helbig (Hg.): *Intermedialität: Theorie und Praxis eines interdisziplinären Forschungsgebiets*. Berlin 1998, S. 14–31, hier: S. 17.

18 Eicher: Was heißt (hier) Intermedialität (wie Anm. 16), S. 26.

19 Jürgen E. Müller: Intermedialität und Medienwissenschaft, S. 128 bzw. ders.: Intermedialität (wie Anm. 15), S. 127f.

20 Jürgen E. Müller: Intermedialität und Medienwissenschaft (wie Anm. 15), S. 133.

21 Jan Siebert: «Intermedialität». In: Helmut Schanze (Hg.): *Metzler-Lexikon Medientheorie – Medienwissenschaft. Ansätze – Personen – Grundbegriffe*. Stuttgart/Weimar 2002, S. 152–154, hier: S. 152.

22 Ebd., S. 153.

stelle. Dieses Moment der *Inszenierung*, das aus Werner Wolfs Subkategorie der «figurativen Intermedialität» als Form «genuine[r] Intermedialität» abgeleitet ist,[23] halte ich für das Intermedialitätskonzept grundlegend, da das «Resultat einer Transformation in der Struktur eines anderen Mediums mit *dessen* ihm zur Verfügung stehenden Darstellungsmitteln»[24] erfolgen muss. Intermedial jedoch wird dieser Transformationsprozess erst in dem Moment, «wenn fremdmediale Elemente *aktiv* an *Bedeutungsprozessen* beteiligt sind, anstatt lediglich schmückendes Beiwerk darzustellen».[25] Michael Lommel hat diesen auf Luhmanns systemtheoretischer Medium-Form-Unterscheidung basierenden Grundgedanken Joachim Paechs auf die Formel gebracht, dass Intermedialität «die operative Trans-Form medialer Differenz»[26] bezeichne, dem gegenüber das Medium «die Möglichkeit einer Form»[27] bereitstelle. Als «mediale[r] Transformationsprozeß»[28] zielt Intermedialität folglich darauf, dass der Formwandel selbst «als Inhalt des Medienwechsels in einem Transformationsverfahren anschaulich»[29] wird. Diese Transformationen sind Paech zufolge zu verstehen als «operative Formen der Differenz im Übergang von einer Form zu einer anderen, indem die vorangegangene Form zum Medium der folgenden gemacht wird».[30] Die Figuration des «mediale[n] Differenzial[s]»[31] bildet somit den Kristallisationspunkt der Intermedialität, die jedoch nur innerhalb einer spezifischen *Form* beobachtbar wird. Zwar bleibt es für eine Operationalisierung intermedialer Bezugnahmen (z. B. im Rahmen von Text- und Filmanalysen) m. E. fraglich, in welchem Verhältnis die (schon in Paechs Eingrenzung zur metaphorischen Unschärfe neigenden) intermedialen Formen als «Brüche, Lücken, Intervalle oder Zwischenräume, ebenso wie Grenzen und Schwellen, in denen ihr mediales Differenzial figuriert»,[32] zu derjenigen Form stehen, in der sie beobachtbar werden. Doch gilt es hier prinzipiell zu unterscheiden zwischen dem Phänomen der Intermedialität als dem «sichtbare[n] Unsichtbare[n]»[33] und seiner Funktionalisierung im Text: Eine Analyse intermedialer Bezüge müsste daher zunächst das mediale Differenzial intermedialer Formen erschließen, um dann dessen formale Inszenierung und Funktionalisierung innerhalb des neuen Bedeutungsgefüges untersuchen zu können.

---

23 Vgl. die Ausführungen ebd., S. 153.
24 Vgl. ebd.; meine Hervorhebung.
25 Vgl. ebd., S. 154; meine Hervorhebungen.
26 Vgl. Michael Lommel: «Paech, Joachim». In: Helmut Schanze (Hg.): *Metzler-Lexikon Medientheorie* (wie Anm. 21), S. 285–286, hier: S. 286.
27 Ebd.
28 Joachim Paech: Intermedialität (wie Anm. 17), S. 15.
29 Ebd.
30 Ebd., S. 23.
31 Ebd., S. 25.
32 Ebd.
33 Susanne Müller: Intermedialität (wie Anm. 15), S. 6.

Von grundlegender Bedeutung ist zudem die Frage, wie sich die ‹syntagmatische Integration› fremdmedialer Formen innerhalb der jeweiligen Narration gestalten kann und wie intermediale Bezüge im Rahmen narrativer Strukturen funktionalisiert werden. Die Medialität des Erzählens lässt sich dabei als die Bedingung der Möglichkeit narrativer Formgebung verstehen – und damit auch als je «spezifische Archivierungsform des zu einem Zeitpunkt in einem Kulturkreis vorhandenen Weltwissens».[34] Für den Bereich des ‹medialen Erzählens› (als eines Erzählens *in* den audiovisuellen Medien Film, Fernsehen, Computer/Neue Medien) hat Joan Kristin Bleicher medienübergreifende Grundcharakteristika aufgeführt, von denen einige als generelle Merkmale der *Medialität* des Erzählens herangezogen werden können, allen voran die Verknüpfung der Bereiche «Narration und Performanz, also Erzählen und Darstellen», die Darstellung einer Kausalverknüpfung in der Zeit (d. h. die Integration in ein narratives Syntagma) sowie die Figurenbindung dieses «Strukturprinzips von Ursache und Wirkung».[35] Bezogen auf das kulturelle Wissen übernehmen Erzählungen somit eine ordnungsstiftende d. h. komplexitätsreduzierende Funktion.[36] Betrachtet man jedoch die Einzelmedien, so lassen sich jeweils mediengebundene Formen der Medialität analysieren (z. B. spezifische narrative Ordnungsmuster), die innerhalb eines intermedialen Erzählens funktional werden können: Zum einen steht hiermit eine intermediale Weise in Rede, mit der erzählt wird und die sich das mediale Differenzial in konstitutiver Weise zunutze macht. Zum anderen aber kann Intermedialität zum Gegenstand des Erzählens werden, etwa wenn der (inter-)mediale Transformationsprozess selbst narrativ strukturiert d. h. erzählt wird. Beide Aspekte intermedialen Erzählens, die narrative Funktionalisierung des medialen Differenzials und die narrative Strukturierung des medialen Transformationsprozesses als Erzählung, lassen sich am Beispiel von Greenaways THE PILLOW BOOK beschreiben.

4. Funktionalisierung des medialen Differenzials

Versucht man das multimediale Nebeneinander von photographischen und filmischen Bildern, Schrift, Musik und Zeichnungen in THE PILLOW BOOK zu ordnen und zu betrachten, inwiefern es in ein intermediales, konzeptionelles Miteinander überführt wird, so zeigt sich das zentrale Ordnungsmuster des Films in der Übertragung der medialen Ausdrucksformen des kalligrafischen Schrei-

---

34 Vgl. Joan Kristin Bleicher: «Grundstrukturen des medialen Erzählens». In: *Medienwissenschaft. Mitteilungen der Gesellschaft für Medienwissenschaft e. V.*, Hamburg 2005, S. 7–11; hier: S. 11.
35 Vgl. ebd., S. 7.
36 Vgl. ebd.

bens und Zeichnens (auf der *histoire*-Ebene des Erzählten und Dargestellten) in mediale Verarbeitungsformen imaginierter Realität (auf der *discours*-Ebene des Erzählens und Darstellens). Als metaphorisches ‹Schreiben› bzw. ‹Zeichnen› mit (Film-) Bildern semantisiert der Film seinen eigenen Status als ein metaphorisches ‹Buch›: das *Pillow Book* der rückblickenden Ich-Erzählerin Nagiko.

Das ästhetische Konzept des Schriftmediums ‹Buch› beruht, wie die Eingangssequenz des Films vorführt, auf dem Prozess des Schreibens als *Be-Zeichnen*: Das jährliche Geburtstagsritual, bei dem der Vater Nagiko das Schöpfungsritual auf den Körper ‹einschreibt›, bezeichnet in dieser Hinsicht den Akt eines *zeichenhaften* männlichen ‹Schöpfens›/‹Zeugens›/‹Belebens›. Diese Körper-Inschrift markiert dabei nicht nur, was Schrift generell auszeichnet, sondern stellt diese Charakteristika auf paradoxe Weise zur Schau: In der zeichenhaften Abstraktion von der Gegenständlichkeit des durch sie Bezeichneten ‹befreit› sich die Schrift so weit von ihrer (ursprünglich piktografisch begründeten) Referenzialität, dass ihr eine eigene Materialität (als Bild-Zeichen) zukommt. Im Film wird dies durch die rote Einfärbung des kalligrafischen Schrift-Zeichens verdeutlicht, das sich so von seinem materiellen schwarzweißen Untergrund, d. h. von Nagikos Körper, *abhebt* und verselbstständigt. Indem die zweidimensionale Niederschrift des vorgestellten Sachverhaltes (hier: die Schöpfungsgeschichte) auf einem menschlichen Körper erfolgt, nimmt der äußere Mensch die Funktion eines ‹Buches› ein, das im Lauf seines Lebens sichtbar ‹beschrieben› wird und das von anderen ‹gelesen› werden kann. Besonders augenfällig inszeniert THE PILLOW BOOK diese ‹Körperbücher› anhand der Kalligrafien, die Nagiko später auf männliche Körper schreibt, um diese als Boten zu ihrem Verleger zu senden. Die dreizehn zu ‹Büchern› semantisierten (und im Filmbild als «Bücher» betitelten)[37] männlichen Körper verweisen dabei jeweils auf ihre Schreiberin zurück, die über die literarische Bedeutungsebene hinaus durch diese Boten mit dem Verleger kommuniziert: Als Bücher verkörpern die Boten performativ, womit sie beschriftet/bezeichnet sind; in ihnen sind darüber hinaus Erotik und Literatur korreliert. So fallen Materialität und Bedeutung hier symbolhaft zusammen, was sich besonders deutlich an den Büchern neun und zehn ablesen lässt («The Book of Secrets» und «The Book of Silence») sowie am letzten, dem dreizehnten Boten («The Book of the Dead»), der dem Verleger das Todesurteil überbringt (und es vollzieht).[38]

Die fremdmediale Inszenierung des Schreibens erfolgt nun jedoch im Me-

---

37 Die 13 Körperbücher: The First Book of Thirteen: The Agenda, The Book of the Innocent, The Book of the Idiot, The Book of Impotence, The Book of the Exhibitionist, The Book of the Lover, The Book of the Seducer, The Book of Youth, The Book of Secrets, The Book of Silence, The Book of the Betrayed, The Book of False Starts, The Book of the Dead.

38 Ein Aspekt, auf den auch Yvonne Spielmann hingewiesen hat: Der Verleger muss seinen Tod daher als Vollstreckung eines ‹Gesetzes› hinnehmen; vgl. Spielmann: Das Bild der Schrift und des Schreibens (wie Anm. 10), S. 85.

dium ‹Film›, dessen formale Darstellungsmöglichkeiten durch (audio-) visuelle *Beobachtung* gekennzeichnet sind: Die Zeichenprozesse einer durch die ‹Augen der Kamera› bedingten Wahrnehmung beruhen zum einen auf bildhafter *Konkretisation* des Bezeichneten und zum anderen auf der *Immaterialität* des Filmbilds als einer (Lichtbild-) Projektion. Besonders deutlich wird dies an jenen Stellen, an denen Greenaways Film bis zu fünf Bildebenen übereinander projiziert, die unterschiedliche Abstraktionsgrade von Materialität visualisieren, von den Schriftzeichen bis zu den durch sie bezeichneten bildhaften Objekten. Die intermediale Integration des Schriftmediums in das filmische Medium erfolgt dabei über mehrere Stufen, wie ich an einem Beispiel ausführen möchte: Der Abfilmung des Schreibens auf Papier bzw. auf menschlichen Körpern folgt die Abfilmung der pragmatischen Lektüresituation des Geschriebenen (Lektüre der Körperbücher sowie Lektüre des *Pillow Book* Sei Shonagons). In einem zweiten Schritt werden nun die Charakteristika des auf der Ebene der Handlung vor der Kamera inszenierten Schreibens/Lesens von Schriftzeichen auf die Ebene des Filmbilds übertragen: Der Bildkader wird in der Vertikalen durch kalligrafische Texte aus dem japanischen *Pillow Book* ausgefüllt. Hinter der Schriftebene des *Pillow Book* aber ist weiterhin auf der Hauptbildebene des Films die pragmatische Lektüresituation des gebundenen *Pillow Book* zu sehen. Zugleich ist über beide Ebenen eine Insert-Ebene gelegt, auf der die Sprachbilder visualisiert d. h. referenzialisiert werden. Das vorgelesene Sprachbild «Geschabtes Eis in einer Silberschale» (0:06:50) wird dort als Filmbild visualisiert und zusätzlich in lateinischer Schrift (als einer darüber geblendeten Schriftebene) betitelt, während gleichzeitig Schriftzeichen und pragmatische Lektüre in der fiktionalen Realität zu sehen sind. Der ‹Schriftfluss› wird somit in der Aufeinanderfolge einem syntagmatischen Bilderfluss parallelisiert; Konkretisation und Abstraktion des Bezeichnens sowie Materialität und Immaterialität des Bezeichneten werden einander in einer ‹Medienkollision› aus Film, Bild und Schrift konfrontiert. Welche Funktion kommt dieser intermedialen Transformation, der Semantisierung des Films als ‹Bilderschrift›, dabei zu?

Die durch die Augen der Kamera beobachteten Sachverhalte/Bilder erscheinen als imaginierte Bilder, als Projektionen des inneren Bewusstseins der aus dem *voice-over* sprechenden Ich-Erzählerin. Der Film ‹schreibt› damit die Vorstellungen und Erinnerungen der Erzählerin auf, aber in übertragener, *filmischer* Weise: mittels gegenständlich-konkreter, aber immaterieller Bild-Zeichen. Die Inszenierung des Films als ‹Buch› bzw. ‹Schrift› beruht dabei, und hier liegt das *tertium comparationis*, das die intermediale Bezugnahme erst ermöglicht, auf dem prozesshaften Vorgang des Veräußerlichens inneren Erlebens. Dieses wird im Film statt in Schriftzeichen in Bildern konkretisiert, wobei jedoch das Abstraktionsprinzip, auf dem die Schrift beruht, auf einer höheren Reflexionsebene bildhaft wieder eingeführt wird: In Analogie zum Schreiben als Bezeichnen von Ideen gestaltet sich die Filmschrift als Bezeichnung der *Idee* des Schreibens *als* Bezeichnens, indem das geschriebene Zeichen wieder bildhaft veräußerlicht und zugleich (in lateinische Schrift übersetzt) wieder durch Schriftzeichen betitelt wird. Die Funktionsweise des Schriftmediums als Zeichensystem ist somit in die bildhaft-abbildenden Darstellungsmittel des Films übertragen worden; das intermediale Differenzial wird sichtbar in jener Ebenenüberlagerung, wie sie sich im dargestellten filmischen Lektüre- als Imaginationsakt formiert. Die ‹Brüche›, in denen das mediale Differenzial nach Paech figuriert, liegen im unterschiedlichen Umgang mit der Bezeichnung und Zeichenhaftigkeit von Vorstellungen/Imaginationen/Bildern begründet. Doch der Kern der intermedialen Bezugnahme liegt in der filmischen Inszenierung *als Schrift*, womit ein semantisches Paradoxon abgebildet wird: Indem die zeichenhafte Abstraktion von Bildvorstellungen in der Schrift im wechselseitigen Bezug mit ihren filmisch-bildhaften Konkretisationen dargestellt wird, vermag das ‹Medium› Film sein Bezeichnungspotenzial zu reflektieren und zu erweitern.

Der äußere Prozess des (kalligrafischen) Schreibens und Beschriftens von Körpern wird als Textproduktion dabei den Formen der Text-Rezeption entgegengestellt, die in einem narrativen inneren Bewusstseinsprozess Abstraktes (und in der Schrift Zeitenthobenes) wieder zu Bildvorstellungen konkretisieren. In THE PILLOW BOOK als Film-Tagebuch Nagikos aber sind beide Formen des Umgangs mit Schriftzeichen wiederum parallelisiert: THE PILLOW BOOK erzählt äußerlich sichtbar (konkret) den inneren (imaginativen) Akt des Tagebuch-Führens, der primär durch Bilder ‹erzählt› wird. Die intermediale Erzählweise des Films reflektiert damit den Lese- und Schreibprozess des Tagebuchführens.[39]

5. Narrative Strukturierung des intermedialen Transformationsprozesses

Im Mittelpunkt von THE PILLOW BOOK, so habe ich zu zeigen versucht, steht Greenaways Auffassung vom Film als einer Bild-Erzählung: Film wird als *Schrift* mit Licht-Bildern konzipiert, die einerseits linear-syntagmatisch aufeinander folgen können, andererseits auf mehreren übereinander gelegten Ebenen *visuelle Cluster*[40] bilden, in denen das intermediale Erzählverfahren reflektiert

---

39 Hierauf hat auch Yvonne Spielmann hingewiesen, vgl. «Das Bild der Schrift und des Schreibens» (wie Anm. 10), S. 86: «Es ist also die Form des Schreibens, die mit der Filmform kongruent ist».
40 Den Begriff für dieses Verfahren übernehme ich von Yvonne Spielmann: «Framing, Fading, Fake: Peter Greenaways Kunst nach Regeln». In: Joachim Paech (Hg.): *Film, Fernsehen, Video und die Künste: Strategien der Intermedialität*. Stuttgart 1994, S. 134–149, hier: S. 137. Christer Petersen betrachtet diese Cluster «als filmische Artefakte und digitale Illusionen, die entgegen

wird. Das titelgebende *Pillow Book* der Hofdame Sei Shonagon taucht dabei als Objekt der Darstellung zunächst als Inspirationsquelle in der Handlung vor der Kamera auf, um dann Schritt für Schritt auf die Ebene des Filmbilds übertragen zu werden: Der Bildkader wird in einem ersten Schritt durch Schriftseiten des *Kopfkissenbuchs* ausgefüllt, Filmbild und Textseite somit in eins gesetzt, um dann ‹gelesen› zu werden: Sequenz für Sequenz werden die Listen assoziativer Gedankenbilder Sei Shonagons ins Bild bzw. in Szene gesetzt, wobei es zu einer für Greenaway typischen Vervielfachung von Informationen kommt.[41]

Von Interesse für die Frage, *wie* der Film die Möglichkeiten narrativer Verarbeitung von Realität archiviert und wieder abruft, ist das zeichenhafte Repräsentationsverfahren des Verschriftlichens, das als narrative Strukturierung des intermedialen Transformationsprozesses zugleich Auskunft gibt über den poetologischen Status des Filmes insgesamt. Auf diesen Aspekt möchte ich abschließend eingehen.

Der Ausgangspunkt des Films ist das Tagebuch, in dem Sei Shonagon intime Notizen festhält, in denen ihre Lebenserinnerungen und Erfahrungen in Bildern aufgehoben sind. So hält sie fest (was im Film variierend zitiert wird):

> Was vornehm ist
>
> Schnee auf Pflaumenblüten.
> Glyzinienblüten.
> Ein bildschönes Kind, das Erdbeeren ißt.
> Eine weiße Jacke auf hellvioletter Weste.
> Entenkücken.
> Ein Rosenkranz aus Bergkristall.[42]

Mittels metaphorischer Bilder werden im literarischen Bezugstext innere Stimmungen, Gefühle und Gedanken als Ausdruck einer innerhalb der fiktionalen Realität erlebten Wirklichkeit festgehalten und aufgelistet. Dies geschieht im filmisch zitierten Original durch japanische Schriftzeichen, die einen kalligrafischen Doppelcharakter besitzen: als zeichenhaft-abstrakte Schrift und als (implizit den bezeichneten Sachverhalt repräsentierende) Bildzeichen. Das Zeichen bekommt folglich einen ästhetischen Eigenwert, der Signifikant repräsentiert nicht nur Bedeutung, sondern diese Bedeutung wird zugleich im Schriftbild verkörpert (ein Aspekt, welcher in der Übersetzung in die lateinische Alphabetschrift verloren geht).

---

dem konventionellen Filmbild nicht einmal mehr den Anschein erwecken, sich auf reale Objekte zu beziehen», vgl. Petersen: *Jenseits der Ordnung* (wie Anm. 11), S. 98f.
41 Vgl. Yvonne Spielmann: Das Bild der Schrift und des Schreibens (wie Anm. 10), S. 88.
42 *Das Kopfkissenbuch der Hofdame Sei Shonagon* (wie Anm. 6), S. 117.

Diese Doppelwertigkeit der Kalligrafie in den schriftlichen Bilderlisten Sei Shonagons überträgt der Film, wenn die *Schriftbilder* listenartig in eine *Bilderschrift* des Films übersetzt werden. Das zeichenhafte Repräsentationsverfahren der Filmerzählung lässt sich am Beispiel des Bildmotivs ‹Enteneier› wie folgt aufgliedern und beschreiben (0:06:43 ff.):

1. Nagiko liest die Schriftzeichen «Enteneier» (Signifikant), die sie dem Speicher des *Pillow Book* Sei Shonagons entnimmt, mit dem diese einen (vorgestellten) Referenten in Schriftzeichen überführt hatte.
2. Nagiko ‹sieht›/imaginiert gleichzeitig die darin repräsentierten «Enteneier» (Signifikat; Abb. 2); das Bild wird sodann entkontextualisiert und verselbstständigt sich: Der Akt der Dekodierung des Schriftzeichens wird durch die bildfüllende Vergrößerung deutlich gemacht (Abb. 3). Die anschließende rückführende Verkleinerung indiziert die Rekodierung (Abb. 4): als ein Bildzeichen wird der ursprünglich verschriftete Gegenstand innerhalb einer neuen ‹Realität› wieder archiviert – im imaginativen Gedächtnis der Erzählerin.[43]

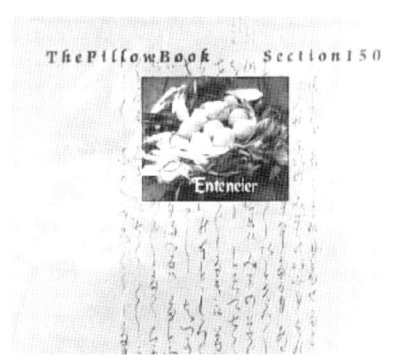

Abb. 2 «Enteneier»: Signifikant und Signifikat

Abb. 3 Dekodierung des Schriftzeichens

Abb. 4 Rekodierung als Bildzeichen

---

43 Dieses Spiel mit den Kamerakadrierungen setzt Greenaway auch schon vorher in anderen Filmen als Merkmal medialer Autoreflexivität ein, vgl. dazu etwa die Ausführungen Ralf Beuthans zu Greenaways THE DRAUGHTSMAN'S CONTRACT (1982): Ralf Beuthan: «Ein postmoderner Kosmos aus Geschichten, Reden und Bildern. Überlegungen zu THE DRAUGHTSMAN'S CONTRACT». In: Hans Krah/Eckhard Pabst/

Das Filmbild als imaginiertes Bild Nagikos wird damit losgelöst von einer präfilmischen Realität, es erscheint als selbstreferenzielles Artefakt, das, wie Christer Petersen am Beispiel von Greenaways visueller Clusterbildung ausgeführt hat, «nur mehr sich selbst gleicht».[44]

3. Auf der Ebene des Gesamtfilms THE PILLOW BOOK wird diese neue Realität insgesamt wieder in (Bild-) Zeichen überführt, denn Nagiko erinnert diesen Vorgang rückblickend. Die Enteneier sind somit *als Zeichen* Teil der Rezeptionswirklichkeit geworden und erweitern Nagikos reale um eine fiktionale ‹Realität›. Das archivierte Bild der Enteneier wird so innerhalb des Lektüre- und Schreibaktes aus dem Gedächtnisspeicher Nagikos aufgerufen, um dann wieder in das Filmarchiv THE PILLOW BOOK eingegliedert zu werden.

Diese dreischrittige Sequenz lässt sich auch im narratologischen Sinne als Bild-Erzählung, als dreiteilige Ereignisfolge mit konstantem Subjekt bezeichnen, bei der die Ich-Erzählerin die mediale Geschichte der Lektüre, der Imaginierung und Abspeicherung des Bildes (der Enteneier) erzählt (wobei analog zur strukturalen Definition einer minimalen Erzählsituation gilt, dass die einzelnen Film-Bilder wie Ereignisse in einer Erzählung nicht nur aufeinander, sondern auch *auseinander* folgen)[45]:

1. Gezeigt wird eine Ausgangssituation der Lektüre des *Pillow Book* und der gleichzeitigen Imagination des Bezeichneten (Insertebene). Das Filmbild wird dabei zur Repräsentation der Repräsentation, es repräsentiert eine *Pillow Book*-Textseite *und* verkörpert bildlich, was in der Schrift des *Pillow Book* repräsentiert wird.
2. Die im Erzählakt verselbstständigte Imagination des im *Pillow Book* durch die Schrift repräsentierten Gegenstands erscheint im Film als losgelöstes, kaderfüllendes Bild vor den ‹Augen› der Erzählerin (und des Betrachters). Die *Imagination* des Signifikats wird somit transformiert in das Abbild des primären Referenzobjekts, welches zum Signifikanten des nachfolgend abgespeicherten mentalen Bildes ‹Enteneier› wird:
3. Damit erfolgt die Rückführung und Wiedereinordnung der Imagination in den erzählpragmatischen Gesamtzusammenhang des erzählten Lektüreaktes des *Pillow Book* in THE PILLOW BOOK; es ist zu sehen und zu hören, wie im *Pillow Book* gelesen wird, und gleichzeitig wird visuell gezeigt,

---

Wolfgang Struck (Hg.): *FFK 11. Dokumentation des 11. Film- und Fernsehwissenschaftlichen Kolloquiums an der Christian-Albrechts-Universität Kiel, Oktober 1998.* Hamburg 1999, S. 88–101, hier: S. 94f.; vgl. außerdem zum «Konzept selbstreflexiver Filmpraxis» Yvonne Spielmann: *Intermedialität* (wie Anm. 1), S. 12f. sowie zur Selbstreflexivität als Fiktionalisierung der Fiktion insbesondere am Beispiel von THE BABY OF MÂCON Christer Petersen: *Jenseits der Ordnung* (wie Anm. 11), S. 85f. sowie allgemein im Filmwerk Greenaways: ebd. S. 91f.

44 Vgl. Petersen: *Jenseits der Ordnung* (wie Anm. 11), S. 99.
45 Vgl. Matias Martinez/Michael Scheffel: *Einführung in die Erzähltheorie.* München [6]2005, S. 25.

was in der Schrift repräsentiert wird (als einer kalligrafischen Bilder-Schrift). Der Film als Ganzes blendet folglich den realen Lektüreakt Nagikos und ihre Imagination, die Verbildlichung des Gelesenen, in- bzw. übereinander und wird somit zum Akt der Re-Lektüre einer Lektüre.

Abb. 5 Symbolfelder als Speicher von ‹Erinnerung›

Mit diesem narrativen Dreischritt (aus Ausgangssituation – Transformation – Endsituation) sind die im *Pillow Book* als *Schrift* archivierten ‹Enteneier› Teil des visuellen kognitiven Archivs der filmischen Bilderschrift THE PILLOW BOOK geworden, in dessen Speicher sie als *Bild* eingehen. Die ‹Realität› der primären Imagination ist durch Bild-Zeichen substituiert worden; der erzählte Gegenstand ist nur noch als Erinnerung präsent. Aus dem aufzählenden Aufeinander der paradigmatischen «Liste besonders schöner Dinge» (0:06:40 ff.) ist ein syntagmatischer Zusammenhang entstanden, bei dem die aufgelisteten Bilder filmisch ‹auseinander› folgen, jedoch dabei auf eine andere Wirklichkeits- bzw. Fiktionalitätsebene gehoben werden: Das kalligrafische Schriftzeichen der ‹Enteneier› im *Pillow Book* wird ersetzt durch den Referenten (‹reale› Enteneier), also von der Ebene fiktionsinterner Fiktionalität auf die Ebene fiktionsinterner Realität gebracht; doch dann werden die Eier als Imagination der Erzählerin ausgewiesen und somit zurückgestuft zu einem *Bildzeichen* für die Enteneier innerhalb der Gesamtfiktion des Films THE PILLOW BOOK. Als Bild im Bild sind sie vom Schrift- zum Bildzeichen gewandelt und re-archiviert. Damit fungiert das Medium ‹Film› als ein Archiv des Erzählens, das nicht nur die ins Bild überführte Schrift speichert, sondern auch die *Form* des prozesshaften Speicherns verschrifteter Imaginationen als mentaler Erinnerungsbilder bereitstellt. ‹Erinnerung› ergänzt somit die fiktionale äußere Realität des Films (auf der Hauptbildebene) um eine imaginative innere Realität (auf der Insertebene), innerhalb der die gespeicherten Bilder wieder aufgerufen werden können, und zwar als «*frame-within-frame*-Optik»[46] mittels zweier technischer Insert-Verfahren (die Spielmann als «Inferierung»[47] bezeichnet):

---

46 Vgl. Mariacristina Cavecchi: «Peter Greenaway's ‹Prospero's Books›: A Tempest Between Word and Image». In: *Literature – Film Quarterly* 25/2 (1997), S. 83–89, hier: S. 86.
47 Vgl. Spielmann: *Intermedialität* (wie Anm. 1), S. 136 f.: «Der Begriff der Inferierung bezeichnet eine Technik, mit der im elektronischen Medium die Schichtung und Verdichtung von Rahmenfunktionen in einer Bildeinheit simuliert wird, so daß das sukzessive Anordnungsverfahren getrennter Bildeinheiten in einem simulierten Bildraum zur simultanen Repräsentation zusammengezogen ist».

Abb. 6 Perspektivierung der Gegenwartshandlung (Vor-/Nachzeitigkeit)

a) zum einen durch *Symbolfelder* im rechten oberen Bildbereich: Diese blenden gespeicherte Momente vergangener Filmhandlung wieder ein, deren Wiederholung sich als Kommentar zum Hauptgeschehen lesen lässt (z. B. das Bild des Vaters zur Erinnerung an die Tradition des Be-Schreibens, vgl. Abb. 5);

b) zum anderen durch an zentraler Stelle innerhalb der Kadrierung eingeblendete *Fenster*, die jeweils einen Film im Film zeigen. Dadurch wird das Hauptgeschehen entweder aus unterschiedlichen räumlichen Perspektiven gezeigt bzw. einer gleichzeitigen Handlung parallelisiert, oder aber die Gegenwartshandlung wird mit einer vergangenen oder (innerhalb der *story time*) künftigen Handlung konfrontiert, so dass sich eine Spiegelung von Vor- und Nachzeitigkeit ergibt (Abb. 6).

Die bildteilenden *split-screen*-Verfahren werden in THE PILLOW BOOK eingesetzt, um bereits auf der Hauptebene gezeigtes Filmmaterial zu wiederholen und dadurch eine «Simultanmontage raum-zeitlich auseinander liegender Vorgänge»[48] zu ermöglichen. In diesen wiederholenden Erinnerungen wird das visuell Gespeicherte reaktiviert; es kommentiert und interpretiert die filminterne Realität somit auf der Ebene eines visuellen Gedächtnisses. Intermediales Erzählen dient hier auf gegenläufige Weise dazu, die mit der linearen Erzählung verbundene Komplexitätsreduktion mit einer Komplexitätssteigerung zu konfrontieren, die eindimensionale Kausalverknüpfungen durch Ambivalenzen bzw. Mehrfachkodierungen hinterläuft.[49] Wie sich dabei Vor- und Nachzeitiges spiegeln, so spiegeln sich auch die medialen Speichermöglichkeiten bei Greenaway: Die Folie von Sei Shonagons *Pillow Book* dient der Ich-Erzählerin, um auf der dargestellten Objektebene des Films ein buchstäbliches eigenes *Kopfkissenbuch* zu führen, nach dessen Muster sie im filmischen Erzählakt ihr Leben reflektiert, bis sie schließlich in Jerome die Erfüllung in der Kongruenz von Ausdruck und Inhalt, von Signifikant und Signifikat, findet: In ihm als Körpertext sind Liebe und Literatur vereint. Erst nach seiner ‹Verarbeitung› zum toten Textkörper beginnt Nagiko schließlich ein neues *Pillow Book*, als das sich schließlich der Film – als me-

---

48 Ebd., S. 134.
49 Detlef Kremer fasst dies als manieristische «Übercodierung und Häufung von Zeichen», vgl. Kremer: *Peter Greenaways Filme* (wie Anm. 7), S. 12.

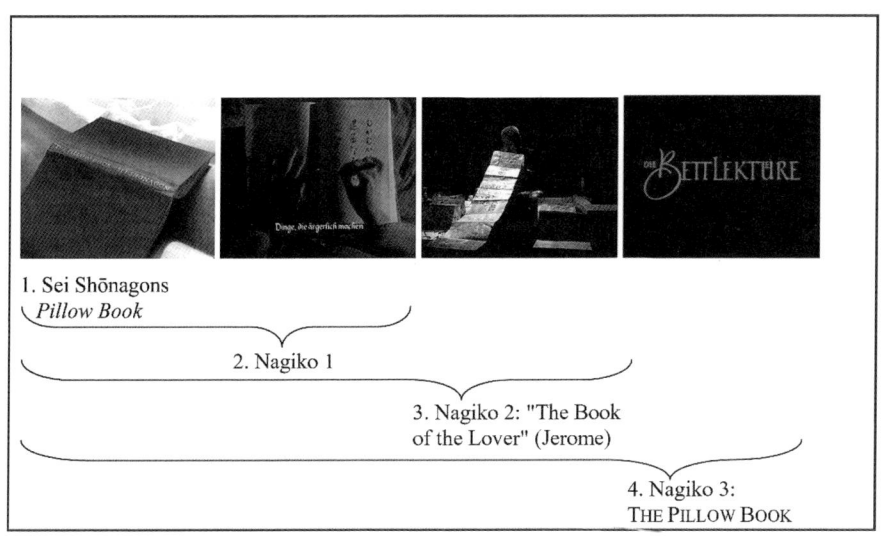

Abb. 7   Genealogie der Pillow Books

1. Sei Shōnagons *Pillow Book*
2. Nagiko 1
3. Nagiko 2: "The Book of the Lover" (Jerome)
4. Nagiko 3: THE PILLOW BOOK

taphorisches viertes *Pillow Book* – zu erkennen gibt: ein ‹Buch› aus Bildern, das gleichzeitig als eine Art Meta-Archiv Sei Shonagons *Pillow Book* repräsentiert sowie ihr, Nagikos, eigenes erstes *Pillow Book* in sich aufgenommen hat (vgl. die Genealogie der *Pillow Books*, Abb. 7).[50]

So wie Sei Shonagon ihre Erinnerungen an vergangene ‹Realitäten› durch imaginäre Bilder verschriftet (wofür die Distanz von Erleben und Schreiben, von erzählter Zeit und Erzählzeit, konstitutiv ist), so überführt Nagiko im filmischen ‹Schreibakt› ihr Erleben in Erinnerungs-Bilder. Die Imaginationen, die sie dabei in ihrem Filmtagebuch festhält, verkörpern die Distanz der ‹Schreibenden› zum Erlebten und archivieren gleichzeitig das Erlebte als Vergangenes (Abb. 8).

Doch über das homologe Verhältnis von Nagiko zu Sei Shonagon hinaus übernimmt Nagikos Buch nicht nur die mediale Form des Verschriftens von Sei Shonagon, sondern nimmt zugleich das Buch Sei Shonagons als Teil der innerlich ‹erlebten› Realität Nagikos mit auf. Ihre Wahrnehmung von ‹Realität› ist daher durch eine 1000-jährige japanische Schrifttradition geprägt; Nagiko überführt folglich nicht Realität, sondern Zeichen in Zeichen: «Greena-

---

50 Christer Petersen hat in diesem Zusammenhang darauf hingewiesen, dass das *Pillow Book* als «Symbol einer weiblichen Reproduktion von Generation zu Generation» gelten kann, da Nagiko erst ihr eigenes ‹richtiges› *Pillow Book* (mit einer Liste *positiver* Dinge) schreiben kann, als sie eine Tochter zur Welt gebracht hat, vgl. Petersen: *Jenseits der Ordnung* (wie Anm. 11), S. 81. In dieser Hinsicht wären die von mir in Abb. 7 aufgeführten ‹Pillow Books› zwei und drei nur unzureichende Substitute für das eigentliche *Pillow Book*, das am Ende entsteht: der Film THE PILLOW BOOK selbst.

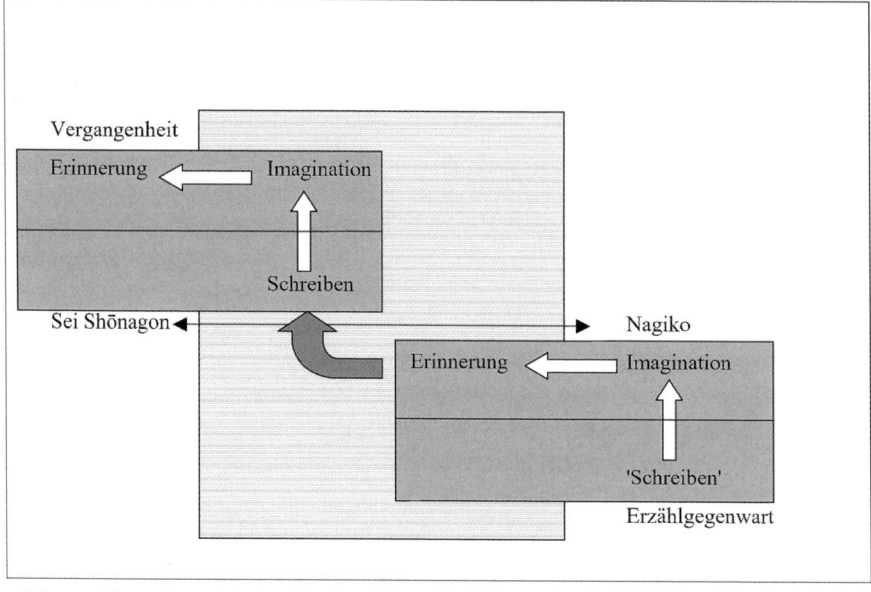

```
┌─────────────────────────────────────────────────────────┐
│  Vergangenheit                                           │
│  ┌──────────┐    ┌───────────┐                          │
│  │Erinnerung│◄───│Imagination│                          │
│  └──────────┘    └─────▲─────┘                          │
│                        │                                 │
│                    Schreiben                             │
│   Sei Shōnagon◄──┐                     ►  Nagiko        │
│                  └──── ┌──────────┐    ┌───────────┐    │
│                        │Erinnerung│◄───│Imagination│    │
│                        └──────────┘    └─────▲─────┘    │
│                                              │           │
│                                         'Schreiben'      │
│                                         Erzählgegenwart  │
└─────────────────────────────────────────────────────────┘
```

Abb. 8 Transformationen: Schreiben als imaginäre Annäherung an vergangene Realität(en)

ways Welt ist eine potenzierte», in der «das Begehren nach den Zeichen» endlos und ihr Besitz nur ein Aufschub ist.[51] Wie in medialer Hinsicht Sei Shonagons Buch damit zu einem Film geworden ist, so ist Nagikos Film am Ende wieder ein (Tage-) ‹Buch› geworden, in dem erinnerte Realität mit Bildern aufgeschrieben ist – die als Bilder aber zugleich die erinnerte und imaginierte ‹Realität› Sei Shonagons mit erinnern: In der Kunst herrscht die «unendliche[ ] Zirkulation der Zeichen».[52]

Doch bei aller Zirkularität, Mehrdimensionalität und Simultaneität auf der *discours*-Ebene erzählt Greenaways Film letztlich die kohärente Geschichte der Selbstbefreiung Nagikos, die den ursprünglich männlich konnotierten Schöpfungs- und ‹Zeugungsakt› des ‹Beschriftens› von (weiblichen) Körpern umkehrt, indem sie selbst andere (Männer) als ‹Papier› für ihre Texte benutzt und sich so von der ihr zugewiesenen Geschlechterrolle befreit: «Von jetzt ab werde ich der Stift sein und nicht nur das Papier» (0:46:41). Auf intermediale Weise erhebt

---

51 Mark Potocnik: «Amour écrit. ‹Die Bettlektüre›». In: *Schnitt*. URL: http://www.schnitt.de/filme/artikel/bettlektuere_die.shtml (Datum des Zugriffs: 15.08.2006).
52 Ebd. – Die Zirkulation der Zeichen manifestiert sich dabei nicht nur innerhalb der Zirkelstruktur der erzählten Geschichte, sondern wird außerdem mittels des Kreismotivs (auf der Ebene der *Mise en scène*) sowie mittels der Kreisfahrten (auf der Ebene der Kamerahandlung) selbstreflexiv thematisiert. Zum Kreismotiv bei Greenaway vgl. generell Petersen: *Jenseits der Ordnung* (wie Anm. 11), S. 17.

der Film das fremdmediale Verfahren eines selbstbefreienden Schreibens und einer vergewissernden Selbstreflexion zu seinem Erzählprinzip, durch das eine Ausdifferenzierung von Bildebenen möglich wird: Das ‹Schreiben› mit Bildern, insgesamt als eine Rückblickserzählung ausgewiesen, vermag in einem Neben- und Ineinander von Bildsequenzen einen beständigen Abgleich von Zeiten und Räumen sowie von mentaler Imagination und äußerer Handlung vorzunehmen. Der Film THE PILLOW BOOK läuft insgesamt ‹wie ein Film› vor dem inneren Auge Nagikos ab, der den literarischen Blick Sei Shonagons als mediale Form zur Erfassung der eigenen Erlebnisse auf das Bildmedium überträgt.

Intermedialität wird hier funktionalisiert im Rahmen medialer Selbstauslegung des Films, der über die Repräsentation des bildhaft ‹konkret› Dargestellten eine Ebene abstrakter Darstellung integriert: Innerhalb der als Schreib- und Lektüreakt semantisierten filmischen Sukzession markieren die Bildzeichen des Films als ‹Schriftzeichen› zugleich die mediale Differenz zum bildhaft Repräsentierten. Doch der ästhetische Eigenwert der filmischen Bildzeichen löst das jeweils Abgebildete aus der konkreten Situation (Nagikos erinnerte Vergangenheit) und ordnet sie als imaginäre Erinnerungsbilder einem neuen Kontext innerhalb der Erzählgegenwart zu.[53] In einem medialen Transformationsprozess verwandelt sich somit die Filmerzählung in ein mit Bildern ‹geschriebenes› ‹Buch›, bei dem der Formwandel als Inhalt des Medienwechsels anschaulich wird.

---

53 Auch Yvonne Spielmann weist auf dieses medienästhetische Konzept Greenaways hin, mit dem dieser «die Differenz zwischen gefilmter Schrift im Bild […] und dem Filmbild […] verlagert von der Darstellungsebene des Bildes der Schrift auf die Medienebene des Bildes *als* Schrift», vgl. Spielmann: Das Bild der Schrift und des Schreibens (wie Anm. 10), S. 92; meine Hervorhebung.

Thomas Weber

Die Erzählung von futurischen Medien als inszenierte Dysfunktion im Kino der 1980er und 1990er Jahre

1. Erzählen als Übermittlung von Erfahrung

Erzählen[1] ist fester Bestandteil unserer Erwartungshaltung an die performative Darstellung von Medien. Dies gilt in besonderem Maße für das populäre Kino, das im Gegensatz zu künstlerisch anspruchsvollen Experimentalfilmen in fast allen Fällen narrativ angelegt ist und das im Fokus meines Interesses steht. Narration oder im engeren Sinne das Erzählen von Geschichten entspringt einer oralen Tradition und transportiert neben Sachinformationen immer auch Erfahrungen des Erzählers selbst. Die Erzählung legt es nicht darauf an, das pure ‹an sich› der Sache zu überliefern wie eine Information oder ein Rapport. Sie senkt die Sache in das Leben des Berichtenden ein, um sie wieder aus ihm hervorzuholen, schreibt Benjamin mit Blick auf den Erzähler Nicolai Lesskow.[2] Die linear-chronologisch erzählten Geschichten oder auch kunstvoll verschachtelten Erzählformen konstituieren ein narratives Kontinuum[3], das eine Erwartungs-

---

1   Was man unter «Erzählung» zu verstehen hat, ist mit Verweis auf eine umfangreiche erzähltheoretische Debatte an dieser Stelle kaum hinreichend zu klären. Vor allem ist die Abgrenzung zum Begriff der «Darstellung» bzw. der «Inszenierung» nicht unproblematisch und im Rahmen dieses Beitrags letzthin nicht zu leisten. Während mit dem Begriff der Darstellung oder genauer gesagt der Inszenierung stärker die dramaturgischen Aspekte einer performativen Darstellung angesprochen werden, zielt der Begriff des Erzählens – so wie er hier im Folgenden gebraucht wird – stärker auf den Prozess der Vermittlung von Erfahrung.
2   Walter Benjamin: «Der Erzähler. Betrachtungen zum Werk Nicolai Lesskows». In: Ders.: Gesammelte Schriften. Hg. von Rolf Tiedemann/Hermann Schweppenhäuser, Frankfurt/M. 1980, Bd. II 2, S. 447.
3   Der Begriff «narratives Kontinuum» wird in Anlehnung an Bordwells Begriff der «narrativen Kontinuität» verwendet, unterscheidet sich aber von diesem vor allem durch seine Negation: Während die Negation bei Bordwell nicht recht klar wird bzw. eine Art von Anhalten oder Durcheinanderbringen des zeitlichen Flusses wäre, also Diskontinuität, ziele ich eher auf einen Bruch mit einem narrativen Kontinuum, d. h. mit einer durch die Erzählung aufgebauten, erzählten Welt und d. h. auch den Regeln und Gesetzen dieser Welt. Dieser Bruch wird (zunächst) nicht selbst wiederum in die Erzählung eingebaut, sondern ist absolut zu sehen: Die vom narrativen Kontinuum erzeugte Erwartungshaltung wird absolut enttäuscht, die Erzäh-

haltung und damit einen Erzählrahmen absteckt, der zur Aneignung des Erzählten oder vielmehr der darin gelösten Erfahrung einlädt. Erzählung ist insofern in performativen Medien immer lebendige Erinnerung an Ereignisse, über die der Erzähler Klarheit gewonnen hat und die vom Erzähler be- und verarbeitet worden sind und die insofern immer einen klar determinierbaren Platz in der Erzählung haben.

Dies wird hier nun nicht erwähnt, um die Erzählung als eine Form der Übermittlung von Erfahrung als transmediales Konzept vorzustellen (übrigens auch nicht als transformationales), wie es seit rund 20 Jahren von verschiedenen Intermedialitätstheorien diskutiert wird, die vor allem die spezifischen Erzählweisen unterschiedlicher Medien in deren Differenz beschreiben, die aber das gewählte Thema allenfalls marginal streifen.[4] Vielmehr geht es im Folgenden um Kinofilme, die von Erfahrungen im Umgang mit anderen Medien erzählen.

Zahlreiche Autoren haben nun eine den populären Medien inhärente Tendenz konstatiert, hinter ihrem Funktionieren zu verschwinden, also unsichtbar zu werden. Bolter und Grusin beispielsweise haben in ihrer Theorie der Remediation[5] dieses Phänomen als *Transparency* and *Immediacy* bezeichnet, also als Transparenz- und Unmittelbarkeitseindruck eines Mediums, der dem Wahrnehmungssubjekt die Existenz eines Trägermediums im Sinne von Groys und seiner Ökonomie des Verdachts[6] oder, anders gesagt, die Tatsache der medialen Übermittlung verbirgt. Andere Autoren wie z. B. Bordwell sprechen etwa mit Bezug auf das klassische Hollywood-Kino von der Illusion einer narrativen Kontinuität, die das Medium durch unsichtbare Schnitte, durch kon-

---

lung bricht als solche plötzlich ab oder folgt einem Pfad, der nicht nur nicht zu den bisherigen Ereignissen zuordenbar erscheint, sondern alogisch, willkürlich, phantastisch. Das narrative Kontinuum ist dabei nicht mit Diegesis identisch! Es geht nicht darum, eine bestimmte Erzählperspektive zu generieren oder einen Bruch mit ihr zu beschreiben. Vielmehr geht es beim Begriff des narrativen Kontinuums um ein gedankliches Kontinuum, das eine eigene Welt beschreibt, in der sich die Handlung nach einer klar nachzuvollziehenden Logik entwickelt. Ein Bruch mit dem narrativen Kontinuum ist daher auch nicht einfach nur der Wechsel der Erzählperspektive, sondern die vom Erzähler geschilderte Welt funktioniert nicht mehr in der erwarteten Weise. Es sind plötzlich Bilder zu sehen, die sich nicht mit den Regeln der beschriebenen Welt erklären lassen.

4 Zur weiteren Präzisierung sei angemerkt, dass es hier auch nicht um die Frage der transformationalen Intermedialität gehen soll, also um Re-Repräsentation oder vereinfacht gesagt um das Problem, das ein Medium sich vom Repräsentierten immer und notwendig unterscheidet bzw. das Repräsentierte transformiert. Auch das von Bolter und Grusin (s. Anm. 5) vorgestellte Konzept der Hypermediacy trifft das hier visierte Thema nicht ganz, da es nicht einfach um eine von ihnen in diesem Kontext beschriebene besondere Form der medialen Präsentation geht, die so aufgebaut ist, dass sie ihre multimediale Konstruktion nicht verbirgt (wie z. B. Nachrichtensendungen, die zum normalen Fernsehbild ein Laufband mit Börsenkursen und ein anderes Laufband mit Kurztexten einblenden).
5 Jay David Bolter/Richard Grusin: Remediation. *Understanding New Media*. Cambridge, Mass./London 2000.
6 Boris Groys: *Unter Verdacht. Eine Phänomenologie der Medien*. München/Wien 2000.

ventionelle Kameraperspektiven usw. erreicht.[7] Solange ein Medium keine Störung aufweist, solange es also funktioniert, lässt seine Konstruktion den Nutzer vergessen, dass er es mit einem Medium zu tun hat. Wer einen Text mit einem Computer schreibt oder eine E-Mail liest, denkt nicht in jedem Moment über die Rechnerarchitektur nach.

Reflektiert man die Darstellung von Medien in den Medien, dann stellt sich eine medienontologisch scheinbar paradoxe Frage: Wenn man davon ausgeht, dass Medien die Tendenz haben, hinter ihrem Funktionieren zu verschwinden, also unsichtbar zu werden (was nun gerade dem populären Kino nachsagt wird), dann fragt es sich, wie ein Medium, das tendenziell unsichtbar ist, ein anderes Medium, dass auch tendenziell unsichtbar ist, überhaupt darstellen kann. Ich möchte dieses Problem nun noch weiter zuspitzen und am Beispiel von Kinofilmen beobachten, die von futurischen Medien erzählen, d. h. von Medien, die es überhaupt nicht gibt.

Tatsächlich geht es hier nicht um eine gespenstische, hypothetische Frage, sondern um eine recht originäre Strömung im populären Kino der 1980er und 1990er Jahre, die sich fast obsessiv mit futurischen Medien beschäftigt.

2. Die Erzählung von Medien in den Medien

2.1 Futurische Medien

Als futurische Medien begreife ich hier schlicht Medien, die es noch nicht gibt, die es in Zukunft aber vielleicht geben oder die man sich zumindest vorstellen könnte. Beispielsweise eine Apparatur, die Blinde sehend macht oder Träume aufzeichnet wie in BIS ANS ENDE DER WELT von Wim Wenders oder sensorische Eindrücke in ihrer Totalität aufnimmt wie in STRANGE DAYS von Kathryn Bigelow, ein Videosignal, das in eine andere Dimension von Realität einführt wie in VIDEODROME von David Cronenberg, oder Computerprogramme, die täuschend echt Wirklichkeit simulieren wie in MATRIX der Brüder Wachowski, 13TH FLOOR von Josef Rusnak oder auch EXISTENZ von Cronenberg, um hier nur einige der bekanntesten Filme zu nennen. Sie alle erzählen explizit von einem anderen Medium, d. h. dieses andere Medium steht im Mittelpunkt des Geschehens. Dies unterscheidet diese Filme von zahlreichen anderen, in denen andere Medien eher beiläufig ins Bild gerückt werden, von Filmen der künstlerischen Avantgarden, die eine ganz andere, nicht narrative Inszenierungsstrategie verfolgen, oder von Satiren und Grotesken, die andere Medien vor allem als Karikatur menschlicher Unzulänglichkeiten zeichnen.

---

7 Vgl. David Bordwell/Janet Staiger/Kristin Thompson: *The Classical Hollywood Cinema. Film Style and Mode of Production to 1960*. London 1985.

Die Erzählung von futurischen Medien

Mit dem eben erwähnten Unsichtbarkeitsparadoxon ist nun noch ein weiteres Problem bei der Darstellung von futurischen Medien verbunden: das der Glaubwürdigkeit der Inszenierung. Einerseits muss das darstellende Medium seine Darstellungsmöglichkeiten zur Darstellung des anderen Mediums auch nutzen, d. h. den eigenen Darstellungskonventionen folgen, andererseits muss sich die Darstellung des dargestellten anderen Mediums von diesen gerade unterscheiden. Ein Film über ein Medium, das Gedanken aufzeichnen kann, muss also im Kino einerseits bisher immer noch mit audiovisuellen Mitteln dargestellt werden, auch wenn dies der Funktionsweise des anderen Mediums gar nicht entspricht; andererseits müssen sich diese Mittel von der konventionellen Darstellungsweise unterscheiden, da ohne Differenz der Verweis auf ein anderes Medium nicht glaubwürdig wäre. Wird auch nur eine von beiden Regeln nicht beachtet, wird die Darstellung des anderen Mediums dem Betrachter wenig plausibel erscheinen.

2.2 Drei Modi der Darstellung von Medien und das Glaubwürdigkeitsproblem

In allen populären Kinofilmen werden futurische Medien nun auf drei verschiedene Weisen dargestellt:
1. Die Filme berichten von anderen Medien z. B. in Form eines Off-Kommentars, der die Zuschauer über die Funktionsweise des anderen Mediums aufklärt, oder aber eine der Figuren erzählt von ihren Erfahrungen mit dem anderen Medium innerhalb eines Dialogs; auch schriftliche Texteinblendungen sind zumindest denkbar. In MATRIX beispielsweise wird dieser Part von Morpheus übernommen, der Neo die Funktionsweise der Matrix erläutert, in STRANGE DAYS erklärt Lenny einem Kunden die Funktionsweise der «Squid»-Technologie.
2. Andere Medien werden als Apparate dargestellt, d. h. im Bild ist ihre apparative Oberfläche zu sehen. In VIDEODROME z. B. ist von Video und Fernsehen die Rede, also werden auch Videokassette, Videorekorder und Fernsehapparat ins Bild gerückt; in STRANGE DAYS geht es um eine Apparatur, mit der man sensorische Eindrücke aufzeichnen können soll, also wird eine Art Haarnetz aus Elektronen gezeigt, das über ein Kabel mit einem walkmangroßen Gerät verbunden ist; in MATRIX wiederum wird die Matrix auf den Computermonitoren der Nebukadnezar als grünlich schimmernder Programmcode sichtbar.
3. Eine dritte Art der Darstellung von anderen Medien ergibt sich aus der dem Kino inhärenten Notwendigkeit zur Visualisierung: Überzeugend wirkt die Darstellung erst dann, wenn auch die Innensicht des anderen Mediums dargestellt wird, d. h. man sieht, wie das Kino die Innensicht des anderen Mediums visualisiert (ungeachtet dessen tatsächlicher Funktionsweise). So zeigt

MATRIX immer wieder das Eindringen in die Matrix, EXISTENZ das Spiel «Transzendenz», BIS ANS ENDE DER WELT das, was der Kameramann sieht, und später das, was die Versuchspersonen im Labor in der australischen Wüste sehen, oder STRANGE DAYS, wie die Aufzeichnung von Erinnerungen anderer Menschen aussieht.

Die Inszenierung der Innensicht ist aber auf Grund des Unsichtbarkeitsparadoxons nicht unproblematisch und bedarf mehr als nur der Darstellung einer ästhetischen Differenz zwischen darstellendem und dargestelltem Medium. Offenbar wird dabei ein Verfahren angewandt, das in medienwissenschaftlichen Diskursen bisher nur wenig beachtet wurde.

Harro Segeberg spricht von der «kaputten Technik» und empfiehlt: «Ausschau zu halten nach Erzählungen, die an der Technik nicht die Technik, sondern den Lebensentwurf des mit dieser Technik sich verwirklichenden Menschen in den Vordergrund stellen.»[8] Segeberg ging es dabei – wenn ich ihn richtig verstanden habe – um die Erfahrung der Menschen mit Technik gerade auch im Hinblick auf ihr mögliches Versagen. Die Analyse des Aussetzens, der Störung oder der Dysfunktionalität von Technik und gerade auch der Medientechnik würde aber einen Wechsel oder eine Erweiterung der medienwissenschaftlichen Perspektive erfordern, die über medienarchäologische oder gar utopistische bzw. dystopistische Diskurse über Medien hinausgeht und bislang nur selten unternommen wurde.

So finden sich etwa Parallelen bei Ludwig Jäger, der in seiner Transkriptionstheorie explizit von Störungen als festem Bestandteil des Sprechakts spricht[9], aber auch im Begriff der Hypermedialität, den Bolter und Grusin entwickelt haben, sowie bei den – in Deutschland allerdings bisher noch wenig beachteten – französischen Mediologen, die durch ihre Vorstellung der Gleichzeitigkeit verschiedener Medien zu einem komplexeren Verständnis der Medienabfolge

---

8   Harro Segeberg: «Kaputte Technik. Zum Abschied von der Perfektion der Technik». In: Harro Segeberg (Hg.): *Die Medien und ihre Technik. Theorien – Modelle – Geschichte.* Marburg 2004, S. 10–26, hier: S. 14.

9   Ausgehend von einer Sprechakttheorie beschreibt Jäger Störungen und ihre umschreibenden Bearbeitungen als ein zentrales Verfahren sprachlicher Sinnproduktion. Dabei unterscheidet er zwei Arten von Störungen: a) Die von ihm so genannte Störung$_u$, die auf Missverständnissen zwischen Sprecher und Zuhörer basieren als sprachliche Unfall angesehen werden kann und b) die Störung$_t$, die zur Klärung der Redeintention die flüssige Rede kurz unterbricht, um in einem Einschub eine umschreibende, also ‹transkriptive› Umarbeitung der Sprache vorzunehmen. Letzterer Typ von Störung ist also konzeptionell in der Rede angelegt und insofern eine inszenierte Art der Störung. Allerdings unterscheidet sich Jägers Konzept doch in wesentlichen Punkten von der Idee einer medialen Dysfunktion in filmischen Medien: Ihm geht es darum, dass die narrativen Flusses sind und ihn nicht wirklich unterbrechen. Es sind Erläuterungen, wenn man so will. Dabei hebt die Störung$_t$ den Transparenz-Eindruck des Mediums Sprache auf. Vgl. Ludwig Jäger: «Störung und Transparenz. Skizze zur performativen Logik des Medialen». In: Sybille Krämer: *Performativität und Medialität.* München 2004, S. 35–73.

beitragen und damit zumindest indirekt auf Phänomene der medialen Dysfunktion hinweisen.

Ich möchte diese Theorie-Spuren hier jedoch nicht weiter verfolgen und direkt zu jenem Spezialfall des populären Kinos kommen, bei dem sich die Narration selbst negiert, also die Erzählung als Geste und Darstellungsform aussetzt und damit eine mediale Dysfunktion inszeniert.

2.3 Inszenierte Dysfunktionalität

Der Begriff der Dysfunktion kommt ursprünglich aus einem medizinischen Kontext und soll hier im Zusammenhang der Darstellung von Medien in Medien vor allem den Eindruck einer Störung der Ordnung einer von der Erzählung beschriebenen Welt, also einen Bruch mit dem narrativen Kontinuum bezeichnen. Dabei handelt es sich um eine inszenierte Dysfunktion, die Teil der Darstellung ist (also nicht um eine wirkliche Dysfunktion wie z. B. bei einem unbeabsichtigten Filmriss).

Derartige Dysfunktionen heben den von Bolter und Grusin beschriebenen Transparenz-Eindruck für Momente auf und lassen die Medialität – also Grenzen des Mediums – sichtbar werden. Dabei müssen nicht erst Schweinwerfer vom Himmel fallen wie in der TRUMAN SHOW.

Dysfunktionale Bilder begegnen uns im Alltag auf Schritt und Tritt: Sie sind keine Besonderheiten, sondern ein verdrängter Regelfall. Jeder kennt das: falsch belichtete, unscharfe, verwackelte Bilder mit Fingern vor dem Objektiv, unfreiwillige Doppelbelichtungen, falsche Farben, falsche Beleuchtung etc. Dysfunktionale Bilder werden nicht beobachtet, sondern nur als Störung der ‹eigentlichen› Inhalte empfunden. Die Ignoranz gegenüber Dysfunktionen wird uns systematisch anerzogen. Von klein auf lernen wir, Zeichen in einen bestimmten Zusammenhang zu bringen, sie in einer bestimmten Weise zu lesen, deren Bedeutungsrichtung mehr oder weniger von kulturellen Programmen vorgegeben ist: Buchstaben werden zu Wörtern gruppiert, die sich zu Sätzen anordnen – von oben nach unten, von links nach rechts. Wenn z. B. in Schule oder Universität eine ‹schlechte› Fotokopie verteilt wird, werden alle Schüler oder Studenten angehalten, über den technischen Mangel hinwegzusehen, ihn systematisch zu ignorieren und sich auf den ‹eigentlichen Sinn› des Textes zu konzentrieren.

Es soll nun keineswegs bestritten werden, dass die meisten kulturellen Interpretationsprogramme durchaus sinnvoll sind, wohl aber darauf hingewiesen sein, dass es neben den konventionellen Lesarten immer auch andere, alternative Betrachtungsweisen gibt, die zu einer ganz anderen Wahrnehmung von Realität führen können.

Häufig werden solche veränderten Sichtweisen im Kontext mit psychischen Störungen oder mit wissenschaftlichen Echtheits- oder Authentizitätsanalysen genannt. So kommt es z. B. im Kontext von Kriegsberichterstattungen des Fernsehens immer wieder zur Übertragung von dysfunktionalen, d. h. plötzlich abbrechenden, pixelig verzerrten oder durch Nachtsichtgeräte verfremdeten Bildern. Eine Analyse ihrer Authentizität kommt um die Beachtung dieser Dysfunktionen kaum herum, weil sie Aufschluss geben kann über die technische Konstruktion und damit die Bedingungen, unter denen die Aufnahmen entstanden sind. Zugleich sind jene Dysfunktionen auch Teil des Rituals der Nachrichtenübermittlung geworden, d. h. sie sind fester Bestandteil der Nachrichten-Inszenierung, da sie als Authentizitätssignale gleichsam mit übertragen werden (also Manipulationsmöglichkeiten mit einschließen).

Im Kontext von Unterhaltungsfilmen scheinen Dysfunktionen nun eine etablierte Erwartungshaltung zu durchbrechen, da hier prinzipiell – anders als bei Nachrichtensendungen – die Möglichkeit einer technisch optimalen Präsentation besteht. Tritt eine technische Dysfunktion auf, hat sie meist eine besondere Bedeutung für die Dramaturgie.

Wenn zum Beispiel im ersten ALIEN-Film von Ridley Scott die Crew mit dem Shuttle auf dem unbekannten Planeten landet, ein Team von Astronauten zu dem fremden Raumschiff der Aliens hinausschickt und dabei die Signalübertragung der in die Helme eingebauten Kameras gestört wird, d. h. plötzlich nur noch laufende Streifen, flimmernde, verzerrte oder abbrechende Bilder zu sehen sind, weist dies – obwohl der Film die Handlung weit in die Zukunft vorverlegt – eher auf die unausgereifte Videotechnik der 70er Jahre des 20. Jahrhunderts hin. Die Störung bleibt dabei immer Teil des narrativen Kontinuums und wird z. B. als atmosphärische Störung behauptet.

Die materiale Konstruktion des Mediums tritt erst durch eine Störung hervor, einen Defekt, der das reibungslose Funktionieren aussetzt und so durch dessen Abwesenheit dem Betrachter schockartig bewusst macht. Dieser Schock findet sich insbesondere bei den meisten von den künstlerischen Avantgarden seit dem ausgehenden 19. Jahrhundert zur Anwendung gebrachten Verfahren. Im Gegensatz zu Abweichungen von Normen im Allgemeinen, die für fast alle künstlerischen Verfahren schlechthin charakteristisch sind, muss die Dysfunktion vor allem in Abgrenzung zu den ‹kompositorischen› Gestaltungsmitteln gesehen werden. Das heißt, die Wahl von ungewöhnlichen Perspektiven, Formen oder Farben allein konstituiert noch keine Dysfunktion. Es muss der Eindruck einer Störung oder eines Defekts hinzukommen. Vor allem mit der Etablierung von indiziellen Medien wie der Fotografie und dem Film ist die Bedeutung von dysfunktionalen Ausdrucksmitteln gewachsen, da Mimesis nicht mehr länger Hauptziel der Gestaltung ist. Vielmehr geht es darum, den Blick auf das künstlerische Material selbst, auf seinen Entstehungs- und Bearbeitungsprozess zu lenken.

Nun soll hier mit der Einführung des Begriffs der Dysfunktion keine neue Theorie der künstlerischen Avantgarden geschrieben werden. Auffällig ist aber, dass sich vom Pointillismus über den Impressionismus, den Kubismus, den Futurismus, den Dadaismus bis hin zum Surrealismus immer wieder Ausdrucksformen finden, die sich mit dem Begriff des Dysfunktionalen treffend beschreiben lassen.

So ist allen Avantgarden gemein, dass sie gezielte ‹Wahrnehmungsstörungen› konstruieren, um die Bearbeitung des Materials, d. h. die künstlerische Verfahrensweise selbst gegenüber dem Gegenstand der Darstellung hervorzuheben, also gegenüber dem, was man unter Thema oder Sujet verstehen würde.

Der Bruch mit der Tradition und der Konvention, der von den künstlerischen Avantgarden gesucht wurde und mithin ein Charakteristikum der Dysfunktion selbst ist, hebt diese in jenem Maße auf, wie er selbst zur neuen Konvention wird. Der Begriff der Dysfunktion lässt sich also nur dialektisch fassen, insofern er immer eine Form der Negation darstellt. Bei den künstlerischen Avantgarden bezieht sich diese Negation immer auf einen außerhalb des Bildes vorhandenen Diskurs über Kunst. Der eigentliche Bruch findet dabei im Sinne Barthes *hors cadre* statt.

Im populären Kino nun – und hier liegt bezüglich der Dysfunktion die wohl entscheidende Differenz – wird der Bruch immer innerhalb des Werkes inszeniert: Die Filme konstruieren ein narratives Kontinuum, das an bestimmten Stellen durch den Einsatz von dysfunktionalen Gestaltungsmitteln durchbrochen wird. Damit bringt das populäre Kino das Kunststück fertig, zwischen dem Aspekt der Zeichenoberfläche und der des Zeichenträgers zu vermitteln, gewissermaßen also den Fernseher im ausgeschalteten Zustand als technische Apparatur und zugleich im eingeschalteten Zustand als Programmmaschine zu inszenieren.

Bei dieser doppelten Inszenierung spielen Dysfunktionen eine besondere Rolle, weil sie im Rahmen eines narrativen Kontinuums eine Dissoziation bewirken, die auf die materiale Ebene des Mediums verweist.

Die medialen Dysfunktionen lassen sich in drei Kategorien einteilen, die z. T. ineinander übergehen:

2.3.1 Defekte

Die offensichtlichste Form der inszenierten Dysfunktion ist der Defekt. Er stellt sich ein, wenn das Medium versagt, wenn also der Eindruck eines Defekts entsteht. Dieser ist keineswegs konstitutiv für die Kommunikation (wie Jäger meint – also mehr als nur ein kommunikatives Räuspern), sondern häufig ein echter Defekt. Seine kommunikative Funktion ergibt sich allerdings erst aus einem anderen Kontext: nämlich durch seine Inszenierung.

Defekte oder allgemeine Störungen des Bildes betreffen in der Regel seine Übermittlung, also den Übertragungsweg bzw. seine materiale Struktur. Wenn z. B. das Ausgangsmaterial, sei es nun Magnetband oder Zelluloid, beschädigt

Thomas Weber

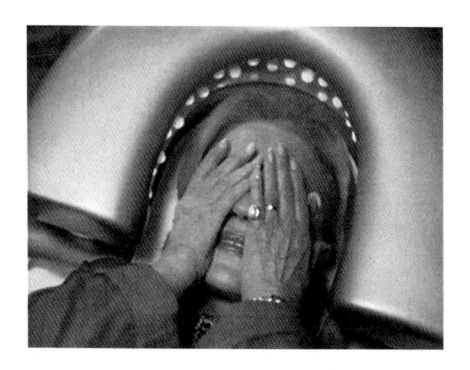

Abb. 1–3

ist, dann wird auch das Bild Spuren dieses Defekts zeigen. Oder aber die Übertragungswege sind gestört, z. B. das Sendesignal eines Fernsehsenders oder eines Satelliten. Das Ergebnis ist ähnlich, wenn auch der Charakter des Defekts im Einzelnen unterschiedlich ist und auf die spezifische Art der Störung verweist.

In Wim Wenders Film BIS ANS ENDE DER WELT wird ein neues Verfahren beschrieben, das Blinden ein für sie sichtbares Abbild der Außenwelt vermitteln soll und das später modifiziert dazu dient, die Träume auch der Sehenden aufzuzeichnen und wiederzugeben. Die Faszination für dieses neue Medium führt die Protagonisten aus ihrer bürgerlichen Existenz hinaus und in der australischen Wüste an den Rand der völligen Selbstaufgabe. Dysfunktionale Bilder zeigen sich besonders explizit im Labor von Dr. Henry Farber, z. B. als er seiner blinden Frau erstmals eine Aufnahme mit der neuen Technik vorspielt und sich am Ziel seines bisherigen Schaffens glaubt. Das futurische Medium wird auf drei verschiedene Weisen dargestellt:

Fabers Frau erzählt von den Eindrücken, die sie durch die technisch generierten Bilder gewonnen hat, d. h. von den Farben und Personen, die ihr gezeigt werden (Abb. 1).

Man sieht das Labor mit den technischen Apparaturen, deren Funktionen im Einzelnen nicht erörtert werden (Abb. 2).

Auf den Monitoren der Computer wird eine Innensicht des anderen Mediums vorgeführt. Diese zeigt unscharfe Gestalten und Formen in Fehlfarben, die einander zu überlagern, zu überblenden und in unzählige Bildpunkte zu zerfallen scheinen (Abb. 3).

An dieser Innensicht des als technisch avanciert behaupteten neuen Mediums, dessen Bilder Wenders aufwändig in dem damals neuartigen HDTV-Verfahren erzeugt und in den japanischen Sony-Labors bearbeitet hat, fällt nicht allein nur der dissimulierte Eindruck einer Störung, eines Defekts auf, sondern auch eine ästhetische Gestaltung, die Anleihen bei historisch älteren Medien, d. h. insbesondere bei der impressionistischen Malerei des 19. Jahrhunderts, bei Vermeer, Seurat, Degas usw. macht.

2.3.2 Deformationen

Sie bilden eine Kategorie, die sich nicht eindeutig dem Dysfunktionalen zuordnen lässt, da sie in unterschiedlichen Kontexten je eine andere Funktion und Bedeutung annehmen. Die Darstellung eines deformierten menschlichen Körpers kann z. B. im Kontext einer Kriegsberichterstattung auf die verheerende Wirkung von Waffen hinweisen, im Kontext eines Spielfilms das Monster (z. B. Frankensteins Kreatur) charakterisieren oder im Rahmen einer symbolischen Darstellung groteske, karnevaleske Züge annehmen.

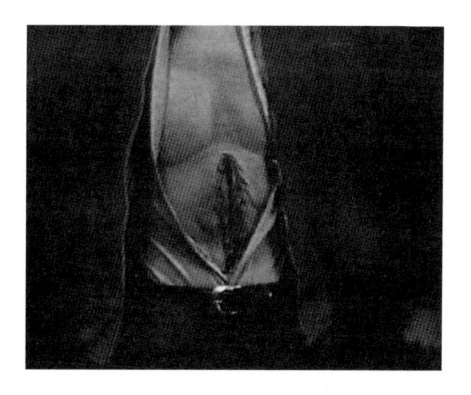

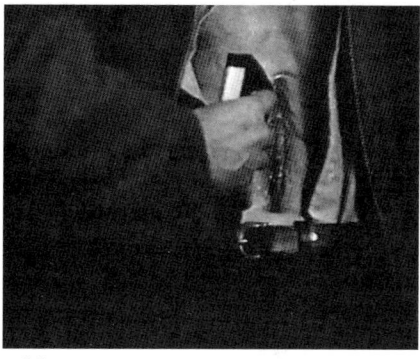

Abb. 4–5

Im Kontext von medialen Selbstreflexionen sind körperliche Deformationen zunächst als Ausdrucksmittel nicht evident, d. h. ein direkter Zusammenhang von Deformation und dem Hervortreten der materialen Konstruktion des Mediums ist nicht auf den ersten Blick auszumachen. Denn die Deformation scheint sich zunächst bruchlos in das vom Film aufgebaute narrative Kontinuum einzufügen. Ein Körper wie der des buckligen Glöckners von Nôtre Dame z. B. ist zwar deformiert, er findet aber seinen Platz innerhalb der Erzählung, d. h. er ist zu jedem Zeitpunkt motiviert und in die aufgebauten Kausalzusammenhänge eingebunden.

Das ändert sich, wenn die Deformationen einen Grad erreichen, der sie aus den Kausalzusammenhängen herausreißt, wie z. B. in VIDEODROME, als Max Renn entdeckt, Opfer einer Verschwörung zu sein, und man ihn nun manipuliert (Abb. 4 und Abb. 5).

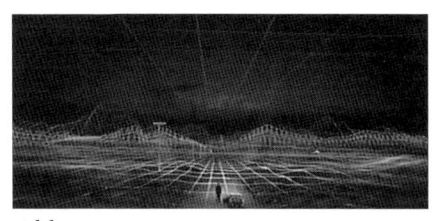

Abb. 6

Zunächst beginnt eine Videokassette zu atmen und als man Max Renn dann befiehlt «Öffnen Sie sich mir!», springt sein Hemd auf und legt einen vertikalen Bauchschlitz frei, der wie eine gigantische Vagina wirkt, in die nun die Videokassette eingeführt wird. Es folgen nun noch weitere Transformationen des Körpers, die schließlich seine Hand mit einer Pistole verwachsen lassen.

Allein schon die Möglichkeit, dass die dargestellte Deformation sich nicht *logisch* erklären lässt, führt zu einem Bruch mit dem narrativen Kontinuum. Denn wenn die Deformation nicht mehr den Gesetzen der bekannten Realität folgt oder, genauer gesagt, auch nicht mit den von der narrativen, fiktionalen Konstruktion selbst aufgestellten Regeln zu vereinbaren ist, verweist die dargestellte Deformation auf eine andere Bedeutungsebene, die sich weder mit Genrekonventionen noch innerhalb des von der Fiktion behaupteten narrativen Kontinuums erklären lässt.

Eine andere Art der Deformation ist die des Raumes, die über die Konstruktion eines illusionären Raumes mittels Montage oder anderer Filmtricks hinausgeht und den Eindruck einer räumlichen Störung hinterlässt.

Nehmen wir als Beispiel eine Szene aus dem Film 13TH FLOOR von Josef Rusnak. Der Protagonist Douglas Hall hat bereits die Vermutung, dass er nur in einer gigantischen Computersimulation lebt und will nun an die Grenze dieser virtuellen Welt gelangen, von der er sich Aufschluss und Gewissheit über den wahren Charakter seiner Wirklichkeit verspricht. Er fährt mit dem Wagen immer weiter aus der Stadt, ignoriert Warnschilder von gesperrten Straßen und steht irgendwann am ‹Ende der Welt› (Abb. 6).

Die natürliche Umgebung ist aufgelöst in digitale, grün leuchtende Gitternetze, die kaum mehr eine Silhouette, einen schemenhaften Umriss der Landschaft bilden. Die Berge bestehen nur noch aus fluoreszierenden Linien am Horizont und auch am Himmel zeichnet sich ein etwas schwächer leuchtendes Liniennetz ab, dessen Fluchtpunkt sich in weiter Ferne verliert. Sogar die Vögel haben ihre Gestalt verloren und bestehen nur noch aus zwei geschwungenen, sich gegeneinander bewegenden Linien. Der ‹Rand der Welt› zeigt den Raum nicht nur deformiert, sondern aufgelöst im Digitalen.

2.3.3 De-Kontextualisierungen

De-Kontextualisierungen werden auf der Ebene der einzelnen Bilder nicht als Störung empfunden: Die Einzelbilder entsprechen also konventionellen Darstellungsgewohnheiten. Ihre verstörende Wirkung entfaltet sich erst in der

Montage, die eine Auflösung des Eindrucks eines zeitlichen Kontinuums bewirkt und damit auch die Aufhebung von Kausalität. Es geht dabei nicht um die eindimensionale Konstruktion einer Bedeutung durch das Zusammenfügen disparater Szenen – wie etwa bei Eisenstein –, sondern um den Eindruck der Auflösung eines zeitlichen bzw. kausalen Zusammenhangs; d. h. um eine Montage, die – ähnlich wie die surrealistischen Collagen eines Max Ernst – gewohnte Sinnzusammenhänge aufbrechen und den Zuschauer zunächst ratlos lassen.

Abb. 7

Es soll gar nicht bestritten werden, dass der Eindruck der Dysfunktion ein vorübergehender ist, der allmählich im Laufe des Films vom narrativen Kontinuum eingebunden und ihr damit eine bestimmte, wenn auch nicht eindeutige Bedeutung zugewiesen wird. Tatsächlich ergeben auch dysfunktionale Montagen, die einen Zusammenhang auflösen, wieder einen neuen Zusammenhang. EIN ANDALUSISCHER HUND ergibt in einer surrealistischen Lesart durchaus wieder einen Sinn. MEMENTO verwirrt kaum mehr, wenn man die Auflösung kennt und den Film vom Ende her nach vorne noch einmal Revue passieren lässt. Dies gilt auch für die folgenden Szenen aus dem Film JOHNNY MNEMONIC, die jedoch zunächst als beunruhigend und verstörend konnotiert werden (Abb. 7).

Weiß man erst einmal, dass es sich um Erinnerungssequenzen, um verschüttete Fragmente der Kindheit handelt, lassen sich die Bilder als Szenen eines harmlosen Kindergeburtstages verorten, was jedoch auch dem Protagonisten erst am Ende des Films gelingt.

3. Interpretationen

Sieht man davon ab, dass mediale Dysfunktionen vielfach im Kontext von phantastischen Filmen die Konfrontation zwischen zwei verschiedenen Weltordnungen einleiten, fällt auf, dass sie meist als Darstellung von psychischen Störungen interpretiert werden. Dies geht über die Darstellung von Grenzerfahrungen, als die die Medienerfahrungen auf der Handlungsebene konnotiert werden, hinaus. Die mediale Dysfunktion erscheint meist als Wahrnehmungsstörung des Protagonisten, die konventionell als psychische Störung aufgefasst und damit wieder erklärbar wird, d. h. erzählbar geworden ist und sich, derart bearbeitet, wieder in das narrative Kontinuum einfügt. Bei näherer Betrachtung zeigt sich jedoch, dass selbst in Filmen, in denen es überhaupt nicht um die Darstellung von anderen Medien zu gehen scheint, keineswegs eindeutig klar ist, worauf sich die mediale Dysfunktion und die mit ihr konnotierte Störung beziehen: auf den Protagonisten, eine andere Figur vielleicht oder den Regisseur selbst, ob sie die Krankheit oder gar deren Genesungsprozess darstellen soll. Ein Film wie etwa LOST HIGHWAY von David Lynch entzieht sich konsequent eindeutigen psychologischen (oder auch anderen) Interpretationsmustern. So streiten die Interpreten z. B. darüber, ob der Film von der Schizophrenie des Protagonisten handelt oder von deren Behandlung, wie etwa Slavoj Žižek meint.[10] Damit aber wird eines deutlich: Nimmt man den von der inszenierten Dysfunktion konstituierten Bruch mit dem narrativen Kontinuum an, der sich einer eindeutigen Sinnzuordnung zur erzählten Welt entzieht, und lässt sich nicht vorschnell auf eine psychologische Interpretation ein, dann scheint darin vor allem anderen zunächst einmal die Materialität der medialen Inszenierung selbst auf.

Der beschriebene Bruch mit dem narrativen Kontinuum geht nun über einen Bruch mit der ‹Rahmenhandlung› hinaus. Es ist nicht einfach nur die Darstellung eines ‹Films im Film›, sondern die Behauptung einer beunruhigenden Differenz, die in der materialen Struktur des Mediums selbst begründet liegt. Mit anderen Worten: es handelt sich im Sinne von Boris Groys um einen Verdacht, der sich gegen das Medium selbst richtet.

Die Besonderheit der Darstellung von futurischen Medien im populären Kino – so lässt sich zusammenfassend festhalten – besteht darin, dass sie die anderen Medien nicht einfach nur als ästhetisch different, sondern auf doppelte Weise inszeniert: Zum einen wird auf der Ebene der Handlung die Erfahrung der Protagonisten mit dem neuen Medium als Grenzerfahrung konnotiert, d. h. diese Erfahrung stürzt sie in eine existentielle Krise, die zu einer Verunsicherung ihrer Identität und damit ihrer Sichtweise auf die Welt führt; nicht zuletzt drücken sich darin auch Ängste vor dem neuen Medium und Sorgen über dessen Verwendung aus. Zum anderen wird auf der Ebene der materialen Konstruktion neben einer berichteten und einer apparativen Vorstellung des neuen Mediums immer auch eine Innensicht inszeniert; dies wird durch ein dissimuliertes Aussetzen filmischer Narration, als inszenierte mediale Dysfunktion dargestellt, die meistens zugleich auch der subjektiven Perspektive des existentiell verunsicherten Protagonisten entspricht. Das gezeigte Material ist nicht unmittelbar in die filmische Erzählung zu integrieren und setzt als nicht-verarbeitbarer Rest einer konventionellen Interpretation Widerstand entgegen. Es weist zugleich auf die Materialität des Mediums, d. h. des Kinos hin und damit auf ei-

---

10 Georg Seeßlen sieht darin ein weiteres Kapitel der magischen Autobiografie des von Seeßlen so bezeichneten «nicht zu Ende geborenen» Mannes. Vgl. Georg Seeßlen: *David Lynch und seine Filme*. 4. erw. Aufl., Marburg 2000, S. 170–176.

ne mediologische Ordnung verschiedener Medien im Sinne von Régis Debray: So sehr die Handlung der Filme in die Zukunft verlegt scheint, so sehr kommen in der inszenierten Dysfunktion letzthin historisch ältere Medien zum Vorschein, die in ihrer Bearbeitung die aktuelle Debatte um Medien aus kinematografischer Sicht zu kommentieren scheinen.

Dass jeder einzelne Film dabei eine eigene Dramaturgie entwickelt und jeweils ganz besondere Aspekte hervorhebt, wäre ein anderes Kapitel.

Dorit Müller

Erzählstrategien im populärwissenschaftlichen Film der 1920er Jahre

Seit es den Film gibt, existieren Bestrebungen, kinematografische Darstellungen für die Gewinnung und Darstellung von Forschungsergebnissen wie auch für deren Vermittlung einzusetzen. Dass die technischen Anfänge des Films nicht nur dem Unterhaltungsbedürfnis eines Massenpublikums entsprangen, sondern ihren Ursprung auch spezifischen Forschungsinteressen der Naturwissenschaften verdankten, ist keine neue Entdeckung. Verwiesen sei auf die physiologischen Untersuchungen Etienne-Jules Mareys, auf filmische Darstellungen von Wachstumserscheinungen in der Botanik, die mit Zeitrafferaufnahmen arbeiteten, und auf Filme mit mikrokinematografischen Aufnahmen aus der Zoologie.[1] Um 1900 wurden populärwissenschaftliche Zeitschriften auf die Leistungen der wissenschaftlichen Kinematografie aufmerksam. Berichte über gefilmte Insektenflüge, Röntgenkinematografie und ballistische Zeitlupenaufnahmen erschienen in regelmäßiger Folge und stellten das Erkenntnis- und Bildungspotenzial des Films heraus.[2] Bis 1922 gab es kaum ein wissenschaftliches Gebiet, in dem der Forschungsfilm keine Anwendung fand. Filmische Aufnahmen wurden eingesetzt in der Medizin, der Zoologie und Botanik, in der Biologie und Physiologie, in der Mathematik, Physik und Astronomie, in der Chemie und Mineralogie, auf dem Gebiet der Länder- und Völkerkunde, der Geologie und Meteorologie. Popularisatoren des frühen wissenschaftlichen Films bemühten sich seit etwa 1920, seine Bedeutung für den Gewinn neuer wissenschaftlicher Kenntnisse und ihrer Veranschaulichung hervorzuheben.[3] Bevorzugte For-

---

1 Umfangreich aufgearbeitet wurde die frühe Geschichte des Forschungs- und Lehrfilms erstmals 1922 von dem Volkswirt und Filmfachmann Oskar Kalbus, der als wissenschaftlicher Referent für die 1918 gegründete Kulturabteilung der Ufa tätig war. Oskar Kalbus: *Der deutsche Lehrfilm in der Wissenschaft und im Unterricht*. Berlin 1922.
2 Kalbus verweist auf frühe Beiträge im *Prometheus* (1896), in der *Naturwissenschaftlichen Wochenschrift* (1899), im *Kosmos* (1904) und in der *Ärztlichen Sachverständigen-Zeitung* (1908). Ebd., S. 3. Zu den Veröffentlichungen im *Kosmos* vgl. Jeanpaul Goergen: «Lebende Bilder als Lehr- und Lernmittel. Filmrelevante Artikel in: *Kosmos. Handweiser für Naturfreunde*». In: *Filmblatt*. 10. Jg. (2005), Nr. 27, S. 40–46.
3 Ein namhafter Verfechter des wissenschaftlichen Films war der Arzt und medizinische Mitarbeiter der Kulturabteilung der Ufa Curt Thomalla. Aufschlussreich ist sein Beitrag: «Der Film im Dienste des medizinischen Lehrbetriebs der Universitäten». In: *Der Film im Dienste von*

men der Wissenserzeugung und -verbreitung waren so genannte nichtfiktionale Filme. Der Begriff des nichtfiktionalen Films umfasst in der nachfolgenden Verwendung Filme, die zwar fiktionale Elemente und Spielhandlungen enthalten können, jedoch diese nicht als durchgängiges Gestaltungsprinzip aufweisen, sondern einen hohen Anteil an deskriptiven Komponenten aufweisen. Bis 1920 erfuhr der so genannte nichtfiktionale Film hinsichtlich seines Adressatenbezuges eine starke Ausdifferenzierung. Neben frühe Attraktionsfilme, die Ansichten von Menschen, Landschaften und Bauwerken aus aller Welt zeigten und in die frühen, meist im Varieté oder in Wanderkinos gezeigten Kinoprogramme integriert waren, traten nach der Jahrhundertwende Wissenschaftsfilme für Forschungszwecke und die universitäre Ausbildung sowie Lehr- und Unterrichtsfilme, die in Schulen eingesetzt wurden. Seit Anfang der 1920er Jahre produzierte man auch unterhaltende Kulturfilme, die an das breite Publikum gerichtet waren und als Beiprogramm oder abendfüllende Filme in den Kinos vorgeführt wurden.[4] Gegenstand solcher Kulturfilme konnten neben naturwissenschaftlichen und medizinischen Entdeckungen auch künstlerische Schaffensprozesse, geografische und historische Sachverhalte, hygienische Inhalte und industrielle Fertigungsabläufe sein.

Die Bezeichnung «populärwissenschaftlicher Film» hat sich in der Filmgeschichtsforschung aus verschiedenen Gründen nicht durchgesetzt. In Arbeiten zum nichtfiktionalen Film im Kaiserreich taucht der populärwissenschaftliche Film zwar als eine Form des wissenschaftlichen Films auf, doch lautet die These, dass er kein durch spezifische Merkmale charakterisiertes Filmgenre bezeichnet, als vielmehr auf eine Etikettierungspraxis zurückzuführen ist, die Publikumswirksamkeit erzielen sollte.[5] Filmunternehmen wie auch Kinobetreiber bevorzugten zur Bezeichnung ihrer Filme Begriffsbildungen, in denen «Wissenschaft» vorkam, um sie als Vermarktungsstrategie einzusetzen. So häuften sich um 1910 Inserate, in denen etwa von «wissenschaftlichen Sujets» oder «volkswissenschaftlichen Films» die Rede ist. Im Rahmen solcher Zuweisungen wurde nahezu jeder Filmstreifen, der im weiteren Sinne belehrend war, als populärwissenschaftlich gekennzeichnet. An einem «naturwissenschaftlichen Abend», der 1912 zweiwöchentlich gemeinsam vom Naturwissenschaftlichen Verein und von den Düsseldorfer Lichtspielen veranstaltet wurde, konnte man Kennt-

---

Wissenschaft, Unterricht und Volksbildung. Hg. von der Kulturabteilung der Universum-Film AG, Berlin 1919, S. 33–38. Zur Anwendung des Films in den Naturwissenschaften vgl. auch den im selben Band erschienenen Aufsatz von Fritz Köhler: «Der Film im Dienste der Naturwissenschaft», S. 11–28.

4 Erstmals und umfassend rekonstruiert wurde die Geschichte des frühen nicht-fiktionalen Films in der vom Stuttgarter *Haus des Dokumentarfilms* in Auftrag gegebenen und von Peter Zimmermann edierten dreibändigen *Geschichte des dokumentarischen Films in Deutschland*, die 2005 im Stuttgarter Reclam-Verlag erschien.

5 Uli Jung: «Wissenschaftliche Filme». In: Ders./Martin Loiperdinger (Hg.): *Geschichte des dokumentarischen Films in Deutschland*. Bd. 1: *Kaiserreich 1895-1918*. Stuttgart 2005, S. 341–348.

nisse über «die Zusammensetzung und den Kreislauf des Blutes» erwerben, sich «ein interessantes Bild aus dem Pflanzenleben» machen, ein «belgisches Hüttenwerk, Kristallisationen, Naturbilder» und vieles mehr anschauen.[6] Auch die 1912 in Berlin gegründete *Gesellschaft für Wissenschaftliche Films und Diapositive*, die Filme herstellte und vertrieb sowie kinematografische Apparate anbot, präsentierte mit Filmen über *Das Garde-Pionier-Bataillon* und über *Die Laufbahn eines Telegrammes* nicht gerade Themen, die sich als wissenschaftlich im heutigen Sinne bezeichnen ließen.[7] Diese Beobachtung gilt auch für die nach 1920 produzierten Lehr- und Kulturfilme, als der Ausdruck «populärwissenschaftlicher Film» in der Kulturfilm-Debatte zum geläufigen Vokabular gehörte. So wurde er etwa verwendet, um den «Volksbelehrungsfilm» vom Unterrichtsfilm und unterhaltenden Film zu unterscheiden[8] oder um den Grad der «belehrenden Tendenz» eines Bildungsfilms zu bezeichnen.[9] Insgesamt aber hat sich eine Trennung in ‹populärwissenschaftlich› versus ‹unterhaltsam› oder ‹belehrend› nicht durchgesetzt, da alle drei Komponenten – in unterschiedlicher Gewichtung und Ausprägung – jeden der Lehr- und Kulturfilme der 1920er Jahre bestimmten.

Wenn ich dennoch den Begriff des «populärwissenschaftlichen Films» im Titel des Beitrages verwende, so hat das mit einer bestimmten Perspektive zu tun, aus der ich die frühen nichtfiktionalen Filme betrachten möchte. Es geht wohlgemerkt nicht darum, ein neues Filmgenre zu begründen[10], sondern um die Konzentration auf eine bestimmte Funktion der Filme, die in der Kulturfilmforschung bisher wenig berücksichtigt wurde – ihr medienspezifisches Potenzial hinsichtlich der Popularisierung von Wissensbeständen. An eine solche Betrachtungsweise knüpfen sich Fragen nach den Wissensansprüchen, die in den Filmen kommuniziert und durch Einsatz vielfältiger Gestaltungsmittel in den unterschiedlichen Zeichensystemen, derer sich die belehrenden – seinerzeit ja

---

6   *Der Kinematograph*, Nr. 272, 13. 3. 1912. Zit. nach ebd., S. 346.
7   Inserate in: *Der Kinematograph*, Nr. 297, 4.9.1912 und *Der Kinematograph*, Nr. 302, 9.10. 1912.
8   Der Ufa-Mitarbeiter Curt Thomalla sprach vom «populärwissenschaftlichen Volksbelehrungsfilm für ein allgemeines Publikum», dem die Aufgabe der Illustration eines Vortrages in außerschulischen und -universitären Bildungsstätten zukam. Vgl. Curt Thomalla: «Was ist ein Lehrfilm?» In: *Der Bildwart*. Jg. 1/2 (1924), S. 20 f.
9   So differenzierte der Generaldirektor der deutschen Lichtbild-Gesellschaft Josef von Coböken zwischen «ausgesprochen populärwissenschaftlichen Filmen», «geografisch-ethnologischen Anschauungsfilmen» und Filmen von «starker dekorativer Kultur». Josef Coböken: «Meine Stellung zum Kulturfilm». In: E. Beyfuss/A. Kossowsky (Hg.): *Das Kulturfilmbuch*. Berlin 1924, S. 14–15, hier: S. 15.
10 Obwohl es an der Zeit wäre, zumindest der Begriffsgeschichte des populärwissenschaftlichen Films einmal genauer nachzugehen. Seine gegenwärtige Präsenz im Fernsehen, die mit der Entwicklung einer Reihe neuer Sendeformen einhergeht, ist weder systematisch noch historisch zufriedenstellend erforscht worden. Auch die in der Zeit nach 1945 in Ost und West einsetzenden Bemühungen um den wissenschaftlichen bzw. populärwissenschaftlichen Film harren einer gründlichen Untersuchung.

noch stummen – Filme bedienten, realisiert wurden.

Das Thema hat auch in der seit einigen Jahren verstärkt betriebenen Popularisierungsforschung noch keinen Eingang gefunden. Zwar werden hier neuerdings einzelne Medien wie Bilder, Musik oder Ausstellungen unter dem Gesichtspunkt ihrer spezifischen Strategien der Wissenspräsentation verstärkt in den Blick genommen[11], doch blieben filmische Präsentationen ausgeblendet. Das ist schon deshalb erstaunlich, weil Ende der 1990er Jahre die These formuliert wurde, dass sich mit dem «Siegeszug der audiovisuellen Medien» und der damit verbundenen Durchsetzung einer Massenöffentlichkeit die Bedingungen der Wissensverbreitung nachhaltig verändert hätten.[12]

Soll es um die medientypische Wissenspräsentation in frühen nichtfiktionalen Filmen gehen, dann liegt es nahe, nicht nur die Kommunikatoren (d. h. die Filmemacher), die Rezipienten (die möglichen und wirklichen) und den Kommunikationsrahmen (die Filmvorführung in Schule, Universität oder Kino) zu untersuchen, sondern vor allem das Kommunikat (den Film selbst) in den Blick zu nehmen. Es wird hier also die Auswahl und Anordnung seiner Elemente sowie das Zusammenspiel der Gestaltungsebenen und ihrer Zeichensysteme analysiert und insbesondere danach gefragt, was und wie der Film zeigt und erzählt. Gerade das Erzählen erweist sich als eine der grundlegenden Formen menschlicher Informations- und Wahrnehmungsorganisation, indem es komplexe Erscheinungen an das Handeln und Erleben von Figuren bindet, sprich: Komplexität reduziert und Anschaulichkeit schafft. Im Folgenden soll deshalb der Versuch unternommen werden, medienspezifische Strategien der Wissensvermittlung im frühen populärwissenschaftlichen Film mit dem Fokus auf die Funktionsweisen narrativer Elemente zu analysieren. Dabei ist zunächst einmal zu klären, inwieweit narratologische Instrumentarien auf nichtfiktionale filmische Diskurse überhaupt anwendbar sind. Schließlich werde ich an exemplarisch ausgewählten Filmen diskutieren, wo von narrativen Strategien gesprochen werden kann, wie sie eingesetzt werden und welche Funktionen sie erfüllen.

Ansätze zu einer Narratologie des Dokumentarischen

Über Reichweite und Leistung narratologischer Verfahren für die Untersuchung nichtfiktionaler Filme wurde lange Zeit kaum nachgedacht. Das liegt zum einen daran, dass die wissenschaftliche Beschäftigung mit dokumenta-

---

11 Gudrun Wolfschmidt (Hg.): *Popularisierung der Naturwissenschaften*. Berlin 2002. Und: Carsten Kretschmann (Hg.): *Wissenspopularisierung. Konzepte der Wissensverbreitung im Wandel*. Berlin 2003.
12 Vgl. Andreas Daum: *Wissenschaftspopularisierung im 19. Jahrhundert: bürgerliche Kultur, naturwissenschaftliche Bildung und die deutsche Öffentlichkeit 1848-1914*. München 1998, S. 6 f.

rischen Filmen gemessen am Spielfilm erst spät einsetzte[13], und zum anderen, dass die Filmforschung häufig eine Grenze zwischen dokumentarischen und narrativen Darstellungsformen gezogen hat. Während man in den 1970er Jahren die Produktionen des populären Erzählkinos nach narratologischen Konzepten zu analysieren begann[14], wurden Dokumentarfilme den nüchternen Diskursen mit sozialkritischer Funktion zugeordnet. Ausgehend von der Überzeugung, dass Dokumentarfilme Wirklichkeit abbildeten und der kritischen Theorie als Informationslieferant dienten, gerieten sie selbst als zu interpretierende mediale Konstrukte nicht in den Blick.[15] Der von Filmemachern (und Filmtheoretikern) verordnete gesellschaftskritische Impetus bezog auch den Widerstand des Dokumentarischen gegen die Bilderflut des populären Erzählkinos ein, so dass schon Spuren des Erzählens als affirmative Kraft verdächtig werden konnten.[16] Narrativität galt als subtile Form der Illusionierung und Ideologisierung, die dem normativen Begriff des kritischen Dokumentarfilms diametral entgegen stand.[17] Eine neuere Dokumentarfilmforschung, die ihre Definition des Dokumentarischen nicht mehr auf das Verhältnis von filmischer Abbildung und Wirklichkeit gründet, sondern die Rezeption dokumentarischer Filme und die Komplexität ihrer Zeichenhaftigkeit und Kommunikationszusammenhänge in den Blick nimmt, öffnet sich auch gegenüber narratologischen Ansätzen. Sie betrachtet Dokumentar- und Spielfilm gleichermaßen als Ergebnis eines Signifikationsprozesses und geht generell davon aus, dass beide Genres jeweils dokumentarische und fiktionale, also auch narrative Anteile enthalten können.[18]

---

13 Hattendorf legt den Beginn der theoretischen Auseinandersetzung mit dem Dokumentarfilm in die Zeit um 1970 und nennt als einen der Gründe für diesen späten Zeitpunkt, dass semiotische Ansätze Metzscher Prägung das Dokumentarische zunächst aus dem Gegenstandsbereich ausschlossen. Manfred Hattendorf: *Dokumentarfilm und Authentizität. Ästhetik und Pragmatik einer Gattung*. Konstanz 1994, S. 28.
14 Vgl. Christian Metz: *Semiologie des Films*. München 1972; Roy Armes: *The Ambiguous Image. Narrative Style in Modern European Cinema*. London 1976; Nick Browne: *The Rhetoric of Filmic Narration*. Ann Arbor 1976; Edward Braningan: *Point of View in the Cinema: A Theory of Narration and Subjectivity in Classical Film*. New York 1984; David Bordwell: *Narration in the Fiction Film*. London u. a. 1985.
15 Vgl. Bill Nichols: *Representing Reality. Issues and Concepts in Documentary*. Bloomington 1991, S. 8–12.
16 Vgl. Wilma Kiener: *Die Kunst des Erzählens. Narrativität in dokumentarischen und ethnographischen Filmen*. Konstanz 1999, S. 30 f.
17 Der Ideologievorwurf wurde – allerdings auf den fiktionalen Film bezogen – von Vertretern einer sich an semiologischen, marxistischen und psychoanalytischen Modellen geschulten Filmtheorie vorgebracht, die sich seit den 1970er Jahren an amerikanischen und englischen Universitäten etablieren konnte und an Namen wie Stephen Heath, Dudley Andrew oder John Ellis gebunden war. Siehe die Auseinandersetzung mit diesen Ansätzen bei Noël Carroll: *Mystifying Movies. Fads and Fallacies in Contemporary Film Theory*. New York 1988, S. 147–181.
18 Vgl. ebd., S. 147; Eva Hohenberger: *Die Wirklichkeit des Films. Dokumentarfilm. Ethnographischer Film. Jean Rouch*. Hildesheim 1988, S. 63; William Guynn: *A Cinema of Nonfiction*. London 1990, S. 219–220; Bill Nichols: *Representing Reality*, S. 107; Roger Odin: «Dokumentarischer Film – dokumentarisierende Lektüre». In: Christa Blümlinger (Hg.): *Sprung im Spiegel. Filmisches Wahrnehmen zwischen Fiktion und Wirklichkeit*. München 1990, S. 125–146,

In besonderer Weise gilt dies für die frühen dokumentarischen Filmformen. Gerade sie demonstrieren, wie transparent die Grenzziehungen zwischen fiktionalen und nichtfiktionalen Filmgenres waren und wie sehr die einzelnen Formen wechselseitig aufeinander Einfluss nahmen. Nicht nur, dass enge Austauschbeziehungen zwischen Filmproduzenten, Regisseuren und Schauspielern unterschiedlicher Filmformen bestanden, es zirkulierten auch bestimmte Tricktechniken, dramaturgische Strategien und ganze Filmepisoden zwischen Spiel-, Dokumentar-, Werbe- und Experimentalfilmen. So wiesen auch die so genannten nichtfiktionalen Filme vielfach Rahmenhandlungen auf, in denen Akteure auftraten, und es wurden Spielszenen integriert, die historische Ereignisse nachstellten oder komplizierte Sachbestände in nachvollziehbare Alltagshandlungen einbanden. Insofern hier die für einen narrativen Text konstituierenden Elemente Ereignis, Akteur, Raum und Zeit gegeben waren[19], lassen sich narratologische Verfahren auch auf Kulturfilme anwenden.

Ausgehen möchte ich von einem begrifflichen Instrumentarium, das Gérard Genette 1972 in «Discours du récit» entwickelt hat.[20] Seine Leistung besteht darin, die seit den 1950er Jahren bestehenden Ansätze der Erzählforschung zusammengeführt und eine Brücke zum Strukturalismus geschlagen zu haben.[21] Genette unterscheidet «Erzählung», «Geschichte» und «Narration» als drei Schichten eines narrativen Systems. Während der Terminus «Erzählung» die narrative Aussage, also in unserem Fall den filmischen Diskurs betrifft, in dem von Ereignissen die Rede ist, bezieht sich «Geschichte» auf die narrative Struktur, d. h. auf die fiktiven oder realen Handlungen und Situationen, in denen der Gegenstand bzw. die Aussage verhandelt wird. «Narration» wiederum umfasst den Akt des Erzählens und im weiteren Sinne die Situation, in der der kommunikative Akt erfolgt.[22] Alle drei Schichten stehen in einem wechselseitigen Verhältnis zueinander, denn jede narrative Aussage bedarf einer Konkretion in Handlungen und Situationen, und jede Geschichte benötigt den Akt der Umsetzung, wenn sie als Erzählung Geltung beanspruchen will. Dieses Wechselspiel zwischen narrativer Aussage, narrativem Inhalt und narrativem Akt ist Untersuchungsgegenstand der textanalytischen Methode. Sie hat

---

hier: S. 125; Carl R. Platinga: *Rhetoric and Representation in Nonfiction Film*. Cambridge 1997, S. 84–85; Kiener: *Die Kunst des Erzählens* (wie Anm. 16), S. 13–18.

19 Hier lehne ich mich an Mieke Bals Bestimmung des narrativen Textes an. Mieke Bal: *Narratology: Introduction to the Theory of Narrative*. Toronto 1985, S. 7. Nach dieser Definition lassen sich auch Texte mit wenig ausgeprägter Ereignisstruktur in die Untersuchung einbeziehen.
20 Gérard Genette: «Discours du récit». In: *Figures III*. Paris 1972.
21 Genette gelang es, die narratologischen Ansätze Eberhard Lämmerts, Franz K. Stanzels, Roland Barthes u. a. zu einer kohärenten und praktikablen Theorie der literarischen Erzählung zu verdichten. Vgl. dazu auch Eckart Goebel: «Stationen der Erzählforschung in der Literaturwissenschaft». In: Eberhard Lämmert (Hg.): *Die erzählerische Dimension. Eine Gemeinsamkeit der Künste*. Berlin 1999, S. 3–33, hier: S. 8-13.
22 Vgl. Gérard Genette: *Die Erzählung*. München 1994, S. 16.

unterschiedliche Kriterien entwickelt, um die komplexen Beziehungen zu analysieren. Nach Genette lassen sich «Zeit», «Modus» und «Stimme» unterscheiden. Für das Verhältnis zwischen narrativer Aussage («Erzählung») und inhaltlicher Aussage («Geschichte») ist die Kategorie der Zeit entscheidend. Sie betrifft die Art der Übertragung von Ereigniszeit in erzählte Zeit und bestimmt die Formen der Dissonanzen und Übereinstimmungen zwischen der Ordnung der Geschichte (story) und der Erzählung (plot). Die Kategorie des «Modus» sagt vor allem etwas über die Qualität und Steuerung des Informationsflusses aus. Sie zielt in unserem Fall auf die Mittelbarkeit und Fokalisierung in der filmischen Umsetzung narrativer Aussagen. Die Kategorie «Stimme» fragt nach der Anwesenheit der Personen des kommunikativen Aktes und fokussiert damit Probleme, die mit der Person des Erzählers bzw. der aussagenden Instanz der «Erzählung» zu tun haben.[23]

Mit Blick auf die Vermittlungsleistung der zu untersuchenden Filme kann die Erzählanalyse klären, wie sich das Verhältnis von Wissensansprüchen und deren filmischer Umsetzung durch Kameraeinstellung und Montage gestaltet, welche Möglichkeiten die Einbindung der zu kommunizierenden Wissensbestände in narrative Strukturen eröffnet, wie dadurch emotionale Beteiligung evoziert wird, kausale Zusammenhänge geschaffen werden und Neuordnungen im Wissen zustande kommen. Nun stellt sich die Frage, ob es überhaupt legitim ist, das ursprünglich auf literarische Texte zugeschnittene Analyseinstrumentarium auf Filme anzuwenden, die weder durchgehend narrativ strukturiert sind noch einem Vergleich mit literarischen Texten standhalten. Der Frage lässt sich durch zwei Hinweise begegnen: Erstens gibt es keinen narrativen Text per se, denn letztlich lassen sich in jedem noch so fiktional angelegten Text oder Film immer auch Elemente finden, die als Gegengewicht zum Narrativen ausgelegt werden können.[24] In der Filmforschung wurden verschiedene Kategorien zur Kontrastierung des Narrativen vorgeschlagen. Dazu zählen z. B. die Begriffe der «Beschreibung» und des «Argumentierens», denen im Unterschied zur Erzählung auf der Ebene des Signifikats nur eine räumliche, aber keine zeitliche Ausdehnung zugestanden wird[25], dazu gehören aber auch Formen der Handlungsorganisation, die als nicht vollkommen narrativ bezeichnet werden.[26] So wie jeder

---

23 Ebd., S. 16–20.
24 Bal: *Narratology* (wie Anm. 19), S. 9: «It is [...] impossible to specify a fixed corpus; we can only specify a corpus of texts in which the narrative characteristics are so dominant that their description may be considered relevant.» Zur Produktivität einer Abgrenzung des Narrativen auch Seymour Chatman: *Coming to Terms: The Rhetoric of Narrative in Fiction and Film*. Ithaca/London 1990, S. 6: «I have come to realize that Narrative, like most things, is best understood in contrast to what it is not.»
25 Siehe Chatman: *Coming to Terms* (wie Anm. 24), S. 9–15 und Metz: *Semiologie des Films* (wie Anm. 14), S. 38–39.
26 Edward Branigan: *Narrative Comprehension and Film*. London/New York 1992, S. 19–20. Nach Branigan muss die Erzählung eine Ereigniskette entwickeln, die nach einem Schema in

narrative Text auch nichtnarrative Elemente enthält, so können auch überwiegend deskriptive Texte Ereignisfolgen enthalten und auf eine Instanz schließen lassen, die als Vermittler einer auch noch so kleinen «Geschichte» fungiert. Zweitens weisen Filme, trotz aller Unterschiede zu literarischen Textformen, narrative Strukturen auf, die den von Genette beschriebenen durchaus ähnlich sind und die für das Analyseverfahren vergleichbare Fragen aufwerfen. Gerade die gattungsbestimmenden Techniken der filmischen Vermittlung, Kamerahandlung und Montage, sind Elemente, die schon bei den Pionieren der Filmgeschichte als narrativierende Verfahren zum Einsatz kamen. So haben Filmregisseure und Autoren schon in den ersten Jahrzehnten des 20. Jahrhunderts zielbewusst und teils in Anlehnung an literarische Vorbilder darüber nachgedacht, wie sie die Handlungsorganisation der Stummfilme mittels zeitlicher und räumlicher Sprünge, Raffungen und Auslassungen so gestalten können, dass dem Rezipienten plausible und emotional wirkungsvolle Geschichten vermittelt werden konnten.[27] Die im Zuge des Strukturalismus entwickelten filmsemiotischen Ansätze haben einen Erzählbegriff geschaffen, der auch auf den Film anwendbar ist. Obwohl hinsichtlich der konkreten Visualität des Films und der Ausdrucksdimension des Zeigens und Sagens im Film wiederholt Einwände gegen eine Übertragung der literaturwissenschaftlichen Erzählanalyse formuliert wurden, hat sich die Kategorie des «Erzählens» als filmtheoretischer Begriff bereits in den 1970er Jahren etabliert. Grundsätzlich lässt sich zusammenfassen: In der Stellung der Bilder zueinander und im Blick auf die gefilmten Objekte äußert sich eine erzählende Instanz. Dies geschieht durch die Auswahl der Perspektiven, durch Einstellungsgrößen, Schwenks, Überblendungen und Montage von Ereignisfolgen. Es lässt sich von einer narrativen Aussage, ihrer Umsetzung in Handlungen und Situationen und von einem performativen Akt des Erzählens ausgehen. Auch im Film existieren Unterschiede zwischen Ereigniszeit und erzählter Zeit (durch Schnitt, Kommentar usw.), steuern unterschiedliche Darstellungsmodi den Informationsfluss (durch Innen-, Außen- oder Nullfokussierung) und macht sich eine «Stimme» des Erzählers bemerkbar, die das zu Erzählende aus unmittelbarer Nähe oder in Distanz zu den Figuren, als beobachtende, aussagende oder erlebte Rede präsentiert. In dokumentarischen oder wissensvermittelnden Filmformen mag der Grad der Narrativität reduziert sein und Anteile der Beschreibung oder Argumentation überwiegen. Dennoch kann es sich als produktiv erweisen, die Funktionen des Narrativen zu bestimmen und eine Beschreibung und Systematisierung der für den Kulturfilm typischen narrativen Muster zu liefern.

---

    bestimmte Phasen strukturiert ist. Dort, wo eine offene Handlungsgestaltung dominiert, wird von einer Abweichung des Erzählens in nichtnarrative Formen ausgegangen.
27 Vgl. Jörg Schweinitz: «Zur Erzählforschung in der Filmwissenschaft». In: Lämmert: erzählerische Dimension (wie Anm. 21), S. 73–87, hier: S. 74–77.

Dorit Müller

Erzählstrategien im Verkehrsfilm

IM STRUDEL DES VERKEHRS ist ein so genannter «Polizei-Lehrfilm» von 1925, der über die Gefahren des Großstadtverkehrs aufklären möchte. Er wurde von der 1918 gegründeten Kulturabteilung der Ufa produziert. Sie war für die Ausdifferenzierung der Kulturfilmproduktion in der Zeit zwischen 1918 und 1933 von maßgeblichem Einfluss. Ihre Aufgabe sah sie in der «Herstellung von Lehrfilmen auf allen Gebieten des Unterrichts und der Wissenschaft, der Volksbildung und der Volkswohlfahrt, des Handwerks und der Technik».[28] Einen dieser vielfältigen Wissensbereiche besetzte der «populär-wissenschaftliche Polizeifilm».[29] Sein Ziel sollte einerseits darin bestehen, «durch eine gewisse Aufklärung über die schwierige Tätigkeit der Polizei Verständnis und Unterstützung beim Publikum zu erzielen»[30], andererseits sollte das Publikum mittels verschiedener Beispiele über Gefahren und deren Vermeidung informiert und belehrt werden. In den meisten dieser Filme ging es um richtiges Verhalten im Straßenverkehr.[31] Es gab aber auch Polizeifilme wie der 1930 uraufgeführte Film DIENST AM VOLK, der die Ausbildung und den Dienstalltag der Schutzpolizei behandelte. Hier lag eine durchgehende Spielhandlung zu Grunde, die von Berufsschauspielern und Laien getragen wurde und sich an gängigen Spielfilmdramaturgien orientierte.[32] Dass zur Veranschaulichung der Gefahrenquellen und Konsequenzen ihrer Nichtbeachtung gern auf Spielszenen zurückgegriffen wurde, zeigt auf paradigmatische Weise auch der Film IM STRUDEL DES VERKEHRS von 1925.[33] An seiner Konzeption und Herstellung war nicht nur in beratender Funktion der Polizei-Hauptmann Erwin Saal beteiligt, sondern auch der Schriftsteller und Drehbuchautor Willy Rath[34] sowie der durch Spiel-

---

28 Zit. nach: Klaus Kreimeier: «Ein deutsches Paradigma. Die Kulturabteilung der Ufa». In: Ders./Antje Ehmann/Jeanpaul Goergen (Hg.): *Geschichte des dokumentarischen Films in Deutschland*. Bd. 2: Weimarer Republik 1918-1933. Stuttgart 2005, S. 67–86, hier: S. 71.
29 Erwin Saal: «Der Film im Unterricht der Polizeibeamten». In: Beyfuss/Kossowsky: *Kulturfilmbuch* (wie Anm. 9), S. 178–181, hier: S. 180.
30 Ebd.
31 Aus Zensurkarten sind folgende Verkehrsfilme für den Zeitraum bis 1930 überliefert: VERKEHRSFILM DES POLIZEIPRÄSIDIUMS DRESDEN (1926), DER THÜRINGISCHE POLIZEIFILM (1926), VERKEHRSFILME DER POLIZEIDIREKTION MÜNCHEN: RADFAHRER (1929), DIE VERKEHRSZEICHEN (1929), DER FUSSGÄNGER (1930), DER KRAFTFAHRER (1930).
32 Zur Entstehungs- und Rezeptionsgeschichte des Films vgl. Carsten Dams und Frank Kessler: «Bürgernahe Polizei: *Dienst am Volk* (D 1930)». In: *Filmblatt*. 11. Jg. (2006), H. 30, S. 5–17.
33 Die nachfolgende Filmanalyse beruht auf einer knapp 40-minütigen VHS-Fassung: IM STRUDEL DES VERKEHRS (EIN FILM FÜR JEDERMANN, 1925, R: Leo Peukert, K: Friedrich Weinmann, D: Herbert Paulmüller, Viktor Schwannecke, Karl Berger u. a., P: Ufa, Kulturabteilung, L: 1108 m, Bundesarchiv-Filmarchiv). Die dreiakige, in einer Länge von 1210 m aufgeführte Film wurde am 30.9.1925 von der Film-Prüfstelle Berlin ohne Einschränkungen «zur öffentlichen Vorführung im Deutschen Reiche, auch vor Jugendlichen, zugelassen». Zensurkarte im Bundesarchiv-Filmarchiv (BA-FA), Prüf-Nr. 11394.
34 Rath kam als Mitglied des Kabaretts *Die elf Scharfrichter*, als Spielleiter des Düsseldorfer Schauspielhauses sowie Theaterkritiker und Bühnenschriftsteller ursprünglich vom Theater

filmproduktionen bereits ausgewiesene Regisseur Leo Peukert.[35] Man verfolgte offensichtlich das Konzept einer Synthese faktualer und fiktionaler Elemente, wobei auf Erfahrungen im Spielfilmbereich zurückgegriffen wurde.

Den Rahmen der Darstellung bildet ein Expertenvortrag, der den Zuschauer durch die einzelnen thematischen Stationen der Vorführung begleitet. Im Verlauf des Films wird die Geschichte der Verkehrsentwicklung als eine Problemgeschichte konstruiert, die nicht nur Unfälle und Todesfälle produziert, sondern auch Verhaltensweisen des Großstadtmenschen auf die Probe stellt und außergewöhnliche Lernprozesse erfordert. Der Unfall wird auf unterschiedliche Weise ins Bild geholt: Ein Riese stapft als «Moloch Verkehr» durch die Stadt und stiftet Unheil, Passanten geraten unter Omnibusse, oder es werden statistische Zahlen über Todesfälle im Großstadtverkehr aufgeführt. Es folgen Realfilmaufnahmen einer Aufklärungsaktion für Kinder, die mittels Vorführung eines Films (der Lehrfilm im Lehrfilm!) darüber informiert, wie die Straße richtig überquert wird. Diese Aufnahmen werden wiederum von kommentierten Spielszenen abgelöst, in denen Automobilisten mit Kutschern streiten, alkoholisiert gegen Bäume fahren oder in denen «Onkel Paul» vom Lande erfolglos versucht, sich durch den Großstadtverkehr zu kämpfen. Am Ende erscheint der Polizist als Freund und Helfer, der den Verkehr regelt und Passanten über die Straße begleitet.

Wie nun werden hier narrative Elemente eingesetzt, die den Prozess der Wissensvermittlung steuern sollen? Zunächst einmal sind dem verhandelten Problem der Unfallgefahr inszenierte Ereignisse unterlegt. Die einen Erzähltext konstituierenden Elemente Ereignis, Akteur, Zeit und Raum sind nicht nur in den Einzelerzählungen gegeben, sie bestimmen auch die Gestaltung des Films im Ganzen. Denn es wird hier die sich über 25 Jahre erstreckende «Geschichte» der Verkehrsentwicklung und ihrer Implikationen erzählt. Der diese Entwicklung vorantreibende Akteur – der Verkehr – wird zunächst als ein von Passanten bestaunter, kurbelangetriebener Motorwagen eingeführt, bevor er sich über das Stadium des gefährlichen Automatenmenschen zum geregelten System wandelt, das Anpassung und Rücksichtnahme der Verkehrsteilnehmer erfordert. Unter Rückgriff auf die Erzähltextanalyse lassen sich folgende Erzählstrategien auffinden:

---

zum Film. Nach 1918 schrieb er für über dreißig deutsche Stummfilme und einige Tonfilme die Drehbücher. Vgl. Jörg Schweinitz: *Prolog vor dem Film. Nachdenken über ein neues Medium.* Leipzig 1992, S. 442.

35 Seit 1912 hatte Peukert in zahlreichen, zum Teil mehraktigen Spielfilmen Regie geführt. Aus Zensurentscheiden lassen sich u. a. folgende Titel ermitteln: Leo als Aushilfskellner (1912), Was man aus Liebe tut (1915), Baronin Kammerjungfer (1917), Alles für die Firma (1921), Die Puppenklinik (1923). Die Angaben entstammen der vom Kinemathekenverbund herausgegebenen CD-ROM: *Die deutschen Filme. Deutsche Filmographie 1895-1998.* Frankfurt/M. 1999.

Auf der Ebene der Zeit: Es kommt zu Manipulationen des chronologischen Ablaufs durch den Einsatz von Zeitsprung, Zeitraffung und Verdichtung. Der Film setzt in der unmittelbaren Gegenwart mit einer Erzählerfigur ein, die ankündigt, dass sie im Auftrag des Berliner Polizeipräsidiums einen Vortrag halten wird. Mittels Zwischentitel folgt ein Zeitsprung zurück in das Jahr 1900 (TC 01:07). Es wird das Ankurbeln eines Automobils als publikumswirksames Spektakel nachgestellt. Ein erneuter Zeitsprung in das Jahr 1925 soll vor Augen führen, wie rasant sich die Verkehrsverhältnisse entwickelt haben (TC 01:34). Statt eines Autos, um das sich Straßenpassanten drängen, ist nun ein Passant zu sehen, der von Autos regelrecht eingekreist wird. Zeitliche Rückgriffe, bei Genette auch als Analepsen bezeichnet, tauchen also auf, wenn belegt werden soll, dass besonders krasse Veränderungen in den Wahrnehmungs- und Verhaltensweisen der Verkehrsteilnehmer innerhalb eines bestimmten Zeitraums vor sich gegangen sind. So wird auch in der «Onkel Paul»-Episode ein rückführender Zeitsprung auf der Ebene des Zwischentitels und durch eine Abbildung erzeugt (TC 28:40–28:50). Der ältere Herr aus der Provinz, der sich zu einer Reise nach Berlin aufmacht, versichert seiner beunruhigten Frau: «Bewahre, den Potsdamerplatz kenn' ich ganz genau – – mein Vater hat mir früher oft davon erzählt.» Die Erzählung des Vaters und eine idyllische Postkarte von Berlin aus dem 19. Jahrhundert, die er seiner Frau zeigt, bilden eine Kontrastfolie, vor der die Verkehrsverhältnisse dann im Berlin der Gegenwart als für den Provinzler um so bedrohlicher dargestellt werden können.

Eine andere typische Form der Zeitmanipulation im Film ist die Zeitraffung. Sie dynamisiert und dramatisiert das Geschehen. So wird zum Beispiel eine Verfolgungsjagd auf betrunkene Autofahrer inszeniert und dabei durch bewegte Kamera, Schnitt und Montage die Erzählgeschwindigkeit beschleunigt (TC 20:45–21:35). In der knapp einminütigen Episode kommen zehn Einstellungswechsel vor, was für Episoden mit kommentarlosen Realfilmaufnahmen eher ungewöhnlich ist. Die Parallelmontage, die alternierende Sequenzen verknüpft, kann zudem als verdeckte Raffung beschrieben werden. Aufnahmen des Polizeiautos und des verfolgten Wagens sowie eine Detailaufnahme des Tachometers wechseln in schneller Folge und suggerieren, dass die einzelnen Erzählstränge gleichzeitig und in Echtzeit ablaufen. Diese Form der Zeitmanipulation ist filmtypisch und muss zu den von Genette festgehaltenen Kategorien des Rückgriffs und der Vorschau hinzugefügt werden. Es lassen sich aber auch Verlangsamungen in der Erzählzeit konstatieren. Dies geschieht an Stellen, wo statistische Zahlen und tricktechnische Grafiken eingeblendet oder wo didaktische Hinweise gegeben werden wie zum Beispiel: «Im Straßenverkehr sind wir mehr oder weniger Alle noch Schulkinder» (TC 08:12), «Ein Automobil ist kein Spielzeug. Laßt die Finger davon!» (TC 07:21) oder «Das schwere und verantwortungsvolle Amt des Verkehrspolizisten setzt sorgfältigste Ausbildung voraus» (TC 10:16). Diese Verlangsamungen erinnern den Zuschauer daran, dass neben der unterhaltsamen Geschichte immer auch die Belehrung im Vordergrund steht. Entsprechend bestimmen den Teil, der die Ausbildung der Verkehrspolizisten behandelt, längere Einstellungen und weniger Zeitraffungen.

Wir haben es also mit vielfältigen temporalen Erzählverfahren zu tun, die in ihrem Wechselspiel als Rhythmuseffekte dienen und den Zuschauer bei Laune halten bzw. seine Aufmerksamkeit lenken. Ein wichtiges Moment der zeitlichen Beeinflussung, die Verdichtung in Form von Wiederholungen der Erzählinhalte, besitzt im Film eine besondere Bedeutung. Verdichtungen sind insofern gegeben, als die Geschichte des Unfalls auf unterschiedliche Weise beständig wiederholt wird – etwa in Form des visualisierten Molochs, als nachgestellter Unfall oder auch mittels statistischer Angaben. Dieses wiederholende Erzählen eines Sachverhalts in immer wiederkehrenden, ähnlichen Ereignissen ist ein wesentliches Merkmal des frühen Bildungsfilms. Es fördert die Memorierung der Wissensbestände, erleichtert den Zugang zu komplexen Sachverhalten und bietet eine Reihe von Problemlösungsstrategien gerade in Bezug auf alltagsweltliche Situationen an.

Modus-Ebene: Fragt man nach der Perspektive, aus der die «Geschichte» oder auch die einzelnen Ereignisfolgen erzählt werden, so dominiert im Fall des Verkehrsfilms die Übersicht (Nullfokussierung). Der Erzähler sagt mehr als irgendeine der Figuren weiß. Die Überzeugungskraft des Dargestellten beruht auf der Autorität des Kommentators; er behält das letzte Wort. Seine Aufgabe ist es nicht, dem Zuschauer einen uneingeschränkten Zugriff auf das Bewusstsein der Figuren zu verschaffen (interne Fokussierung) oder ihn am Geschehen bloß beobachtend teilhaben zu lassen (externe Fokussierung), sondern genau zu informieren, Erwartungen zu wecken, Hypothesen zu bilden, zu überraschen, Hinweiszeichen zu geben, die das Interesse wecken, vor allem aber aufzuklären und zu belehren. Dass die Übersicht zuweilen durch externe und interne Fokussierungen aufgebrochen wird, ändert nichts an der dominierenden Perspektive des «allwissenden Erzählers». Innensichten dienen aber zum Beispiel dazu, das Verhalten und den emotionalen Zustand bestimmter Figuren zu plausibilisieren und damit beim Rezipienten Befremden, Verständnis oder auch Mitleid zu erzeugen. Solche Innensichten werden auf der Bildebene des Films erzeugt, wenn mit Kamerafahrten gearbeitet oder der Blick einer Figur auf die sie umgebende fiktive Außenwelt nachgeahmt wird.[36] Wenn also der Blick des betrunkenen Autofahrers auf die Straße in Form von verzerrten Bildern wiedergegeben wird (TC 20:08) oder «Onkel Pauls» Bestürzung angesichts der Ver-

---

36 Siehe zur Innensicht im Film Matthias Hurst: *Erzählsituationen in Literatur und Film: ein Modell zur vergleichenden Analyse von literarischen Texten und filmischen Adaptionen.* Tübingen 1996, S. 97.

Dorit Müller

Abb. 1 IM STRUDEL DES VERKEHRS: *Blick auf den Potsdamer Platz mit subjektiver Kamera*

Abb. 2 Die Überblendung der Einzelerzählungen am Ende des Films IM STRUDEL DES VERKEHRS

kehrsflut am Potsdamer Platz durch kaleidoskopartige Abbildungen der Wirklichkeit ins Bild geholt wird (TC 32:17-32:20; Abb. 1), dann lassen sich darin Strategien erkennen, die den Zuschauer in die Erlebniswelt der Figuren hineinversetzen sollen, um emotionale Beteiligung zu wecken.

An einer Stelle wird die Kamera auf einen Feuerwehrwagen montiert und kann so das subjektive Erleben der Fahrt auf visueller Ebene dem Zuschauer auf eindringliche Weise vermitteln (TC 18:38-19:08). Hier dient der Einsatz der subjektiven Kamera auch dem Zweck, den Rezipienten mit neuen, dynamisierten Wahrnehmungsweisen bekannt zu machen. Letztlich behält aber der Off-Erzähler, der sich im Stummfilm über die Zwischentitel äußert, immer das letzte Wort. Er kommentiert die Ereignisfolgen auf eine Weise, die zeigt, dass er über Informationen bzw. Vorannahmen verfügt, von der die Figuren keine Kenntnis haben. Das beginnt schon mit den Kapitelüberschriften, die eine Spielhandlung ankündigen: «Der schlimmste Feind des Verkehrs heißt Alkohol» oder «Der Autoführer ohne Furcht und Tadel». Zielgerichtet führen die einzelnen Kommentare in die am Ende des Films formulierte Botschaft: «Helfe jeder durch Besonnenheit und Aufmerksamkeit. Dann wird es keinen Unfall mehr geben.»

Dass der Modus der Übersicht vorherrscht, ist aber nicht nur auf der Ebene der Zwischentitel auszumachen, sondern auch auf der bildlichen Ebene. Das geschieht durch die eingeleiteten Rückblenden, den Einsatz von Montagen, die Handlungen miteinander verknüpfen, von denen die involvierten Figuren nichts wissen, durch den Wechsel zur Innenperspektive und nicht zuletzt durch die stringente Anordnung der Einzelerzählungen, die am Ende des Films in Überblendung noch einmal zusammengefasst ins Bild kommen und den bildlichen wie auch argumentativen Hintergrund für die Botschaft bilden (TC 37:51-38:42; Abb. 2).

Die Ebene der Stimme: Sie betrifft Fragen nach der Anwesenheit des oder der Erzähler im Text und nach ihrem Verhältnis zur dargestellten «Geschichte». Im Film haben wir es mit zwei Erzählern zu tun: mit dem historischen Autor als Erzähler erster Stufe (dem Filmemacher) und einer optisch-visuellen Erzählerfigur zweiter Stufe (dem Vortragenden). Sie stehen in einem hierarchischen Verhältnis zueinander. Der eingangs und am Ende gezeigte Vortragende ist Teil der Handlung, erzählt aber nicht seine eigene Geschichte. Er rahmt mit seinen Statements die Ereignisse ein und stellt sich über die Aussagen der am Geschehen beteiligten Figuren, indem er wertende Urteile abgibt, den Informationsfluss lenkt und zusätzliche Deutungen bringt. Ihn kennzeichnet, dass er den Zuschauer direkt adressieren kann, indem er aus dem Bild heraus spricht und in den Kommentaren die direkte Kommunikation mit dem Zuschauer sucht (z. B. über die Floskel «Sehr geehrte Damen und Herren» oder «Handeln Sie nicht manchmal ebenso kopflos?»). Der optisch wahrnehmbare Erzähler wird wiederum durch den Erzähler erster Stufe, also den Filmemacher dominiert, der außerhalb der dargestellten Welt existiert, sich aber in der Filmerzählung durch einen bestimmten Blick auf die Dinge zu erkennen gibt – etwa in der Position der statischen oder bewegten Kamera zum Objekt, in der Montage, im Titel, in den Kommentaren oder Grafiken. Er führt den Redner als Experten ein, der durch seine optische Präsenz den Wahrheitsgehalt der Wissensbestände, die in den einzelnen Geschichten vermittelt werden, beglaubigen soll.

Der Erzähler erster Stufe übernimmt also die Gestaltungsfunktion im Film. Er kann unterschiedliche Typen verkörpern, die sich nach seinem Verhältnis zur «Geschichte» und zum narrativen Akt bestimmen lassen. Mit Blick auf den Dokumentarfilm schlägt Kiener sieben Haupttypen vor: den nüchternen, den expressiven, den investigativen, den autobiografischen und den fiktionalisierten Erzähler sowie einen Reporter- und einen Protagonisten-Erzähler.[37] Im Verkehrsfilm kommen im Fall des erzählexternen, außerhalb der Handlung stehenden Erzählers der nüchterne oder der expressive Erzähltyp in Betracht. Während der nüchterne Erzähler eher eine sachliche, distanzierte, ja «objektive» Beschreibung von Vorgängen anstrebt, schöpft der expressive das filmsprachliche Formenrepertoire aus und besteht nicht unbedingt auf dem unverfälscht Authentischen, sondern interpretiert, arbeitet mit assoziativen Bildfolgen, verwendet Kommentartexte im feuilletonistischen Stil. Letztere Gestaltungsweisen sind typisch für den vorliegenden Film.

---

37 Vgl. Kiener: *Kunst des Erzählens* (wie Anm. 16), S. 239–271.

Dorit Müller

Kolonialgeschichte als Erzählung

Beim zweiten Beispiel handelt es sich um einen Film, der 1926 am von Hans Cürlis gegründeten Institut für Kulturforschung gedreht wurde. Das seit 1919 bestehende Institut verstand sich als «die erste deutsche wissenschaftliche Institution, die bewusst den Film als Ausdrucksform für die Ergebnisse ihrer Arbeit gewählt hatte».[38] In schneller Folge brachte sie neben geografischen und kulturpolitischen Filmen[39] solche über künstlerische Schaffensprozesse und Schulpädagogik heraus, die sich zum Teil auch im Ausland absetzen ließen.[40] Als Vorsitzender des Bundes deutscher Lehr- und Kulturfilmhersteller war der promovierte Kunsthistoriker Cürlis in den 1920er Jahren bestrebt, den «Lehrfilmgedanken» gegenüber der Öffentlichkeit, den Behörden und Parlamenten zu vertreten, um ihn zu einem gewichtigen «Kulturfaktor» zu erheben.[41] Bis zu seiner Schließung in den 1970er Jahren produzierte das Institut rund fünfhundert Filme, wobei Cürlis selbst bei den meisten Regie führte. Er beeinflusste in nicht unerheblichem Maß die Kulturfilmproduktion der großen Konzerne und bestimmte den bildungspolitischen wie künstlerischen Anspruch des Genres entschieden mit.[42]

Im Januar 1927 wurde der Film DIE WELTGESCHICHTE ALS KOLONIALGESCHICHTE in der Berliner Urania uraufgeführt.[43] Auftraggeber und Finanzier war die Deutsche Kolonialgesellschaft, nach deren Anweisung Cürlis das Drehbuch schrieb.[44] Der Film reagierte wie viele andere Filme der 1920er Jahre auf den Verlust der deutschen Kolonien nach der Niederlage im Ersten Weltkrieg. Der Versailler Friedensvertrag hatte verfügt, dass die Kolonien als Mandate an den Völkerbund übergingen und von England und Frankreich verwaltet wer-

---

38 Hans Cürlis: «Zehn Jahre Institut für Kulturforschung». Sonderdruck aus: *Der Bildwart. Blätter für Volksbildung* (1929), H. 6, S. 1.
39 Zu den kulturgeografischen Filmen zählten u. a. DER MENSCH IM GEBIRGE (1919), OBERSCHLESIEN (1921), VON OZEAN ZU OZEAN (1923), DIE DEUTSCHE NORDSEE (1925) und DIE WELTGESCHICHTE ALS KOLONIALGESCHICHTE (1927). Siehe die Filmografie in Ulrich Döge: *Kulturfilm als Aufgabe. Hans Cürlis (1889-1982)*. [Filmblatt-Schriften. Beiträge zur Filmgeschichte, Bd. 4], Cinegraph Babelsberg 2005, S. 74–126.
40 Vgl. Reiner Ziegler: *Kunst und Architektur im Kulturfilm 1919-1945*. [Reihe Close up, Bd. 17], Konstanz 2003, Kap. 2: «Hans Cürlis und sein Berliner Institut für Kulturforschung», S. 35–40; Ders.: «Schaffende Hände. Die Kulturfilme von Hans Cürlis über bildende Kunst und Künstler». In: *Geschichte des dokumentarischen Films in Deutschland*, Bd. 2 (wie Anm. 28), S. 219–227.
41 Hans Cürlis: *Vom deutschen Lehrfilm*. Hg. vom Bund deutscher Lehr- und Kulturfilm-Hersteller. 1930, S. 20.
42 Vgl. zur Entwicklung des Instituts Döge: *Kulturfilm als Aufgabe* (wie Anm. 39), S. 9–68.
43 Die Filmanalyse basiert auf folgender Filmfassung: *Die Weltgeschichte als Kolonialgeschichte* (1926, R: Hans Cürlis, Wissenschaftliche Bearbeitung: E. Krafft, Trickausführung: Walter Türck, P: Institut für Kulturforschung, L: 1933 m), Bundesarchiv-Filmarchiv.
44 Vgl. Gerlinde Waz: «Heia Safari! Träume von einer verlorenen Welt. Expeditions-, Kolonial- und ethnografische Filme». In: *Geschichte des dokumentarischen Films in Deutschland*, Bd. 2 (wie Anm. 28), S. 187–203, hier: S. 191.

den sollten. Von fast allen politischen Strömungen wurde dieser Eingriff als Unrecht wahrgenommen und förderte nicht nur die rassistische Stimmung im Land, sondern brachte auch eine Flut an Filmen hervor, die für eine Wiedergewinnung der verlorenen Gebiete warben. Dazu gehörten die Kamerunfilme des Berliner Kameramannes Paul Lieberenz[45] ebenso wie die Filme der Kulturfilmhersteller Hans Schomburgk, Martin Rikli und J. Waldeck.[46] Die Filme wurden teils in kolonialrevisionistischen Kreisen, die sich in zahlreichen Vereinen organisierten, vorgeführt, teils als Beiprogrammfilme im Kino gezeigt.

Glaubt man der Einschätzung Cürlis', dass innerhalb eines Jahres rund zwei Millionen Kinobesucher und Schüler seinen Film sahen[47], so kann DIE WELTGESCHICHTE ALS KOLONIALGESCHICHTE wohl als der populärste Kolonialfilm der Weimarer Republik gelten. Für seine Verbreitung setzten sich das Auswärtige Amt, das Preußische Kultusministerium sowie der Reichsverband der Deutschen Industrie ein. Das erstaunt nicht, denn der Film propagiert eine historische Sichtweise, in der die Entwicklung der modernen Weltmächte zu einer Geschichte stetiger Eroberungen ferner Kontinente umgedeutet wird. Dabei soll der Anspruch Deutschlands auf Teilhabe an den kolonialen Gebieten durch seine historische, wirtschaftliche und kulturelle Entwicklung und unter Einsatz aller zur Verfügung stehenden Gestaltungsmittel beglaubigt werden.

Obwohl der Film im Unterschied zum Verkehrsfilm keine Spielhandlungen integriert, sondern sich auf die Abfolge von Realfilmaufnahmen, trickgrafischen Darstellungen und Zwischentiteln beschränkt, lässt sich eine narrative Grundstruktur ausmachen. Die Gliederung des Films erfolgt unter systematischen Gesichtspunkten. Eingeleitet wird die «Geschichte» durch eine knappe Gegenüberstellung europäischer und tropischer Klima- und Arbeitsverhältnisse. Im ersten Akt wird die Beziehung Europas zu den Tropen entfaltet und zwar unter dem eingeschränkten Gesichtspunkt der Anwendungsmöglichkeiten tropischer Produkte in Haushalt, Medizin und Industrie. Hier wird mittels kleiner realfilmbildlich umgesetzter Erzählungen und Zwischentitel demonstriert, wie lebensnotwendig Kakaobohnen, Palmöl oder Kautschuk insbesondere für die deutsche Bevölkerung waren. Der zweite Akt erzählt anhand animierter kartografischer Abbildungen die «Geschichte» der Eroberung tropischer Gebiete seit der Antike durch europäische Länder. Im dritten Akt geht es um die Aufteilung Afrikas seit 1800, wobei Deutschlands Bemühungen zur Erlangung und Bewirtschaftung von Kolonialbesitz und seine Verluste durch das «Versailler

---

45 Jeanpaul Goergen: «Berichte aus verlorenen Kolonien. Kamerunfilme von Paul Lieberenz». In: *Filmblatt*. 10. Jg. (2005), H. 27, S. 24–31.
46 VERLORENES LAND (1925, P: Hans Schomburgk, L: 1546 m); HEIA SAFARI! (1928, P: Martin Rikli, L: 2139 m); AUS KAMERUNS FRUCHTKAMMER (1928, Bearbeitung: J. Waldeck, K: Paul Lieberenz, P: Kulturabteilung, Ufa, L: 280 m). Zu diesen Filmen siehe den Beitrag von Waz: *Heia Safari* (wie Anm. 44), S. 188–190.
47 Ebd., S. 191.

Diktat» besonders hervorgehoben werden. Der vierte und fünfte Teil verweisen noch einmal auf die Abhängigkeit des Landes von tropischen Rohstoffen und Absatzmöglichkeiten, sowie auf eine durch Kolonialbesitz erhoffte Verbesserung der Arbeitsmarktlage. Eine Intensivierung der Narrativität ist dort auszumachen, wo zur Beglaubigung der vorgebrachten These über die Gesetzmäßigkeit kolonialer Eroberungen Bezüge zur Geschichte und zur Alltagspraxis geschaffen und eine emotionale Beteiligung der Rezipienten erzeugt werden soll.

Erzählstrategien auf der Zeit-Ebene: Hinsichtlich der Erzählgeschwindigkeit unterscheiden sich die einzelnen thematischen Blöcke. In den Teilen, die über die Vielfalt und Anwendungsmöglichkeiten tropischer Produkte handeln, dominieren szenische Darstellungen. Es werden bestimmte Vorgänge und Tätigkeiten gezeigt: Das Entladen von Frachtern, das Füttern eines Kindes mit Reis, das Einschenken von Kaffee. Die Aufnahmen werden meist sachlich kommentiert: «Kisten mit gewaschenem Rohgummi werden ausgepackt» oder «Schon der Säugling wird mit Gummi aller Art bedacht». (TC 08:32) Hier scheint die Erzählzeit still zu stehen. Die einzelnen Handlungen sind zeitlich nicht aufeinander bezogen. Sie bleiben als Einzelvorgänge isoliert und dienen zur Demonstration der zu Grunde liegenden These. Der beschreibende Charakter wird später in einen narrativen überführt, wenn die Konsequenzen des Ersten Weltkrieges zur Sprache kommen. Hier schlägt der bisher nüchterne, im Präsenz gehaltene Kommentar ins Präteritum um: «Tropische Produkte haben so unsere ganze Lebenshaltung durchdrungen. (...) Wie völlig unentbehrlich sie wurden, enthüllte erschreckend, jedem fühlbar, der Krieg. (...) Mit Geringem begann es. Das Eingemachte, nicht dicht verschließbar, verschimmelte.» (TC 13:26–13:45) In den Realfilmaufnahmen werden nun kurze Rückblenden realisiert. Die im Krieg durch Gummimangel entstandenen Alltagsprobleme werden mittels Großaufnahmen in Szene gesetzt: Eine Hand, die verdorbene Früchte im Einweckglas zeigt, eine Krankenschwester, die ein schreiendes Baby aus Zeitungspapier wickelt, Hände, die Wäsche mit schmierig schwarzer Seife aus Ersatzmitteln waschen. Die Rückblenden fungieren als Argumentationshilfen, indem sie die im Kommentar formulierte These von der Angewiesenheit Europas auf tropische Rohstoffe belegen sollen. Auch die beiden historischen Teile über die Geschichte von Eroberungen sind als eine Art Rückblende zu verstehen. Sie verhandeln die Vorgeschichte der eigentlichen «Erzählung» über die unverdiente Enteignung und notwendige Wiedereroberung deutscher Kolonien. Naturgemäß kommt hier die Ellipse, also das Auslassen wesentlicher Zeitstrecken, als bestimmendes Gestaltungsmittel zum Einsatz. Kämpfe und Grenzverschiebungen, die sich im Verlauf zweier Jahrtausende ereigneten, werden in fünfundzwanzig Minuten durch trickgrafische Abbildungen abgehandelt. Die Erzählgeschwindigkeit beschleunigt sich durch die Vielzahl der bewegten indexikalischen Zeichen (Pfeile, Punkte, Schraffuren) sowie durch die Zeitsprünge zwischen den Einstellungen. Die Zwischentitel bieten zahlreiche geschichtliche, geografische und wirtschaftliche Informationen, die zeitlich beim «Versailler Diktat» und der als Unrecht dargestellten Übernahme der Mandatsgebiete durch England und Frankreich enden. In Teil vier und fünf verlangsamt sich die Erzählzeit wieder. Die Argumentation nimmt einen großen Raum ein. Trickgrafische Aufnahmen überwiegen. Sie sollen belegen, welche wirtschaftlichen Vorteile Deutschland im Fall einer Nutzung seiner früheren kolonialen Gebiete hätte. Im Zwischentitel erscheint häufig der Konjunktiv: «Bereits heute wären unsere früheren Kolonien beachtliche Rohstoffquellen» (TC 41:30). Wenn im Film die hypothetische Frage gestellt wird: «Wie würde es sein, wenn Deutschland Kolonien hätte?», und daran anschließend mittels einer Zeichentrickfolge die Sanierung Deutschlands aufgrund der Rohstoffeinfuhr und Absatzmarktchancen durch die Einbindung von Kolonien gezeigt wird, dann bestärkt dies beim Rezipienten nicht nur das Gefühl, ungerecht behandelt zu werden, sondern suggeriert auch die Notwendigkeit einer schnellen Problemlösung.

Modus-Ebene: Für alle thematischen Blöcke gilt, dass der Kommentar die bildlichen Elemente dominiert. Es werden permanent Behauptungen aufgestellt und Kausalitäten geschaffen, die dann in Form einzelner Beispiele belegt werden sollen. Kennzeichnend für den Film ist die Nullfokussierung. Hier fließen die Informationen eindeutig über einen omnipräsenten Erzähler, der sich über Kommentartext, Kameraeinstellung und Bildmontagen Ausdruck verschafft. Figuren kommen im Film nur insofern vor, als sie das Mitgeteilte illustrieren und beglaubigen. Es geht keineswegs darum, an der Erlebniswelt der Figuren teilzunehmen. Angesprochen wird vor allem eine kognitiv orientierte Rezeptionshaltung, denn der Erzähler will den Zuschauer vor allem von seiner These überzeugen.

Ebene der Stimme: Im Unterschied zum Verkehrsfilm bleibt die Erzählerfigur unsichtbar. Sie agiert als extradiegetischer «nüchterner» Erzähler, dessen Ziel es ist, den Wahrheitsgehalt seiner Aussagen zu unterstreichen. Arbeitet er auf der Kommentarebene mit Aussagen und Begründungen, so enthalten die Bilder kleine Erzählungen, die Evidenz stiften sollen. Dies geschieht erstens durch die Auswahl der gezeigten Objekte, die entweder an die Alltagspraxis (Familie, Kinder, Haushalt) angebunden sind und deshalb ein starkes Identifikationspotenzial für jedermann beinhalten oder die auf gesellschaftlich anerkannte Bereiche wie die Medizin rekurrieren. Das geschieht zweitens durch die spezifische Aufnahme der Objekte – etwa durch Nah- und Detailaufnahmen, die den Blick lenken sollen und emotional Wirkung hervorrufen können (das Gesicht einer Krankenschwester, die Hände einer waschenden Frau, ein kleines Mädchen beim Essen usw.). Drittens wird Evidenz erzeugt durch die Verknüpfung der einzelnen Bilder, die eine lückenlose logische Beweisführung der vorgebrachten Thesen suggerieren soll. Das narrative Potenzial dieses Films entfaltet sich also insbesondere auf der Ebene der Kameraführung und der Montage, während die sprachliche Ebene weitgehend argumentative Strukturen aufweist.

Deskription und Narration im Expeditionsfilm

1930 wird von der Film-Prüfstelle Berlin ein Expeditionsfilm zur öffentlichen Vorführung im Deutschen Reich zugelassen, der unter der Leitung des Geophysikers und Polarforschers Alfred Wegener gedreht wurde.[48] Wegener war 1929 gemeinsam mit den Wissenschaftlern Fritz Loewe und Ernst Sorge zu seiner dritten Expedition auf das grönländische Inlandeis aufgebrochen. Die Reise diente der Vorbereitung einer Hauptexpedition, bei der 1930 die Mächtigkeit des Festlandeises und das Wetter ganzjährig gemessen werden sollten. Die Filmaufnahmen machte der Regierungsrat Dr. Johannes Georgi, der bei der Deutschen Seewarte Hamburg tätig war. Da über die Produktions- und Aufführbedingungen sowie über die Finanzierung des Filmes keine Informationen vorliegen, lässt sich nur vermuten, dass es sich um einen Auftrag der Deutschen Seewarte an Wegener handelt, die Reise zu dokumentieren, um sie später einem wissenschaftlichen und interessierten Publikum vorzuführen.

Schon der Titel DIE DEUTSCHE EXPEDITION VOM JAHRE 1929 AUF DEM GRÖNLÄNDISCHEN INLANDEIS weist darauf hin, dass es sich um eine Art Filmbericht handelt, der die Forschungsreise ausgewählter Akteure detailliert wiedergeben will.[49] Während Verkehrs- und Kolonialfilm im Titel eine These formulieren, die der Film umsetzen soll (Verkehr als gefährlicher «Strudel», «Weltgeschichte» als «Kolonialgeschichte»), legen hier Angaben zur Nationalität der Expeditionsteilnehmer, zum anvisierten Ziel und zum Zeitpunkt der Reise die Form eines Berichtes nahe. Expeditionsfilme über Polarregionen sind in den 1920er Jahren keine Ausnahme. Sie bedienten eine sich in breiten Kreisen der Bevölkerung ausbreitende Faszination für das heldenhafte Erkunden unbetretener Regionen. Seit Beginn des 20. Jahrhunderts machte sich diese Begeisterung auch auf dem Buchmarkt bemerkbar. Reiseberichte von Expeditionen an Nord- und Südpol und ihre belletristischen Umsetzungen erlebten hohe Auflagen.[50] Da die

---

48 Zensurkarte im Bundesarchiv-Filmarchiv, Prüf-Nr. 24687. Alfred Wegener wurde vor allem als Begründer der Kontinentalverschiebungstheorie bekannt, die geologische Großformen der Erdkruste, insbesondere die Verteilung der Ozeane und Kontinente, aus der horizontalen Bewegung der Kontinentalschollen erklärte. Er gilt als Vorreiter der modernen Plattentektonik. Bei den Zeitgenossen war seine Theorie umstritten. Ruhm erlangte er vor allem durch seine vier Grönlandexpeditionen. Bei der letzten, die 1930 stattfand, kam er durch Herzversagen ums Leben.
49 DIE DEUTSCHE EXPEDITION VOM JAHRE 1929 AUF DEM GRÖNLÄNDISCHEN INLANDEIS (1929, Leitung: Prof. Dr. A. Wegener, Photographie und Bearbeitung: Dr. J. Georgi, 1990 m), Bundesarchiv-Filmarchiv.
50 U. a. erschienen in den 1920er Jahren Wilhelm Filchner: *Zum sechsten Erdteil. Die zweite deut-*

Forschungsreisenden zunehmend auch mit Kameras ausgerüstet wurden, gab es seit Anfang der 1920er Jahre vielfältige Filmaufnahmen solcher Unternehmungen. Dazu zählen Filmberichte über die Shackleton-Expedition zur Umfahrung der Antarktis (um 1920), der Polflug Amundsens von 1925 oder die Fahrt des Eisbrechers Krassin zur Rettung der Nobile-Expedition (1929).[51] Aufgabe solcher Filme war es, ein Wissen über die geografischen Besonderheiten der neu entdeckten Landschaften zu vermitteln und den heroischen Kampf der Forscher mit der unwirtlichen Natur auf einprägsame Weise wiederzugeben.

Der vorliegende Film realisiert diesen Auftrag, indem er von den einzelnen Stationen der Reise ausführlich berichtet, dabei die Tätigkeiten der Expeditionsmitglieder erläutert und ihre Erlebnisse kommentiert. Es wird die Geschichte einer Reise erzählt, die ihren Anfangs- und Endpunkt am Hafen von Kopenhagen hat, wo die Wissenschaftler von winkenden Menschen verabschiedet und nach einigen Monaten wieder empfangen werden. Die einzelnen Teile des Films sind chronologisch geordnet. Sie betreffen den «Anmarsch» nach Grönland, einzelne «Erkundungsfahrten» mit dem Handschlitten zum Inlandeis, die Wanderung über den Kamarujuk-Gletscher und die Heimreise.

Temporale Ebene: Der Film kommt ohne Rückblenden und Vorausschauen aus. Der Wechsel von Landschaftsaufnahmen und Kommentar bestimmen den Rhythmus. Es dominieren langsame Panoramaschwenks, die das Besondere der Landschaft herausstellen sollen. Sie bedingen gemeinsam mit den meist auf Datenvermittlung abzielenden Kommentaren den hohen Anteil an Dehnungen in der Erzählzeit, wodurch der Gesamteindruck einer ausführlichen Beschreibung entsteht. So werden Höhenangaben der Gletscher, Bezeichnungen von Ortschaften, Entfernungen und Zeitangaben zur Orientierung und Aufklärung des Rezipienten eingeblendet und räumliche Sachverhalte durch sekundenlanges Verweilen auf den Eislandschaften veranschaulicht. Pausen in der Erzählzeit entstehen aber auch dann, wenn mittels kartografischer Einblendungen der Reiseweg nachgezeichnet oder durch Trickgrafik die Messung der Eisdicke schematisiert wird. Solchen Dehnungen steht auf der Ebene der Zwischentitel die Zeitraffung entgegen, die sich bis zur Ellipse ausweiten kann. An einer Stelle wird auf diese explizit hingewiesen. Im Kommentar wird angekündigt, dass am neunzehnten Mai die Reise ins Innere der Insel beginnen soll. Hier heißt es: «Die Filmkamera bleibt nun zurück.» (TC 18:34) Der nächste Zwischentitel markiert einen Zeitsprung von fast einem Monat. Er verkündet, dass der Vormarsch von 150 Kilometern geglückt ist und am zwölften Juni die Randzone wieder erreicht wurde. Zeitraffungen finden sich ansonsten im Film eher verdeckt. Sie

---

sche *Südpolar-Expedition*. Berlin 1922, Tryggve Gran: *Wo das Südlicht flammt. Scotts letzte Südpol-Expedition und was ich dabei erlebte*. Berlin 1928; Stefan Zweig: «Der Kampf um den Südpol». In: *Sternstunden der Menschheit. Zwölf historische Miniaturen*. Leipzig 1927.

51 Vgl. Rudolf Oertel: *Filmspiegel. Ein Brevier aus der Welt des Films*. Wien 1943, S. 219.

Abb. 3 Die Deutsche Expedition vom Jahre 1929 auf dem Grönländischen Inlandeis: *Die Expeditionsteilnehmer auf der Heimreise*

Abb. 4 Aufnahme der Hundeschlittenfahrt mit bewegter Kamera in Die Deutsche Expedition vom Jahre 1929 auf dem Grönländischen Inlandeis

sind gegeben, wenn der Zwischentitel neue Stationen anzeigt oder Zusammenfassungen bietet, wie diese: «Nach fünftägiger mühevoller Wanderung bietet sich uns ein überwältigender Ausblick» (TC 1:16:30). Trotz der summarischen Erzählelemente ist die zeitliche Raffung kaum zu spüren. Das mag zum einen am Effekt der ikonischen Darstellung liegen, in der des öfteren erzählt wird. Wenn also fast jede Einstellung aufs Neue die Bewegung der Forschungsreisenden durch die Schneelandschaft zeigt und selbst der Kommentar diese Wiederholung mit den Worten: «Stunde um Stunde, Tag um Tag das gleiche Bild: die ‹weiße Wüste›» verstärkt, dann scheint die Erzählzeit nahezu identisch mit der erzählten Zeit zu sein. Zum anderen wirken die ausdauernden szenischen Einstellungen verlangsamend, weil sie kaum Aktionen der Figuren zeigen, sondern vielmehr den Blick auf Schnee, Wasser, Hundeschlitten und manchmal auch auf kleine, am Hafen liegende Ortschaften lenken. Zur Beschleunigung der Erzählzeit kommt es nur dort, wo gefährliche Situationen entstehen oder wo die bewegte Kamera zum Einsatz kommt. So friert auf der Heimreise der Fjord zu, und die Männer müssen sich mit dem Boot durch das Eis schlagen (TC 1:22:31–1:23:18: Abb. 3). Die Kamera ist nun vorn auf dem Boot postiert und filmt die schnelle schwankende Bewegung über das brüchige Eis. An anderer Stelle wird eine Hundeschlittenfahrt aus der Sicht des Schlittenführers gefilmt, so dass der Eindruck entsteht, man bewege sich als Zuschauer in hohem Tempo mit dem Gefährt über den Schnee (TC 1:00:27–1:01:53; Abb. 4).

Insgesamt lässt sich jedoch konstatieren, dass die temporalen Erzähltechniken weniger auf Unterhaltung zielen als vielmehr der Beschreibung von Sachverhalten und Situationen dienen.

Diesem Anspruch folgt auch der gewählte *Modus* der Außensicht. Die Kamera filmt leblose Szenerien oder gibt aus der Distanz das Verhalten der Expeditionsteilnehmer wieder. Sie werden bei bestimmten Tätigkeiten wie Zelt aufbauen, Essen zubereiten, Boot entladen oder beim Vermessen der Eisdicke gezeigt. Ihre Erlebniswelt bleibt verborgen. Nur manchmal wird die Distanz durch Großaufnahmen ihrer Gesichter oder durch den Einsatz der subjektiven Kamera aufgebrochen, etwa wenn der Blick aus dem Boot auf die bedrohlichen Eisschollen nachgeahmt wird. Die Zwischentitel kommentieren meist sachlich die filmischen Bilder. Sie bringen geografische Informationen, aber keine zusätzlichen Deutungen. Der Zuschauer soll sich beobachtend informieren, ohne von einer bestimmten These überzeugt zu werden.

Auf der *Ebene der Stimme* entspricht die Außenperspektive häufig dem nüchternen Erzählertyp. Er bietet eine sachliche, distanzierte Beschreibung von Vorgängen und Situationen und steht außerhalb der dargestellten Welt. Typisch sind Einstellungen mit langer Dauer und der Verzicht auf eine effektbetonte Bildgestaltung und Schnitttechnik. Trifft dies auf die filmbildliche Gestaltung des Grönland-Filmes weitgehend zu, so finden sich kontrastive Gestaltungsweisen auf der sprachlichen Ebene. Denn hier wird zur Beschreibung der Situationen oft das kollektive «Wir» benutzt und zum Teil eine expressivere Sprache verwendet: «Mit Mühe entrinnen wir den Eispressungen» (TC 28:50), oder «Zoll für Zoll schlagen wir uns durch das Eis. Wird das Boot durchhalten??» (TC 1:22:35). Das «Wir» verweist auf eine Identifizierung des Autors mit den gezeigten Figuren. Er wird an diesen «Wir»-Stellen zu einer intradiegetischen Erzählerfigur, die expressivere Ausdrucksmittel bevorzugt. Dieser Wechsel vom nüchternen extradiegetischen zum expressiven intradiegetischen Erzähler besitzt eine wichtige Funktion für die Rezeption der filmischen Vorgänge. Das «Wir» und die dramatisierende Ausdrucksweise erhöhen die Authentizität des Gezeigten, ermöglichen dem Zuschauer einen emotionalen Zugang zu den Beteiligten und erfüllen so in gewisser Weise auch eine Beglaubigungsfunktion des Dargestellten.

Im Unterschied zu den besprochenen Kulturfilmen tritt in diesem Film die didaktische bzw. ideologische Funktion stark zurück. Abgesehen von der Intention, die Arbeit der Expeditionsteilnehmer als wissenschaftliche Leistung und Überlebenskampf zu feiern, kommt es vor allem darauf an, geografische Kenntnisse zu vermitteln und die Arbeitsbedingungen der Polarforscher zu veranschaulichen. Diese Vermittlung basiert auf Erzähltechniken, die durch Dehnungen der Erzählzeit einer sachlichen Beschreibung breiten Raum einräumen, durch eine distanzierte Außenperspektive auf das Geschehen die Objektivität des Gezeigten unterstreichen und durch die zeitweilige Einbindung des Erzählers in die dargestellte Welt auf eine Steigerung der Authentizität zielen.

Dorit Müller

Erzählweisen und ihre Funktionen im frühen populärwissenschaftlichen Film

Zusammenfassend lassen sich eine Reihe von Formen und Funktionen narrativer Elemente in den frühen Bildungsfilmen konstatieren. Die Filme gliedern sich entweder in Einzel- und Mikrogeschichten, die eine These systematisch veranschaulichen sollen (Deutschland braucht Kolonien bzw. der Verkehr erfordert besondere Verhaltensweisen), oder sie zeigen ein Ereignis in chronologischer Abfolge (eine Expedition ins Unbekannte). Die narrativen Einschübe auf der film- und sprachbildlichen Ebene besitzen die Funktion, das zu vermittelnde Wissen an vertraute Bestände des Alltags- und Weltwissens anzubinden, die zu Grunde liegenden Wissensansprüche in kausale Abhängigkeiten zu bringen und die Gedächtnisleistung der Rezipienten zu unterstützen.

Dabei kommen einzelnen Erzähltechniken unterschiedliche Aufgaben zu. Die Rückblende dient einer historischen Kontextualisierung der zu vermittelnden Wissensbestände und lenkt den Blick auf die Relevanz der aktuellen Thematik. Der durch Zeitraffungen, szenische Darstellungen und Pausen erzeugte Wechsel von Beschleunigung und Verlangsamung in der Erzählzeit schafft einen abwechslungsreichen Rhythmus, der die Rezeption der Informationen in der Weise steuert, dass emotionale und rationale Perzeptionsformen alternierend angesprochen werden. Zeitraffungen können das Geschehen dynamisieren und dramatisieren, Pausen in Form didaktisierender Einschübe und beschreibender wie schematischer Darstellungen bieten vor allem Erklärungen und Argumentationen. Verdichtungen, d. h. wiederholte Erzählungen einmaliger oder regelmäßig ablaufender Vorgänge, unterstützen die Gedächtnisleistung des Zuschauers und offerieren unterschiedliche Bewältigungsstrategien von Gefahren und Konflikten.

Als dominierende Erzählperspektive wird meist die «Übersicht» ausgewählt, weil sie der Intention einer Aufklärung des Rezipienten entgegenkommt. Sie ermöglicht die Vermittlung der zu Grunde liegenden Wissensansprüche aus der Sicht eines «allwissenden Erzählers», der Thesen exemplifiziert, veranschaulicht und Wissensbestände in kausale Abhängigkeiten bringt. Zur Beglaubigung der Aussagen kann eine optisch-visuelle Erzählerfigur eingesetzt werden, die sich als Experte ausgibt, direkten Kontakt zum Zuschauer sucht und Identifikationsangebote schafft. Sie wird durch den Erzähler erster Ordnung dominiert, der außerhalb des Geschehens steht und die Filmerzählung durch einen spezifischen Blick auf die Dinge bestimmt. Er kann einen nüchternen bis expressiven Erzählertyp verkörpern, der sich entweder hinter sachlichen, «Objektivität» suggerierenden Gestaltungsmitteln versteckt hält oder aber sich mit erhobenem Zeigefinger an das Publikum wendet und seine Bildungsarbeit bewusst zur Schau stellt, indem er rhetorische Fragen, Deutungen und Urteile einspeist.

In bestimmten Fällen kann aber auch eine distanzierte Außenperspektive auf die Vorgänge und Figuren die vermeintliche Objektivität des Gezeigten hervorheben und Beglaubigungsfunktion übernehmen. Zudem lassen sich bestimmte Filmtechniken – der Einsatz der subjektiven Kamera oder sprachliche Ausdrucksformen im Zwischentitel wie das kollektive «Wir» – als Wechsel zu einer Art Innenperspektive deuten, der dem Zuschauer einen emotionalen Zugang zum Geschehen ermöglicht und die Authentizität der Erzählung unterstreicht. Insgesamt kann man davon ausgehen, dass Erzählformen im frühen populärwissenschaftlichen Film neben der Steigerung des Unterhaltungseffektes Funktionen der Überredung des Rezipienten sowie der Beglaubigung von Thesen übernehmen und die Evidenz der dargestellten Wissensansprüche erhöhen sollen.

Dass die Ergebnisse der an drei Filmbeispielen durchgeführten Erzählanalyse nicht auf alle frühen populärwissenschaftlichen Filme zutreffen, ist keine Frage. Doch dürfte angesichts der vielfältigen Erkenntnisse, die eine Anwendung der differenzierten narratologischen Verfahren hervorbringen kann, das bisher kaum genutzte Potenzial einer ausführlichen Beschäftigung mit Erzählweisen in frühen nichtfiktionalen Filmen deutlich gemacht haben.

Christine Mielke

Die funktionale Ordnung der Serie

Medienhistorische und narrative Entwicklung eines
gesellschaftlichen Gedächtniselements

1. Einführung

Serielles Erzählen zeichnet sich – über Mediengrenzen hinweg – zunächst durch seine Struktur der regelmäßigen Segmentierung und der Kontinuität aus, es kann jedoch auch funktional bestimmt werden. Im Sinne der Regel ‹form follows function› kann hierbei ein enger Zusammenhang mit der Präsentationsstruktur der Erzählinhalte vermutet werden.

Der ‹Alltag im Ausnahmezustand›, mit dem z. B. die Seifenopern und Telenovelas täglich am Nachmittag ein konstant breites (Stamm-)Publikum unterhalten, bezieht seinen Reiz zum einen aus der Vertrautheit mit den stereotypen Charakteren und Themen, zum anderen aber auch aus seinem Gewöhnungseffekt. Die Parallelisierung der Lebenszeit durch mediale Zeit erzeugt eine stabile Verlässlichkeit der Rezeption, die mit der melodramatisch aufbereiteten Alltagsthematik und den zyklisch strukturierten Narrationsmustern und Motiven der Soaps korrespondiert.

Für das endlose Erzählen der TV-Serien wurde dies in der Forschung bereits erkannt[1] – weit darüber hinaus kann jedoch ein intermediales Muster dieser Form- und Funktionsanalogie festgestellt werden.

Demzufolge erfüllt sowohl in der Literatur z. B. in der Gattung Rahmenzyklus wie auch im Feuilletonroman, im Hörfunk (Radio Soap) wie im Kino (Serials) die Rezeption von streng schematisierten Erzählsegmenten eine sinn-

---

1 Vgl. unter anderem Ien Ang: *Das Gefühl Dallas. Zur Produktion des Trivialen*. Bielefeld 1986; Lothar Mikos: «Übertragungserleben. Soziale Aspekte des Umgangs mit Familienserien.» In: Knut Hickethier (Hg.): *Fernsehen. Wahrnehmungswelt, Programminstitution und Marktkonkurrenz*. Frankfurt/M. 1992; Ders.: *Es wird dein Leben! Familienserien im Fernsehen und im Alltag der Zuschauer*. Münster 1994; Hanne Landbeck: *Generation Soap. Mit deutschen Seifenopern auf dem Weg zum Glück*. Berlin 2002; Tania Modleski: «Die Rhythmen der Rezeption. Daytime Fernsehen und Hausarbeit». In: *Frauen und Film*, Heft 42 (1987), S. 4–11; Knut Hickethier: *Die Fernsehserie und das Serielle des Fernsehens*. Lüneburg 1991; Ders.: «Unterhaltung ist Lebensmittel. Zu den Dramaturgien der Fernsehunterhaltung – und ihrer Kritik». In: *TheaterZeitSchrift*, Heft 26 (1988), S. 5–16.

stiftende Ordnungsfunktion, die der identitätsstiftenden mythologischen Erzählung und ihrer rhapsodisch rhythmisierten bzw. ritualisiert geordneten Vortragsweise und Tradierung entspricht.[2]

Um diese transmediale Kontinuität einer Erzählfunktion zu belegen, soll im Folgenden zunächst die Tradierung der Serienstruktur diachron herausgearbeitet und im Kontext der medienhistorischen und vor allem der medientechnischen Entwicklung, die bis heute auf die Entwicklung der Serialität den größten Einfluss hat, dargestellt werden. Darauf aufbauend wird dann das Serienprinzip als medien- und gattungsübergreifende Struktur in seiner Kontinuität von zyklisch-seriellen Elementen rekonstruiert und seine spezielle Eignung für die Tradierung bzw. (soweit speichermedial möglich oder auch ökonomisch rentabel) für die Archivierung von gesellschaftlichen Lebenswelten herausgearbeitet werden.

Die Serie kann dann in ihrer Funktion und ihren intra- wie extratextuellen Bezügen zu einem realen Publikum wie einem fiktionalen Rahmenpublikum präsentiert werden; in diesem Zusammenhang jedoch weniger in der gut erforschten individuellen Rezeptionsmotivation, sondern in den Möglichkeiten der Archivierung der Serie als kultureller Speicher.

Die ‹Königsdisziplin› des Seriellen, die von ihrer Narrationsstruktur potenziell auf ein unendliches Erzählen hin angelegte Seifenoper, aber auch die narrativ geschlossene südamerikanische Verwandte, die Telenovela, liefern für diese These die eindrücklichsten Beispiele. Denn die Seifenoper stellt die am meisten konzentrierte Form des seriellen Prinzips dar, in ihr können alle Eigenschaften des Seriellen wie unter dem Brennglas beobachtet werden, wo sie in anderen seriellen Formaten oft an andere Genres – wie den Spielfilm oder die Dokumentation – angrenzen.

2. Traditionslinien

Für eine historische Einordnung und gegen die Betrachtung der Serie als fernsehspezifische Programmform argumentiert Hickethier: «Der historische Blick sucht differenzierter dem Gang der Serienentwicklung zu folgen, nimmt die gegenwärtige ‹Serienschwemme› nicht als eine unabänderlich gegebene Programmentwicklung und als ihren Höhepunkt.»[3]

Die standardisierte Genealogie der heutigen Seifenoper lautet folgendermaßen: Aus dem europäischen Fortsetzungsroman seit Mitte des 19. Jahrhunderts und der amerikanischen ‹Domestic Novel› um 1900 entsteht funktional

---

2   Vgl. hierzu besonders Hickethier: *Die Fernsehserie* (wie Anm. 1) sowie Günter Giesenfeld (Hg.): *Endlose Geschichten. Serialität in den Medien*. Hildesheim 1994.
3   Hickethier: *Die Fernsehserie* (wie Anm. 1), S. 7.

für die Werbekunden die US-Radio-Soap als bis heute stilbildendes Vorbild sowohl für die südamerikanische Telenovela, die britische Social-Soap wie die klassische Daily-Soap. Differenziertere Darstellungen beziehen die Entwicklung des Kino-Serials (Chapter plays) mit ein – aus dessen Serien der sprichwörtliche (audio)visuelle Cliffhanger stammt. Dieser ist jedoch eine Modifikation eines literarisch vorgeprägten ‹Inszenierungsbausteins› – dem kataphorischen Sprechen, also einem nach Bühler vorausweisenden Zeichengebrauch.[4]

Hinweise auf diese erweiterte Traditionslinie des Seriellen seit *1001 Nacht* geben bereits Hickethier[5] und auch Foucault[6] – jede Serie erweist demnach diesem Prototyp des Erzählens gegen den Tod ihre Referenz. Eine weitere Entwicklungsstufe wird von Jennifer Haywards und Hickethier angeführt. So kann als Vorläufer der Soap nicht nur der Fortsetzungsroman gesehen werden z. B. die *Pickwickerpapers* von Dickens, sondern auch der Comic Strip in Zeitungen, der ebenfalls in segmentierter Form erscheint und mit dem Stilmittel des Cliffhangers operiert.[7]

Die Genese des heutigen audiovisuellen seriellen Erzählens kann also historisch von zwei zeitlichen Punkten her betrachtet werden: zum einen ausgehend von der oralen Tradition, die heute vor allem symbolisch mit der verschriftlichten Form des indischen *1001 Nacht* und anderen orientalischen Zyklen verbunden wird. Seit dem 8. vorchristlichen Jahrhundert können unter Berufserzählern kursierende Stoffe nachgewiesen werden, die wir heute in so genannten Rahmenzyklen schriftlich vorliegen haben. Aus den orientalischen Zyklen entwickelt sich in der Renaissance die romanische Form des Zyklus wie im *Dekameron*, dem *Heptameron*, dem *Pentameron* und anderen zyklischen Werken. In den Erzählungen Scheherezades wurde bekanntlich keine Geschichte in einer einzigen Erzählsitzung vorgetragen, sondern jede wurde auf einem narrativen Höhepunkt abgebrochen, um den Spannungserhalt bis zum nächsten Abend zu garantieren. Diese Form bestand demnach aus einem zyklischen Rahmen, der allabendlichen Erzählsituation, und serialisierten Binnensegmenten, den einzelnen, als Fortsetzungsgeschichte angelegten Erzählungen.

4   Vgl. Martin Jurga: «Der Cliffhanger. Formen, Funktionen und Verwendungsweisen eines seriellen Inszenierungsbausteins». In: Herbert Willems (Hg.): *Inszenierungsgesellschaft*. Opladen 1998, S. 471–488.
5   Hickethier: *Die Fernsehserie* (wie Anm. 1), S. 17 f.
6   «Die arabische Erzählung – ich denke an Tausendundeine Nacht – [hat] das Nichtsterben zur Motivation, zum Thema und zum Vorwand: man sprach, man erzählte bis zum Morgengrauen, um dem Tod auszuweichen, um die Frist hinauszuschieben, die dem Erzähler den Mund schließen sollte. Die Erzählungen Scheherazades sind die verbissene Kehrseite des Mords, sie sind die nächtelangen Bemühung, den Tod aus dem Bezirk des Lebens fernzuhalten.» Michel Foucault: «Was ist ein Autor?» In: Fotis Jannidis u. a. (Hg.): *Texte zur Theorie der Autorschaft*. Stuttgart 2000, S. 198–229, hier: S. 204.
7   Vgl. Jennifer Haywards: *Consuming Pleasure. Active audiences and serial fictions from Dickens to Soap opera*. Lexington 1997.

Diese dem oralen Erzählen und den ökonomischen Interessen der orientalischen Berufserzähler geschuldete Form[8] wurde in den romanischen Zyklen der Neuzeit abgewandelt und zugunsten einer verstärkten Zyklizität um serielle Elemente reduziert. Zyklen wie das *Dekameron* unterscheiden sich in ihrer Form ähnlich voneinander wie die ‹deutsche› Serien-Form von der amerikanischen: Innerhalb eines zyklisch strukturierten Programmrahmens werden täglich, wöchentlich, monatlich oder jährlich[9] zur selben Zeit einzelne Folgen einer zusammenhängenden Erzählung gesendet, die jedoch in sich narrativ abgeschlossen sind und die nach dem Schema Harmonie – Konflikt – Wiederherstellung der Harmonie funktionieren. Das amerikanische Serienformat hingegen funktioniert (vor allem in den Soap Operas, aber auch in vom Format verwandten Serien wie DALLAS[10] oder neueren in Deutschland erfolgreichen Serien wie DESPERATE HOUSEWIVES) nach dem Prinzip der narrativen Offenheit, das heißt, jede Folge endet mit einem Konflikt, nachdem der Mittelteil der Serie einen harmonischen Zustand in der narrativen Entwicklung herstellte.

In den romanischen Zyklen sowie in den deutschsprachigen nach 1800 werden (wie beim deutschen Serienprinzip) die einzelnen Erzählungen in abgeschlossener Form vorgetragen. Sie werden durch einen Handlungsrahmen (in dem sich Figuren ebendiese Geschichten erzählen) zusammengehalten und als Einheit von Rahmen plus Erzählungen publiziert. Die Erzählungen gehen dabei meist auf mündliche Ursprünge zurück, z. B. auf Sagenstoffe. Auch wenn die Einzelerzählungen meist eigenständige Titel tragen, so ist doch in den Titeln der Rahmenzyklen, wie Giesenfeld bemerkt, der numerische Aspekt des Seriellen äußerst dominant und das akribische Durchzählen der Geschichten und erzählten Tage erinnert bei den romanischen Zyklen, aber auch bei Wielands Zyklus *Das Hexameron von Rosenheim* stark an die heutigen Daily Soaps, in denen die Einzelfolgen nicht nach Titeln unterschieden werden (wie bei Mehrteilern oder klassischen TV-Serien), sondern durch die Nummerierung ‹Folge 1278› usw., in der Telenovela ‹Kapitel 1› usw.

Die Traditionslinie des gerahmten serialisierten Erzählens reicht also von ca. 800 v. Chr. bis ins 16. Jahrhundert und wird in der deutschsprachigen Literatur mit Goethes *Unterhaltungen deutscher Ausgewanderten*, dessen Referenztext Boccaccios *Dekameron* ist, wieder aufgegriffen. In der bisherigen For-

---

8 Vgl. Robert Irwin: *Die Welt von Tausendundeiner Nacht*. Frankfurt/M., Leipzig 1997; Mia Gerhardt: *The Art of Story-Telling. A Literary Study of the Thousand and One Nights*. Leiden 1963.
9 Im Fall der Serie *Die Unverbesserlichen* wurde von 1965-71 jährlich eine 90-minütige Folge in der ARD gesendet.
10 Die Erstausstrahlung von DALLAS markiert in Deutschland einen Wendepunkt in der Serienkultur, in dessen Kontext die Zumutbarkeit amerikanischer Serien für ein deutsches Publikum diskutiert wurde. Vgl. Hans-Dieter Kübler: «Serien-Zäsur Dallas? Einige Produktionsästhetische und rezeptionsspezifische Anfragen an die Serienhistoriographie.» In: Giesenfeld: *Endlose Geschichten* (wie Anm. 2), S. 129–160.

Recap: Strang A, B, C	Titelmusik Vorspann	Einstieg-Anschluss: Strang C	B 0.02	A 0.03	C 0.04	B 0.06	C 0.07	B 0.08	A 0.10	B 0.11
C 0.12	B 0.13	A 0.14	B+B Scheinlösung 0.15-0.17	A 0.18	B 0.19	C 0.19	A 0.19	B-Prä-Cliffhanger 0.20	C-Cliffhanger 0.21-0.22	

Abb. 1 *Exemplarischer Ablauf einer Soap Opera Folge (MARIENHOF Folge 2291, 19. 12. 2003)*

schung wurde dagegen die Traditionslinie der heutigen TV-Serie lediglich bis in die Mitte des 19. Jahrhunderts zum Feuilletonroman zurückverfolgt.[11]

Wird nun die Genealogie des seriellen Erzählens von diesen zwei zeitlich entgegengesetzten Richtungen kommend betrachtet, füllen die deutschsprachigen Zyklen genau jene Lücke von ca. 150-200 Jahren, die zwischen den romanischen Zyklen und dem Feuilletonroman besteht, die jedoch bisher nicht beachtet bzw. geschlossen wurde.[12] Zwischen diesen beiden, auch medial unterschiedlichen Genres scheint zunächst auch tatsächlich nur eine entfernte strukturelle Ähnlichkeit zu bestehen – vor allem durch die Art der Segmentierung: Im ersten Fall findet sich eine gerahmte Form des Geschichtenverbunds (meist mit abgeschlossenen Erzählungen oder zumindest Erzähleinheiten) versehen mit einer fiktionalen Erzählgesellschaft, die in aller literarischen Freiheit das Erzählen ritualisiert, begründet und reflektiert und so zu einer Form der zyklisch-seriellen Mischnarration stilisiert. Im zweiten Fall besteht eine strenge Segmentierung, die sich nach den Platzvorgaben des Mediums Zeitung richtet und meist mit dem bekannten Muster des Cliffhangers arbeitet – wenn nicht in jeder Ausgabe, so doch vor allem in der für die Zeitungsverleger wichtigen Phase des Reabonnements gegen Jahresende.

Um den Rahmenzyklus als Bindeglied von oraler und romanischer Erzähltradition und den massenmedialen Serien bestimmen zu können, ist also ein de-

---

11 Vgl. Landbeck: *Generation Soap* (wie Anm. 1), S. 34–41; Hickethier: *Die Fernsehserie* (wie Anm. 1), S. 17f.
12 Vgl. Christine Mielke: *Zyklisch-serielle Narration. Erzähltes Erzählen von 1001 Nacht bis zur TV-Serie*. Berlin/New York 2006.

zidiert intermediales literatur- und medienwissenschaftliches Vorgehen notwendig – während der Rahmenzyklus in der Germanistik bisher lediglich im Bereich der Novellistik untersucht wurde und auch von der Medienwissenschaft – abgesehen von seiner Position an medientechnischen Umbruchstellen – kaum beachtet wurde (Abb. 1/ Abb. 2).

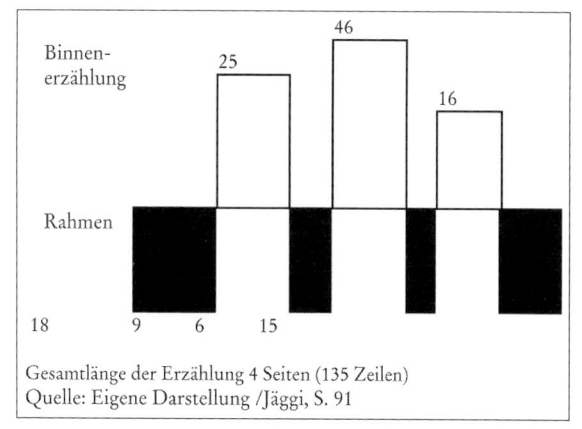

Gesamtlänge der Erzählung 4 Seiten (135 Zeilen)
Quelle: Eigene Darstellung /Jäggi, S. 91

Abb. 2 Exemplarischer Ablauf eines Rahmenzyklus (Heinrich von Kleist: Unwahrscheinliche Wahrhaftigkeiten, *1810/11)*

Für die bisherige Forschung zur Gattung Rahmenzyklus kann des Weiteren festgestellt werden, dass die Frage der Rezeption nur am Rande beachtet wurde.[13] Gerade in Umkehrung dessen, was bei der medienwissenschaftlichen Erforschung des audiovisuellen Erzählen im Zentrum steht – also die Frage der Rezeption ‹wer schaut wann, warum, was und wie› und die Frage der Produktion, ‹wer fabriziert wie und warum› Fernsehserien.[14] Vielmehr wurde in Bezug auf die literarischen Texte intensiv betrieben, was wiederum im Bereich der TV-Serien und ganz besonders der Seifenopern als Desiderat bezeichnet werden muss, da es nur vereinzelt und verstreut betrieben wird: die qualitative Analyse von Motivkonstellationen, Erzählformen und internen Strukturen.

Der Rahmenzyklus, und daher das Bindeglied der Traditionslinie der Serie, wird 1795 (wieder) in die deutsche Literatur eingeführt. Auf den ersten Blick wird in diesem Genre scheinbar *nicht* seriell strukturiert: Eine sich zyklisch zusammenfindende Gemeinschaft erzählt meist abgeschlossene Geschichten. Ein Erzählen mit der spannungssteigernden und publikumsbindenden Technik des Cliffhangers wird (oft explizit mit Bezug auf die ‹schlechte Gesellschaft› in *1001 Nacht* wie in Goethes *Unterhaltungen Deutscher Ausgewanderten*[15])

---

13 Vgl. Moritz Goldstein: *Die Technik der zyklischen Rahmenerzählungen Deutschlands. Von Goethe bis Hoffmann.* Berlin 1906; Fritz Lockemann: *Gestalt und Wandlungen der deutschen Novelle.* München 1957; Andreas Jäggi: *Die Rahmenerzählung im 19. Jahrhundert. Untersuchungen zur Technik und Funktion einer Sonderform der fingierten Wirklichkeitsaussage.* Bern 1994.
14 Vgl. zum Beispiel die materialreiche Studie von Udo Göttlich/Friedrich Krotz/Ingrid Paus-Haase (Hg.): *Daily soaps und daily talks im Alltag von Jugendlichen.* Opladen 2001.
15 Johann Wolfgang v. Goethe: «Unterhaltungen deutscher Ausgewanderten». In: Ders.: *Werke. Hamburger Ausgabe. Bd. 6: Romane und Novellen I,* hg. v. Erich Trunz. München 1988, S. 125–241, hier: S. 167.

abgelehnt. Dieses Diktum der abgeschlossenen Einheiten gilt interessanterweise auch für das bundesdeutsche Fernsehen bis zur Kommerzialisierung 1984 und ist der Grund dafür, dass es bis dahin keine Serien im Cliffhangerstil in Deutschland gab. Als vernünftige unterhaltsame Serienerzählstruktur galt das ‹deutsche› Prinzip: erzählt wurden in auf den Endpunkt angelegten Serien oder konzentrierter im Mehrteiler.

Erst mit dem Erfolg von DALLAS und DENVER und damit der Einführung des amerikanischen Erzählmusters knüpft das deutsche Fernsehen – unter Auslassung der Radio-Soap-Kultur der USA, aber auch Großbritanniens – z. B. mit der LINDENSTRASSE ab Dezember 1985 nach rund 100 Jahren an die Narrationsform des Feuilletonromans wieder an. Die im Ausland tradierte Erzählstruktur wird auch durch das Kopieren ausländischer Serien – aus Mangel an eigenen Erfahrungen mit seriellem Erzählen – deutlich, denn serielles Erzählen funktionierte in Deutschland bis dahin genau besehen als Mini-Filmreihe oder über mehrere Teile gedehnte Filmerzählung, in der die Hauptfiguren konstant blieben. Der Grund für diese indirekte Tradierung und die plötzlich einsetzende und bis heute – vor allem heute – immer dominanter werdende Cliffhanger-Serialität ist im deutschen Fernsehen derselbe wie in der deutschen Literatur. Die Untersuchung der Erzählstrukturen führt hier direkt zur Frage der Erzähl- oder Produktionsfunktion und bleibt bis heute untrennbar mit ihr verbunden.

3. Funktionen

Die Serie im Rahmenzyklus des 19. Jahrhunderts funktioniert nach dem Prinzip der Reihe, also eines Verbunds von Geschichten mit übergeordneter Programmatik. Kein Cliffhanger sorgt hier für eine gespannte Erwartungshaltung, nur ab und an wird kunstvoll und effektvoll ein so genannter Rahmeneinbruch inszeniert und eine Geschichte durch außergewöhnliche Ereignisse in der Rahmung unterbrochen. Wir lesen von einem Publikum, das gefesselt Raum und Zeit vergessen hat und plötzlich aus seiner immersiven Selbstvergessenheit katapultiert wird (wie im besten Fall wir als Lesende vergessen haben, dass ein Rahmenpublikum existiert).[16] Dieses Stilmittel ist ein entschleunigter Überrest der Geschichten der Berufserzähler. Das Lesepublikum hat das Buch schon bezahlt, es muss nicht mehr für die Fortsetzung in gespannter Erwartung gehalten werden.

Gegen 1850 jedoch lässt sich feststellen, dass sich die Struktur der Zyklen allmählich verändert, um in die Mehrteilerstruktur überzugehen. Zeitgleich

---

16 Vgl. zum Stilmittel der Kontrastierung in Rahmenzyklen Jäggi: *Die Rahmenerzählung* (wie Anm. 13), S. 121–147.

zum bereits erfolgreichen Zeitungsroman wird das Erzählen der Reihe zum Erzählen des Mehrteilers, wie die Parodie des bewährten Zyklenautors Ludwig Tieck auf die kommerzialisierte Struktur der seriellen Unterhaltung aus dem Jahr 1822 zeigt:

> Emmelinhypothenusios ging aus der Tür.
> Fortsetzung folgt.
>
> ———
>
> Er sah sich um und rief:
> Fortsetzung folgt.
>
> ———
>
> Ha!
> Fortsetzung folgt.
>
> ———
>
> Denn er hatte einen Blick getan –
> Fortsetzung folgt.
>
> ———
>
> In die Ewigkeit.
> Fortsetzung folgt.
>
> ———
>
> Bis ihn eine Schwalbe wieder zum wirklichen Leben erweckte.
> Schluß nächstens.
>
> ———
>
> Worauf er zurück in sein Haus ging.
> Beschluß.[17]

Die Gründe für diesen Formwechsel hin zur Serie, deren Muster offenbar schon so bekannt waren, dass eine Parodie möglich wurde, liegen – und damit wird der Blick von der Formtradition auf die medienhistorischen Analogien gerichtet – in der Entwicklung der Medientechnik und damit des Rezeptionsverhaltens.

1795, als die Tradition des Rahmenzyklus in der deutschen Literatur wieder aufgegriffen wird, ist die Almanachkultur, aber auch bereits die Kultur der literarischen Zeitschrift auf dem Höhepunkt.[18] Am Ende des 18. Jahrhunderts fand das statt, was medienhistorisch als eine «Verdichtung der Kommunikation»[19] bezeichnet wird: Dieser historische Umbruch war zum einen bedingt durch

---

17 Ludwig Tieck: «Der Geheimnisvolle». In: Ders.: *Schriften in 28 Bänden. Bd. 14. Erzählungen und Novellen.* Berlin 1829, S. 255–382, hier: S. 312f.
18 Vgl. u. a. York-Gothart Mix (Hg.): *Almanach- und Taschenbuchkultur des 18. und 19. Jahrhunderts.* Wiesbaden 1996.
19 Hans-Ulrich Wehler: *Deutsche Gesellschaftsgeschichte. Bd. 1: Vom Feudalismus des Alten Reichs bis zur defensiven Modernisierung der Reformära 1700-1815.* München 1987, S. 303.

die Modifikation des Mediums Zeitung vom Staatsanzeiger und Kaufmannsblatt zur Gelehrtenplattform, die das alte Medium Brief ersetzt, und schließlich – im Zuge der bildungsbürgerlichen Bestrebung nach öffentlicher Teilhabe – zum Unterhaltungs- und Informationsblatt breiter Bevölkerungsschichten wird. Zum anderen wurde zeitgleich die Drucktechnik ähnlich revolutioniert wie um 1500 durch die beweglichen Lettern Gutenbergs. Zwischen 1790 und 1846 setzte eine Mechanisierung und Automatisierung des Drucks mit dem Effekt der billigen Massenproduktion ein: die Erfindung der Papiermaschine, der Schnellpresse (1812) bis hin zum lange Zeit Maßstäbe setzenden Hochdruck-Rotationsdruck. Höhere Auflagen in Kombination mit einem Boom an Neugründungen von Druckereien und Zeitungen erforderten stetigen Nachschub an Inhalten: Diesem sich herausbildenden konsumistischen Unterhaltungsbedürfnis kamen literarische Kleinformen äußerst entgegen. Sie wurden für die Zeitschriften, Almanache und vor allem auch die Jahrestaschenbücher produziert und sorgten für die Herausbildung des Berufsschriftstellertums. Die lukrative Kurzprosa bot sich zudem für die Zweitverwertung im Buchdruck an: Indem ein Rahmen um eine Anzahl Novellen konstruiert wurde, konnten Neudrucke in Buchform entstehen, die der Form des Romans ähnlich waren. Vergleichbar ist heute die Zweitverwertung von Erfolgsserien, die staffelweise aufzukaufen sind. Nahezu Dreiviertel der Rahmenzyklen des 19. Jahrhunderts wurden in dieser Doppelstruktur publiziert.[20]

Einige bereits serialisierte Zyklen dieser Zeit, wie Tiecks *Klausenburg*[21], tragen der medientechnischen Beschleunigung Rechnung und zeigen exakt den Übergang des seriellen Erzählens vom Genre des Rahmenzyklus zum Genre des Feuilletonromans an. Die Konversation betreibende Gesellschaft Tiecks erzählt nicht reihum mehrere Geschichten, sondern erzählt wird die Gruselgeschichte *Die Klausenburg* in segmentierter, an Spannungshöhepunkten unterbrochener Form. Der Autor der Parodie auf den Fortsetzungsroman passt sich an den Zeitgeschmack an. Gezeigt wird, als eine Spiegelung der realen Gesellschaft, das moderne Unterhaltungspublikum, das, gewöhnt an die beschleunigten Prozesse im Unterhaltungssektor, kürzere Aufmerksamkeitsspannen herausgebildet hat. Die lange und komplizierte Erzählung um eine verfluchte Burg kann das Publikum nicht mehr glaubwürdig an einem Abend als Einheit erzählt bekommen. Stattdessen erscheint es realistischer, dass die Gesellschaft die Erzählung in wohldosierten Segmenten erfährt, damit der Erzähler keine Rezeptionslücken riskieren muss. Um den dadurch entstehenden Mangel an

---

20 Vgl. zum doppelten Abdruck von Rahmenzyklen in Zeitschriften und Taschenbüchern: Mielke: *Zyklisch-serielle Narration* (wie Anm. 12), S. 168 ff.
21 Ludwig Tieck: «Die Klausenburg. Eine Gespenstergeschichte». In: Ders.: *Schriften in zwölf Bänden*. Hg. v. Manfred Frank u. a. Bd. 12. *Schriften 1836-52*. Hg. v. Uwe Schweikert. Frankfurt/M. 1986, S. 107–191.

Kontextbezogenheit zu kompensieren wird – wie in den Seifenopern heute aus demselben Grund üblich – von Tieck an mehreren Stellen ein ‹Was bisher geschah› zwischen einzelne Erzählsegmente geschaltet, das durch neu hinzu kommende Figuren motiviert ist.

In der Folge der veränderten technischen Möglichkeiten und der Rezeptionsgewohnheiten produzieren Schriftsteller Texte, die die Zeitungsverleger bereits mit markierten Sollbruchstellen erhalten – also den Stellen für mögliche Cliffhanger in den nächsten Ausgaben. Denn die Bindung eines Stammpublikums wird immer notwendiger: Im Jahr 1850 fällt das staatliche Werbemonopol, und Zeitungsverleger können nun ihre Einnahmen durch Werbeanzeigen verbessern und folglich die Preise senken und die Auflagen erhöhen. Dies kann als Beschleunigungsbewegung des gesamten kommunikationsmedialen Sektors gesehen werden, der bewirkt, dass Periodika mit großen Erscheinungsfrequenzen von den Tageszeitungen in ihrer Funktion abgelöst werden.[22]

Die Analogien zwischen dem Jahr 1850 und dem Jahr 1984 liegen auf der Hand, wurden bisher jedoch auffallend wenig beachtet: Der Fall des staatlichen Werbemonopols führte im Drucksektor, auch durch die medientechnische Beschleunigung dieser Zeit, zu einem ‹Take off›.[23] Das Ende des öffentlich-rechtlichen Sendemonopols spätestens mit dem 4. Urteil des Bundesverfassungsgerichts nach einer mehrjährigen Experimentierphase am 1. Januar 1984[24] führte durch die Kommerzialisierung des Programms, durch die Sender des Kabelfernsehens und schließlich durch die Aufnahme des 24-Stunden Sendebetriebs 1986 zu einem ebensolchen historischen Umbruch in der Medienlandschaft wie der Kommerzialisierungsschub in der Mitte des 19. Jahrhunderts. Das serialisierte Erzählen zeigt sich in den medienhistorischen bzw. medientechnischen Umbruchphasen als ideales Vehikel der Unterhaltung. Es kann flexibel an die jeweils neuen Medien angepasst werden, seine Form erfüllt in leichten Abwandlungen ideal die Funktion der Publikumsbindung, die notwendig zur Etablierung eines neuen Mediums ist. So bedient sich der Buchdruck der mündlich tradierten Serie – *1001 Nacht* gehört mit zu den ersten gedruckten Büchern in Indien – ebenso wie sich die Zeitschrift, die Zeitung, das Kino, der Hörfunk (vor

---

22 Vgl. Mix: *Almanach- und Taschenbuchkultur* (wie Anm. 18); Helmut Schanze: «Mediengeschichte des Drucks». In: Ders. (Hg.): *Handbuch der Mediengeschichte*. Stuttgart 2001, S. 398–424; Michael Giesecke: *Der Buchdruck in der frühen Neuzeit*. Frankfurt/M. 1991; Jochen Greven: «Grundzüge einer Sozialgeschichte des Lesers und der Leserkultur». In: Alfred Clemens Baumgärtner (Hg.): *Lesen – ein Handbuch. Lesestoff, Leser und Leserverhalten, Lesewirkungen, Leseerziehung und Lesekultur*. Hamburg 1973, S. 117–133.
23 Kittler verwendet diesen Begriff für den medienhistorischen Umbruch ab dem 13. Jh., der sich vor allem in der Veränderung von Notationssystemen zeigt, an die die medientechnische Beschleunigung bis 1900 anschließt. Vgl. Friedrich Kittler: *Draculas Vermächtnis. Technische Schriften*. Leipzig 1993, S. 149–160.
24 Vgl. Udo Michael Krüger (Hg.): *Programmprofile im dualen Fernsehsystem 1985-1990*. Baden-Baden 1992.

allem in Ländern mit kommerzialisiertem Rundfunksystem wie den USA) und das Fernsehen des seriellen Prinzips bedienen – sie installieren mit dem Seriellen eine Funktion der strukturellen wie temporalen Ordnung –, von Adorno als das zu verdammende Prinzip der Kulturindustrie schlechthin bezeichnet: «Nicht nur werden die Typen von Schlagern, Stars, Seifenopern zyklisch als starre Invarianten durchgehalten, sondern der spezifische Inhalt des Spiels, das scheinbar Wechselnde ist selber aus ihnen abgeleitet. [...] Es [das Cliché] zu bestätigen, indem sie es zusammensetzen, ist ihr ganzes Leben.»[25]

4. Die Serie als Funktionsgedächtnis

Die Serie, und darauf zielt Adornos kulturpessimistische Kritik, begründet ihre Existenz durch die über Jahrhunderte hinweg nachzuverfolgende mediale Beschleunigungsbewegung was Herstellung, Erscheinungsfrequenz, Auflagenhöhe und teilweise auch Rezeption betrifft. Die Serie jedoch nur als billig d. h. industriell-serienmäßig herstellbare Unterhaltung zu sehen, die dem Auffüllen der Programmstruktur dient, greift bei weitem zu kurz. Natürlich kann dies von der Produktionsseite sowohl um 1900 im Feuilleton als auch seit 1984 im deutschen Fernsehen als Funktion (mit steigender Tendenz) beobachtet werden. Aber die fiktionale Serie erfüllt darüber hinaus soziale, kulturelle und psychologische Funktionen, die im Folgenden als Funktion der Gemeinschaftsbildung, der Identitätsstiftung und der alltagskulturellen Archivierung auch im historischen Vergleich dargestellt werden können.

Jede Serie erfüllt eine Ordnungs- oder Strukturierungsaufgabe. Das zeigt die schon seit langem festgestellte zunehmende Serialisierung des Programms: Nachrichtensendungen sind heute in ihrem zyklischen Rahmen ebenso als Fortsetzungsgeschichten angelegt wie Endlosserien. So durchbricht in der LINDENSTRASSE die Faktizität der Außenwelt als inszenierter Rahmeneinbruch die Fiktion und das reale Publikum blickt mit erwartbarem Schrecken auf das Serienpersonal am Wahlabend. Dass mittlerweile jedes Fernsehgenre von der Dokumentation bis zum Spielfilm an das Serienformat angepasst wird, ist zu großen Teilen auf die zerstreute Rezeption eines unüberschaubaren Programmangebots zurückzuführen. Um die Anschlusskommunikation des Publikums zu sichern, also neben der synchronen Unterhaltung den eigentlichen, mittelfristigen und sozialen Grund der Rezeption, bietet die Serie Verlässlichkeit und vorausschauende Planbarkeit. Wer die erste Folge von VERLIEBT IN BERLIN verpasst hat, kann sich in die Anschlusskommunikation mit der nächsten Folge einklinken und das Verpasste im Internet oder in der Zeitschrift zur Serie nachholen.

---

25 Max Horkheimer/Theodor W. Adorno: *Die Dialektik der Aufklärung*. Frankfurt/M. 1998, S. 133.

Beobachtet werden kann hier eine Gemeinschaftsbildung, die nicht nur in der Rezeption von Jugendlichen eine große Motivation darstellt. Parasoziale Kontakte ermöglichen im Idealfall realsoziale oder auch medial-soziale z. B. in Foren und Chats. Auch wenn diese Zuschauergruppe von den Sendern weniger gerne genannt wird als die umworbene der 14- bis 29-Jährigen[26], gilt dies auch für die Gruppe der über 49-Jährigen, die den größten Teil des Serienpublikums ausmacht und damit ein ähnliches Publikum darstellt, wie die Leserinnen des Fortsetzungsromans oder der ‹Taschenbücher für Damen›, die zuvor auch als Erstabdrucksort für die Novellen der späteren Rahmenzyklen geschätzt waren.

Hier finden sich neben den strukturellen und medienhistorischen Analogien zum 19. Jahrhundert nun auch kulturhistorische, die die Traditionslinie des Seriellen markieren: Denn die extramediale Gemeinschaftsbildung der Serien ist in den literarischen Texten noch medienintern, sie ist die eigentliche Aufgabe der Rahmenerzählung. In ihr wird dem von Schleiermacher, Herder und Schlegel ausgerufenen ‹Zeitalter der Geselligkeit› Rechnung getragen.[27] Von der Forschung kaum beachtet, wird in den Rahmen eine strukturell an der Realität ausgerichtete Handlung und Gesellschaft etabliert, die sich durch das Erzählen die Zeit vertreibt. Neben den narratologisch interessanten Aspekten der Initiierung eines Erzählvorgangs oder der Rezeptionslenkung sind die Rahmen kulturhistorisch von größter Bedeutung: So wird gegen die Auflösung der Gemeinschaft und gegen den asozialen Umgang in Krisenzeiten anerzählt – das Erzählen dient der Festigung des sozialen Zusammenhalts und es wird zum lebendigen Prinzip des Erzählens gegen die «Ungeselligkeit von Friedhofsparzellen»[28], wie Volker Klotz es nennt, zu einem Erzählen gegen den somatischen und gegen den – noch weit schlimmeren – sozialen Tod. Neben diesem Großmotiv der tödlichen Bedrohung – das in direkter Linie mit den Erzählmotivationen aus *1001 Nacht* oder dem *Dekameron* verwandt ist – fungieren die Rahmenerzählungen jedoch heute als Spiegel der damaligen Gesellschaft, ihrer Gesprächskultur, ihrer Themenwahl, ihrer zeit- und kulturhistorischen Reflexionen. Wie mittlerweile gezeigt wurde, geschieht diese Inszenierung einer reoralisierten Kultur, einer um sozialen Zusammenhalt ringenden Gemeinschaft, die als pazifizierende oder eskapistische Beschäftigung das Erzählen wählt, zu einem Zeitpunkt, an dem das Zeitalter der Geselligkeit vorbei ist. Die im 18. Jahrhundert durch ein politisch ausgeschlossenes aufstrebendes Bürgertum motivierte öffentliche Privatheit des

---

26 Vgl. Programmdirektion Erstes Deutsches Fernsehen, Presse und Information (Hg.): *Programm 2003/2004. Vorabend.* o. O. 2003. (Stichwort Verbotene Liebe, Stichwort Marienhof, o. S.)

27 Vgl. zum Zusammenhang von Geselligkeitskultur und Erzählen Mielke: *Zyklisch-serielle Narration* (wie Anm. 12), S. 134–152.

28 Volker Klotz: «Erzählen als Enttöten. Vorläufige Notizen zu zyklischem, instrumentalem und praktischem Erzählen». In: Eberhard Lämmert (Hg.): *Erzählforschung.* Stuttgart 1982, S. 319–334, hier: S. 332.

geselligen, überfamiliären, intellektuellen Zusammenschlusses ist, nicht zuletzt durch die Veränderung im Bereich der Unterhaltungs- und Informationsmedien im 19. Jahrhundert im Schwinden begriffen. Das Buch hat die orale Erzähltradition schon lange abgelöst, die Zeitung und die Zeitschrift stellten virtuelle Gemeinschaften her (*Das Caféhaus* usw.), die sich in der Kultur des Leserbriefs manifestierte. Den Rahmenhandlungen kann dieser Kampf um soziale Nähe ebenso entnommen werden wie eine explizite Medienkritik z. B. an der Zeitschrift für Damen in Storms *Am Kamin* – ein Zyklus, der in *Victoria. Illustrierte Muster- und Mode-Zeitung* 1862 erstabgedruckt wurde.

Diesen Großthemen steht eine enorme Anzahl von Alltagsthemen gegenüber, die mit dem Verlust der Rahmenkonstruktion durch die Zentrifugalkräfte der Medientechnik jedoch nicht ebenso verloren gehen. Stattdessen sorgt die Beschleunigung der Produktion dafür, dass in der wöchentlichen und bald täglichen Fortsetzung von Erzählungen das Rahmenpublikum in seine Erzählungen hinein katapultiert, d. h. fiktionalisiert wird. Wer jeden Tag erzählen muss, so scheint es, hat keine Muse mehr für komplizierte Rahmen- und Binnenbeziehungen. Die meisten Feuilletonromane dieser Zeit zeigen dies überdeutlich: Ein unüberschaubares und – sobald die sukzessiv-lineare Rezeption vernachlässigt wird – im Nachhinein kaum entwirrbares Figurenpersonal aller Schichten, Charakteristika und Stereotypen erlebt im Grunde alles, was im späten 19. Jahrhundert zu erleben war und bildet so auf grotesk überzeichnete Art den Alltagszustand seiner Zeit ab.[29] Rahmenpublikum und Binnenerzählungen werden kongruent – eine narratologische Besonderheit, die auch auf die heutigen Endlosserien zutrifft: In der steigenden Zahl von Seifenopern – Telenovelas genauso wie Daily Soaps – wird akribisch auf eine Spiegelung von Alltagskultur geachtet, die bei Haarschnitten und Farbe der Fingernägel beginnt, über die Auswahl der Wohnungseinrichtungen und Hintergrundmusik reicht, bis zu den sprachlichen Codes der verschiedenen Milieus und Generationen und vor allem bis zur Handlungsführung.

In den Endlosserien erleben die Figuren das, was ihr Publikum erlebt, dort wird es ausagiert und weitergeführt zum ‹Alltag im Ausnahmezustand›: als Erleben des höchsten Glücks oder tiefsten Unglücks. Aus den Zyklen übernommen wurden das Motiv der Geselligkeit und der Gemeinschaft und sogar das Motiv des ‹Erzählten Erzählens›.[30] Die Soap zeigt das Ideal der Wohngemeinschaften, der Mehrgenerationenfamilie, die sich zum überfamiliären Verband ausweitet und vor allem anderen die Suche nach wahrer Freundschaft und Verlässlichkeit zum Ziel hat. Dabei wird trotz der Doppelstruktur des Audiovisu-

---

29 Das früheste und sehr bekannte Beispiel hierfür sind die Zeitungs-Fortsetzungromane Eugène Sues *Les Mystère de Paris* (1842/43) und *Le Juif errant* (1844/45).
30 Vgl. zur Gemeinschaftsbildung durch Serienkonsum und zur Tradition des ‹gerahmten› Rezipierens Mielke: *Zyklisch-serielle Narration* (wie Anm. 12), S. 546–557.

ellen vor allem geredet. Was oft auf die mangelnden schauspielerischen Fähigkeiten zurückgeführt wird, hat seine Gründe auch in der tradierten Oralität des Erzählens. So wie in den Zyklen Geschichten meist mündlich erzählt (und seltener gelesen oder vorgelesen) werden, so wird in den Soaps nur wenig gehandelt. Vielmehr wird ein einzelnes Ereignis durch das beginnende Weitererzählen und Reflektieren aller Figuren ins Unendliche potenziert. Die Soap ist dadurch die Erzählrunde schlechthin – sie erzählt sich und erzählt dem Fernsehpublikum in zyklischer Wiederkehr.

Die Sicherheit der Fortsetzung, die berühmten ‹Rhythmen der Rezeption›[31] (Modelski), eigentlich eine reine Werbestrategie, schaffen einen narrativen Bann, der heute wie vor Jahrhunderten die Teilhabe an den Vorgängen der Außenwelt medial ermöglicht (oder kritisch gesehen: virtuell konstruiert). Dabei ist es, wie Mikos und viele andere schon betonten, ganz gleich ob dies fiktionale oder auf Faktizität beruhende Serien sind: Auch wenn die primäre Motivation unterschiedlich und individuell ist, sind sowohl die TAGESSCHAU als auch der MARIENHOF Sendeformate, die die Einzelnen seriell an die Kommunikation einer Gruppe anschließen:

> Im Modus des Erzählens liegt eine der wesentlichen Verbindungen des Fernsehens mit der Alltags- und Lebenswelt der Zuschauer. In der Lebenswelt spielt das Erzählen als Moment des sinnhaften Aufbaus der sozialen Welt im Prozeß der symbolischen Verständigung eine wichtige Rolle. […] Erzählen dient nicht nur im Alltag der handelnden Subjekte dem Transfer von Erlebnissen und Erfahrungen, sondern auch im gesellschaftlichen Diskurs. In diesem Sinn erfüllt das Fernsehen die Funktion eines ‹Barden›, der Gegenwartskultur, wie Newcomb/Hirsch es nennen.[32]

Die Forschung schien an diesem Punkt seit Mitte der 1990er Jahre bereits abgeschlossen: Nach Analyse der melodramatischen Handlungsstrukturen z. B. von Ien Ang, der Stereotypenbildung oder der Feststellung eines mythologischen Erzählens[33] scheint das serielle Erzählen hauptsächlich für medienpädagogische

---

31 So der Titel des zum Schlagwort gewordenen Textes von Tania Modleski zur Fernsehnutzung von Hausfrauen aus dem Jahr 1983. Vgl. Tania Modleski: «Die Rhythmen der Rezeption. Day-time-*Fernsehen* und Hausarbeit». In: Ralf Adelmann u. a. (Hg.): *Grundlagentexte zur Fernsehwissenschaft*. Konstanz 2001, S. 376–387.
32 Lothar Mikos: *Es wird dein Leben! Familienserien im Fernsehen und im Alltag der Zuschauer*. Münster 1994, S. 54. Vgl. Horace M. Newcomb/Paul M. Hirsch: «Fernsehen als kulturelles Forum. Neue Perspektiven für die Medienforschung». In: *Rundfunk und Fernsehen*, Jg. 34, H. 2 (1986), S. 177–190; Lothar Mikos: *Fernsehen im Erleben der Zuschauer. Vom lustvollen Umgang mit einem populären Medium*. München 1994.
33 Vgl. Ang: *Das Gefühl Dallas* (wie Anm. 1); Charles Derry: «Television Soap Opera. Incest, Bigamy and Fatal Disease». In: Stuart M. Kaminsky/Jeffrey H. Mahan (Hg.): *American Television*

Fragen interessant. Dabei ist es gerade jetzt, da das Programm nicht nur serialisiert, sondern, wie die Doku-, Reality- und Celebrity Soaps zeigen, das seifenopernartige Genre zu einem dominierenden Unterhaltungsgenre wird, notwendig, dieses Genre in seinen internen Mechanismen und vor allem seinen Erzählinhalten wirklich ernst zu nehmen und systematisch, nicht nur in Einzelsendungen zu untersuchen, wie dies nach der basalen Beschäftigung mit Serialität in den 1990er Jahren momentan der Fall ist.

Vor allem in den aktuellen Doku-Soaps wird – ähnlich wie in den Anfangszeiten des kommerziellen Fernsehens das Krimi- und Actiongenre durch das Format des Reality-TV – die Soap weitergetrieben und zugleich um ihren mythologischen Kern wieder reduziert. Es fehlt die ‹Urhorde› der Gemeinschaft, deren einzelne Mitglieder austauschbar sind, das Erzählen ist nicht auf potenzielle Unendlichkeit angelegt, sondern wird vom Thema her terminiert (bis die Führerscheinprüfung bestanden ist, das Haus eingerichtet, das Kind auf der Welt u. ä.). Gezeigt wird ein scheinbarer Alltag, der durch die Anwesenheit einer Kamera und die Ausstrahlung im Fernsehen zu etwas Besonderem wird. Hier tritt tatsächlich das ein, was Adorno bei der amerikanischen Soap schon befürchtete – eine Rezeption, die weder informativen Mehrwert noch ästhetischen oder wesentlich pädagogischen Mehrwert aufweist, sondern deren Unterhaltungswert tatsächlich darin besteht, den eigenen Nachbarn oder symbolisch sich selbst beim Leben zuzusehen, ohne dass dies narrativ und ästhetisch verdichtet werden würde:

> Mit der Flucht aus dem Alltag, welche die gesamte Kulturindustrie in allen ihren Zweigen zu besorgen verspricht, ist es bestellt wie mit der Entführung der Tochter im amerikanischen Witzblatt: der Vater selbst hält im Dunkeln die Leiter. Kulturindustrie bietet als Paradies denselben Alltag wieder an.[34]

Die Seifenoperngenres sind hier im Gegensatz zur Doku-Soap wesentlich flexibler und können ihre zwar zyklisch auftretenden Themen aktuellen oder langfristigen Strömungen anpassen und neue Themen aufgreifen. Ein Beispiel hierfür ist die Präsenz von homosexuellen Figuren, die vor einigen Jahren noch in Handlungssträngen auftraten, in denen ihre sexuelle Präferenz problematisiert wurde, und die mittlerweile in der Mitte der Gesellschaft angekommen ih-

---

Genres. Chicago 1985, S. 85–110; Hans J. Kleinstuber: «Die Soap Opera in den USA. Ökonomie und Kultur eines populären Mediums». In: Irmela Schneider (Hg.): *Amerikanische Einstellungen. Deutsches Fernsehen und US-amerikanische Produktionen.* Heidelberg 1992, S. 136–156; Umberto Eco: «Serialität im Universum der Kunst und der Massenmedien». In: Ders.: *Im Labyrinth der Vernunft. Texte zu Kunst und Zeichen.* Leipzig 1989, S. 301–324.
34 Horkheimer/Adorno: *Dialektik der Aufklärung* (wie Anm. 25), S. 150.

re Homosexualität nur als ein Merkmal neben vielen anderen aufweisen – so wie dies auch der Fall ist bei der bekannten Homosexualität von Schauspielern und Politikern des realen Lebens.

Ein weiteres Beispiel für die mediale Verbreitung des gesellschaftlichen Trends weg von der Anti-Diskriminierungspraxis zum ‹Diversity Management› ist die Darstellung von ethnischen Minderheiten, Behinderten oder Kranken, die vor einigen Jahren noch ihre Besonderheit in der Figurencharakteristik als Problemfall einbrachten und heutzutage dieses Merkmal nur als Distinktionsmerkmal in Bezug auf andere Figuren aufweisen, jedoch ohne dass dies bei jedem Auftritt zum Kern einer Handlungseinheit werden müsste.

Ob diese Themenbehandlung die gesellschaftliche Realität wiedergibt oder ob sie in großen Teilen eher ein Wunschbild oder einen Erziehungsversuch der Serienmachenden bedeutet, ist dabei relativ nebensächlich. Vielmehr muss die Serie als ein Ort der Speicherung gesellschaftlicher Prozesse gesehen werden, in den die Alltagsrealität einfließt, damit sich die Zuschauerinnen und Zuschauer tagtäglich mit den Inhalten und Figuren identifizieren können; als ein Ort, der diese Inhalte medial überformt wiedergibt, damit eine, oft nur geringfügige Differenz zum eigenen Leben die Rezeption für das Publikum sinnvoll macht. In der Ähnlichkeit, die immer nur einen Schritt vom eigenen Leben entfernt ist, jedoch nie eine Kongruenz zulässt, besteht einer der Reize der Seifenopern. Die Anschlusskommunikation über die Serien kann zudem den schwindenden gesellschaftlichen Konsens ersetzen, der prinzipiell von Massenmedien gestützt und über mediale Rituale ausgebildet wird.

Neben dieser Untersuchung der Anbindung interner Serienelemente an externe Kontexte und die Rezeptinssituation und -motivation[35] bestehen weitere noch zu vertiefende Forschungsfragen: Zunächst kann ganz basal die Konstruktion von Zeitebenen – also Vergangenheit, Gegenwart, Zukunft – untersucht werden. Dabei ist feststellbar, dass in den Daily Soaps, bedingt auch durch das Zopfmuster ihrer drei Handlungsstränge, neben der deutlichen Linearität der seriellen Narration ein komplexes System mehrerer Vergangenheitsebenen existiert, das sich aus fiktionsinternen wie -externen Speichern speist.[36] Diese Ebenen einer latenten und einer manifesten Vergangenheit sind jedoch nicht unbedingt – wie erwartbar wäre – sinnvoll aufeinander bezogen. Eine im Geschehen aktualisierte Vergangenheit kann quasi aus dem Nichts kommen oder die latente Vergangenheit (überprüfbar in Videoaufzeichnungen oder Folgenarchiven[37]) massiv

---

35 Die bisher hauptsächlich in Bezug auf Jugendliche untersucht wurde und weniger für die anderen genannten Großgruppen der Serienrezeption.

36 Vgl. Heike Klippel: «Vergangene Zeiten – gute oder schlechte Zeiten? Zum Umgang mit der Vergangenheit in Seifenopern». In: *montage/av. Zeitschrift für Theorie und Geschichte audiovisueller Kommunikation*, Jg. 11 (2002), Nr. 1, S. 135–148, hier: S. 140.

37 Http://www.tvundserien.de; http://www.dem-online.de; http://www.daserste.de/marie; http://www.online-gzsz.de u. v. m.

verändern bis zur Unkenntlichkeit. Vergangenheit wird im Prozess der Narrationsproduktion von Serienmachern (auch hier wieder eine sich erzählende Gruppe) immer wieder neu nach den Bedürfnissen aktueller und zukünftiger Ereignisse kreiert. Die temporale Struktur der Serien kann als vage und zyklisch charakterisiert werden. Motive und Figurenstereotype erscheinen, verschwinden, kommen wieder. Dadurch findet eine Mythologisierung der Lebenswelt statt, die die Ursprünge der Gruppen verschleiert, immer wieder umdeutet und anreichert. Selbst temporale Bezüge zur realen Außenwelt dienen deshalb nicht der zeitlichen Verortung. Diese scheinbaren externen Anschlüsse dienen im Gegenteil der Suggestion einer gleichförmigen Unendlichkeit des Erzählens. Weihnachten etwa wird in den Serien seiner gesamten christlichen Semantik entkleidet und zu einer unspezifischen, jahreszeitlich dekorierten Hochphase des Konsums stilisiert und zeichnet sich meist dadurch aus, dass Handlungsentwicklungen durch den Vorgang des Schenkens entstehen.

Ähnliches gilt für die Raumstrukturen der Serien, nicht nur der Soaps. Der Raum existiert nicht per se, sondern er ist handlungsgeneriert, d. h. die Sozietät der Gruppen fungiert als Raumgenerator. Orte entstehen, wenn konkretes Figurenhandeln sie notwendig macht. Der Serienraum ist deshalb ein streng begrenzter Mikrokosmos, hinter dessen Schranken sich ein fremdes, meist feindliches Nichts befindet. Figuren, die diesen Raum verlassen – wovon das Publikum meist indirekt erfährt – kommen entweder geläutert wieder oder sind tot. Diese Reziprozität von Raum und sozialem Leben stabilisiert die Gemeinschaft und stellt ihre Bedeutung als das in Wahrheit einzige Thema heraus. Denn alle anderen Themen und Motive treten immer nur in Bezug zum Stand und zur Verfasstheit der zentralen Gruppe auf. Die Figur des Einzelgängers gibt es nicht, da alle Handlungen in ihren Auswirkungen auf die Gruppe gezeigt werden und jede Veränderung sich in Wellenbewegungen bis in die entferntesten Mitglieder fortsetzt, so dass jede Serie im Prinzip ständig von der Integration oder dem Ausschluss von Menschen in und aus Gruppen erzählt.

In diesem Kontext wird dann auch deutlich, warum der soziale Tod wesentlich gravierender scheint als der biologische Tod. Denn gerade diese Thematik ist in fiktionalen Serien von erstaunlicher Komplexität. Der Tod ist für jede Serienfigur das größte Ereignis im Leben, da ja im Gegensatz zum realen Leben nach dem Tod weitererzählt wird[38]: Verstorbene Hauptfiguren bleiben durch serieninterne Erwähnungen, Erinnerungen und ganze Rückblicke sprachlich wie visuell narrativ präsent. Dies mag auch beim Sterben realer Personen der Fall sein, es existiert jedoch ein eindeutiger medial bedingter Unterschied: Leben und Sterben bedeutet in der Serie nur einen formalen Moduswechsel. Erst

---

38 Vgl. zur Todesmotivik in Seifenopern Mielke: *Zyklisch-serielle Narration* (wie Anm. 12), S. 595–654.

wer von den anderen Figuren vergessen wird, ist wirklich tot. Mediale Figuren haben zwar – im Unterschied zu literarischen fiktiven Gestalten – eine real sie darstellende Referenzperson, die in der Realität sterben kann und dadurch auch die Serienfigur meist sterben muss.[39] Wird als Beweis für ihre Existenz jedoch die visuelle Anwesenheit auf dem Filmbild angenommen, so sind die Merkmale *tot* oder *lebendig* keine Merkmale, die wie in der Realität Aufschluss über An- und Abwesenheit einer Figur geben, da auch visuell erinnerte verstorbene Figuren auf dem Filmbild (z. B. in Erinnerungssequenzen) materiell anwesend sind. Die Relevanz des sozialen Todes, also die lebendige Erinnerung im sozialen Umfeld überwiegt also bei weitem die Bedeutung des somatischen Todes. Vor allem auch, da die Häufigkeit des biologischen Todes – wäre das Gegenteil der Fall – zu verstärktem serieninternem Nachdenken über die Gründe für die hohe Mortalitätsrate in Seifenopern führen müsste.

Hingegen ist die Thematik des sozialen Todes, also auch des isolierten Vereinsamens von Figuren und ihr Vergessenwerden durch die soziale Seriengemeinschaft, eines der Hauptmotive in Seifenopern. In der reflektierten sozialen und weniger reflektierten somatischen Ausprägung ist das Todesmotiv eines der zyklisch wiederkehrenden Hauptmotive und tritt vor allem direkt im Ereignis des Sterbens von Figuren auf. Aber es begleitet auch jede Folge als Generalbass, indem über den Tod gesprochen wird und vor allem viele Folgen mit einer angedeuteten tödlichen Gefahr enden. Der letzte Spannungsbogen wird auf dem Höhepunkt abgebrochen und das Publikum starrt in die meist herangezoomten Augen einer bedrohten oder (manchmal sogar im Wortsinn) zu Tode erschrockenen Serienfigur – die Schlusseinstellung wird so zu einem täglichen memento mori. Nicht jedesmal stirbt diese Figur, aber *wenn* Figuren sterben, dann (oft sogar im Freeze Frame, dem scheinbar eingefroren Standbild) in der letzten Einstellung.[40]

In den Soaps, aber auch in anderen fiktionalen Serien, wird der Tod meist als Abschluss eines gelungenen Lebens dargestellt, auch und gerade bei sehr jungen Figuren. Die Gelungenheit entsteht dabei erst in den verschiedenen sozialen Trauerritualen der Gruppe. Kulturhistorisch interessant zeigen die Serien unkonventionelle soziale Rituale, die sich von den als unpersönlich empfundenen christlichen Beerdigungs- und Trauerriten abheben. Der Tod wird als ästhetisches Erlebnis inszeniert (wie zur Zeit der Romantik) und vor allem dient

---

39 Wie dies zum Beispiel in der Lindenstrasse mehrfach, bei den Figuren Pavarotti, Egon Kling und Berta Griese der Fall war sowie bei der Krankenschwester Simone im Marienhof. Allerdings können die Darsteller bei zentralen Figuren auch wechseln, wie etwa mit der inzwischen verstorbenen und nicht mehr erinnerten Figur Henning von Anstetten in Verbotene Liebe, die vor ihrem Tod von drei verschiedenen Darstellern verkörpert wurde.
40 Vgl. Christine Mielke: «Still-Stand-Bild. Zur Beziehung von Standbild und Fotografie im Kontext bewegter Bilder». In: Andreas Böhn (Hg.): *Formzitat und Intermedialität*. St. Ingbert 2003, S. 105–144.

er im Vorgang der gemeinsamen Erinnerung der Stabilisierung der Seriengemeinschaft.

Wie schon das literarische serielle Erzählen zeigen auch die Serien eine überzeichnete, aber im Kern idealisierte Vorstellung einer Weltordnung des Sozialen. Die Serien greifen, sofern sie eine zeitgenössische Situierung haben, auf, wie Menschen leben, welche Vorstellung die Serienmacher von den Problemen des aktuellen gesellschaftlichen Alltags haben und welche realen Wünsche (nach sozialer, generationen- oder ethnienübergreifender Gemeinschaft) bedient werden könnten. Die strukturelle Ordnung korrespondiert dabei eng mit ihrer narrativen, motivlichen Ordnung. Die Serie kann als das wohlgeordnete Archiv, besser noch als das Funktionsgedächtnis für lebensweltliche kollektive Erfahrungen einer bestimmten Zeit angesehen werden. In der Terminologie Aleida und Jan Assmanns[41] zeichnet sich das Funktionsgedächtnis einer Gesellschaft durch seine sinnhafte Konfiguration aus, seine Leistung ist eine ‹bewohnbare Lebensgeschichte› und seine Unterstützung einer ‹Ich (bzw.) Wir-Identität›. Serien sind durch ihre strenge Narrationsstruktur und ihre funktionale Einbettung in den Programmablauf sinnhaft konfiguriert, durch die Alltagsnähe ihrer Erzählinhalte sowie die Zyklizität ihrer Produktion und Sendung stellen sie bewohnte Lebensgeschichte im doppelten Sinne dar – zum einen bezüglich des Serienpersonals, dessen Leben innerhalb der Soaps ungefähr im Zwei-Wochen-Rhythmus weiterentwickelt wird, zum anderen für das reale Publikum, das die eigene Lebensgeschichte mit der der Soaps synchronisiert, sie in seinen Alltag temporal und mental integriert. Daraus ergibt sich dann auch die Rolle der Serien als Element der Identitätsstiftung. Dies beginnt bei Äußerlichkeiten wie dem Aussehen von Serienfiguren als Vorbild für das eigene Aussehen, geht über zu Lebensumständen, Milieuzugehörigkeit, Verhaltensweisen, beruflichen und privaten Biografien von Figuren, die z. B. bei Jugendlichen stark als Rollenvorbilder dienen. Am Beispiel einzelner Serien ließe sich dies in exemplarischen Studien noch vertiefen; so hat z. B. die Serie ICH HEIRATE EINE FAMILIE (ZDF 1983–86) durch ihren Erfolg für eine verstärkte Akzeptanz von Patchworkfamilien gesorgt bzw. eine gesellschaftliche Tendenz aufgegriffen und in breiteren Schichten bekannt gemacht. Im Hörfunk finden sich neuere wie ältere Beispiele für die didaktische Funktion von Serien. Bekanntestes Beispiel ist die englische Radio-Soap *The Archers*, in der der Landbevölkerung nach dem 2. Weltkrieg narrativ verpackt Ratschläge zur optimalen Bewirtschaftung in Krisenzeiten gegeben wurden und wo mittlerweile der ökologische Landbau propagiert wird. In einer weiteren BBC-Serie namens NEW HOME, NEW LIFE, deren Ausstrahlung in Afghanistan 1994 begann, werden der Alltag und die Probleme der af-

---

41 Aleida Assmann/Jan Assmann: «Medien und soziales Gedächtnis». In: Klaus Merten/Siegfried J. Schmidt/Siegfried Weischenberg (Hg.): *Die Wirklichkeit der Medien*. Opladen 1994, S. 114–140, hier: S. 122 und 123.

ghanischen Bevölkerung aufgegriffen und zugleich versucht, den Demokratisierungsprozess erzählerisch zu unterstützen.[42]

Weitere Merkmale des Funktionsgedächtnisses wie die Eigenschaft des strategischen Gebrauchs von Erinnerungen innerhalb der Erzählkonstruktionen oder ihrer Bedeutung als öffentliches Ritual lassen sich für Serien feststellen, z. B. wenn die LINDENSTRASSE die Folge in der Woche des Jahreswechsels mit einem Walzer um Mitternacht ausklingen lässt oder den Abend der Bundestagswahl zelebriert.

Einen bundesdeutschen Missstand bezeichnet jedoch die Tatsache, dass die Serie nur im Moment ihrer Ausstrahlung ein Teil des Funktionsgedächtnisses ist und oft – solange sie nicht in der Zweitverwertung der Sender als Kaufprodukt vorliegt – ins tatsächlich unbewohnte Speichergedächtnis verschoben wird. Die Archive der öffentlich-rechtlichen wie der kommerziellen Sender, in denen die Serien verschwinden, sind – überspitzt formuliert – das, was Assmanns residuale, unstrukturierte Orte des ‹Es› nennen, an denen eine ‹Unantastbarkeit der Texte› und ein ‚autonomer Status der Dokumente› etabliert wird und dessen Träger ‹Individuen innerhalb der Kulturgemeinschaft› an Institutionen wie Museen oder Archiven sind, statt ‹kollektivierter Handlungssubjekte› des Funktionsgedächtnisses, also statt der Rezipierenden der Serien. Das Speichergedächtnis kann als ein schwer zugänglicher Ort, eine Art verwildertes Gedächtnis bezeichnet werden, an dem die Gesellschaft ihre momentan nicht relevanten Elemente auslagert. Wird das Fernsehen als das Bewusste, Manifeste angesehen, so wären die Archive des Speichergedächtnisses das Unbewusste der Gesellschaft. Bei höchstem Bedarf können Elemente daraus wieder aktiviert werden, von denen jedoch zuvor meist niemand wusste, zu welchem Zweck sie gelagert wurden. Individuelle Interessen, so zeigt es die momentane Situation der (Un-)Zugänglichkeit von Archivmaterial, müssen dahinter zurückstehen, denn eine Rücküberführung von Elementen des Speicher- in das Funktionsgedächtnis ist vor allem durch die Motivation von ganzen Gruppen möglich und «kann zum Korrektiv des Funktionsgedächtnis werden.»[43]

Viele gesendete Serien sind für die meisten Zuschauenden ein präsentisches Ereignis, dessen Wiederholung kaum beeinflussbar ist. Ihre Bedeutung für die Gesellschaft haben sie deshalb auch im kommunikativen Gedächtnis, in der Mündlichkeit des Erzählens. Serienfolgen werden gemeinsam rezipiert, sie dienen der Anschlusskommunikation und sie werden erinnert – ganz unabhängig davon, ob sie medial offen zugänglich sind. Sie werden diskutiert, wirken auf die Gesellschaft ein und entstehen aus ihr. Die kommerziellen Vorzüge, die die Sender an Serien, ganz besonders an Soaps schätzen, unterstützen diesen Effekt

---

42 http://www.unesco.org/education/educprog/lwf/doc/portfolio/case3.htm.
43 Ebd., S. 127.

noch. Serien können nicht nur, sie müssen breite gesellschaftliche Schichten ansprechen und darum eine breite Palette an Identifikationsmöglichkeiten und Wiedererkennungswerten besitzen.

Und entgegen der pejorativen Haltung gehören Serien, wie in der knappen Darstellung der Entwicklung des seriellen Erzählens über Mediengrenzen hinweg gezeigt werden sollte, einer der ältesten Traditionen des Erzählens an, das wichtige Themen wie Liebe – Freundschaft – Tod durch das serielle Prinzip zu handhaben und zu ordnen versucht.

Heinz-B. Heller

Mediale Ordnungen und das Imaginäre
Aspekte und Probleme des aktuellen Semidokumentarismus

1.

Wenn im Sinne des Rahmenthemas dieser Tagung ‹Erzählen, Archivieren, Beschreiben› als distinkte ‹mediale Ordnungen› verstanden werden, dann ist die Medienwelt offensichtlich in Unordnung geraten. Denn es ist nicht zu übersehen: Filme und Fernsehformate, die auf die Porosität, auf das transitorische Moment im Verhältnis von Fiktion und Non-Fiction setzen, haben offensichtlich Konjunktur. Seitdem Michael Moore mit FAHRENHEIT 9/11 auf dem Filmfestival in Cannes 2004 prämiert wurde, hat er dem Dokumentarfilm (oder dem, was viele dafür halten) wieder die großen Kinos geöffnet. Und im Fernsehen, wo vieles mit dem so genannten Reality-TV und den Doku-Soaps in den frühen Neunzigern in Bewegung kam, bestimmen und durchsetzen so genannte Hybridformate mehr denn je das Programm. Als im Sommer 2005 in Ludwigsburg die erste Dokumentarfilm-Branchentagung «Dokville» stattfand, fasste der Hauptreferent Fritz Wolf seine Beobachtungen zum deutschen Fernsehprogramm dahingehend zusammen: In einem Ausmaß und in einer Intensität wie nie zuvor seien die «Grenzen zwischen real und fiktional, zwischen Gefunden und Erfunden [...] ins Rutschen gekommen.»[1] Angesichts immer mehr neuer und neu kombinierter Formate wie Doku-Soaps, Erlebnis-Dokus, Zeitreisen und Living History (z. B. SCHWARZWALDHAUS 1902, SWR/2002; WINDSTÄRKE 8, WDR/2005; HARTE SCHULE, ZDF/2005), Rollentausch- und Supervisionsformaten (FRAUENTAUSCH, RTL2/2003; DIE SUPER NANNY, RTL/2004; PARTNER-TÜV, VOX/2005) stelle sich die Frage, wie im «wechselseitigen Prozess von Produktion, im Austausch von Bild und Blick, [...] zwischen Publi-

---

1 Fritz Wolf: *Trends und Perspektiven für die dokumentarische Form im Fernsehen. Eine Fortschreibung der Studie «Alles Doku – oder was. Über die Ausdifferenzierung des Dokumentarischen im Fernsehen»*, S. 1–57, hier: S. 33f. Abrufbar unter http://www.dokville.de/dokville2005/schriften/fritz-wolf.pdf. Vgl. auch Fritz Wolf: «Fiktionalisierung des Dokumentarischen. Der Trend zu Docutainment und Serialisierung». In: Peter Zimmermann/Kay Hoffmann (Hg.): *Dokumentarfilm im Umbruch. Kino – Fernsehen – Neue Medien*. Konstanz 2006, S. 125–137.

kum und Medium in vielen kleinen Schritten neu ausgehandelt [werde], was wir künftig für wahr, für real und für realistisch halten werden und was nicht. [...] Die Grenzen zwischen fiktionalen und nicht-fiktionalen Filmformen werden derzeit im Fernsehen neu definiert.»[2] Und die Antwort fällt für Wolf eindeutig aus: Das «Fernsehen als Leitmedium der westlichen Gesellschaften verschiebt unsere Wahrnehmung in Richtung Fiktion. Es überzieht auch die nicht-fiktionalen Arbeiten, dokumentarische oder journalistische Sendungen, feuilletonistische oder auch ereignisbezogene, mit einem Firnis von Fiktionalisierungen. Wir haben es mit einem Netzwerk von Fiktionen zu tun, das auf verschiedenen Ebenen ausgespannt wird.»[3] Mit den ihnen eigenen Erzählstrukturen, zu denen vor allem eine auf Personalisierung, Emotionalisierung, Spannung und Ent-Spannung setzende Modellierung von Situationen und Konflikten gehört, würden sie im Endeffekt eine auf Einverständnis ausgerichtete Sicht auf eine Wirklichkeit generieren, in der «Brüche, offene Stellen, Risse, ja sogar Widersprüche zu[ge]kleister[t]» seien und sich «offene Fragen erst gar nicht stellen.»[4]

Wenn dieser Oberflächenbefund zutreffend ist – und einiges, wenn nicht vieles spricht dafür – dann liegen eine Reihe von Fragen nahe, die ins Grundsätzliche gehen. Sie zielen vor allem auf die Repräsentationsverfahren und -potenziale dieser und anderer Hybridformen, auf das Verhältnis von dokumentarisierenden und fiktionalisierenden Strategien sowie deren Funktionen; und dies sowohl auf der textkonstitutiven Ebene wie der kommunikativ-pragmatischen. Anders gewendet wäre zu fragen, ob solche Erscheinungen nicht gar zu einer Revision unseres Verständnisses vom Verhältnis ‹filmischer Fiktion : Nicht-Fiktion› nötigen; ein Verständnis, demzufolge wir es mit zwei sich oppositionell ausschließenden filmischen Repräsentationsmodi zu tun hätten. Im vorgegebenen Rahmen können selbstredend keine erschöpfenden Antworten auf diese Fragen gegeben werden; gleichwohl soll mit einigen Strichen ein Tableau skizziert werden, das die Entwicklung dieser und anderer semidokumentarischer Formen im Kontext der historischen Dokumentarfilmentwicklung verortet und vor allem deren produktive Potenziale im Auge hat.

2.

Dass Fakt und Fiktion in einem komplizierteren Verhältnis zueinander stehen, als es uns die landläufige dichotomische Unterscheidung glauben lässt, ist so alt wie das Erzählen selbst. Die Literaten haben es schon längst gewusst. Wenn z. B. Johann Gottfried Schnabel im frühen 18. Jahrhundert seine vierbändige

---

2 Vgl. Wolf: Trends (wie Anm. 1), S. 5.
3 Ebd., S. 35f.
4 Ebd., S. 37.

Utopie *Insel Felsenburg* (1731/1743) mit umfangreichen authentischen Dokumenten anreichert, etwa mit detaillierten Land- und Seekarten oder mit umfangreichen statistischen Angaben, so tut dies der Fiktion keinen Anbruch: «Im Gegenteil. Gerade an so überzeugend=Exaktem kann sich die kombinierende Fantasie entzünden: Das heißeste Feuer kommt aus Trockenstem; Karten, Zahlenkolonnen, Namenslisten von Staatshandbüchern!», betonte Arno Schmidt in einem seiner szenischen Essays zur Literatur des 18. Jahrhunderts.[5]

Für den Film, der im Unterschied zur Literatur nicht nur mit Vorstellungsbildern, sondern auch mit Wahrnehmungsbildern operiert (was die Sache nur komplizierter werden lässt) – für den Film war eine solche Verknüpfung von dokumentarischem Zeigen und szenischem Erzählen in der Praxis ebenfalls schon früh bekannt, und gerade die Klassiker des Dokumentarfilms – von NANOOK OF THE NORTH bis zu den Highlights der Grierson-Schule – überboten sich förmlich in der – wie es der britische Weggefährte Paul Rotha ausdrückte – «dramatization of actual material».[6] Zu einem Problem, zumal einem methodischen und theoretischen, wurde das Verhältnis erst in den 1960er Jahren im Zuge der Auseinandersetzungen um das Direct Cinema, in deren Verlauf der Mythos einer spezifischen filmdokumentarischen Authentizität zunächst ein besonderes Oppositionsverhältnis zur filmischen Fiktion suggerierte, um dann schrittweise selbst dekonstruiert zu werden. Schon das französische Cinéma Vérité relativierte den naiven Anspruch des Direct Cinema auf unvermittelte filmische Authentizität referenzieller Verbürgtheit. Wo die Amerikaner glaubten, die Funktion und die Präsenz der Filmkamera, vor der und vor allem *für* die auch immer gespielt wurde, minimieren zu können, da suchte das Cinéma Vérité einen offensiven und reflektierten Umgang mit der Kamera beim Filmen. Vor allem Jean Rouch und Edgar Morin setzten hier entscheidende Maßstäbe. Erfahren im Umgang mit Methodenproblemen der Ethnografie (Rouch) und der Soziologie (Morin), war ihnen nicht nur die Involviertheit des recherchierenden Subjekts im Prozess des Dokumentierens bewusst; darüber hinaus suchten sie zugleich das Problem der unhintergehbaren Kamera auch im Bewusstsein der vor der Filmapparatur Agierenden produktiv zu wenden. In MOI, UN NOIR (1958), einem Film über das Lumpenproletariat im afrikanischen Abidjan, lässt Rouch einzelne Schwarze, die wissen, dass sie für einen und in einem Film agieren, selbst gewählte Rollen spielen – *Film*rollen (Edward G. Robinson, Tarzan, Eddie Constantin usw.); soziale Phantasien und Tagträume verkörpern sie, Fiktionen also, die sich mit der Dokumentation ihrer objektiven Lebensumstände durchmischen und insofern mehr über deren Lebensre-

---

5 Arno Schmidt: *Nachrichten von Büchern und Menschen*. Bd. 1: *Zur Literatur des 18. Jahrhunderts*. Frankfurt/ M. 1971, S. 49.
6 Paul Rotha zit. n. Brian Winston: Documentary: I Think we Are in Trouble. In: Alan Rosenthal (Ed.): New Challenges for Documentary. Berkeley/CA u. a. 1988, S. 21.

alität aussagen, als eine objektivistische, rein faktografische Sozialreportage es je vermocht hätte.

Zweierlei erscheint in diesem Zusammenhang bemerkenswert: zum einen die Interaktion von Fiktion und lebensweltlichen Bedingungen der Schwarzen auf der Darstellungsebene, zum anderen die bewusste Interaktion zwischen Protagonisten und Filmemachern über die unhintergehbare Kamera im Prozess des Filmens. Im Zeichen dieser doppelten Interaktion ‹verflüssigen› sich Fiktion und Dokumentation zu prozessualen *Akten des Fingierens* und *des Dokumentierens*. Die theoretische Schlussfolgerung, die sich aus diesem Befund ergibt, artikuliert sich in einer veränderten Fragestellung: Statt der Frage nachzugehen: ‹Was heißt, was ist Fiktion, was eine Dokumentation?›, stellt sich vielmehr als vorrangiges Problem: Wie und auf Grund welcher Bedingungen organisieren sich Filme, denen wir einen fiktionalen oder einen non-fiktionalen, also dokumentarischen Charakter zuschreiben – und dies im Bewusstsein, dass es sich hier – wie unser Beispiel zeigt – mitnichten um ein a priori sich wechselseitig ausschließendes Begriffspaar handelt.

3.

In diesem Zusammenhang ist für den einschlägigen Diskurs, zumal auch mit Blick auf die jüngere und jüngste Entwicklung, eine weitere, doppelt motivierte Zäsur im Verständnis des Dokumentar-Filmischen von Bedeutung geworden: Formelhaft ausgedrückt, ist diese Zäsur in der semiotischen Wende im Horizont der französischen Nouvelle Vague und ihrer Theoreme, aber auch in konstruktivistischen Axiomen begründet zu sehen, wie sie hierzulande vor allem Alexander Kluge theoretisch und praktisch zur Geltung gebracht hat. Beiden Ansätzen ist – bei allen methodischen und begrifflichen Unterschieden – gemein, dass Filme, ungeachtet ob Spiel- oder Dokumentarfilme, Wirklichkeit per se nicht widerspiegeln, sondern dass Filme vor allem Artefakte darstellen: Zeichen bei den Franzosen, sinnliche und zugleich künstliche Konstrukte heterogener Erfahrungen und Motive bei Kluge. Ebenfalls gemeinsam ist beiden Ansätzen, dass auf der Ebene des filmbildlichen Augenscheins die konventionelle Unterscheidung zwischen Fiktionsbildern und dokumentarischen Bildern hinfällig wird. «Der Blick macht die Fiktion. [...] die Fiktion ist genauso real wie das Dokument von Realität», sagt Jean-Luc Godard.[7] Und Agnès Varda spielt 1982 im Titel eines ihrer Filme bewusst mit der semantischen Doppeldeutigkeit des Begriffs *docu-menteur* (Doku-mentar/-Lügner). Alexander Kluge implementiert sein *konstruktivistisches* Modell zugleich in pragmatischen Austausch-

---

[7] Jean-Luc Godard: *Einführung in eine wahre Geschichte des Kinos* (1980). München/Wien 1981, S. 127 f.

und kommunikativen Handlungszusammenhängen, wenn er von den «drei Kameras» spricht, die den Dokumentarfilm hervorbringen und einen «Tatsachenzusammenhang» konstruieren:

> der Kamera im technischen Sinn (1), dem Kopf des Filmemachers (2), dem Gattungskopf des Dokumentarfilm-Genres, fundiert als Zuschauererwartung, die sich auf Dokumentarfilm richtet (3). Man kann deshalb nicht einfach sagen, daß der Dokumentarfilm Tatsachen abbildet. Er fotografiert einzelne Tatsachen und montiert daraus nach drei, z. T. gegeneinander laufenden Schematismen eines Tatsachenzusammenhangs. Alle übrigen möglichen Tatsachen und Tatsachenzusammenhänge werden ausgegrenzt.[8]

Konstruktcharakter eines scheinbar Tatsächlichen und Ausschluss realer oder imaginärer alternativer Möglichkeitsformen – das sind also die zwei Seiten ein und derselben Münze ‹Dokumentarfilm›. Dies aus dem Blick zu verlieren, bedeutet einem naiven Realismus- und Dokumentarfilmverständnis aufzusitzen. Alexander Kluge: «Der naive Umgang mit Dokumentation ist deshalb eine einzigartige Gelegenheit, Märchen zu erzählen. Von sich aus ist insofern Dokumentarfilm nicht realistischer als Spielfilm.»[9] In dieser Hinsicht herrscht somit kein prinzipielles Oppositions-, sondern vielmehr ein Differenzverhältnis; an anderer Stelle habe ich diese *differenzielle* Qualität, die dem Dokumentarfilm zugeschrieben wird, als «referenzielles Mehrwert-Versprechen» genauer zu beschreiben und zu erklären versucht.[10]

Für den vorliegenden Darstellungszusammenhang erscheint es nun sinnvoll, im Horizont der Klugeschen Überlegungen die Genre-Perspektive auch umzukehren. Lassen wir im Einklang mit den meisten einschlägigen Theorien als Basiselement von Fiktionen – ob literarischen, theatralen oder filmischen – das Strukturgesetz des spielerischen ‹Als ob› gelten, so ergibt sich in Hinblick auf den Spielfilm ein komplementär auf den konstruktivistischen Dokumentarfilm bezogenes Dispositiv:

> Im menschlichen Kopf sind Tatsachen und Wünsche immer ungetrennt. Der Wunsch ist gewissermaßen die Form, in der die Tatsachen aufgenommen werden.

---

8   Alexander Kluge: *Gelegenheitsarbeit einer Sklavin. Zur realistischen Methode.* Frankfurt/M. 1975, S. 202.
9   Ebd., S. 202 f.
10 Vgl. Heinz-B. Heller: «Dokumentarfilm als transitorisches Genre». In: Ursula von Keitz/Kay Hoffmann (Hg.): *Die Einübung des dokumentarischen Blicks.* ‹Fiction Film› und ‹Non Fiction Film› *zwischen Wahrheitsanspruch und expressiver Sachlichkeit 1895–1945.* Marburg 2001, S. 15–26.

> Die Wünsche haben nicht weniger Real-Charakter als die Tatsachen. Sie haben ihre Hauptwurzel in der Tatsache, daß die gesamte libidinöse Erfahrung in der Kinderzeit an Personen, den Urobjekten, erlernt wird. *Es ist der Wunsch, diese persönlichen Beziehungen in Form der Spielhandlung wiederzuerkennen, die Welt in menschliche Beziehungen zu zerlegen. Die Utopie davon* [d. h. die Utopie, die wunschökonomisch in dieser erzählerischen Repräsentations*form* beschlossen ist, H.-B. H.] *ist realistisch* [und nicht die tatsächlich realisierte Erzählung, H.-B. H.].[11]

In diesem filmtheoretischen Diskurs erscheinen Spiel- und Dokumentarfilm in ihrer differenziellen Qualität nicht nur aufeinander beziehbar; in einer reflektierten Konstruktionspraxis von fiktionalen und dokumentarischen Repräsentationsmustern eröffnet diese darüber hinaus neue Potenziale, die sich paradoxerweise der Konzentration auf die *Grenzen* filmischer Abbildbarkeit von wahrnehmbarer Realität und auf die Evokation imaginärer Vorstellungswelten, der Wirklichkeit der Einbildungen, Tagträume, Wünsche, Phantasien gerade auch Form von Fiktionen verdanken. Friktionen, Brüche oder Widersprüche zu der nur fragmentarisch sicht- und repräsentierbaren Realität bzw. zu konventionellen dokumentarischen Verfahren werden nicht nur billigend in Kauf genommen, sondern sind beabsichtigt. Spielerische Fiktion des ‹Als ob› und dokumentierender Zeige-Gestus sind demnach nicht mehr – wie es lange Zeit Konvention war – ein a priorischer Widerspruch, sondern stellen mit der wechselseitigen Durchlässigkeit ein bewusstes Konstituens filmischen Erzählens und filmischer Sinnstiftung dar. Idealtypisch stellt dieses Verfahren nicht nur Fiktionen auf eine realistische Basis, nimmt es sich ihnen gegenüber also auch latent aufklärerisch aus;[12] gleichzeitig relativiert und reflektiert es die Grenzen konventioneller Repräsentation und eröffnet dieser überdies ehedem oft vorenthaltende und verschlossene Erfahrungsmodi des Möglichen, des nur Vorstellbaren oder – keineswegs geringzuschätzen – schlichtweg des intelligent unterhaltsamen Gedankenspiels.[13] Statt faktografischer Bestandsaufnahmen erleben wir Erkundungen der in der Wirklichkeit eingelagerten und sie mitkonstituierenden Einbildungen und Imaginationen; im bewussten Vexier- und Widerspiel von Wahrnehmungs- und Vorstellungsbildern das Imaginäre zu entbinden und sinnlich anschaulich erfahrbar zu machen – in diesem Horizont entfaltete der Semidokumentarismus der 1980er und frühen 1990er Jahre seine besonderen Potenziale.

---

11 Kluge (wie Anm. 8), S. 204.
12 So wie es lange Zeit dem Dokumentarfilm generell als spezifische Qualität zugeschrieben wurde.
13 Vgl. zu letzterem Aspekt: Heinz-B. Heller: «Kulinarischer Dokumentarfilm? Anmerkungen zu neueren Tendenzen im Dokumentarfilm und seinem Verhältnis zur Unterhaltung». In: Manfred Hattendorf (Hg.): *Perspektiven des Dokumentarfilms*. München 1995, S. 97–110.

Mediale Ordnungen und das Imaginäre

Einige Beispiele zur Erinnerung: Wenn Agnès Varda in MURS MURS (1982) mit der Kamera durch Los Angeles streift, dann zeigt sie uns nicht nur die «Murals», die öffentlichen Wandbilder; sie bringt diese überdies – wie der Titel in seiner Homophonie [‹murmurent›: *sie murmeln*] auch zu erkennen gibt – zum Sprechen: nämlich als eine Form urbaner Kommunikation und Selbstverständigung insbesondere der hispano-amerikanischen Ethnie, in der sich individuelle wie kollektive Erfahrungen, Träume, Ängste und Phantasien öffentlich Ausdruck verschaffen.

Wenn Michael Moore in ROGER AND ME (1989) mit gespielt naiver Haltung in die Rolle des investigativen Dokumentaristen schlüpft und sich auf die Suche nach dem Generaldirektor Roger B. Smith, dem vermeintlich persönlich Verantwortlichen für die Massenentlassungen bei General Motors, im Flint des amerikanischen Mittelwesten macht, dann mutiert diese – letztlich erfolglose – Recherche unversehens zu einem Vergangenheit wie Gegenwart umfassenden Vexierspiel mit medialen Vorstellungsbildern, Täuschungs- und kollektiven Selbsttäuschungsmanövern, in das das Management, die Belegschaft und die Bevölkerung, einschließlich des jungen Michael Moore, verfangen sind.

Wenn Errol Morris in THE THIN BLUE LINE (1988) im authentischen Fall des wahrscheinlich unschuldig zum Tode verurteilten Randy Adams die ihn belastenden Zeugenaussagen in ästhetisch hochgradig stilisierten Spielfilmszenen vergegenwärtigt, dann artikuliert sich in diesen eingespielten Fiktionen nicht die Wahrheit, sondern eben ihr fingierender Charakter, und erst im Geflecht der Lügen scheint für Momente indirekt eine Ahnung der Wahrheit auf, die aber im Grunde in einen Diskurs eingebettet ist, der im Zeichen des Paradoxes der Kreter steht.[14]

Und wenn schließlich Werner Herzog in LEKTIONEN IN FINSTERNIS (1992) in Form eines Requiems unter einem fingierten Motto Jean-Blaise Pascals und im Modus einer negativen Dialektik der Aufklärung den vermeintlich dokumentarischen Bildern des ersten Golfkrieges in den Medien seine apokalyptische SF-Vision der historischen Ereignisse anhand der Folgeschäden entgegenhält und uns vor Augen führt, dann werden die Grenzen dessen, was gemeinhin mit dem Dokumentarischen verbunden wird, bei weitem zugunsten einer Anspannung unserer Vorstellungen transzendiert, unserer Imagination des Grauens, das sich tatsächlich ereignet hat und sich der unmittelbaren Bildlichkeit entzieht.[15]

---

14 Vgl. dazu v. a. Linda Williams: «Spiegel ohne Gedächtnisse. Wahrheit, Geschichte und der neue Dokumentarfilm». (1993). In: Eva Hohenberger/Judith Keilbach (Hg.): *Die Gegenwart der Vergangenheit. Dokumentarfilm, Fernsehen und Geschichte*. Berlin 2003, S. 24–44.

15 Vgl. dazu näher Alexander Schwarz: «Wahre Bilder des Grauens. Ästhetik und Authentizität in Werner Herzogs *Lektionen in Finsternis* (1992)». In: Manfred Hattendorf (Hg.): *Perspektiven des Dokumentarfilms*. München 1995, S. 167–190.

4.

So eindrucksvoll sich diese praktischen Filmbeispiele auch geben, ein Blick auf den literaturästhetischen Diskurs macht indes den Nachholbedarf auf dem Gebiet des Film*theoretischen* deutlich. Ist der Roman im Allgemeinen die fiktionale literarische Gattung *par excellence*, so ist speziell der moderne Roman des 20. Jahrhunderts in dem Maße modern, wie er die Fiktion als Negation der referenziellen Illusion begreift, zu einem ‹Anti-Diskurs› sich öffnet «und so zu Formen einer im Referenziellen nicht mehr aufgehenden, im radikalen Sinne fiktiven Konstruktion findet.»[16] Insbesondere mit dem *linguistic turn*, der in Frankreich im Umkreis der avantgardistischen Zeitschrift *Tel Quel* eine neue strukturale, dann generative und schließlich dekonstruktive Literatur hervorbrachte, macht der Roman sich die *Virtualität* seiner sprach- und textgeborenen Strukturen zum Thema und entdeckt sich als Fiktion neu; Fiktion nun nicht mehr im Sinne einer referenziellen Illusion, sondern als *écriture* oder noch allgemeiner als *textura*, des Webens und Verwebens des sprachlichen Materials zu Formen des Virtuellen.[17] Der neue Roman, «weit entfernt davon, dem Zusammenhang einer einfachen Geschichte zu folgen, bindet in seiner fiction mot à mot Figuren zusammen, die immer zugleich Sprachfiguren, Gedankenfiguren und Figuren möglicher Erfahrung, möglicher Aufmerksamkeitsdisposition sind.»[18]

Die Filmtheorie hat bislang erst in Ansätzen eine medial entsprechende Fiktionstheorie erarbeitet, in der die Negation der referenziellen Illusion überführbar erscheint in ein Projekt der *écriture* von Bildern und Tönen jenseits der traditionellen Dichotomie von Fiktion und Non-Fiktion.[19] Insofern schien im Bereich des Semidokumentarismus der 1980er und frühen 1990er Jahre die filmische Praxis in ihren elaboriertesten Ausprägungen der Theorie in dieser Hinsicht erheblich voraus zu sein. Müßig zu sagen aber auch, dass der eingangs beschriebene TV-Mainstream im Zeichen der so genannten Hybridisierung damit wenig zu tun hat, ja gerade als Perversion jenes Projekts erscheinen muss.

Welche gestalterischen Potenziale, auch medial-selbstreflexiver Art, in dem Zwischenraum von Fiction und Non-fiction liegen, soll hier abschließend am Beispiel eines Films kurz illustriert werden, der erstmals auf dem Filmfestival 2002 in Venedig gezeigt wurde: der Omnibusfilm 11'09"01 – SEPTEMBER 11.

Ein Projekt, in gewisser Weise vergleichbar dem Gemeinschaftsunternehmen LOIN DU VIÊT-NAM aus dem Jahre 1967[20]: 11 Regisseure aus aller Welt und aus

---

16 Karlheinz Stierle: «Fiktion». In: *Ästhetische Grundbegriffe. Historisches Wörterbuch in sieben Bänden*. Hg. v. Karlheinz Barck et al. Stuttgart/Weimar 2001ff. Bd. 2, S. 420.
17 Vgl. ebd., S. 421.
18 Ebd., S. 422.
19 Vgl. hierzu vor allem Roger Odin: *De la fiction*. Brüssel 2000; Margrit Tröhler: «*Walk the Walk* oder: Mit beiden Füßen auf dem Boden der unsicheren Realität. Eine Filmerfahrung im Grenzbereich zwischen Fiktion und Authentizität». In: *montage/av* 7/2/1998, S. 79–90.
20 Beteiligte Regisseure: A. Resnais, W. Klein, J. Ivens, A. Varda, C. Lelouch, J.-L. Godard.

unterschiedlichen Kulturen, Frauen und Männer, thematisieren bei «völliger Gestaltungsfreiheit» (Vorspann) und in frei gewähltem filmischem Modus in 11 Beiträgen ihre Reaktion, ihre Eindrücke und Verarbeitung der Ereignisse des 11. Septembers 2001.

Abb. 1

Das Referenzdatum gibt auch die Form vor; 11:09:01 – das heißt: 11 Filme mit einer Länge von exakt 11 Minuten, neun Sekunden und einer Einstellung. Das bindet die einzelnen Beiträge, obwohl ohne explizite inhaltliche Abstimmung, formal straffer als die Beiträge in LOIN DU VIÊT-NAM an- und untereinander, sorgt damit insgesamt für eine stringentere Brechung und wechselseitige Reflexion von dokumentarisierendem und fiktionalisierendem Modus. Und dann referieren alle Beiträge thematisch auf ein zentrales Ereignis, das in einem doppelten Sinne anwesend und abwesend zugleich ist – die Anschläge auf das World Trade Center in New York: an- und abwesend als (außerhalb Manhattans) global via Fernsehbild lediglich imaginär miterlebtes Realereignis, für das die brennenden und kollabierenden Twin Towers zur weltweit gültigen zeichenhaften Abbreviatur, zur ikonographischen Formel eines bis dahin unvorstellbaren Infernos wurden; an- und abwesend zugleich aber auch auf dem Niveau der medialen Repräsentation jenes Ereignisses in diesem Film in seiner mal explizit wahrnehmbaren, mal nur mittelbaren, nur imaginierbaren Vergegenwärtigung auf den verschiedenen audiovisuellen Artikulationsebenen. Unter diesen Vorzeichen haben sich den insgesamt zwischen fiktionalem und dokumentarischem Modus changierenden Beiträgen auch in jedem Einzelfall – wenn auch mit unterschiedlicher Intensität, so doch strukturell nachhaltig – Momente des Transitorischen eingeschrieben.[21]

Am konventionellsten geschieht dies wohl in der Episode von Claude Lelouch: Die taubstumme junge Französin, mit ihrem Geliebten, einem Fremdenführer im World Trade Center, über die Gebärdensprache verbunden, *schreibt* – weil sprachlich eindeutiger – diesem auf dem PC einen Abschiedsbrief, der die Beziehung beenden soll: Diese für sie so ungewohnte grafische Kommunikationsform am Monitor absorbiert sie so sehr, dass sie Bild und Ton vom Einsturz der Twin Towers im nebenbei mitlaufenden Fernsehgerät nicht wahrnimmt (Abb. 1).

21 Beteiligte Regisseure: Youssef Chahine, Amos Gitaï, Alejandro González Iñárritu, Shohei Imamura, Claude Lelouch, Ken Loach, Samira Makhmalbaf, Mira Nair, Idrissa Ouedraogo, Sean Penn, Danis Tanovic.

Abb. 2

Die Schere zwischen medial ansichtigem Live-Ereignis und qua Kommunikationsmedium verfehlter Wahrnehmung der Wirklichkeit bleibt nur dem Zuschauer erkennbar. Die dokumentarischen Fernsehbilder, die wir als ‹Film im Film› auf dem Monitor sehen, stellen ein Funktionselement der filmischen Diegese dar, weisen aber gleichzeitig die Qualität eines Schlüsselbildes auf. Seine (außerhalb der filmischen Wirklichkeit erfolgte) formelhafte Abnutzung als ikonogaphisches Kürzel bei gleichzeitiger semantischer Auflading durch spätere diskursive Zuschreibungen und Erklärungen verschaffen ihm den Bedeutungsüberschuss eines zeichenhaften Archivbildes für das kollektive Gedächtnis. Insofern kommen dieser filmischen Erzählung auch Züge eines medien(selbst)reflexiven Modells zu.

Ken Loach nähert sich auf einem anderen Weg seinem Thema. Er operiert mit einer Engführung von überwiegend historischen Dokumentaraufnahmen aus den frühen 1970er Jahren und aktuellem, nur knapp evoziertem, weil im Bewusstsein noch lebendigen Bildmaterial der New Yorker Ereignisse: Loach lässt einen noch heute im Londoner Exil lebenden Chilenen, laut Credits den Autor, Schauspieler und Liedermacher Vladimir Vega, an die Hinterbliebenen der Opfer vom 11. September 2001 einen öffentlichen Brief schreiben – einen Brief der Verbundenheit, geschrieben aus der solidarischen Haltung im Leiden verbundener Opfer. Vega ruft in Erinnerung, dass am 11. September, auch an einem Dienstag, allerdings im Jahr 1973, in Chile die Generäle auf Betreiben der US-Regierung gegen die demokratisch gewählte Regierung Allendes putschten und in der Folge ihn und mindestens 30.000 weitere Chilenen im Zuge der Terroraktionen gegen die Bevölkerung ermordeten. «Von diesem Moment an», jenem 11. September, «wurde unser und Euer Schmerz zur offiziellen Politik.» (Abb. 2)

Loach montiert historische Filmbilder von Düsenflugzeugen im Anflug[22], die dann die «Moneda», den Regierungssitz Allende, in Schutt und Asche legen, mit Szenen öffentlicher Auftritte von George W. Bush, in denen er deklamiert: «Am 11. September verübten Feinde der Freiheit Kriegshandlungen. Es wurde Nacht in einer veränderten Welt; einer Welt, in der die Freiheit an sich bedroht ist.» Dazwischen sieht man eingeschnittene Bilder des freundschaftlichen Einvernehmens zwischen dem damaligen US-Außenminister Kissinger und General Pinochet (Abb. 3–5).

---

22 Die Aufnahmen und Einstellung ähneln verblüffend denen von den entführten Maschinen, kurz bevor sie in die Twin Towers gelenkt wurden.

Mediale Ordnungen und das Imaginäre

Loach insistiert darauf, dass die kalendarische Koinzidenz der Septemberereignisse von 1973 und 2001 in einem strukturellen Zusammenhang zu sehen ist. Über die beklemmenden und verstörenden Zeitzeugnisse von Verhaftungen, Folterungen und Hinrichtungen, die das US-gestützte chilenische Militär an der Zivilbevölkerung exekutierte, legt sich George W. Bushs Stimme, wonach der Anschlag vom September nicht nur gegen ein einzelnes Land gerichtet sei, «sondern ein Anschlag auf die Freiheit selbst» darstelle.

In unserem Zusammenhang interessiert vor allem das Verfahren von Ken Loach. Dabei erscheint es letztlich unerheblich, ob der schreibende Chilene für den Zuschauer – zunächst nicht erkennbar – ein authentischer Exilant oder eine erfundene Figur innerhalb eines fiktionalen Dispositivs ist. Viel bedeutsamer ist die dramaturgische, die konstruktivistische Funktion, die er erfüllt – nämlich: für

Abb. 3–5

sich gesehen, unvermittelte historische und aktuelle Bilddokumente aufeinander zu beziehen und damit über seine eigene Subjektivität einen Zusammenhang von Geschichte herzustellen; einer Geschichte – und diese nun nicht als Fiktion, sondern als Fakt vorgeführt – die den Effekt der Unmittelbarkeit wie der Unvermitteltheit der Bilddokumente von 1973 wie von 2001 im Hegelschen Sinne bewahrend aufhebt. Diese Konstruktion verleiht dem Beitrag von Ken Loach seine massive politische Wucht und Emphase, bekräftigt aber auch die Haltung und den Gestus der Solidarität mit und unter den Opfern. Am Ende verabschiedet sich unser Chilene mit einem Zitat des Hl. Augustinus: «Die Hoffnung hat zwei schöne Töchter: Wut und Mut. Wut darüber, wie die Dinge sind, und Mut, sie zu ändern.» Und, so schreibt er den Angehörigen der amerikanischen Opfer angesichts des bevorstehenden 1. Jahrestages des New Yorker Anschlags, an dem sich zugleich zum 29. Mal der Tag des Angriffs auf die «Moneda» in Santiago jährt: «Wir werden an Euch denken; ich hoffe, Ihr denkt an uns.»

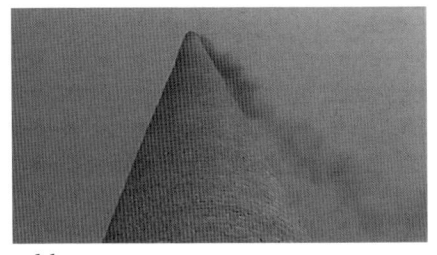

Abb. 6–7

Wie stark medial imprägnierte Wahrnehmungsroutinen und zu ikonografischen Kürzeln verkümmerte Wirklichkeitseindrücke des Live-Fernsehens unseren Alltag prägen, macht der ausgesprochen poetische, aus und mit der Perspektive der soziokulturellen Fremderfahrung operierende Film von Samira Makhmalbaf deutlich, der zugleich ansatzweise augenscheinliche kulturelle Differenzen aufhebt – im Imaginären der reinen anschaulichen Form.

In einem afghanischen Flüchtlingslager im Iran versucht eine freundliche, pädagogisch engagierte Lehrerin ihren kleinen Schützlingen, die sie für den Unterricht erst der Arbeit in der Ziegelei des Dorfes förmlich entreißen muss, das Faktum und das Ausmaß der New Yorker Ereignisse begreiflich zu machen – einschließlich der möglichen Folgen: ein drohender atomarer Vergeltungsschlag der Amerikaner oder gar ein Dritter Weltkrieg. «Ein wichtiges Ereignis! Ein großes Unglück!?» Schon das ist für die Kinder nur in den Dimensionen vorstellbar, in denen sich das Dorfleben abspielt. Ein großes Unglück ist für sie das, was gestern passierte. Ein Mann ist in einen Brunnen gefallen, und einer hat sich ein Bein gebrochen. Wenn dem schon so ist, wie sollen sie dann erst verstehen, was ein Handy ist, über das im Twin Tower Eingeschlossene sich verzweifelt an die Außenwelt um Hilfe gewandt haben sollen.

Und was ist schon ein Tower? Auch mit einer Schweigeminute will es nicht so recht klappen. Was ist eine Minute? Die Lehrerin versucht, mit ihrem Zeigefinger auf einem schnell gezeichneten Kreis den Umlauf des Sekundenzeigers auf einer imaginären Uhr zu simulieren. Und mit dem Schweigen will es auch nicht so recht klappen. Denn mit der größten Selbstverständlichkeit reagieren die Kleinen auf die Motive des Anschlags. «Tötet Gott? Tötet Er?» – «Gott hat keine Flugzeuge.» Mit kindlicher Naivität bewegen sie sich in einem alltagstheologischen Diskurs und dekonstruieren implizit, nur für den Zuschauer erkennbar, eine religiös-islamistische Rechtfertigungsideologie, wie sie die Attentäter von New York tatsächlich für sich in Anspruch genommen hatten. Und spätestens wenn die Kamera via Bewegung und Perspektivierung den Ziegelei-Schornstein mit seiner Rauchfahne ins Objektiv nimmt, wird über die filmische Formgebung die Wahrnehmung der Kinder mit der des Filmzuschauers homologisiert, dessen Erinnerung sich in gleicher Einstellung das beherrschende Bild von

Mediale Ordnungen und das Imaginäre

den brennenden Türmen aus den Endlosschleifen der TV-Berichterstattung über die New Yorker Ereignisse nachhaltig eingebrannt hat (Abb. 6–7).

In solchen Konfigurationen von real erinnerten und im Modus des Fiktiven aktualisierten ästhetischen Formen artikuliert sich ein Neues, etwas Imaginäres – jenseits der konventionellen Dichotomie von Fiktion und Non-fiction. Und dieses Imaginäre bringt bei aller soziokulturellen Differenz nicht nur *formale* Wahrnehmungsperspektiven zur Annäherung.

Inhaltlich hat dieser Beitrag von Samira Makhmalbaf, der sich am Anfang dieses Gemeinschaftsprojekt befindet, die Funktion einer Ouvertüre oder einer Exposition. Insofern hebt er nicht nur für sich, sondern auch ein in Hinblick auf die Gesamtstruktur wesentliches Element hervor: den Gestus einer um Verständnis bemühten Annäherung an das Fremde, das Ungeheuerliche, das Monströse der New Yorker Ereignisse im Modus der letzt-

Abb. 8/9/8

lich nur imaginären Vergegenwärtigung, nicht in dem des Dokumentarischen im Zeichen einer wie immer gearteten Demonstration des ‹So ist es gewesen›.

In dem Beitrag des Mexikaners Alejandro González Iñárritu findet dieses Verfahren seine konsequenteste Ausprägung. 11 Minuten nahezu durchgängig Schwarzfilm. Die Negation des Sichtbaren, die Negation des Prinzips ‹Film›. Was wir sehen, taugt weder als sichtbares Dokument noch als filmische Fiktion. Wir sind allein auf unsere Imagination zurückgeworfen, die in dem unverständlich fremden, monotonen Stimmengewirr auf der Tonspur kaum orientierende Anhaltspunkte, geschweige denn sinnstiftende erkennen lässt. Ein babylonisches Sprachgemenge. Der Wahrnehmungsraum bleibt ebenso undefiniert wie die anonymen Stimmen. Das verleiht dem akustischen Raum etwas Ubiquitäres oder Kosmopolitisches. Allein unregelmäßige Geräusche dumpf aufschlagender Körper markieren distinkte akustische Zäsuren. Vereinzelte, in Bruchteilen von Sekunden aufblitzende Bilderflashs zeigen herabstürzende Körper vor der Twin Tower-Fassade (Abb. 8/9/8).

Abb. 10

Zunehmend ordnet der Zuschauer die Aufschlaggeräusche den stürzenden Leibern zu. Dann: Auf der Tonspur werden die Fetzen identifizierbarer. Der Wetterbericht wird von einer Reportermeldung überlagert, der von einer Attacke auf das World Trade Center berichtet; dann noch eine und noch eine Nachrichtenmeldung, die erregten Stimmen überlagern sich immer mehr, der Pegel der sich multiplizierenden Stimmen steigt immer mehr an – dann ein großer akustischer Crash, der sich verströmt in einem chaotischen, anschwellenden Fluss von Radiomeldungen, Polizeifunksprüchen, Hilferufen via Telefon ... und die Kadenz der Bilderflashs von herabstürzenden Körper nimmt zu ... bis zu jenem Punkt, wo für Momente jeglicher Ton verstummt, und nach einer kurzen, extrem spannungssteigernden Generalpause für wenige Augenblicke sich die Ansicht auf einen der kollabierenden Türme einstellt. Danach wieder ein babylonisches Stimmengewirr ähnlich wie zu Beginn, nur litaneihafter wirkt es jetzt; auch ist es von einer getragenen symphonischen Musik unterlegt; der Ton schwillt lauter an ... und mit dem ansteigenden emotiven Pathos hellt sich die tiefschwarze Leinwand allmählich auf, wird immer klarer ... und reflektiert schließlich auf blendendem Weiß zunächst in arabischen, dann lateinischen Schriftzügen die projizierte Frage: «Does God's light guide us or blind us?» (Abb. 10); eine Frage, deren Schriftzüge dann völlig in einem nahezu explodierenden, aggressiv blendenden Weiß verschwinden.

Obwohl oder gerade weil extrem minimalistisch, erweist sich dieser Film als eine ebenso raffinierte wie den Zuschauer bewegende Konstruktion, die von einer negativen Dialektik in der pragmatischen Nutzung der von uns ausgeloteten Freiräume des Imaginären im Semidokumentarismus bestimmt ist. Nahezu am Nullpunkt des bildlich Dokumentarischen/ Dokumentierbaren auf der einen Seite, andererseits im Akustischen in weiten Teilen jenseits der Markierungen angesiedelt, mit denen sich die Fiktion autoreferenziell von den Versprechungen des Illusionismus abgrenzt – in diesem extremen Spannungsfeld von zwar filmisch evozierten, aber letztlich *inneren* Vorstellungsbildern ist dieser Filmbeitrag angesiedelt, ohne im Horizont der Zuschauererfahrungen referenzieller Bezüge zu entraten, auch wenn es ausschließlich medial fundierte und vermittelte sind.

Sind gute Filme nicht immer solche, die das Imaginäre in einer für den Zuschauer authentischen Form erfahrbar machen – auch jenseits überkommener, vermeintlich distinkter medialer Ordnungen des Erzählens, Archivierens und Beschreibens?

Elke Huwiler

Erzählen zwischen Radiosendung und Live-Performance

Narratologische Aspekte unterschiedlicher Formen des Hörspiels

Das Hörspiel, das als künstlerische Ausdrucksform inhaltlich und formal schon längst nicht mehr einheitlich definiert werden kann, wird seit einiger Zeit darüber hinaus auch medial nicht mehr nur in *einer* Form dargeboten. Das Aussenden eines im Studio produzierten Hörspiels im Radio ist heute, wenn auch wohl (noch) die verbreitetste, so doch nur *eine* Form der Übertragung eines Hörspiels:

> Aus dem Hörspiel ist besonders in den letzten Jahrzehnten eine hybride, intermediale, teils multimediale Form geworden, die interaktive Möglichkeiten auslotet und auf ganz unterschiedliche Weise experimentiert: mit dem Live-Prinzip, mit interaktiven Internet-Installationen, mit Hörspielen auf der Basis von Improvisationen, mit Formen der ‹Musikalisierung des Hörspiels›.[1]

Außerdem werden immer mehr Hörspiele, neben den boomenden Hörbüchern, als Tonträger auf dem Markt vertrieben, was zusammen mit den im Internet bereitgestellten oder live als Performances aufgeführten Darbietungsformen zu einer Verbreitung und Popularisierung des Hörspiels beiträgt, die dieses aus dem Nischen-Dasein in den Randzeiten der Radioprogramme herausholt. Obwohl natürlich gerade auch Radiosender selber entweder die obigen Entwicklungen initiiert oder zumindest stark gefördert haben, indem interaktive Hörspiele oder Live-Performances in Zusammenarbeit mit Radiosendern geplant und durchgeführt wurden, ist die Monopol-Stellung des Hörfunks für Hörspiel-Produktionen doch weitgehend verschwunden.[2]

Weiter lässt sich feststellen, dass bei diesen neuen Darbietungsformen auffällig oft das Auditive durch das Visuelle ergänzt wird: «Man kann Hörspiele als Festival-Besucher hören oder als Besucher von Klangräumen, von Installatio-

---

1 Irmela Schneider: «Netzwerkgesellschaft. Hörspiel in Europa: Geschichten und Perspektiven». In: *epd medien*. Nr. 62. Frankfurt/M. 2003, S. 5–10, hier: S. 9.
2 Vgl. zu diesen Entwicklungen Hans-Jürgen Krug: «Events und neue Bühnen». In: Ders.: *Kleine Geschichte des Hörspiels*. Konstanz 2003, S. 111–145.

nen und Performances. Beim Hörspiel gibt es dann auch meistens etwas zu sehen.»[3] Vor allem auf diese neuen audiovisuellen Formen des Hörspiels und die damit aufkommenden Fragen nach Konzeptualisierungen dieser medialen Ausdrucksform im Hinblick auf erzähltheoretische Prämissen soll im Folgenden eingegangen werden. Dabei werden schematisch auch die anderen möglichen Darbietungsformen eines Hörspiels betrachtet.

Intermediale Erzähltheorie

Um die verschiedenen Hörspielformen erzähltheoretisch untersuchen zu können, muss eine spezifische Narratologie zu Grunde gelegt werden, denn durch die Anwendung der Erzählforschung in den verschiedensten Gebieten seit den 1990er Jahren[4] ist laut Marie-Laure Ryan eine Vielfalt an Ansätzen entstanden: «The phenomenon of narrative has been explored in many terms: existential, cognitive, aesthetic, sociological, and technical.»[5]

Während in der von Ryan genannten existentiellen Annäherungen das Erzählen als existentieller Akt aufgefasst wird, durch den der Mensch Zeit, Schicksal und Moral, also im Grunde genommen einen ‹Sinn› im Leben fassen kann[6], befasst sich die kognitive Auffassung des Forschungsgebietes mit Operationen des erzählenden Bewusstseins: Durch dieses Bewusstsein, sowohl auf der Seite der Produktion als auch der Rezeption von Geschichten, nimmt der Mensch ‹Welt› wahr. Narration wird dabei neben der Argumentation als fundamentaler Modus des menschlichen Denkens gesehen.[7] Der ästhetischen Annäherung wiederum dienen als Forschungsgegenstand vor allem konkrete fiktionale und literarische Texte, wobei Narrativität, Fiktionalität und Literarizität meist als untrennbare Bestandteile des Forschungsgebietes gesehen werden[8], und der Fokus der soziologischen Auffassung bewegt sich weg vom Narrativen als rein textuellem Phänomen, um sich auf die Performanz des Textes innerhalb einer kontextuell situierten Praxis zu konzentrieren.[9] Der Ausgangspunkt der

---

3   Schneider: Netzwerkgesellschaft (wie Anm. 1), S. 9.
4   Vgl. Vera Nünning/Ansgar Nünning (Hg.): *Erzähltheorie transgenerisch, intermedial, interdisziplinär*. Trier 2002 (= WVT-Handbücher zum literaturwissenschaftlichen Studium, Bd. 5).
5   Marie-Laure Ryan: «Introduction». In: Dies. (Hg.): *Narrative across Media. The Languages of Storytelling*. Lincoln/London 2004, S. 1–40, hier: S. 2.
6   Diese Richtung wird vertreten durch Paul Ricoeur und Peter Brooks. Siehe: Paul Ricoeur: *Temps et récit*. 3 Bde. Paris 1983, 1984, 1985; Peter Brooks: *Reading for the Plot*. New York 1984.
7   Diese Auffassung vertreten vor allem Mark Turner und Jerome Bruner. Siehe: Mark Turner: *The Literary Mind*. Oxford 1996; Jerome Bruner: *Actual Minds. Possible Worlds*. Cambridge 1986.
8   Diese ästhetische Auffassung wird unter anderem vertreten von Philip J. M. Sturgess und, mit Einschränkungen, Gérard Genette. Siehe: Philip Sturgess: *Narrativity: Theory and Practice*. Oxford 1992; Gérard Genette: *Die Erzählung*. München ²1998.
9   Vgl. David Herman: «Toward a Transmedial Narratology». In: Marie-Laure Ryan (Hg.): *Nar-

technischen Annäherung an die Erzähltheorie schließlich bewegt sich im Spannungsfeld zwischen der Frage, ob das Narrative vom Inhalt (‹story-level›) oder aber von der Form (‹discours-level›) bestimmt werde. Ausgehend von strukturalistischen Forschungen zur Erzähltheorie, aber auch zu Folklore, Psychologie oder Linguistik, versuchen diese Annäherungen eine Antwort auf die Frage zu finden, was alle narrativen Strukturen und Äußerungen verbindet.

Ryan erarbeitet aufgrund ihrer Überlegungen eine Definition, die die kognitive mit der technischen Annäherung verbindet, und schlägt damit eine «informal characterization of a representation that a text must bring to qualify as narrative» vor, die auch im Folgenden als Grundlage dienen soll:

> 1. A narrative text must create a world and populate it with characters and objects. [...]
> 2. The world referred to by the text must undergo changes of state that are caused by nonhabitual events: either accidents («happenings») or deliberate human actions. These changes create a temporal dimension and place the narrative world in the flux of the history.
> 3. The text must allow the reconstruction of an interpretive network of goals, plans, causal relations, and psychological motivations around the narrated events. This network gives coherence and intelligibility to the physical events and turns them into a plot.[10]

Diese Voraussetzungen, die ein Text erfüllen muss, um als narrativ gelten zu können – zusammengefasst also das Erschaffen einer Welt mit Charakteren und Objekten, die auf einer zeitlichen Ebene Veränderungen durchlaufen durch spezifische Ereignisse, sowie das Bereitstellen der prinzipiellen Möglichkeit, ein Netzwerk von Zielen und kausalen Verbindungen zu rekonstruieren, das das Dargestellte zu einem verstehbaren Ganzen, zu einem ‹plot›, zusammenfügt –, diese Voraussetzungen können auf verschiedene mediale Artefakte übertragen werden. Für Ryan besteht einerseits der Erzählakt darin, dass «a particular type of meaning»[11] in einen Text encodiert wird, und andererseits ist das Narrative an sich ein mentales Konstrukt, das die Interpretierenden als Reaktion auf den Text bilden. Dabei ist es nicht prinzipiell relevant, aus welcher Art von Zeichen die Encodierung besteht bzw. von welcher Art die Zeichen sind, die die Interpretierenden zu ihren mentalen Konstrukten anregen. Deutlich ist jedoch, dass nicht notwendigerweise eine narrative Repräsentationsform verwendet werden muss, um das kognitive Konstrukt, das Narrativität hervorruft, zu bilden. D. h., auch Medien oder Repräsentationsformen, die nicht von vornherein als narra-

rative across Media (wie Anm. 5), S. 47–75.
10 Ryan: Introduction (wie Anm. 5), S. 8–9.
11 Ebd., S. 9.

tiv in einem strikten Sinne gelten, wie Bilder, Musik, Tanz, können zu mentalen Konstrukten anregen, die als narrativ aufgefasst werden.

Zu unterscheiden ist deshalb zwischen den beiden Narrativitätsformen «Narrativität besitzen» («possessing narrativity») und «narrativ sein» («being narrative»).[12] Jegliche Repräsentationsformen oder Medien können Narrativität besitzen, wenn sie es bewerkstelligen, in den Rezipierenden ein mentales Konstrukt aufzurufen, das als narrativ gelten kann, auch wenn das Repräsentationsmedium nicht von vornherein als narrativ angesehen wird. Laut Ryan findet dann die «fullest form of narrativity» statt, wenn «the text is both intended as narrative and possesses sufficient narrativity to be construed as such [...].»[13]

Natürlich kann dabei nicht davon ausgegangen werden, dass die Geschichte, so wie sie in der Encodierung intendiert ist, und die Geschichte, wie sie als mentales Konstrukt von den Rezipierenden gebildet wird, identisch sind; es scheint außerdem methodologisch unmöglich, die beiden Ausformungen der Geschichten überhaupt zu vergleichen. Dennoch können in diesem Zusammenhang ein paar grundsätzliche Überlegungen gemacht werden, die dazu beitragen sollen, das Narrative in verschiedenen medialen Repräsentationsformen untersuchen zu können. Die Unterscheidung zwischen den Attributen «narrativ sein» und «Narrativität besitzen» erlaubt es nämlich, medial unterschiedliche Repräsentationsformen wie eine Live-Performance und eine Ausstrahlung eines Hörspiels im Radio miteinander zu vergleichen hinsichtlich der Fragen, welche Elemente des Repräsentationsmodus denn nun sicherstellen (sollen), dass Narratives vermittelt wird und welchen Grad an Narrativität die Stimuli des Dargestellten oder Vermittelten tatsächlich bei Rezipierenden aufrufen können. Denn auch wenn einige dieser Repräsentationsformen vielleicht nicht als genuin narrativ eingestuft werden, so können sie doch Narrativität besitzen und diese durch spezifische Stimuli hervorrufen. Ein ‹Stimulus› ist in diesem Zusammenhang ein allgemeines, auch implizites Element, das zur Anwendung des narrativen Schemas führen kann.[14] Es kann sich dabei sowohl um ein einzelnes Zeichen (z. B. ein Wort, ein Geräusch, oder einen Schnitt) handeln als auch um Zeichenzusammenhänge oder beispielsweise Auslassungen von Zeichen, wo diese erwartet werden.

Wenn nun von der Produktionsseite her eine Geschichte vermittelt werden soll, kann durch verschiedene Stimuli ein spezifisches narratives Schema im Rezipierenden aktiviert werden. Dies kann jedoch auch auf eine so undeutliche

---

12 Ebd.
13 Ebd.
14 Vgl. Werner Wolf: «Das Problem der Narrativität in Literatur, bildender Kunst und Musik: Ein Beitrag zu einer intermedialen Erzähltheorie». In: Nünning/Nünning (Hg.): *Erzähltheorie transgenerisch* (wie Anm. 4), S. 23–104, hier: S. 43.

Art geschehen, dass bei den Rezipienten kaum ein narratives Gebilde aufgerufen wird. Andererseits können Stimuli, die von den Produzierenden ‹nicht narrativ› intendiert waren, zur Bildung eines narrativen Schemas beitragen. Vor diesem Hintergrund soll nun nach der spezifischen Narrativität von Hörspielen gefragt werden.

Narrativität im Hörspiel

Zunächst ist festzuhalten, dass nicht alle Hörspiele narrativ zu nennen sind. Hörspiele, die der so genannten ‹Akustischen Kunst› zugeordnet werden können, weisen oft kaum narrative Strukturen auf, sondern sind nach anderen ästhetischen Prinzipien organisiert. Als ‹Akustische Kunst› wird dabei allgemein eine vor allem mit Musik, aber auch mit anderem klanglichem Material experimentierende Kunst bezeichnet, die (unvollständig) umrissen werden kann mit Begriffen wie ‹Klangskulptur›, ‹musikalisches Environment›, ‹Klangkunst› oder ‹Klanginstallation›.[15] Wie an anderer Stelle ausführlicher dargelegt, können jedoch durchaus auch in Stücken der Akustischen Kunst narrative Bestandteile gefunden werden: so genannte Minimal-Geschichten oder Versatzstücke von narrativen Handlungssträngen wie z. B. eine Kette von Geräusch-Motiven, die eine Autofahrt suggerieren in Walter Ruttmanns Soundscape *Wochenende*.[16] In diesen Versatzstücken zeigt sich die oben theoretisch hergeleitete Eigenschaft unterschiedlicher Repräsentationsformen, Narrativität zu *besitzen*, die in den Rezipierenden das Schema des Narrativen aufrufen, auch wenn die Darbietung im Grunde genommen nicht narrativ sein soll, sondern nach anderen Organisationsmustern strukturiert ist. Dabei werden von den Rezipierenden im Prozess

15 Vgl. dazu auch Klaus Schönings Ausführungen in: Klaus Schöning: «Konturen der Akustischen Kunst». In: Heinz Ludwig Arnold (Hg.): *Bestandsaufnahme Gegenwartsliteratur. Bundesrepublik Deutschland, Deutsche Demokratische Republik, Österreich, Schweiz.* München 1988 (= Sonderband Text & Kritik), S. 67–86. Wichtig ist hier, zwischen den Begriffen ‹Akustische Kunst› und ‹akustische Kunst› zu unterscheiden; letzterer umfasst im Grunde genommen alles, was mit künstlerischer Auseinandersetzung von Klangmaterial zu tun hat: «Die akustische Kunst erhält ihre Fundierung im fließenden und offenen Grenzbereich zwischen Musik, Geräusch und Sprache, in der zur Mündlichkeit tendierenden Literatur, im Originalton und in der intermedialen Performance-Kunst innerhalb und außerhalb des Radios.» Karl Ladler: *Hörspielforschung. Schnittpunkt zwischen Literatur, Medien und Ästhetik.* Wiesbaden 2001, S. 111. In dieser Definition ist somit auch jegliche Art von Hörspielen miteingeschlossen (narrative und nicht-narrative). ‹Akustische Kunst› hingegen ist mehrheitlich (jedoch nicht notwendigerweise) nicht-narrativ.
16 Siehe dazu Elke Huwiler: «Sound erzählt. Ansätze einer Narratologie der akustischen Kunst». In: Harro Segeberg/Frank Schätzlein (Hg.): *Sound. Zur Technologie und Ästhetik des Akustischen in den Medien.* Marburg 2005 (= Schriftenreihe der Gesellschaft für Medienwissenschaft 13), S. 285–305, hier: S. 304. Die Hörcollage von Ruttmann wurde (unter dem Titel *Weekend*) im Jahr 2000 als Tonträger mit integrierten Remix-Versionen auf den Markt gebracht: Walter Ruttmann: *Weekend Remix.* Intermedium records 2000 (= intermedium rec. 003, Indigo CD 93172).

der «erzähltypischen sinnstiftenden Syntheseleistungen», der das Aufrufen des kognitiven narrativen Schemas in Gang setzt, «auftretende Unbestimmtheits- und Leerstellen» vervollständigt.[17]

Es sollte deutlich geworden sein, dass *Erzählen* und das *Narrative* als Begriffe nicht prinzipiell mit Sprache verbunden sind. Sprache kann zwar als das herausragende Medium bei der Produktion von narrativen Zusammenhängen gesehen werden: «language all by itself can support a wider variety of narratives than any other single-track medium, not just because of its logical superiority but also because only words can represent language and thought.»[18] Dennoch können auch nicht-sprachliche Ausdrucksformen Zusammenhänge aufzeigen und Bedeutungen konstruieren, die das Narrative als Schema im Rezipierenden hervorrufen, zuweilen sogar besser als sprachliche: «There are, quite simply, meanings that are better expressed visually or musically than verbally, and these meaning should not be declared a priori irrelevant to the narrative experience.»[19]

Narrativität wird hier somit als Medium-unabhängiges Phänomen verstanden. Das Narrative wird nicht (nur) durch Sprache vermittelt bzw. mental konstruiert, und damit ist es auch obsolet geworden, das Erzählen von Geschichten im Hörspiel a priori mit dem *Literarischen* zu verbinden. Wie sehr dieser Zusammenhang zwischen Erzählen und Literatur im Hörspiel immer noch vorausgesetzt wird, kann z. B. abgelesen werden an einer Aussage von Hartmut Geerken, wenn er vom interaktiven Hörspiel spricht und dieses unbedingt als nicht-narrativ und damit nicht-literarisch sehen will: «hörspiel ist in erster linie raum-kunst. [...] den raum also gilt es hörbar zu machen, doch geschichten erzählen ist nicht mehr angesagt. das erzählende hörspiel, auch nur in ansätzen, ist längst zu ende erzählt & der vielbeschworene große spannungsbogen der literatur ist schnee von gestern.»[20]

Dass das Hörspiel mit ganz eigenen Mitteln und verschiedenartigen auditiven und technischen Zeichensystemen Geschichten erzählt, ist in der Praxis schon längst durchgesetzt worden; die Verbindung vom Hörspiel mit dem literarischen Genre und die damit verbundene Gleichsetzung des Hörspiels mit sprachlicher Kunst ist somit längst nicht mehr aktuell. Trotz der wichtigen Entwicklungen der ‹Akustischen Kunst› ist der Trend zum Geschichten-Erzählen an sich im Hörspiel ungebrochen; es wird nach wie vor erzählt, «freilich mit

---

17 Wolf: Das Problem der Narrativität (wie Anm. 14), S. 30.
18 Ryan: Introduction (wie Anm. 5), S. 12.
19 Ebd.
20 Hartmut Geerken: «das interaktive hörspiel als nicht-erzählende radiokunst». In: Ders. (Hg.): *Das interaktive Hörspiel als nicht-erzählende Radiokunst*. Unter Mitarbeit von Achim Chr. Bornhöft u. a. Essen 1992 (= Folkwang-Texte II. Beiträge zu Musik, Theater, Tanz. Hg. von Josef Fellsches, Bd. 6), S. 9–16, hier: S. 12.

raffinierter Kombination verschiedenen Materials.»[21] Dabei hat sich der Akzent vom mimetischen akustischen Abbilden eines Geschehens, das noch in den 1950er Jahren und lange danach vorherrschte, zum akustisch variierten, medialen Erzählen von Geschichten verschoben, d. h., akustische und technische Mittel werden bewusst eingesetzt, wodurch das Medium nicht ‹versteckt›, sondern im Gegenteil wahrnehmbar in den Prozess des Erzählens eingebunden wird.

Im Folgenden soll gezeigt werden, wie das Narrative in den verschiedenartigen Repräsentationsformen des Hörspiels durch ganz verschiedene Stimuli aufgerufen wird.

Repräsentationsformen des Hörspiels

Die Begriffe ‹Medium› und ‹Repräsentationsform› sind erklärungsbedürftig, da sie in unterschiedlichen (Forschungs-)Zusammenhängen unterschiedlich eingesetzt werden. ‹Medium› bezeichnet im vorliegenden Artikel eine spezifische Technologie, eine Kunstform oder eine kulturelle Institution, durch die Informationen übertragen werden, wie beispielsweise das Telefon, Radio, Fernseher, Computer-Netzwerke oder die Presse, sowie auch Literatur oder Musik. Unter ‹Medium› kann jedoch ebenfalls ein spezifisches Material oder ein technisches Mittel der künstlerischen Ausdrucksform verstanden werden; in dem Sinne kann zum Beispiel die Live-Performance eines Hörspiels als spezifische künstlerische Ausdrucksform angesehen werden, die sich unterscheidet von der Radio-Übertragung eines Hörspiels, welche sich wiederum unterscheidet von der öffentlichen Ausstrahlung eines aufgenommenen Hörspiels vor anwesendem Publikum sowie von einem Hörspiel, das aufgenommen und dann auf einem Tonträger, unabhängig vom Radio, abgespielt wird. Diese spezifischen künstlerischen Vermittlungsformen für das Hörspiel, die Gegenstand des vorliegenden Artikels sind, werden hier *Repräsentationsformen* genannt.

Die Repräsentationsformen des Hörspiels, die hier näher untersucht werden, sind: (1) Die Ausstrahlung eines bereits aufgenommenen Hörspiels im Radio, (2) das Hörspiel auf Tonträger, (3) das Abspielen eines bereits aufgenommenen Hörspiels vor Publikum, (4) die Live-Performance eines Hörspiels vor Publikum sowie (5) das interaktive Hörspiel.[22] Die Repräsentationsformen

---

21   Eva-Maria Lenz: «Mehr Ruhmesblätter als Schattenseiten. Stichproben zur Geschichte des Hörspielpreises». In: Bund der Kriegsblinden Deutschlands, Filmstiftung Nordrhein-Westfalens (Hg.): *HörWelten. 50 Jahre Hörspielpreis der Kriegsblinden 1952-2001*. Berlin 2001, S. 25–36, hier: S. 36.

22   Je nach Analysefokus könnten hier noch weitere Formen dazukommen oder diese Formen in weitere Varianten unterteilt werden; z. B. kann man bei der Radiosendung noch unterscheiden zwischen der Live-Übertragung einer Performance, der erstmaligen Ausstrahlung eines (bereits

können zunächst einmal unterteilt werden nach Sinneseindrücken, die die Rezipierenden aktivieren, um das Dargestellte zu verarbeiten: Außer dem akustischen Wahrnehmungssinn, der bei einem Hörspiel immer aktiviert wird, wird bei einigen der obengenannten Repräsentationsformen auch der visuelle Wahrnehmungssinn aktiviert. Letzteres ist der Fall beim Abspielen eines bereits aufgenommenen Hörspiels vor Publikum (Punkt 3), bei der Live-Performance (Punkt 4), sowie (mit Einschränkungen) beim interaktiven Hörspiel (Punkt 5), da hier immer visuelle Komponenten, in welchem Ausmaß auch immer, eine Rolle spielen. Die Unterschiede in der Wahrnehmungsform zwischen diesen drei Repräsentationsformen wiederum sind anderer Art: Während in der Live-Performance und teilweise auch beim interaktiven Hörspiel die unmittelbare körperliche Anwesenheit von Produzierenden des Hörspiels (MusikerInnen, SchauspielerInnen und RegisseurInnen, die sich auf der Bühne befinden und das Hörspiel in dem Moment produzieren, in dem das Publikum dieses hört und sieht) von den anwesenden Zuschauenden wahrgenommen wird, ist es beim öffentlichen Abspielen eines aufgenommenen Hörspiels nur die Präsenz der anderen Zuschauenden, die gemeinsame Anwesenheit in einem Raum, die diese Repräsentationsform von der Radiosendung oder dem Hören eines Hörspiels auf Tonträger unterscheidet, sowie eventuelle visuelle Effekte, die der akustischen Ebene beigegeben werden (z. B. Lichteffekte). Beim interaktiven Hörspiel ist die visuelle Komponente je nach Einsatz des interaktiven Moments zudem sehr verschieden zu bewerten: Manchmal werden Hörspiele interaktiv genannt, weil sie durch die Interaktion von Publikum und SchauspielerInnen an einem spezifischen Ort entstehen. Ausgestrahlt werden solche Hörspiele dann jedoch im Radio, sodass hier zwischen zwei Arten von Publikum, das das Hörspiel wahrnimmt, unterschieden werden muss. Das Gleiche gilt für den umgekehrten Fall, bei dem die Entstehung des Hörspiels zwar interaktiv durch die aktive Mitarbeit von Leuten am heimischen Computer geschieht, das Produkt selber jedoch zeit- und ortsgebunden als Installation einem Publikum dargeboten wird, das die Arbeit der Leute am Computer live miterleben kann. Solche und weitere Arten interaktiver Prozesse werden im entsprechenden Abschnitt beschrieben; es wird jedoch bereits hier deutlich, dass verschiedene Mischformen von Produktions- und Rezeptionsprozessen existieren, die eindeutige Einteilungen erschweren. Da es nicht um die Kategorisierungen an sich geht, sondern um eine heuristisch brauchbare Einteilung für die Diskussion einzelner Phänomene, ist dies nicht als negativ zu bewerten; viel eher kann dadurch die Vielfalt heutiger Hörspiel-Produktionen aufgezeigt werden.

aufgenommenen) Hörspiels oder einer Wiederholung. Da diese Varianten zwar rezeptionsästhetische Einflüsse ausüben können, weniger aber solche auf den *narrativen* Aspekt, belasse ich es bei den fünf oben genannten Unterscheidungen.

Bei den Repräsentationsformen, in denen nur der akustische Kanal aktiviert wird, sind die Unterschiede bei der Wahrnehmung des Hörspiels in Bezug auf die narrative Komponente kleiner: Der Unterschied zwischen den im Radio ausgestrahlten Hörspielen einerseits (Punkt 1) und den Hörspielen auf Tonträgern andererseits (Punkt 2) liegt vor allem darin, dass die Rezipierenden im Falle der Radiosendung von der Programmgestaltung abhängig sind und somit immer zeitlich und oft auch räumlich gebunden sind, während sie bei einem Tonträger selber bestimmen können, wann, manchmal auch wo und vor allem wie oft sie das Hörspiel hören. Dies schließt auch vom Internet heruntergeladene Hörspiele ein: Sobald sie heruntergeladen und damit für das Publikum frei verfügbar sind, handelt es sich beim Computer oder I-Pod eigentlich nur um eine weitere Form eines Tonträgers.

Im Folgenden soll untersucht werden, inwiefern spezifische Repräsentationsformen einen Einfluss haben oder haben können auf die Art und Weise, wie das Publikum eine Erzählung wahrnimmt und das Schema des Narrativen umsetzt.

1. Die Radio-Ausstrahlung eines bereits aufgenommenen Hörspiels

Die Radio-Ausstrahlung eines bereits aufgenommenen Hörspiels darf nach wie vor als die am weitesten verbreitete Repräsentationsform angesehen werden. Das Bilden eines narrativen Schemas auf der Rezipientenseite wird hier durch den Einsatz einer Vielzahl verschiedener Zeichensysteme erreicht. Nicht nur durch Sprache, sondern auch durch Musik, Geräusche, Stimme oder Stille sowie durch technische Elemente wie elektroakustische Manipulation, Stereophonie, Blende, Schnitt oder Mischung können narrative Zusammenhänge hergestellt und als solche von den Rezipierenden erkannt werden.[23] Dabei können die verschiedenen Zeichensysteme erzähltechnisch sowohl auf der diegetischen als auch auf der extradiegetischen Ebene eingesetzt werden, um Funktionen innerhalb des Geschichten-Erzählens zu übernehmen. Im Hörspiel *Das lullische Spiel* von Dieter Kühn dienen z. B. Geräusche und Musik, die Lärm, Markttreiben und orientalische Klänge abbilden, einer diegetischen Situierung des Geschehens auf einem orientalischen Marktplatz, der als ‹reale› Kulisse in Szene gesetzt wird.[24] Gleichzeitig vermögen elektroakustische Manipulationen an diesem Klangmaterial und der spezifische Einsatz der Mischung, andere narrative Zusammenhänge aufzuzeigen, die auf der extradiegetischen Ebene anzusiedeln sind: Die Marktplatzgeräusche verdichten sich auf einmal auf eine ‹unrea-

---

23 Siehe ausführlich dazu Elke Huwiler: *Erzähl-Ströme im Hörspiel. Zur Narratologie der elektroakustischen Kunst.* Paderborn 2005, S. 275–284.
24 Dieter Kühn: *Das lullische Spiel.* Regie: Heinz Hostnig. Produktion: NDR/BR/SDR 1975. Erstsendung: NDR 13.12.1975.

listische› Weise und werden immer lauter und schriller, wodurch das erzältechnische Prinzip der Fokalisation dargestellt wird: Die Hauptperson des Stücks, die sich auf diesem Marktplatz befindet, gerät in eine bedrohliche Situation, und diese Bedrohung wird durch den näherkommenden und lauterwerdenden Marktplatzlärm akustisch umgesetzt. Ebenso ‹erzählt› der darauf folgende abrupte Schnitt auf einer extradiegetischen Ebene, was als nächstes geschieht: Die Hauptperson fällt bewusstlos zusammen. Hier zeigt sich somit die eingangs erwähnte Tendenz im Hörspiel, die eigene Medialität zu betonen und die hörspieleigenen akustischen und technischen Mittel sowohl auf der ‹story›- wie auch auf der ‹discourse›-Ebene einzusetzen.

Natürlich können auch hier die narrativen Schemata der Produktions- und Rezeptionsseite variieren, wenn bestimmte akustische Stimuli nicht als zum narrativen Rahmen der dargestellten Geschichte gehörend erkannt bzw. anders interpretiert werden. Dieser Prozess der Bedeutungsverschiebung spezifischer Einheiten im Hörspiel wird z. B. von Götz Schmedes im Zusammenhang mit historischen Bandaufnahmen beschrieben:

> Für die Medienrealität der neunziger Jahre ist die schlechte Qualität historischer Bandaufnahmen, das Knacken und Rauschen der Aufnahme- und Wiedergabegeräte, ein Zeichen für Historizität. Für die Zeitgenossen der Aufnahme waren sie natürlicher Begleitumstand und daher nicht weiter bedeutsam.[25]

Hier wird die Instabilität von Zeichncodierungen deutlich, die historisch, aber auch kulturell bedingt sein kann. Das Hörspiel als Radiosendung wird jedoch nach wie vor von einem Großteil der Rezipierenden als genuin narratives Genre verstanden, durch das eine Geschichte vermittelt wird, indem Geräusche, Stimmen und Musik in einer spezifischen Weise aneinandermontiert werden. Zeichenzusammenhänge werden zweifelsohne je nach kulturellem und historischem Hintergrund mit Variationen interpretiert, doch die Kernaussage, der narrative Zusammenhang der dargestellenen Geschichte, kann durch die obengenannten Zeichensysteme derart encodiert werden, dass sie vom Publikum verstanden wird.

2. Das Hörspiel auf Tonträger

Das Hörspiel auf Tonträger unterscheidet sich hinsichtlich der narrativen Encodierung von akustischen Signalen auf den ersten Blick kaum vom Hörspiel

---

25 Götz Schmedes: *Medientext Hörspiel. Ansätze einer Hörspielsemiotik am Beispiel der Radioarbeiten von Alfred Behrens.* Münster 2002, S. 32.

als Radiosendung. Das Hörspiel, das als CD oder Kassette vertrieben wird, ist in den meisten Fällen akustisch genau das gleiche wie dasjenige, das davor im Radio abgespielt wurde. Ein Unterschied auf der Rezipientenseite ist jedoch, dass die Rezipierenden bei einem Tonträger selber bestimmen können, wann sie das Hörspiel hören. Außerdem erhalten sie durch diese Flexibilität einen entscheidenden Vorteil gegenüber den HörerInnen am Radio: Sie können das Hörspiel mehrmals hören oder Teile davon wiederholen. Dieser Umstand vermag einen Grundsatz der Hörspiel-Dramaturgie zu unterminieren, der bereits seit Beginn der Hörspiel-Produktion die Form des Geschichten-Erzählens erheblich beeinflusst hat: Nämlich, dass Geschichten und vor allem die Erzählweise möglichst einfach konzipiert werden sollten, da es den Hörenden möglich sein soll, die Zusammenhänge beim einmaligen Hören zu durchschauen.[26] Dieser Grundsatz kann aufgehoben werden, wenn Hörspiele als Tonträger vertrieben werden.

Solange Hörspiele jedoch nicht von vornherein als Tonträger-Produkte konzipiert werden, wie es zur Zeit noch der Fall ist, sondern Tonträger erst in der Zweitverwertung des Hörspiels (nach einer Radiosendung oder der Live-Performance beispielsweise) zum Zuge kommen, ist diese Komponente nicht von großer Relevanz für die rezipientenseitige Wahrnehmung der Geschichte. Diese Wahrnehmung ist somit zu vergleichen mit derjenigen des Hörspiels als Radiosendung.

‹Tonträger› muss in in diesem Zusammenhang als ein weit gefasster Begriff verstanden werden: Auch per Internet angebotene Hörspiele können mit Softwareprogrammen wie *realplayer* angehört werden und unterscheiden sich insofern nicht von Hörspielen auf Tonträgern. Oft sind diese Hörspiele ja auch Radiosendungen, die via Internet vom Publikum, das das Hörspiel verpasst hat oder erneut hören will, nochmals angehört werden. Auch hier liegt der Unterschied zwischen Hörspielen als Radiosendungen und solchen per Internet somit vor allem darin, dass man als RezipientIn das Hörspiel per Internet beliebig oft und zu (fast) jedem Zeitpunkt hören kann. So macht beispielsweise die BBC fast alle Hörspiele auf diese Weise dem Publikum zugänglich, zumindest eine Woche lang nach dem Aussenden des Hörspiels im Radio.[27] Ebenso wird z. B. in den Niederlanden die auf zwei Jahre konzipierte Hörspiel-Serie *Het bureau* integral ins Internet gestellt und mit einem Podcasting-System verbunden; eine Initiative, die sogar dafür verantwortlich ist, dass das niederländische Hörspiel, das im Gegensatz zum deutschen oder englischen nie den Status einer anerkannten Kunstform erhalten hat, im Begriff ist, bekannt und sogar ‹in› zu wer-

---

26 Vgl. z. B. Martin Shinger/Cindy Wieringa: *On Air. Methods and Meanings of Radio*. London 1998, S. 54.
27 http://www.bbc.co.uk/radio (eingesehen am 9.4.2007).

den.[28] Daneben gibt es auch so genannte ‹originäre› Internet-Hörspiele, Projekte, die meist von KünstlerInnen in Eigenproduktion produziert und nur im Internet zugänglich gemacht werden. Sabine Breitsameter vom Südwestrundfunk beschreibt regelmäßig auf der Website *Audiohyperspace. Akustische Kunst in Netzwerken und Datenräumen* solche Projekte.[29]

Werden die Internet-Hörspiele mit einer visuellen Begleitung versehen, so kann diese (wie bei der öffentlichen Aufführung eines Hörspiels vor Publikum) mehr oder weniger Einfluss haben auf die Narrativierung der gehörten Geschichte, abhängig davon, in welchem Maße diese visuellen Effekte etwas zum Geschichten-Erzählen beitragen; wird die Geschichte an sich visualisiert, d. h., werden Figuren animiert und dergleichen, so handelt es sich jedoch nicht mehr um ein Hörspiel im eigentlichen Sinne, sondern um einen (animierten) Tonfilm.

3. Die Aufführung eines bereits produzierten Hörspiels vor Publikum

Die öffentliche Aufführung eines bereits produzierten Hörspiels kann unterschiedlich aussehen: Meist versammelt man sich gemeinsam in einem Raum, entweder im Dunkeln oder aber in einem möglichst ‹visuell neutralen› Raum (oft ein Theaterraum oder eine Bar). Diese Aufführungsform ähnelt dem Anhören eines Hörspiels am Radio oder auf Tonträger, das ebenfalls gemeinsam mit anderen Zuhörern stattfinden kann, geschieht jedoch im Gegensatz zu diesem nicht im kleineren, privaten Rahmen, sondern in einem öffentlichen Rahmen zu einer bestimmten Zeit an einem bestimmten Ort. *Narratologisch* gesehen haben diese Hörsituationen sehr viel gemeinsam: Es handelt sich um eine akustisch vermittelte Erzählung, die man sich anhört, alleine oder gemeinsam mit anderen Leuten, im Dunkeln oder in einem (in Bezug auf das Hörspiel) visuell neutralen Raum.

Anders verhält es sich, wenn die öffentliche Aufführung von *visuellen Effekten* begleitet wird, denn hier wird in Bezug auf die Formung des narrativen Zusammenhangs bei den Rezipierenden und der Analyse dessen, wie dieser narrative Zusammenhang kognitiv hergestellt wird, eine zusätzliche visuelle Komponente wirksam. In diesem Fall ist nach dem Einfluss dieses visuellen Faktors auf die Wahrnehmung der Geschichte zu fragen.

28 *Het bureau*, nach dem gleichnamigen Roman von Johan Jacob Voskuil. Regie: Peter te Nuyl. Produktion: nps 2004. Siehe: http://www.omroep.nl/nps/hetbureau (eingesehen am 9.4.2007). In einem Artikel über den neuen Trend heißt es dazu, dass der I-Pod das für tot erklärte Genre wieder zu neuem Leben erwecke und Internet oder auch Tonträger das Hörspiel neu als eine Kunstform etablieren könnten, nachdem das Radio dies nicht erreicht habe. Robert Gooijer: «Het zevende leven van het hoorspel.» In: *Volkskrant magazine*, 17.6.2006, S. 42–43.
29 http://www.swr.de/swr2/audiohyperspace/ger_version/index.html (eingesehen am 9.4.2007).

Als Beispiel soll hierfür eine Aufführung des vorproduzierten Hörspiels *Nacht* von Andrzej Stasiuk angeführt werden. Das Hörspiel wurde im Hackeschen Hoftheater in Berlin am 25. September 2005 öffentlich aufgeführt.[30] Das Publikum saß im Theaterraum, wobei der Raum abgedunkelt, jedoch während des Abspielens des Hörspiels gleichzeitig auf der Bühne eine Bühnendekoration aus langen Bändern beleuchtet wurde. Die Farben der Beleuchtung sowie deren Intensität wechselten während der Aufführung ständig. Auf diese Art, mit einer wechselnden Beleuchtung von Bändern, werden alle Hörspiel-Aufführungen im Hackeschen Hörtheater inszeniert, wobei der Wechsel der Farben vom Beleuchter von Fall zu Fall während der Veranstaltung geregelt wird. Diese Beleuchtung wird von der Produktionsseite als eine atmosphärische Zugabe zur akustischen Darbietung gesehen, eine Zugabe, die jedoch nichts mit dem Inhalt des Dargebotenen zu tun hat. Eine Publikumsbefragung hat jedoch ergeben, dass viele Zuhörerinnen und Zuhörer, die zum ersten Mal bei einer solchen Aufführung dabei waren, die wechselnde Beleuchtung zeitweise in einen Zusammenhang mit der erzählten Geschichte bringen wollten, auch wenn sie sich dabei weitgehend enttäuscht sahen. Die von der Produktionsseite nur als atmosphärischer Zusatz gedachte visuelle Inszenierung wurde seitens der Rezipierenden in einen narratologischen Zusammenhang mit der Geschichte des Hörspiels gebracht. Hier zeigt sich, dass die narrative Gestaltung einer dargebotenen Geschichte auf der Produktionsseite nicht immer mit der kognitiven Bildung dieser Geschichte auf Rezipientenseite übereinstimmen muss. Dennoch erweist sich deutlich, dass die visuelle Komponente als ein weiteres Zeichensystem neben demjenigen des elektroakustischen Mediums zu sehen ist, da es Bedeutung erzeugt.

4. Die Live-Performance eines Hörspiels vor anwesendem Publikum

Bei der *Live*-Aufführung von Andreas Ammers und FM Einheits *Lost and Found. Das Paradies*[31] handelte es sich um eine Veranstaltung, die man ein Live-Spektakel nennen könnte, ein Theater-Event. Die SchauspielerInnen auf der

---

30 Andrzej Stasiuk: *Nacht*. Regie: Robert Matejka. Produktion: DLR 2005. Erstsendung: 5.10.2006. Das ‹HörTheater› ist eine Veranstaltungsreihe des Deutschlandradio. Auch andere Radiosender haben im letzten Jahrzehnt damit angefangen, öffentliche Aufführungen von Hörspielen zu veranstalten, so z. B. der Saarländische Rundfunk mit der Reihe ‹HÖRperspektive› in der Saarbrücker bar central, der WDR mit der ‹HörBAR› im Theater Oberhausen, oder der Südwestrundfunk mit der Reihe ‹Hörspiele unterm Sternenhimmel› im Planetarium Mannheim.
31 Andreas Ammer und FM Einheit: *Lost and Found. Das Paradies*. Oratorium nach John Miltons ‹Paradise Lost›. Realisation: Andreas Ammer, FM Einheit, BR, intermedium 2004. Das Hörspiel wurde am 8.10.2004 im Haus der Kunst in München als Live-Performance aufgeführt, im Rahmen von ‹intermedium@utopia station›. Zwei kurze Fragmente dieses Hörspiels können auf der Internet-Site von Saskia von Klitzing, die bei der Aufführung Schlagzeug spielte, angehört werden: http://www.saskia-von-klitzing.de/Projekte/lost_and_found_M.html (eingesehen am 9.4.2007).

Bühne verkörperten jedoch nicht die Charaktere des Stücks im engen Sinne des Wortes, sondern sie liehen den Charakteren lediglich ihre Stimme: Die drei Charaktere Adam, Eva und Satan waren auf der Bühne rechts, links und in der Mitte angeordnet, mit je einem Mikrophon vor sich. Der Aspekt einer physischen charakterabbildenden Präsenz von Schauspielern wurde stark zurückgenommen; Adams Part z. B. wurde von einem älteren Mann übernommen, der auf einem Stuhl saß, weil er offensichtlich nicht so lange stehen konnte. Außer den drei Personen befanden sich auch die MusikerInnen auf der Bühne, sowie einer der Regisseure. Es handelte sich somit nicht um eine mimetische Abbildung des Geschehens wie in einer Theateraufführung, sondern um eine öffentliche Aufführung der Produktion eines Hörspiels, wobei jedoch aus dieser Aufführung selber ein Event gemacht wurde.

Im Unterschied zum Publikum, das diese Aufführungen im Radio oder auf Tonträger hört (die Live-Performances von Ammer und Einheit werden stets auch auf Tonträger veröffentlicht), sieht das vor Ort anwesende Publikum, wie die akustische Geschichte erzählt wird. Das Visuelle wird dabei zum Mittel des Erzählens, nicht aber zu einem Aspekt der erzählten Geschichte: Die Körper der SchauspielerInnen sind nicht als agierende, mimetisch abbildende Verkörperungen der Charaktere gedacht, was sich sehr gut daran sehen lässt, dass gewisse Bewegungen auf der Bühne zufällig und nicht in den Kontext der Geschichte eingebunden sind. So passierte es beispielsweise bei der Aufführung von *Lost and Found. Das Paradies* einmal, dass ein Kind im Publikum zu weinen anfing, als Satan auf der Bühne in ein grässliches, lautes Brüllen verfiel. Die Schauspielerin, die Eva ihre Stimme gab, wollte das weinende Kind trösten, indem sie ihre Hände an ihre Ohren hielt und so mitteilen wollte, dass das Kind das gleiche tun und damit das Brüllen dämpfen könne. Es braucht wohl nicht erwähnt zu werden, dass diese Szene nicht im Drehbuch vermerkt war, jedoch sehr wohl von allen Zuschauenden bemerkt wurde. Solche Szenen stören aber die Wahrnehmung in Bezug auf die Geschichte nicht; die Zuschauenden sind sich ständig dessen bewusst, was zur erzählten Geschichte und was zur (medialen) Repräsentation dieser Geschichte gehört, gerade weil der Akt des medialen Erzählens deutlich gezeigt wird.

Durch diese Form der Hörspiel-Aufführung wird somit die formale Seite, die ‹discourse›-Ebene, gegenüber der inhaltlichen, der ‹story›-Ebene, betont, analog zu der bereits erwähnten allgemeinen Tendenz im Hörspiel, das Medium mit seinen technischen Mitteln als solches bewusst einzusetzen und hörbar zu machen. Das visuelle Element bei der Repräsentationsform Live-Performance ist damit als eine Steigerung dieser ‹discourse›-Seite der narrativen Geschichte zu sehen: Das Publikum sieht, wie die Geschichte erzählt wird, während sie erzählt wird. Die Geschichte selber wird dadurch nicht deutlicher oder undeutlicher, das Geschichten-Erzählen jedoch transparent gemacht.

Bei einem zweiten Beispiel einer Live-Performance stellt sich jedoch durchaus die Frage, ob die visuelle Komponente das Verständnis der Geschichte (und damit deren Wahrnehmung) beeinflusst: Es handelt sich um die Live-Performance des Hörpiels *Der talentierte Mr. Ripley* nach Patricia Highsmith, die am 29.10.2005 in Zürich veranstaltet wurde.[32] Das Hörspiel wurde so inszeniert, dass die Aufteilung der Stimmen – es gab auch hier nur drei SchauspielerInnen – nicht konstant war: Die drei Stimmen repräsentierten eine Erzählinstanz sowie die Figuren Tom Ripley, Dickie Greenleaf, Marge Sherwood und gelegentlich weitere, die in das Geschenen verwickelt sind. Der Erzählpart überwiegt in diesem Hörspiel, das in der Performance in drei Teile gegliedert wurde. Den Part von Tom Ripley sprach sowohl im ersten wie auch im dritten Teil die Schauspielerin Nina Hesse Bernhard, während er im zweiten Teil vom Schauspieler Venus Madrid übernommen wurde. Dieser Wechsel der SprecherInnen-Rolle wurde in der Performance dadurch angezeigt, dass die Person, die Tom Ripley die Stimme lieh, immer ein spezifisches Kleidungsstück trug. Es stellt sich hier die Frage, ob diese visuelle Verdeutlichung notwendig war, d. h. ob der Wechsel der Sprecherrollen beim bloßen Hören des Hörspiels wohl fehlinterpretiert oder zumindest als irritierend empfunden würde, wie man annehmen könnte. Vom formalen und inhaltlichen Aufbau des Stücks her ist dieser Wechsel jedoch durchaus gerechtfertigt und stellt sogar ein raffiniertes Element dar, durch spezifisch hörspieltechnische Mittel eine inhaltliche Komponente zu verdeutlichen: Im zweiten Teil des Stücks ist Tom Ripley tatsächlich eine andere Person geworden, nämlich Dickie Greenleaf, dessen Identität er angenommen hat. Dieser Identitätswechsel wird versinnbildlicht durch das Zeichensystem der Stimme als eines der Zeichensysteme, durch das im Hörspiel Bedeutung erzeugt werden kann. Dieses Beispiel zeigt, dass der Stimulus auf der visuellen Ebene (der Wechsel der Kleidungsstücke auf der Bühne) vor allem dem Verständnis für das vor Ort anwesende Publikum dient, jedoch nicht für das Verständnis der Geschichte an sich konstituierend ist.

Ein drittes Beispiel, *Zweieinhalb Millionen* von Uwe Mengel, verbindet die Aspekte einer Live-Performance mit solchen der Interaktivität, so dass es als Zwischenform zwischen (4) und (5) angesehen werden kann und im nächsten Abschnitt erläutert werden soll.

---

32 *Der talentierte Mr. Ripley*. Nach dem Roman von Patricia Highsmith. Fassung & Regie: Daniel Howald. Die Hörspielperformance der Künstlergruppe Protein, die nicht mit einer Radiostation zusammen produziert wurde, fand im Rahmen der stadtweiten Veranstaltung «Die lange Nach der kurzen Geschichten» statt.

5. Das interaktive Hörspiel

Eine besondere Form des narrativen (oder auch nicht-narrativen) Hörspiels ist das *interaktive* Hörspiel, das oft im Internet angeboten wird, weil durch den Computer die nötigen technischen Voraussetzungen geboten werden, die eine solche Interaktivität gewährleisten können. Aber auch ein Theaterpublikum kann durch die aktive Teilnahme an der Produktion oder Ausführung eines Hörspiels Einfluss nehmen auf die Gestaltung der Geschichte. Hier bietet sich eine narratologische Untersuchung dieser neuen Form im Anschluss an die allgemeinen Forschungen zur Narratologie interaktiver Medien und Kunstformen an: Es geht vor allem um die Diskussion, inwiefern ein dargestellter *Plot* von einem Nutzer oder einer Nutzerin verändert werden kann und was für eine Rolle diese dabei innerhalb des narrativen Rahmens einnehmen.[33] Die allgemeine Diskussion hierzu geht insbesondere dahin, dass von vielen bezweifelt wird, ob man überhaupt noch von einem Erzählen oder vom Narrativen als Kommunikationsmodus ausgehen kann, sobald eine Benutzerin oder ein Benutzer selber in den Lauf des Geschehens eingreifen oder z. B. die Reihenfolge der betrachteten Teile des Ganzen selber bestimmen kann. Hier greift das Konzept der ‹Ergodics›, ein Gegenkonzept zum Narrativen, das eine Situation beschreibt, in der eine Reihe von Ereignissen ausgelöst wird durch ein Individuum oder einen Mechanismus.[34] An dieser Stelle kann nicht ausführlich auf diese Grundsatz-Diskussion eingegangen werden; vielmehr sollen anhand zweier Beispiele einige Aspekte des Narrativen in solchen interaktiven Hörspielen diskutiert werden.

Das Hörspiel *Taxis* war eine Live-Produktion für das ORF-Kunstradio anlässlich der Frankfurter Buchmesse 1995 und wurde von Gerfried Stocker, Martin Schitter, Rupert Huber u. a. realisiert.[35] Ausgangspunkt war das Romanprojekt *Absolut Homer* von Walter Grond.[36] In diesem Projekt konnten von beliebigen Computern weltweit Textfragmente aus einem ins Internet eingespeicherten Text angeklickt werden, wobei dieses Anklicken einen Effekt bei verschiedenen lokal stationierten Rauminstallationen auslöste:

---

33 Vgl. dazu Marie-Laure Ryan: *Narrative as Virtual Reality. Immersion and Interactivity in Literature and Electronic Media*. Baltimore 2001, sowie Marie-Laure Ryan: «Will New Media Produce New Narratives?». In: Dies. (Hg.): *Narrative across Media. The Languages of Storytelling*. Lincoln/London 2004, S. 337–359.
34 Vgl. Espen Aarseth: *Cybertext Perspectives on Ergodic Literature*. Baltimore 1997.
35 Die Produktion dieses Projekts wurde ausgeführt von x-space, ORF-Kunstradio, GEWI-Lab, Forum Stadtpark Graz, AEC-Linz, 1995. Das Projekt wird beschrieben auf http://www.kunstradio.at/1995B/12_10_95.html (eingesehen am 9.4.2007). Die folgenden Ausführungen stützen sich vor allem auf die Beschreibungen von interaktiven Hörspiel-Projekten in: Antje Vowinkel: «Online – Offline. Ansätze eines interaktiven Hörspiels». In: Jörg Helbig (Hg.): *Intermedialität. Theorie und Praxis eines interdisziplinären Forschungsgebiets*. Berlin 1998, S. 93–107.
36 Walter Grond: *Absolut Homer*. Graz/Wien 1995.

> Die ‹Bewegungen› der Internet-User, ihre Sprünge zwischen den Texten generieren unaufhörlich neue Konstellationen und liefern die Impulse für die Gestaltung der lokalen klanglichen Ereignisse. [...] Die Stimmen der Erzähler lösen sich so vom Kontext ihrer Texte. Gesteuert (getrieben) von den Bewegungen der Netzwerk-User verteilen sie sich in den Lautsprechersystemen der Installation, dringen in den Raum ein und besetzen ihn.[37]

Außerdem wurden durch die ausgelösten Signale musikalische Elemente angesteuert, die in den Soundmix integriert wurden. Zum Schluss ergaben sich

> Sounds und Samples, vor allem ‹Beats› und ‹Grooves›, die sich in den Vordergrund schieben, die Textpräsenz in der lokalen Installation zurückdrängen und das Event zur Party überleiten, während sich der Radiomix zunehmend auf die lautmalerischen, musikalischen Aspekte des multilingualen Stimmengewirrs konzentriert, immer subtiler und reduzierter wird.[38]

Aus dieser Beschreibung des Projekts wird deutlich, dass der narrative Aspekt, der ja zu Beginn durchaus vorhanden ist (die Erzähler erzählen verschiedene Geschichten), während des Prozesses völlig in den Hintergrund rückt. Die Frage ist hier einerseits, welche Töne denn nun die Hörenden an den Computern, die das interaktive Element erst liefern, überhaupt hören; eine zusammenhängende Geschichte entsteht daraus mit Sicherheit nicht, denn die aktive Mitarbeit steht hier im Mittelpunkt, nicht das Hören einer Geschichte. Die Rauminstallation vor Ort andererseits, um die es den Produzierenden wohl in erster Linie geht, entsteht zwar interaktiv, doch sie kann nicht als solche von den Leuten am Computer wahrgenommen werden. Hier ist das Element der Interaktivität via Computer somit eher eine zusätzliche Komponente zu einem Hörspiel, das an sich jedoch primär eine Hör-Installation darstellt. Als solches ist es bei den Hörspiel-Repräsentationsformen also näher bei der Live-Performance anzusiedeln, denn das Publikum, das die Hör-Installation live miterlebt, ist wie bei einer *Live-Performance* bei der Produktion des Hörspiels dabei und verfolgt diese mit, nimmt jedoch keinen Einfluss auf dessen Gestaltung.

Als zweites Beispiel interaktiver Hörspiele können Sendungen dienen, in denen die Hörenden durch Anrufe den Verlauf des Geschehens beeinflussen können, z. B. der Fortsetzungskrimi *Der Ohrenzeuge*, der auf Radio Fritz gesendet wird.[39] Hier berichtet ein fiktiver Reporter über ungeklärte Fälle, und aufgrund seiner Beschreibungen können die Zuhörer anrufen und Tipps geben, wie er sich

---

37 http://www.kunstradio.at/1995B/12_10_95.html (eingesehen am 9.4.2007).
38 Ebd.
39 Siehe: http://www.fritz.de/ohrenzeuge/ (eingesehen am 31.7.2006).

verhalten und was er als nächstes tun könnte. Der Einfluss der Zuhörenden auf die Gestaltung des Plots ist jedoch nicht groß: «Das interaktive Moment ist stark beschränkt, da der Reporter durch seine Antworten die Hörer lenkt und ihnen mitunter den richtigen Tipp mehr oder weniger in den Mund legt. Die Geschichte liegt im Grunde fest, es bleibt dem Hörer nur überlassen, sie zu erraten.»[40] Während die Geschichte also festliegt, hängt ihre Repräsentation vom interaktiven Moment ab. Die Zuhörenden können mitreden und dadurch mitunter wohl auch Einfluss darauf ausüben, wann welche Teile der Geschichte erzählt werden, sodass sie bis zu einem gewissen Grad den Part des Geschichten-Erzählens übernehmen, oder zumindest in ihrer Wahrnehmung einen Teil davon ausmachen. Es ist hier also vor allem die ‹discourse›-Seite, die Seite des Erzählens oder der Formgebung selber, auf die das interaktive Moment einen Einfluss hat.

Beim dritten und letzten Beispiel handelt es sich um das oben bereits erwähnte Hörspiel *Zweieinhalb Millionen* von Uwe Mengel.[41] Hier muss zunächst unterschieden werden zwischen zwei Arten von Publikum: Zwischen dem Publikum, das bei der Veranstaltung, während das Hörspiel live produziert wurde, anwesend war und den Inhalt zu einem großen Teil mitbestimmte, und dem Publikum, das das im Anschluss an die Live-Aufzeichnung produzierte Hörspiel später im Radio hörte. Die Wahrnehmung von ZuhörerInnen des Hörspiels am Radio ist gleichzusetzen mit derjenigen eines Radiopublikums, das ein produziertes Hörspiel hört, sodass dieser Fall hier nicht weiter behandelt wird. Das interaktive Moment bezieht sich nur auf das Publikum, das bei der Veranstaltung anwesend war. Dieses saß Schauspielern gegenüber, die Charaktere in einem Plot verkörperten, der zum Zeitpunkt der Performance bereits vorangegangen und in groben Zügen dem Publikum bekannt war. Um die Beweggründe für die vorangegangenen Handlungen (z. B. Morde) zu erfahren, trat das Publikum in einen Dialog mit den SchauspielerInnen und produzierte dadurch Gesprächsfragmente (die Gespräche wurden aufgenommen), die später in das Hörspiel integriert wurden. Das Publikum ist hier nicht nur Zeuge der Entstehung eines Hörspiels, sondern darüber hinaus an dieser beteiligt. Es handelt sich daher um eine Form der oben bereits beschriebenen Live-Performance, bei der allerdings die Rollen von SchauspielerInnen und Publikum nicht mehr getrennt sind, da auch die Stimmen der im Publikum sitzenden Leute, die Fragen an die SchauspielerInnen stellten, maßgebend zum Hörspiel gehören. Die Frage ist nun, wie dies erzähltechnisch beschrieben werden kann: Die Geschichte, nämlich der Kriminalfall mit zwei Morden, steht wie beim zwei-

---

40 Vowinckel: Online – Offline (wie Anm. 35), S. 100.
41 Die Veranstaltung wurde vom Theaterverein ‹Mixed Blessing Theater e. V.› in Zusammenarbeit mit dem SFB, RB, dem Hebbeltheater Berlin und dem Künstlerhaus Bethanien durchgeführt. Die Erstsendung des vom SFB, RB und HR produzierten und aus dem dreistündigen Originalmaterial auf eine Stunde zusammengefassten Hörspiels fand am 24.9.1996 statt.

ten oben besprochenen interaktiven Hörspiel bereits fest. Was folgt, sind Gespräche, in denen das Publikum erfragen kann, was passiert ist. Auch hier wird also nun die Art der Präsentation der Ereignisse vom Publikum gesteuert, nicht aber die Handlung selbst. Das Publikum hat wiederum die ‹discourse›-Ebene (teilweise) in der Hand. Gleichzeitig werden die Leute im Publikum aber auch zu eigentlichen Figuren der Handlung. Sie sind die Aktanten, die, ähnlich einem Detektiv, aufdecken, was auf der Handlungsebene vorher geschehen ist. Darüber hinaus bereichern sie das Hörspiel jedoch auch auf der narrativen Ebene der Darstellung (die gemäß Mieke Bal einen Aspekt der ‹discourse›-Ebene darstellt[42]), indem sie Hintergründe aufdecken und Zusatzinformationen zu Beweggründen ermitteln, wodurch Figurencharakterisierungen vorgenommen werden. Das Gespräch ist in der Folge nicht mehr nur gerichtet auf den Kriminalfall; vielmehr «erfährt der Besucher Klischees oder differenzierte Betrachtungen von den Figuren, die er befragt und gibt gleichzeitig eigene Vorurteile und Weltanschauungen preis.»[43] Zusammen mit der Gestaltung der Zeitebene findet hier somit ebenfalls eine Fokusverlagerung von der Geschichte zum ‹discourse› statt, wenn man nach der Art der narrativen Wahrnehmung des Publikums fragt: Das Publikum wird hier sozusagen zur erzählenden Instanz bzw. zu einem Teil der erzählenden Instanz.

Schlussfolgerung

Die eingangs formulierte Frage, wie neue audiovisuelle Repräsentationsformen des Hörspiels narratologisch konzeptualisiert werden können, wurde anhand von verschiedenen Beispielen diskutiert. Dabei zeigt sich, dass Visualisierungen primär zur Bereicherung auf der ‹discourse›-Ebene beitragen, während die ‹story›-Ebene von ihnen kaum bis gar nicht tangiert wird. Was die besprochene Vielfalt an Formen des Hörspiels vor allem zeigt, ist, dass die Form, die ‹discourse›-Ebene, und damit die mediale Gestaltung des Hörspiels, eine zentrale Rolle bei dieser Kunstform spielt, die durch verschiedene Repräsentationsformen ausgefüllt werden kann. Entscheidend ist, dass die Seite der Repräsentation, der Akt des Erzählens und die mediale Vermittlung der Geschichte, dadurch zu einem zentralen Element des Geschichten-Erzählens im Hörspiel werden. Das bewusste Einsetzen des jeweiligen Mediums und die Hervorhebung der spezifischen technischen oder anderen medialen Mittel der jeweiligen Repräsentationsform werden so zum inhärenten Stilmittel des narrativen Hörspiels; eine Tendenz, die bereits bei ‹herkömmlichen› Hörspielen beobachtet werden kann und die durch die gezeigte Vielfalt der medialen Repräsentationsformen bestätigt und bereichert wird.

42 Mieke Bal: *Narratology. Introduction to the Theory of Narrative.* Toronto 1997, S. 78.
43 Vowinckel: Online – Offline (wie Anm. 35), S. 101.

Norbert M. Schmitz

Der Subtext des Trivialen als Potenz der Poesie –
Joseph Cornells ROSE HOBART und die klassische Kinoerzählung

Vier Thesen vorab:
1. Die Überwindung der Narration des ‹classical style› wurde zum zentralen Motiv und zur programmatischen Metapher der Avantgarde, um den Autonomieanspruch moderner Kunst zu verteidigen.
2. Avantgarde und Mainstream müssen aber keinesfalls einen unversöhnlichen Widerspruch darstellen, da Letzterer die eigentliche Referenz einer Moderne ist, die anstelle einer noch ex negativo ontologisch begründeten Ästhetik die mediale Prägung als notwendiges Merkmal zeitgenössischer Kultur zum Anlass ihrer formalen Operationen macht.
3. Dem Surrealisten Joseph Cornell gelingt es durch sein künstlerisches Verfahren, mit ROSE HOBART den erotischen Subtext des Hollywoodkinos als unmittelbare Filmlektüre zur Anschauung zu bringen.
4. Die Verwendung von vermeintlich trivialem Material der Populärkultur in seinem Found-Footage-Film ermöglicht Cornell aufgrund der darin kollektiv verankerten Narrationsmuster eine besonders offene Form einer assoziativen Filmpoetik in der Tradition der französischen modernité.

1. Avantgarde und Mainstream

Nie enden wollende Close-ups auf das anmutige Gesicht derselben Schauspielerin (Abb. 1).

Ohne Rücksicht auf alle Regeln der découpage classique sehen wir die Schöne immer und immer wieder, ohne ihre Blicke in der Logik von Raum, Zeit und Handlung recht verorten zu können. Die ständig wechselnden Kameraachsen liefern ununterbrochen neue Perspektiven auf das schöne Gesicht, ohne ernsthaft einen Bezug zu irgendeinem Außen hinter oder vor der Leinwand zu provozieren. In tiefes Blau gehüllt scheint sie zu sprechen, doch der Inhalt ihrer stummen Rede scheint überflüssig. Wir lesen jedes Zucken in ihrer Mimik gleich den großen Gesten einer Stummfilmdiva, oder wie es der Regisseur emphatisch ausdrückt: «The voices will be silent and the rest of the picture will be in sound.»¹ So ist ein guter Teil des Found Footage-Films ROSE HOBART des amerikanischen Surrealisten Joseph Cornell aus dem Jahr 1936 aufgebaut: offensichtlich ein Werk der Avantgarde. Spürbar ist die Faszination an einem Material, das in seinem Glamour ohne Zweifel der Traumfabrik Hollywood entstammt. Man versucht im ersten Moment, die ursprüngliche Handlung der Vorlage zu rekonstruieren. Wenngleich man bald merkt, dass dies unmöglich ist, ist einem die Kinomythologie doch vertraut genug, um einen leichthin von der Kenntnis des genauen Plots absehen zu lassen. Was aber hat dies noch zu tun mit dem großen Hollywoodkino, mit den Formen des ‹classical style›, die dem Menschen im Industriezeitalter so selbstverständlich geworden sind, wie eine zweite Realität jenseits des Alltags?²

Abb.1 Joseph Cornell: ROSE HOBART. Frame enlargement. 1936. Courtey Anthology Film Archives, New York, and by permission of The Museum of Modern Art, New York. Aus: Jodi Hauptmann: Joseph Cornell. Stargazing at the cinema. New Haven, London 1999.

Im Folgenden möchte ich das Meisterwerk von Cornell zum Anlass nehmen, die Beziehungen zwischen Avantgardekino und Hollywooderzählung einer kritischen Analyse zu unterziehen und den Film selbst als eine zukunftweisende Interpretation der schwierigen Mesalliance einführen.

Avantgarde ist bekanntlich ein aus dem Militärischen entlehnter Begriff und meint: Vorhut. Wäre sie erfolgreich, setzte sie den späteren Siegeszug eines Heeres, dem sie den Weg bereitete, voraus, und eben dies ist zumindest in Kino und Fernsehen nicht passiert. Beide Medien haben den Schritt in die künstlerische Autonomie niemals wirklich vollzogen und insbesondere die überkommene Inhaltsästhetik der traditionellen neuzeitlichen Kunst keinesfalls abgelegt.³ Und

1 Joseph Cornell: «Monsieur Phot (seen through a stereoskope)». In: *The Avant-Garde Film – A Reader of Theory and Criticism*. Ed. by P. Adams Sidney. New York 1978, S. 51.
2 Zur Formengeschichte des ‹classical style› vgl. David Bordwell: «Classical Hollywood Cinema: Narrational Principles and Procedures». In: Phillip Rosen (Hg.): *Narrative, Apparatus, Ideology. A Film Theory Reader*. New York 1986, S. 17–34.
3 Zu den methodologischen Implikationen vgl. Norbert M. Schmitz: «Medialität als ästhetische

diese war neben ihren sonstigen symbolischen und dekorativen Funktionen eine Kunst der Erzählung, im Falle der bildenden Künste also eine der Bilderzählung. Umgekehrt ist die Vorstellung vom statischem Bild – wie sie die Reflexion der Medienwissenschaften über das ältere Medium Malerei bis heute prägt – als die eines Mediums vor der Zeit ohnehin eher eine neue Figur der frühen Moderne, vorbereitet durch Lessings *Laokoon*-Aufsatz und den Akademiereden von Reynolds. Ähnliches gilt für die Literatur, beispielsweise die konkrete Poesie, die allerdings niemals eine solche Dominanz erlangte wie ihr Pendant in Gestalt der abstrakten und konkreten Kunst. In den Massenmedien blieben die Neuerungen allerdings ein randständiges Phänomen. Jedenfalls leiten sich Kino und Fernsehen auch heute noch primär vom Wunsch des Erzählens ab, einer Narration mit vielfältigen Aufgaben im ‹symbolischen Haushalt› der Kultur weit entfernt von jeder Autonomieästhetik. Ästhetische Artefakte sind hier bei allen Wandlungen Gefäße von Inhalten, die selbst vor- oder außerkünstlerisch motiviert sind und unter dem Strich zum größtem Teil die ‹allzumenschlichen› Themen von Sex and Crime behandeln.

Wenn es der Avantgarde also nicht gelungen ist, in den Massenmedien gleich ihrem Triumph in den traditionellen Künsten ihre Paradigmen durchzusetzen, so lässt dies nach über acht Jahrzehnten ihrer Geschichte vordergründig nur zwei Schlüsse zur Erklärung zu: Entweder sie selbst scheiterte, weil sie ihrer eigenen Meßlatte, das Wesen des Mediums Film herauszustellen, nicht gerecht wurde, oder aber das Kino ist bis heute ein Ort bösartiger Herrschaft des Kommerzes, der jede ernsthafte künstlerische Entwicklung in Frage stellt.

Jedenfalls lässt das wechselseitige Desinteresse beider Welten aneinander, des Experimentalfilms und des Mainstreams, kaum eine andere Antwort zu. Diese knappen essayistischen Behauptungen implizieren eine Unmenge von Problemfeldern. An dieser Stelle soll es allerdings allein um das Problem der Erzählung gehen. Dies geschieht anhand der Möglichkeiten der Erzählung im experimentellen Kino. Es wird zu zeigen sein, dass eben die Narration das eigentliche Problem der radikalen Autonomieästhetik der Moderne darstellt.

2. Narrativität und der Film der Avantgarde

Avantgarde und Narrativität, das sind zunächst einmal Antipoden. Gehörte es doch von Anfang an zum Standart-Repertoire der Protagonisten des experimentellen Kinos, das ‹Ende der Erzählung› zu proklamieren. In den Manifesten der zwanziger Jahre geht es um die Überwindung des so genannten literarischen

Strategie der Moderne – Zur Diskursgeschichte der Medienkunst.» In: Peter Gendolla/Norbert M. Schmitz/Irmela Schneider/Peter Spangenberg (Hg.): *Formen interaktiver Medienkunst*. Frankfurt/M. 2001, S. 95–135.

Kinos, welches durch das wahre, einzig dem Medium Film gerechte ‹cinema pur› – dem Pendant der ‹peinture pur› – zu ersetzen wäre. Diese Konfrontation von Avantgarde und Narration prägt bis heute den wissenschaftlichen Diskurs, auch wenn beide Bereiche innerhalb völlig unterschiedlicher wissenschaftlicher Felder und diskursiver Horizonte verhandelt werden.

Die Ästhetik des experimentellen Kinos bleibt Bestandteil der Kunstwissenschaften der Moderne, während das Gros filmischen Schaffens in Gestalt des ‹classical style› Gegenstand einer von ihren Ursprüngen her literaturwissenschaftlich orientierten Filmwissenschaft ist, deren Paradigmen einer aus Sicht einer Kunstwissenschaft der Moderne[4] ‹vormodernen› Ästhetik verpflichtet sind. Weshalb aber rückte die Erzählung, das literarische Kino, so in den Fokus der Polemik der Modernisten?

Um dies zu verstehen, gilt es, sich noch einmal das Selbstverständnis der Moderne zu vergegenwärtigen. Was unterscheidet das autonome moderne Werk vom traditionellen? Es ist im Wesentlichen die Aufhebung einer selbstverständlichen Form-Inhalt-Adäquanz, das heißt, die gestalterischen Mittel verlieren nicht nur ihre Selbstverständlichkeit und werden als solche einer kritischen Reflexion unterstellt, sondern sie sind nun eigentliches Thema des Werks. Die bildende Kunst, namentlich der Malerei, vollzog diesen Wandel anhand der Kritik der Mimesis. Eben dies steht konkret hinter dem Weg von der Gegenständlichkeit zur Abstraktion bzw. der Selbstthematisierung der bildnerischen Mittel mit den Mittel des Werkes selbst. Erzählung, zumindest in der Vorstellung eines geschlossenen, gar aus einer auktorialen Perspektive präsentierten Ablaufes, für die idealtypisch der bürgerliche Roman steht, wäre unter dieser Vorgabe nichts anderes als eben eine solche angewandte Mimesis.[5] In den vormodernen Künsten war die je avancierteste Form im Wesentlichen nichts anderes als eine dem besonderen, vielleicht neuartigen Inhalt angemessene Form. Nun aber wurden die gestalterischen Mittel selbst eigentliches Thema der Darstellung. Auch noch realistische Kunst bis hin zur Pop-Art rechtfertigten ihre Repräsentationsmodi

---

4   Zum Begriff: Unter ‹Kunstwissenschaft der Moderne› verstehe ich hier eine Kunstgeschichte, die sich im wesentlichen an den Paradigmen der modernen Kunst orientiert, während eine ‹moderne Kunstwissenschaft› eher in den Bereich einer allgemeinen Bildwissenschaft verweist, die auch die zahlreichen Phänomene der visuellen Kultur seit dem späten 18. Jahrhundert mit einschließt, die sich unabhängig vom System der Hochkünste beispielsweise zu einer eigenständigen Formensprache des Kinos und der Werbung entwickelt haben. Bei letzterer handelt es sich zweifelsohne eher um ein Desiderat. Vgl. Gottfried Böhm: «Die Krise der Repräsentation – Die Kunstgeschichte und die moderne Kunst». In: Lorenz Dittmann (Hg.): *Kategorien und Methoden der deutschen Kunstgeschichte 1919-1930*. Stuttgart 1985, S. 113. Zum Verhältnis der ‹modernen Kunstwissenschaft› zum Film vgl. Norbert M. Schmitz: «Bewegung als symbolische Form. Die Ikonologie und der Kunstbegriff der Medienwissenschaften.» In: Heinz-B. Heller/Matthias Kraus/Thomas Meder/Karl Prümm/Hartmut Winkler (Hg.): *Über Bilder Sprechen. Positionen und Perspektiven der Medienwissenschaft*. Marburg 2000 (= Schriftenreihe der Gesellschaft für Film- und Fernsehwissenschaft 8), S. 79ff.

5   Vgl. Stephan Kohl: *Realismus – Theorie und Geschichte*. München 1977.

als Thematisierung der darstellenden Verfahren selbst, unabhängig vom Inhalt. Nicht zufällig präferierten Maler der Moderne vormals beiläufige bzw. in der Bedeutungshierarchie ‹niedere› Gegenstände und Genres. So führte ein Manet sein l'art pour l'art, die Bravour seines Pinselstriches, anhand von ordinären Spargelsträngen vor, und die klassischen Kubisten bevorzugten die immer gleichen Alltäglichkeiten des Cafehaustisches. Wie in der Malerei nun die autonom gewordenen Farben und Formen Thema wurden, so in der Literatur das sprachliche Material. Daher musste gegenüber den Experimenten eines James Joyce die Erzähltechnik Thomas Manns vormodern und veraltet wirken. Es schien notwendig, diese ja allgemein bekannten Prozesse in ihrer Parallelität in der bildenden Kunst und der Literatur noch einmal zu skizzieren, denn im Film kommen ja beider Spezifika, das Visuelle und das Narrative, in besonderer Art zusammen.[6]

Die Kritik der Erzählung als Antipode zur erklärten Autonomie des Kunstwerks wurde so zur zentralen Metapher der Avantgarderhetorik. Das Erzählerische überlebte bestenfalls als Anlass, die als autonom erklärte Form zu entfalten. Nicht nur in den Theorien der Moderne, sondern auch im kollektiven Alltagsbewusstsein setzte sich diese Vorstellung radikal durch. Man muss sich nur die unterschiedlichen alltäglichen Erwartungshaltungen vergegenwärtigten, die wir mit einem Kinogang und einem Museumsbesuch verbinden. In dem einen Falle erwarten wir letztlich im ganz hergebrachten und vormodernen Sinne spannende oder anrührende Geschichten, im anderen nehmen wir solche – soweit überhaupt vorhanden – bestenfalls zum Anlass, ihre formale Präsentation zu würdigen. Es geht hier um einen distanzierten Blick, dem wir das ‹Prädikat› des Kunstgenusses zubilligen.[7]

Im Kino blieben die ästhetischen Paradigmen der Moderne also marginal. Das verhältnismäßig kleine Konvolut des «cinéma pur» der Vorkriegsjahre, also die frühen Arbeiten von Eggeling, Richter, Ruttmann, Chomette, Man Ray oder Clair und anderer, kann man als die direkteste Übernahme der Theoreme der klassischen Moderne auf den Film verstehen.[8] Wie diese sollte die überkommene visuelle und narrative Gegenständlichkeit überwunden werden. Zu offensichtlich war die Übernahme von Paradigmen aus der Malerei, als dass auch in den so genannten ‹absoluten› Filmen wie in Ruttmanns BERLIN. DIE SINFONIE

---

6 Man muss sich vergegenwärtigen, dass in der klassischen Kunst bis zu den Anfängen der Moderne das erzählende Bild den Normalfall neben der Dekoration darstellt. Vom komplizierten Problem der Bildrhetorik soll und kann hier einen Moment abgesehen werden.
7 Vgl. Pierre Bourdieu: «Elemente zu einer soziologischen Theorie der Wahrnehmung». In: Ders.: *Soziologie der symbolischen Formen*. Frankfurt/M. 1970, S. 162 f.
8 Diese Ästhetik des ‹cinema pur› findet sich als Leitmotiv in den beiden auch heute noch hervorragenden Standardwerken zum experimentellen Kino: Birgit Hein/Wulf Herzogenrath (Hg.): *Film als Film. 1910 bis heute*. Stuttgart 1977; Hans Scheugl/Ernst Schmidt: *Eine Subgeschichte des Films*. Frankfurt/M. 1974.

DER GROSSSTADT oder Chomettes CINQ MINUTES DE CINÉMA PUR eine wirkliche eigenständige filmische Ästhetik entwickelt werden konnte.⁹ Das belichtete Zelluloid des fotografischen Filmmaterials jedes Kaders mit seinen gewissermaßen ‹automatisch› generierten ‹Wirklichkeitsfetzen› wurde jedenfalls Anlass rein formalästhetischer Operationen. Ruttmanns Berlinfilm ist eben keine Erzählung über einen Tag in Berlin, sondern eine Sinfonie der Bewegung, deren Noten die Dynamiken jener Metropole der 1920er Jahre bilden. Im Kontext des Dadaismus entstanden diesseits und jenseits des Rheins Arbeiten wie L'ÂGE D'OR von René Clair oder VORMITTAGSSPUK von Hans Richter, in denen durch Dekontextualisierung und Verfremdung herkömmliche Erzählweisen ad absurdum geführt wurden. In summa entwickelten sich alle diese Strömungen unabhängig und größtenteils als explizite Opposition zum ‹literarischen Mainstream› der Filmgeschichte.

Die Aufhebung der Mimesis blieb bei all diesen und anderen Strömungen dieser Aufbruchsjahre Programm, sei es durch die Verfremdung des Materials durch fotografische Mittel wie Überbelichtung, Negativbild, später direkte Bearbeitung des Rohmaterials, als Mittel zur Dekonstruktion narrativer Muster der ‹découpage classique›.¹⁰ Letztere zielte also auf die vermeintlich tradierten Formen der klassischen Erzählung. So sollten durch die Abkehr vom Prinzip des einzelnen mimetischen Filmbilds und dessen Kombination zu einer Realität suggerierenden kontinuierlichen Bilderzählung die Regeln des ‹classical style› überwunden werden. Ich verwende das Adjektiv ‹vermeintlich›, da die besondere Modernität der damals ja erst gerade entwickelten Erzählmuster à la Griffith nicht recht begriffen wurde und diese häufig genug in einer naiven Rezeption der viktorianischen Inhalte als einfache Übertragung älterer literarischer Strukturen auf das neue Medium verstanden wurde. Man kann sich also Hans-Ulrich Reck anschließen:

> Film wie Video sind Medien der Erzählung und der Interpretation von (gegenständlichen oder formalen) Ereignissen/Abläufen durch Sequenzen bewegter Bilder. Unterschiedlich ist nur die Realisierung der Bewegung durch heterogene Bildträger. Begreift man dies als technischen Vorgang, dann lässt sich der auf technische Produktionslogik und die Verabsolutierung des Mediums (der Mittel) bezogene Avantgardismus (Erscheinungsbild des vermeintlich wagemutigen Ungewohnten und Merkwürdigen) als Fehlgriff beschreiben.¹¹

---

9 Zur Terminologie vgl. Norbert M. Schmitz: «Der Film der klassischen Avantgarde oder die gescheiterte Autonomie des Kinos». In: *Text und Kritik, Sonderband: Aufbruch ins 20. Jahrhundert*. Hg. v. Hans-Ludwig Arnold. München 2001, S. 138–154.
10 Zur ‹découpage classique› vgl. Walter Dadek: *Das Filmmedium. Zur Begründung einer allgemeinen Filmtheorie*. München/Basel 1968.
11 Hans-Ulrich Reck: «Mediengespräche vom 6. und 7. November 1992 in der ‹Blau-Gelben Galerie› Wien». In: *Medien, Kunst, Passagen*. 1992, H. 3, S. 79.

Norbert M. Schmitz

Das Auseinanderfallen modernistischer Ästhetik und der Ästhetik der modernen Medien, allen voran des Films, kann man sich leicht vor Augen führen, wenn man sich gleichzeitig die großen glamourösen Filmpaläste im Art-Déco-Stil der 1920er Jahre und die minimalistisch-kargen Kinoentwürfe der Konstruktivisten aus derselben Zeit vor Augen führt. Was heißt dies aber? War und ist das Kino (wie auch die Filmkritik) also einfach nicht auf der Höhe der Moderne, wenn es immer noch so ungebrochen seine Geschichten erzählt?

3. Ein surrealistischer Gegenentwurf

Das Unbehagen an dieser Differenz leitet denn allerdings auch schon das Ende der klassischen Avantgarde selbst ein, deren von radikalem Idealismus, strengem Formalismus und neureligiösem Messianismus bestimmte Strenge schon früh Gegenstand des Spotts einiger ihrer eigenen Vertreter wurde. Der Widerspruch kam gleichermaßen aus dem Lager der artistes engagés des Konstruktivismus wie Vertov oder Eisenstein wie aus dem Kreis der Surrealisten. Im Kontext der Überlegungen zum Verhältnis des experimentellen Kinos zum ‹classical style› soll hier aber nur die letztere Wendung Gegenstand sein.[12]

Nun gehört es zu den bekannten Gründungsmythen der klassischen Moderne, dass der kleine Zirkel um André Breton den Gang in den ‹Kintopp› zwischen Melliès und Mack Sennet liebte. In ihren regelmäßigen ‹Hitlisten› guter und schlechter Kunst unterließen sie es nicht, einige ihrer feinsinnigen avantgardistischen Kollegen dadurch zu provozieren, dass sie die Trivialserials eines Louis Feulliade über die Meisterwerke des Kunstfilms etwa des prätentiösen Marcel L'Herbier stellten und letztere als Kitsch denunzierten.[13] Anstelle der Purifikation, der Selbst- und Medienreflexion, des ätherisch zelebrierten Kunstideals der unterschiedlichen Avantgardeströmungen faszinierte sie am vermeintlich kunstlosen Kintopp die ungefilterte, lustvolle Erzählfreude des populären Kinos. Im Sinne des von ihnen aufs Panier gehobenen Freudianismus sahen sie hier die ungefilterte Libido, einen hemmungslosen Todestrieb ohne jede gesellschaftliche und individualpsychologische Tabuisierung offen zu Tage treten. Im Dunkel des anonymisierten Kinosaals feierten die ungezügelten Triebe fröhliche Urstände.

---

12 Übrigens konnte der sowjetische Formalismus den Mainstream kaum beeinflussen, verbarg sich hinter seinem Programm von der Kunst im Dienste der modernen Gesellschaft, als gleichberechtigter Teil einer größeren gesellschaftlichen Praxis, doch auch nur eine ästhetisierende Vorstellung vom gesellschaftlichen Prozess als künstlerischem Schöpfungsakt. Doch zu dieser zugegeben provokativen These bedürfte es einer eigenständigen Untersuchung. Vgl. Boris Groys: *Gesamtkunstwerk Stalin – Die gespaltene Kultur in der Sowjetunion*. München/Wien 1988.

13 Vgl. die Filmempfehlung der französischen Surrealisten 1951, wiederabgedruckt in: *Stationen des Films in der Moderne II*. Hg. v. den Freunden der deutschen Kinemathek. Berlin 1989.

Neben allen Tabuverletzungen an der Grenze von ‹High› and ‹Low› war es vor allem die wenigstens partielle Zurücknahme des autonomen Kunstanspruches zugunsten einer extremen Indienstnahme, einer Instrumentalisierung des Mediums Film für das eben in allen seinen noch so abwegigen Seiten faszinierende wie triviale Leben, welche mit dem bis dahin herrschenden Diskurs der Modernisten brach: la cinématographie à service de la révolution surrealiste.

Den Kreis um Breton interessierte allerdings nicht der vordergründige Gehalt, der Plot, der rationale Ablauf der Erzählung, die Oberfläche der Inhalte. Vielmehr ging es ihm in Anlehnung an die Entdeckungen der Freudschen Psychoanalyse und einiger parapsychologischer Modelle um eine ganz andere Erzählung unterhalb dieser Ebene, den Wunschhaushalt der Triebe und seiner unzensierten Manifestation in der Verkleidung der Leinwandstorys. Gerade die vermeintliche Trivialität der Melodramen und Schauergeschichten schien hier die von Freud in seiner Theorie des psychischen Apparates so umfänglich aufgebauten individuellen und kollektiven Instanzen der Zensur zu unterminieren. Das Kino erzählte in den Augen der Surrealisten die ‹wahre Geschichte der Seele› auf einer ungebrochenen und ungefilterten Ebene, die der idealistischen Kunst auch noch der Avantgarde unzugänglich bleiben musste. Und eben hierin wurde das Kino Vorbild für die Surrealisten, Anlass, Verfahren der Bild- und Textproduktion zu erfinden, welche seine Kreativität von der unerträglichen Last des Bewusstseins befreiten.[14]

Die beiden Gründungsfilme des Surrealismus Un chien andalou und L'Âge d'or versuchen diese Ästhetik auf das Medium Film anzuwenden, wie Buñuel später berichtete:

> Die Handlung ist das Ergebnis eines bewussten psychischen Automatismus, und in diesem Sinne versucht sie nicht einen Traum zu erzählen, obgleich sie nicht von einem Mechanismus analog der Träume profitiert. Die Quelle, aus denen dieser Film seine Inspiration schöpft, ist die vom Ballast der Vernunft und der Tradition befreite Phantasie.[15]

Die Gründungslegende des ersten Films, der gemeinsame Landaufenthalt der Regisseure mit dem wechselseitigen Erzählen aktueller Traumbilder der letzten Nächte, zeigt aber, wie sehr damals noch ein strenges ‹psychoanalytisches› Verfahren in der Tradition der ‹écriture automatique› den Versuch einer unmittelbaren Transformation der Arbeit des Unbewussten in ein ästhetisches Verfahren dominierte. So sehr wohl hier die ‹Surrealistische Theologie› geeignetes

---

14 Vgl. Hans Holländer: «Ars inveniendi et investigandi: Zur surrealistischen Methode». In: Peter Bürger (Hg.): *Surrealismus*. Darmstadt 1982, S. 244–312.
15 Buñuel 1961, zit. n. Uwe M. Schneede: «Surrealistische Filme – Das Prinzip der Schockmontage». In: Bürger: *Surrealismus* (wie Anm. 14), S. 317.

Mittel der Filmanalyse und historischen Hermeneutik ist, so unabweisbar ist das Scheitern des Programms.[16] Denn natürlich konnte der Artist wenigstens im Moment der Erstellung eines komplexen Gefüges, wie beispielsweise einer Filmhandlung, nicht mehr schlicht vorbewusst handeln, sondern bestenfalls seine Wacherinnerungen an sein vermeintlich Unbewusstes anschaulich machen. Nur schwer kann ein Werk auch nur die Erinnerung an einen Traum abbilden. Jedenfalls darf das künstlerische Schaffen auf der manifesten Ebene niemals mit der eigentlichen Traumarbeit verwechselt werden.

Dass die Berufung auf Freud insgesamt problematisch war, hat allerdings noch sehr viel weitergehende und für die Frage nach dem Status der Erzählung in der Moderne sehr viel bedeutsamere Hintergründe. Der Wiener Kulturpessimist und Arzt sah in den von den Surrealisten bekämpften Phänomenen wie Wunschversagung und Sublimation bekanntlich eine herausragende Fähigkeit des Menschen, die am Ursprung jeder kulturellen Tätigkeit stand, während deren Verlust Chaos und Regression bedeuten würde.[17] Die Vorstellung einer Befreiung der Triebe, gewissermaßen die totale ‹Erzählung des Es›, käme einem Rückfall in die Barbarei gleich. In diesem Sinne hat Freud später denn auch aus seiner Perspektive zu Recht jede Anbiederung seitens seiner Verehrer aus den Kreisen der Avantgarde zurückgewiesen.

4. Eine Traumologie des Kinos: ROSE HOBART von Josef Cornell

Die Erzählung des konventionellen Kinos operiert genau umgekehrt, wenn das Vorbewusste jenseits einer bewussten, vom Regisseur und – noch wichtiger – dem ganzen Produktionskollektiv kalkulierten Gestaltung in diese eindringt und sie formt. Die surrealistische Ästhetik im engeren Sinn scheint mir heute demgegenüber aus besagten Gründen bestenfalls von historischem Interesse. Bedeutsam, und dies führt uns zum Ausgangspunkt der Frage nach dem Verhältnis von filmischer Avantgarde und ‹classical style› zurück, ist die Ästhetik der Surrealisten allerdings durch ihre historisch neue Perspektivierung der Modi des Erzählens im Dispositiv Kino.

---

16 Die kunstwissenschaftliche Literatur über den Surrealismus kennzeichnet allerdings oft genug eine Verwechslung der literarischen Hintergründe der Avantgardetheoreme mit der Realität. Die Behauptungen der surrealistischen Ästhetik sind zunächst einmal nichts mehr als geschichtlich gewordene Denkmuster, die als Grundlage zur Analyse der formalen und inhaltlichen Strukturen der Kunstwerke so tauglich und notwendig sind wie die Vertrautheit mit den Grundsätzen kirchlicher Theologie Voraussetzung zum Verständnis der Rubensschen Altarwerke. Umgekehrt gilt dies allerdings auch für die formalistischen Versuche der Interpretation solcher Filme in Absehung von ihren Inhalten. Surrealismus als reine Formkunst ist absurd. Vgl. Bernhard Lindemann: *Experimentalfilm als Metafilm*. Hildesheim 1977.

17 Dies bezieht sich natürlich vor allem auf den späten Kulturpessimisten. Siegmund Freud: *Das Unbehagen in der Kultur*. Wien 1930.

Der Subtext des Trivialen als Potenz der Poesie

Angesichts der umfangreichen Literatur zum Verhältnis von Psychologie, insbesondere der Psychoanalyse und Film, soll hier das Augenmerk aber weniger auf die filmtheoretischen Debatten als auf eine konkrete filmisch-gestalterische Ästhetik gelegt werden. Experimentalfilm wäre auf dieser Ebene nichts anderes als ein kinematographisches Ausloten der formalen und psychologischen Dimensionen des Kinos insgesamt, und der Modus seiner Analyse ist das Spiel mit den narrativen Strukturen des ‹classical style› selbst. Wie ist dies zu verstehen?

Ich möchte die folgende Argumentation, wie oben angekündigt, anhand eines einzelnen Films des Avantgardekinos entwickeln. ROSE HOBART von Joseph Cornell[18] ist ein Found Footage-Film[19] von 19 Minuten Länge, dessen Material, von wenigen Ausnahmen abgesehen, dem B-Picture EAST OF BORNEO von Georges Melford aus dem Jahr 1931 enstammt.[20] Ich übernehme die Beschreibung des leicht schwülstigen Abenteuermelodrams der außerordentlich subtilen Interpretation der Kinoästhetik Cornells von Jodi Hauptmann – angesiedelt im geheimnisvoll üppigen Tropenzauber voller Urwälder, Krokodile und Affen, wird die Geschichte von Linda erzählt

> who travels to the fictional Indonesian Kingdom of Maradu to find her physician husband who, under the mistaken impression that she is having an affair with a friend, has turned to alcohol and fallen under the spell of the island's reigning monarch, the Prince. After surviving the arduous journey to Maradu, Linda fights off the advances of the Prince, who hopes to make the visitor his own. The island's volcano erupts at the climax of the film. Linda shoots and wounds the Prince;

---

18 Zu Leben und Werk: Diane Waldmann: *Joseph Cornell. Master of dreams.* New York 2002 (darin Bibliografie, S. 147f.); Charles Simic: *Medici Groschengrab. Die Kunst des Joseph Cornell.* München 1999.
19 Vgl. dazu die mittlerweile klassische Studie von Leyda u. a.: Jay Leyda: *Filme aus Filmen. Eine Studie über den Kompilationsfilm.* Berlin (Ost) 1967; «*Found Footage. Filme aus gefundenem Material*». Sonderheft *Blimp. Zeitschrift für Film.* 1991, H. 16. Hg. v. Peter Tscherkassky; Kay Cecilia Hausheer/Christoph Settele (Hg.): *Found Footage-Film.* Luzern 1992.
20 Unter Found Footage Filmen versteht man Filme, die (fast) gänzlich aus vorgefunden Filmmaterial hergestellt wurden. Dieses Segment des experimentellen Kino ist gegenüber historiografisch und systematisch deutlich von dem eher dokumentarisch orientierten Kompilationsfilmen zu unterscheiden, wie Kirchmann treffend ausführt: Letztere «arbeiten mithin primär an vorgängigen filmischen Geschichtsdeutungen, an der Offenlegung derer verborgenen Diskursivität, an der Referenzialität von Geschichte und filmischer Repräsentation. Ebendiese Referenzialität wiederum ist in einem sehr viel grundsätzlicheren Sinne konstitutiver Kritikpunkt des Found Footage Films, insofern und als dieser sich mit der Zeichenhaftigkeit und der Medialität des Films *schlechthin* reflexiv auseinandersetzt, tradierte Repräsentationsfiguren *generell* hinterfragt, aufbricht und dekonstruiert.» Kay Kirchmann: «Bildermüll und Wiederverwertung. Eine medientheoretische Perspektive auf Formen und Funktionen des Bilderrecyclings im Found Footage». In: Thomas Koebner/Thomas Meder (Hg.): *Film, Bildtheorie und Film.* München 2006, S. 501; vgl. auch Peter Tscherkassky: «Die Analogien der Avant-Garde». In: Hausheer/Settele: *Found Footage* (wie Anm. 19), S. 28.

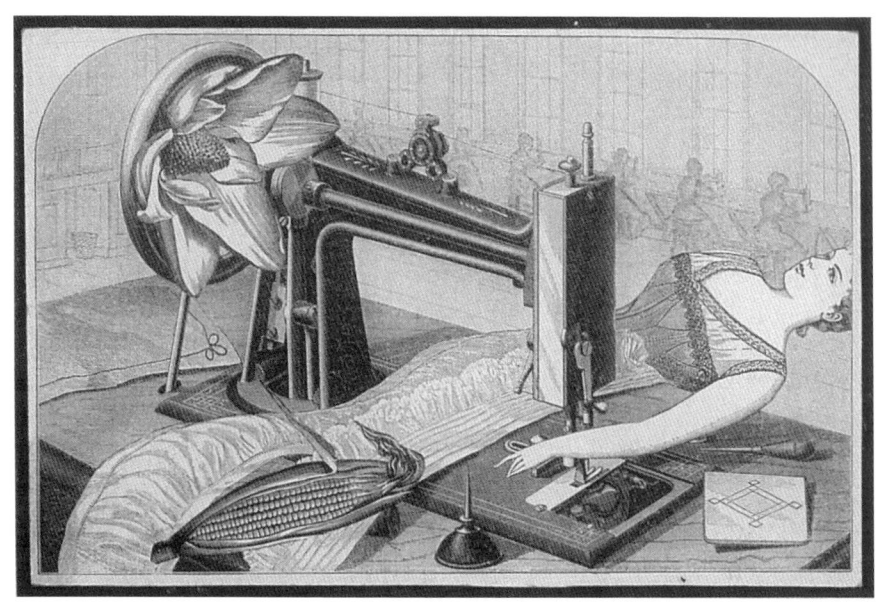

Abb. 2 Joseph Cornell: Untitled (Woman and Sewing Machine). 1931. Collage, Osaka City Museum of Modern Art. Aus: Jodi Hauptmann: Joseph Cornell. Stargazing at the cinema. New Haven, London 1999.

the doctor, seeing his wife fend off the Prince's advances, makes a miraculous recovery, and the two escape for home and a happy ending.[21]

Aus einer solchen Handlung eine völlig andere ‹Geschichte› zu machen, die zugleich nur deren eigensten Kern ausführt, kennzeichnet das gesamte Oeuvre Cornells.

Sein Werk, vorwiegend zwei- und dreidimensionale Collagen, stellt sicherlich einen Höhepunkt der ‹ars combinatoria› des Surrealismus dar. Verhältnismäßig isoliert, aber doch durchaus interessiert und inspiriert von und an den damals mächtigen Strömungen der Vorkriegsavantgarde, durchstreift er die Antiquariate New Yorks, besucht Kino, Theater und Vaudeville und sammelt die Zeugnisse dieser ‹Traumwelt›, um sie zu eigenwilligen Synthesen zusammenzuführen. Bezeichnend für sein Werk, seien es die frühen durchaus von Max Ernst inspirierten Papiercollagen (Abb. 2), seien es seine *boxes* – dreidimensionale, glasbewehrte Kästchen, in denen er unterschiedlichste Objekte zusammenführt und bearbeitet (Abb. 3) –, ist die relative Homogenität des verwendeten Materials, im Wesentlichen durchweg Illustrationen und Fragmente der aus Populärästhetik des Fin de siècle, später dann zunehmend auch aus der Populärkultur seiner eigenen Zeit wie Filmen oder Kinomagazinen.

21 Jodi Hauptmann: *Joseph Cornell. Stargazing at the cinema.* New Haven/London 1999, S. 88.

Der Subtext des Trivialen als Potenz der Poesie

Abb. 3 Joseph Cornell: Untitled (Penny Arcade Portrait of Lauren Bacall). 1945–46. Edwin Bergmann Collection. Photograph Copyright 1998, The Institute of Chicago. Aus: Jodi Hauptmann: Joseph Cornell. Stargazing at the cinema. New Haven, London 1999.

Tatsächlich haben viele seiner Arbeiten einen fast wehmütigen Zug der Erinnerung, der weniger an die zukunftheischenden Provokationen des klassischen Surrealismus erinnert denn an den Kult des Verschwindens und Erinnerns im französischen Ästhetizismus des 19. Jahrhunderts. Die sanft-elegische Stilistik in pastosen Farben und voller Patina steht im äußersten Gegensatz zur provokativen Schockästhetik à la Buñuel und Dali, wie Robert Hughes bemerkt:

> Doch nirgendwo im Surrealismus findet sich eine Bilderwelt, die der seinen gleicht. Er unterschied zwischen dem, was er ‹die weiße, magische Max Ernst-Seite› des Surrealismus nannte, und seinen dunkleren, gewalttätigeren Aspekten. Er hieß die erste gut, scheute jedoch vor der letzteren. Die revolutionären Phantasien der Surrealisten und ihre erotischen Obsessionen teilte er nicht. In seinem gesamten Werk gibt es kein erotisches Bild, geschweige denn eine Spur von *amour fou*. Was er sich allenfalls erlaubte, war ein sanfter Fetischismus. Sollte, wie manche vermuten, Cornells Bilderwelt mit seiner Kindheit zu tun haben, dann war das eine, die kein Kind je erlebt hat, eine Kindheit ohne Zorn und Begehren. Manchmal schlug er einen Riss in die Glasscheibe, die den Inhalt des Kästchens schützte, doch das ist schon alles, was er sich an Gewalt erlaubte – seine Umschreibung dafür, dass das Heiligtum der Phantasie angegriffen wurde.[22]

Zweifellos unterscheiden sich seine wie Preziosen aus einer barocken Wunderkammer wirkenden Objekte, von denen nicht wenige mit Motiven des Kinos spielen, und ihr verfeinertes Raffinement gleichermaßen von der Rauheit und Direktheit avantgardistischer Bilderstürmerei wie von der rationalen Kühle konstruktivistischer Moderne.[23]

Und dennoch ist schon allein durch die, sich in vielfacher Zitation äußernde, offensichtliche Wahlverwandtschaft zu den Künstlern der Décadence und des Symbolismus Vorsicht geboten, den Künstler einfach als sentimental und naiv misszuverstehen. Jene Kinderwelten sind so wenig heil wie die in Lewis Carolls *Alice in Wonderland*. Doch hier soll nicht versucht werden, das komplexe Werk, noch nicht einmal die Struktur von ROSE HOBART im Ganzen zu deuten, hier geht es allein um das Verhältnis von Cornells Film zur Narrativität des Mainstream-Kinos. Allerdings dürfte die nicht seltene Verharmlosung in den Begriffen von Hughes schon deutlich werden, wenn man sich fragt, was denn

---

22 Robert Hughes: *Bilder von Amerika. Die amerikanische Kunst von den Anfängen bis zur Gegenwart*. München 1997, S. 499.
23 Neuerdings wird Cornell, der lange Zeit eher den Ruf eines liebenswürdigen ‹Kleinmeisters› als einer der großen Figuren der amerikanischen Kunst genoss, gefeiert. Vgl.: *Dialogues: Duchamp, Cornell, Johns, Rauschenberg*. Katalog zur Ausstellung im Dallas Museum of Art. Hg. v. Dorothy Kosinski. New Haven 2005; *Joseph Cornell/Marcel Duchamp ... in resonance*. Katalog zur Ausstellung «Joseph Cornell/Marcel Duchamp ... in Resonance» im Philadelphia Museum of Art, October 8, 1998-January 3, 1999. The Menil Collection, Houston, January 22-May 16, 1999. Hg. v. Polly Koch, Ostfildern/Ruit 1998.

Abb. 4-7 Max Ernst: La femme 100 têtes, mit einer Anweisung für den Leser von André Breton, Berlin 1962, Bildfolge der letzen sechs Blätter. Aus: Max Ernst: La femme 100 têtes, mit einer Anweisung für den Leser von André Breton. Berlin 1962.

die emotionale Satisfikation wäre, die der Film ROSE HOBART im Vergleich zum herkömmlichen Kinobesuch z. B. von EAST OF BORNEO geben könnte?

Um die spezifische Filmästhetik von ROSE HOBART, besser noch: den programmatischen Kern der ‹Kinotheorie› Cornells, zu verstehen, hilft mehr als der Blick auf das weitere kinematographische Schaffen des Künstlers oder sein sonstiges Werk die Betrachtung einer wohl nicht filmischen aber mindestens praefilmischen Werkgruppe des von Cornell sehr verehrten Max Ernst, die berühmten Collageromane wie *Une semaine de bonté*, *Das Kamelienmädchen – Ein Traum*. In *La femme 100 têtes* (Abb. 4–7) aus dem Jahr 1929[24] entreißt das

---

24 Max Ernst: *La femme 100 têtes*, mit einer Anweisung für den Leser von André Breton. Berlin 1962.

Mitglied des Pariser Surrealistenzirkels überlieferte Holzstiche aus der populären Unterhaltungskultur des 19. Jahrhunderts ihrem ursprünglichen erzählerischen Zusammenhang, um sie durch vieldeutige, ikonografisch aber selten zu vereindeutigende, collagierende Verfremdungen in einen neuen narrativen Zusammenhang einer Bilderzählung ohne eigentlichen Text zu überführen.

Auch die Bildunterschriften, die jedem der säuberlich collagierten und arrangierten Blätter beigegeben wurden, erzeugen wohl durch Verweise und partielle Wiederholungen die Suggestivität einer fortlaufenden Erzählung, lassen sich aber zu keiner geschlossenen Narration im traditionellen Sinne verbinden.[25] Und dennoch entsteht die Suggestivität einer irgendwie bedeutsamen und fesselnden Geschichte, nicht anders als bei den Vorlagen in ihrem ursprünglichen Kontext, als sie zwischen einer Anzahl von rein typografischen Seiten zwar wohl den Text illustrierten, aber mit ihren nur selten wortwörtlich an den Romanablauf anschließenden Textunterschriften im Imaginären des Betrachters ein Eigenleben entwickelten.[26] Dies konnte die Lektüre des Romans wohl ergänzen, umkreiste sie aber eher und öffnete sie zu unausgeloteten Phantasien des Betrachters. Bei Ernst handelt es sich einerseits um ein filmähnliches Verfahren, das heißt eine Bilderzählung in der Zeit, gewissermaßen eine Montagefolge. Allerdings zielt sie nur bedingt auf eine Kontinuität in Zeit und Raum, wie sie sowohl den ‹classical style› des Kinos als auch den klassischen Comicstrip kennzeichnet. Andererseits behält sie Momente fließender Narration bei, und eben jene Ambivalenz erzeugt ein sehr spezifisches Verfahren, Bedeutung zu generieren.[27] Die ‹offenen Bedeutungsfelder› verweisen auf die Struktur moderner Lyrik in der Tradition eines Mallarmé, wie sie Hugo Friedrich beschrieben hat.[28] Die semantische Polyvalenz macht eine Vielfalt von gleichwertigen Lesarten möglich, konkret entsteht der Inhalt erst in jeder individuellen Lektüre jedes Rezipienten neu. Dies setzt aber beim Betrachter einen komplizierten Prozess des gleichzeitigen Erinnerns und Neuschöpfens voraus, denn das Angebot zur Sinnschöpfung entsteht erst aus dem Paradox enttäuschter Erwartungen, d. h. der Verbindung der individuellen Wunschwelten mit den Fragmenten bekannter Erzählungen und Sinnangebote, wie sie Ernst mit den semantisch vielschichtigen Illustrationen der Populärkultur des 19. Jahrhunderts in seine Moderne einführt.

---

25 Zahlreiche Versuche der Kunstgeschichte mittels äußerst gelehrter ikonografischer Analysen die ‹verborgene› Geschichte doch eindeutig zu fixieren, gehen m. E. am Prinzip dieses offenen Kunstwerks vorbei. Vgl. Umberto Eco: *Das offene Kunstwerk*. Frankfurt/M. 1977.
26 Vgl. Werner Spies: *Max Ernst – Collagen. Inventar und Widerspruch*. Köln 1988, S. 227.
27 Der Versuch namentlich ikonografisch orientierter Kunstwissenschaftler, den subtilen Hintersinn in diesen enigmatischen Werken zu finden, gerät angesichts der schier unendlichen Fülle von Bedeutungsmöglichkeiten leicht zur bildungsphilisträsen Farce.
28 Vgl. Hugo Friedrich: *Die Struktur der modernen Lyrik – Von Baudelaire bis in die Gegenwart*. Hamburg 1956.

Dieser Rückgriff auf die Vergangenheit ist selbst ein zutiefst kinematografisches Moment. Es ist kein Zufall, dass Cornell seinen Film ohne Ton schneidet, um ihn hinterher mit einer schwungvollen Latin-Music – *Forte Allegre* und *Belem Bayonne* von Nestor Amaral's *Holiday in Brazil* – von Schallplatte zu untermalen. Über einen seiner so verehrten weiblichen Stars schwärmt er: «And so we are greatful to Hedy Lamarr, the enchanted wanderer, who again speaks the poetic and evocative language of the silent film, if only in whispers at times, beside the empty roar of the sound track.»[29] Und

Abb. 8 Joseph Cornell: ROSE HOBART. Filmstill. 1936. Aus: Jodi Hauptmann: Joseph Cornell. Stargazing at the cinema. New Haven, London 1999.

er fährt mit Worten fort, welche auch die endlosen Wiederholungen, die Close-ups auf das Gesicht der Schauspielerin der Rose Hobart beschreiben könnten: «Who has not observed in her magnified visage qualities of a gracious humility and spirituality that with circumstances of costume, scene, and plot conspire to identify her with realms of wonder [...].»[30] Das Vergangene, das Stummfilmkino mit seiner Theatralik und Unwirklichkeit, erscheint als verlorenes Paradies seiner Träume, so dass er auch den Tonfilmstar schweigen lässt. Gerade die Erinnerung an eine untergegangene ‹große Zeit›, hier des Stummfilmkinos, dort, bei Max Ernst, des Fin de siècle, erzeugt einen Moment des permanenten Verschwindens, des Erinnerns, der in einem Proustschen Sinne die Intensität des Erlebens steigert. Das Gesicht von Rose Hobart wird zu einer Art ‹filmischer Skulptur› und reizt in der endlosen und nie ermüdenden Aneignung durch die Blicke des flaneurs immer wieder neu dessen erotische Sehnsucht, die durch kein rationales Sprechen, geschweige denn einen übersichtlichen Plot je eingeholt werden kann. Und eben hier zeigt sich der tiefe Pessimismus, der jenseits der hübschen Poesie und der vermeintlichen Sentimentalität und Kindlichkeit nicht nur in dieser Arbeit dem Künstler Cornell eignet. P. Adams Sidney berichtet denn auch, dass Cornell viele Jahre später bei der Lektüre von Susan Sonntags *Against interpretation* auf den Levy-Strauss Titel *Tristes Tropiques* stieß und, davon fasziniert, sein Werk umbenennen wollte. «In Cornell's collage-cinema, imagery never carries its full weight. The volcano collapses into a

---

29 Joseph Cornell: «*Enchanted Wanderer. Excerpt from a Journey Album for Hedy Lamarr*. In: Julian Levy: *Surrealism*. New York 1966; wiederveröffentlicht in: Adam Sidney (Hg.): *The Avant-Garde Film. A reader of Theory and Criticism*. New York 1978, S. 53.
30 Ebd.

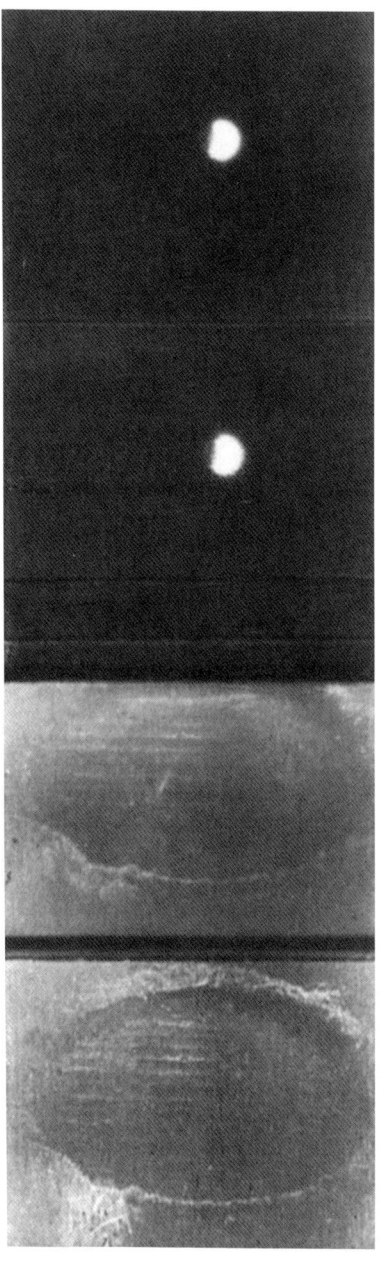

film version of a geological phenomenon and ironically evokes a sexual encounter. Cornell's world of ideal beauty is invisible and closer to music than to concrete imagery»[31] (Abb. 8).

Zu Recht führt Sidney die besondere Position der wenigen kurzen Filmfragmente an, die nicht EAST OF BORNEO entstammen. Bilder von Beobachtern einer Sonnenfinsternis, man möchte sagen: Gläubige in Erwartung einer Epiphanie, eröffnen den Film, der seinen Höhepunkt in Aufnahmen einer Sonnenfinsternis findet, an deren Ende die Himmelserscheinung als Wassertropfen in einem Tümpel versinkt (Abb. 9).

The eclipsed sun, the falling sphere, the spreading rings are not compelling in themselves. Like isolated notes in a scale, they evoke a melody. They are the points around which the viewer can order his imaginary film of the sun spooked out of the sky. Furthermore, it is only that extraordinary and invisible event that gives meaning to otherwise unfocused fears, anxieties, and intimations silently mimed by the heroine throughout the film.[32]

Darin ist Cornell durchaus auf der Höhe

Abb. 9 Joseph Cornell: ROSE HOBART. Film still. 1936. Aus: Jodi Hauptmann: Joseph Cornell. Stargazing at the cinema. New Haven, London 1999.

---

31 P. Adams Sidney: «The Cinematic Gaze of Joseph Cornell». In: *Joseph Cornell*. Katalog der gleichnamigen Ausstellung im Museum of Modern Art, New York, 17.11.1980 bis 20.1.1981. New York 1980, S. 77.
32 Ebd.

der Modernität und insbesondere der Radikalität der Surrealisten. Die Unbedingtheit seines Begehrens ist auch ein zerstörerischer Akt. Der ersehnte Körper der Frau entsteht, wie wir seiner ersten Collage entnehmen können (vgl. Abb. 2), auch immer auf dem künstlerischen Schneidertisch mit der Nähmaschine der kinematographischen Apparatur. Jodi Hauptmann führt die Ambivalenz dieser ästhetischen Erotik Cornells aus, der sein Leben unspektakulär und fast bieder mit seiner Mutter und seinem behinderten Bruder in einem schlichten Reihenhaus verbrachte:

> *Rose Hobart*, then, may be less about the actress (her pathologies or her role as diva) and more about Cornell's (and all Filmmakers›) desire to capture, penetrate, and possess. Mastery over bodily and celluloid fragments, we have seen, is at the heart of Cornell's collage and montage project, and rather than ‹truth›, what we see in this film is that onto Rose Hobart – the body and the film – and the eclipse that is her double, Cornell represents and projects his own desire.[33]

Dieses Begehren ist allerdings ein unabschließbarer Prozess und kennt keine Wunscherfüllung als seine eigene unbegrenzte Fortschreibung. In diesem Sinne findet ROSE HOBART auch niemals einen wirklichen Schluss, denn der Blick auf die Diva will Unendlichkeit. Dies ist die tristesse eines Poet maudit. Der ästhetizistische Surrealismus des vermeintlich harmlosen, gar naiven Künstlers ist damit dem Denken seiner surrealistischen Kollegen von Breton bis hin zu den Nachfolgern aus den Kreisen des Wiener Aktionismus weit überlegen, wenn er den Kurzschluss zwischen Kunst und Leben zugunsten der Autonomie der Kunst vermeidet[34], wohl wissend dass die unmittelbare Einlösung des Begehrens im Schrecken mündet. Und dennoch bleibt das Verlangen lebendig, wie Hans-Thies Lehmann schreibt: «Das ‹gefräßige Auge› [...] kommt in der abstrahierenden Wahrnehmung, die die technisierte Umwelt fordert, nicht auf seine (libidinösen) Kosten, kann aber auch nicht zurück in einfache, konkrete Verhältnisse fliehen.»[35] Eine Lösung verliert sich im prinzipiell unendlichen Schweben des Kunstgenusses.

---

33 Hauptmann: *Joseph Cornell* (wie Anm. 21), S. 110.
34 Bei Bürger heißt es: «In der spätkapitalistischen Gesellschaft werden Intentionen der historischen Avantgardebewegungen mit umgekehrten Vorzeichen verwirklicht. Von der Erfahrung der falschen Aufhebung der Autonomie her wird man fragen müssen, ob eine Aufhebung des Autonomiestatus überhaupt wünschenswert sein kann, ob nicht vielmehr die Distanz der Kunst zur Lebenspraxis allererst den Freiheitsspielraum garantiert, innerhalb dessen Alternativen zum Bestehenden denkbar werden.» Peter Bürger: *Theorie der Avantgarde*. Frankfurt/M. 1974, S. 73.
35 Hans-Thies Lehmann: «Die Traumfabrik – Mythos im Kino und Kinomythos». In: Karl-Heinz Bohrer (Hg.): *Mythos und Moderne*. Frankfurt/M. 1983, S. 587.

5. Cornell und das Mainstream-Kino

An dieser Stelle sei die Interpretation des so vielschichtigen Filmes abgebrochen, um zum eigentlichen Thema dieses Aufsatzes zurückzukommen, nämlich der Bedeutung einer solchen Kunst für die Analyse des Mainstream-Kinos und seiner Erzählformen. Cornell gelingt es, den Bogen zwischen größtmöglicher semantischer Öffnung und der Möglichkeit des Verstehens besonders weit zu spannen. Ist bei einem Film, der die gewohnten Konventionen der ‹découpage classique› aufgibt, die Möglichkeit sinnhaften Verstehens sehr schnell an einer durch die Organisation des Materials bedingten Grenze angelangt, so kann Cornell durch die Verwendung des Found Footage-Materials eines höchst trivialen B-Pictures und die Zitation einer allgemein als bekannt vorausgesetzten Erzählung – man mag dies modisch Intertextualität nennen – das formale Experiment extrem weit führen, ohne einen verhältnismäßig sinnhaften semantischen Bezugsrahmen völlig zu verlieren. Dem B-Picture als einem höchst konventionellen exotischen Melodram kommt dabei dieselbe Rolle zu wie den nicht weniger trivialen Buchillustrationen in den Collageromanen von Max Ernst. Sie garantieren einen im Werk gar nicht entwickelten festen Bedeutungsrahmen, in den sich noch das ‹loseste Material› in eine Assoziationskette einfügen lässt.

Selbstredend ist jede auch noch so triviale Filmlektüre immer eine einmalige und wird sich selbst bei Wiederholung durch denselben Rezipienten kaum ganz wiederholen lassen. Insofern reflektiert Cornell hier nur das Verfahren jedes Filmerlebens und führt das emphatische Feld des Betrachters[36], d. h. seine Form der Identifikation mit dem Geschehen auf der Leinwand zu deren innerstem Kern: die Kinolektüre in ‹Reinkultur›. In diesem Sinne wird der Subtext des Kinos nackt vor Augen geführt. Es handelt sich aber nicht um eine Dekonstruktion des kinematographischen Mythos im Sinne der Barthschen Mythologien, vielmehr um eine eher affirmative Adoration der Hollywooderzählung im Geiste des Surrealismus.[37]

Denn die radikale Konzeption der Filmbetrachtung bei Cornell ermöglicht nicht nur die Analyse des klassischen Kinos oder dessen intelligente Re-Lektüre, sondern weit mehr. Gerade weil dem Publikum keine leicht lesbare ‹story› serviert wird und diese erst durch eine starke Eigenaktivierung in der Lektüre überhaupt erst mit einer Art ‹Sinn› aufgeladen werden kann, gewinnt die ästhetische Wahrnehmung eine sonst nicht zu erreichende Intensität. So wird die Eindeutigkeit der Bedeutung zugunsten zunehmender Polyvalenz zurückgenommen, ohne dass die Ahnung eines sinnstiftenden Zusammenhangs verlo-

---

36 Hans J. Wulff: «Das emphatische Feld». In: Jan Sellmer/Hans J. Wulff (Hg.): *Film und Psychologie – nach der kognitiven Phase?* Marburg 2002 (= Schriften der Gesellschaft für Medienwissenschaft GfM 10), S. 109–122.
37 Roland Barthes: *Mythen des Alltags*. Frankfurt/M. 1964.

ren ginge, um eben eine Intensität der Wahrnehmung zu ermöglichen, die mit allseits vorgegebenen Bedeutungsreihen nicht möglich wäre, ein Verfahren, das Manfred Frank anhand der Mallarmé-Lektüre Derridas beschreibt[38]:

> Wenn Bestimmtheit von Bedeutungen (es handle sich, wie in der Linguistik, um solche von Zeichen oder, wie im Text-Strukturalismus, um Bedeutungen von Sätzen) das Ergebnis eindeutiger Unterscheidungen ihrer Ausdruckskörper ist, dann kann man das Gesamt von solcherart bestimmten Elementen als ein System bezeichnen. Nun kann man sich klar machen, daß es eine natürliche Grenze für den Sinndifferenzierungsprozeß nicht gibt. An jeden Term A lassen sich Ketten von negativ zu bestimmenden Termen (-B, -C, -D, usw.) anhängen, deren Menge unabsehbar und offen ist. Wenn das der Fall ist, kann das System einer Sprache oder eines Textes nicht als geschlossen betrachtet werden: Mit jedem innovativen Sprechakt wird das zuhandene Zeichenmaterial neu und anders differenziert, und das entsprechende gilt für jede produktive Interpretation.[39]

Wie angedeutet, ist hier die Arbeit mit einem sehr konventionellen Abenteuer-Melodram, also eines bis zur Abgedroschenheit bekannten Genres, kein Zufall. Der Künstler kann auf die Funktionsweise des Genrekinos selbst zurückgreifen, das ja mehr als jede andere filmische Form auf eine Vielzahl von Informationen im kollektiven Bewusstsein des Zuschauers rekurriert. Man denke allein an Typage und übliche Handlungsmuster des Western, die von einem John Ford nur angedeutet werden müssen, um sofort große narrative Funktionen und emphatische Erregungen zu übernehmen. Das Spiel mit diesem Gerüst, wie es in den kollektiven Mythen der Populärkultur gegeben ist, ist also Voraussetzung für die Radikalität dieses ‹offenen Kunstwerks›.

Nun muss allerdings unterschieden werden zwischen solchen Textformen, die jene Polyvalenz selbst zum Thema haben bzw. erst recht eigentlich provozieren, und solche, die umgekehrt jene prinzipielle nicht zu schließende Reihe möglicher Verweisungen im Sinne semantischer Vereindeutigung abzuschließen trachten. Dies galt für den Avantgardefilm vielleicht mehr als für jede andere Gattung, denn die extreme Informationsdichte auf allen möglichen, namentlich aber visuellen und sprachlichen Ebenen scheint den Film mehr noch als Malerei oder Literatur gegenüber semantischer Vereindeutigung zu immunisieren.[40] Allerdings gehörte diese zum Konzept der Eisensteinschen ‹Filmgram-

---

38 Jacques Derrida: *La double séance* und *La dissémination*. Beide in: *La dissémination*. Paris 1972.
39 Manfred Frank: *Was ist Neostrukturalismus?* Frankfurt/M. 1984, S. 576.
40 Vgl. Pier Paolo Pasolini: «Das Kino der Poesie». In: Peter W. Jansen/Wolfram Schütte (Hg.): *Pier Paolo Pasolini*. München 1977, S. 49–76.

matik›⁴¹ wie zum Hollywoodkino. Immerhin zeigt die surrealistische Re-Lektüre des Kinos, dass der ungeheure Bedeutungsüberschuss des Filmbildes nicht einzudämmen ist. Und ganz offensichtlich ist dies kein rein formal-sprachtheoretisches Problem allein, sondern automatisches Ergebnis der Eigenaktivität in jeder Zuschauerin und jedem Zuschauer. Selbst ein Eisenstein hatte sich später wohl über die Suggestivität seiner aus den Bildern des OKTOBER hervorbrechenden sadistischen Gewaltphantasien verwundert.

Dem künstlerisch orientierten Erzählkino ist gelegentlich vorgeworfen worden, im Wesentlichen nur ästhetische Inhalte der Hochkunst des 19. Jahrhunderts im neuen Medium zu wiederholen und somit zu trivialisieren.⁴² Man denke etwa an den Symbolismus eines Bergmann oder Tarkowskij. Auch Vertreter der Theorie des populären Kinos waren deshalb schnell geneigt, die Kinogeschichte unabhängig von ihren literatur- und kunstgeschichtlichen Voraussetzungen als etwas Neues und gänzlich Anderes zu verhandeln. Allein das experimentelle Kino wäre demgegenüber eine Fortsetzung der modernen Kunst mit neuen technischen Medien.

Cornells Thematisierung der Spannungslinie zwischen konventioneller Filmsprache und avantgardistischen Formkonzepten an der Grenzlinie von trivialen Medien und Hochkunst eröffnet hier einen anderen Horizont. Wie später andere Found Footage-Künstler wie Bruce Conner oder Ken Jacobs nimmt er die Kultur des Massenmediums am Beispiel des trivialen Melodrams als die eigentliche Realität des Medienzeitalters ernst. Doch vielleicht keiner seiner ihn bewundernden Kollegen aus dem Umkreis des experimentellen Kinos bewegte sich so traumhaft in der Welt des Kinos; sie ist ihm Anlass, seine poetischen Effekte zu entwickeln, wie ein selbstverständlicher Raum seines Flanierens.

Um auf die Überlegung vom Wortsinn der Avantgarde vom Anfang zurückzukommen: Das experimentelle Kino eines Cornell kann man kaum als Vorhut einer zukünftigen Kinematographie bezeichnen, es ist vielmehr Nachhut in einem sehr essenziellen Sinn, denn es entwickelt seine Bedeutung auf der Grundlage der Formen und Inhalte, der Erzählungen des herkömmlichen Kinos, dessen Verankerung im kollektiven Bewusstsein der Rezipienten Voraussetzung seiner Poetik ist. Darin besteht seine unbedingte Modernität, nämlich anstelle der Entwicklung neuer Formen und Inhalte die alten neu zu organisieren. Cornell nimmt mit dieser Poetologie in einem grundlegenden Sinne Ab-

---

41 Um Missverständnissen vorzubeugen: Auch die spätere Obertonmontage ist nur eine Konsequenz von Eisensteins Streben nach ‹Vereindeutigung durch Kompression›. Eisenstein sieht hierin die Parallele zur Funktion menschlichen Denkens überhaupt: «Danach führt die Bewußtseinsentwicklung *fortschreitend, progressiv zu Kompression.*» Sergej Eisenstein: «Die Geburt des intellektuellen Films» (ca. 1945). In: Ders.: *Schriften*, Bd. 3, ‹Oktober›. Hg. v. Hans-Joachim Schlegel. München 1975, S. 177.
42 Durchaus positiv, allerdings allein inhaltsästhetisch merkte Hofstätter dies schon früh an. Vgl. Hans H. Hofstätter: *Symbolismus und die Kunst der Jahrhundertwende*. Köln 1975.

schied von den Mimesis-Ontologien ex-negativo seiner avantgardistischen Kollegen, denn er begreift die Medienwelt als den eigentlichen *fait brut* der industrialisierten Gegenwart. Es ist also ein ‹Kino danach› sui generis. Moderne ist in diesem Sinne nicht die Dekonstruktion von Mimesis und Erzählung, sondern reetabliert sie auf einer höheren reflexiven Ebene.

Jedenfalls erklärt ROSE HOBART manches von der Faszination der Kinoästhetik für die Künstler der Moderne insgesamt, einer Kunstform der Erzählung, deren Voraussetzungen die Avantgardisten schon lange auf dem Müllhaufen der Geschichte abgelegt zu haben glaubten. Surrealismus im Kino kann konsequenterweise nie die einfache Betrachtung von Bildern und Verfahren der traditionellen Kunstgattungen sein, sondern muss die Überschreitung der Mediengrenze selbst als das Potenzial surrealer Transgression verstehen.[43]

Cornell setzt eben an jenen Versatzstücken der Medienkultur an, welche die emotionale Befindlichkeit des Zivilisationsmenschen jenseits der Wertordnungen idealisierender Ästhetiken bewegt. Die Lösung ist allerdings eine rein ästhetische, ein erotischer Traum aus Zelluloid, und gerade darin zeigt sich die Wahlverwandtschaft zu dem von Cornell so geliebten Kino. Es ist der Ort kollektiver Sublimation als notwendige Kompensation der kollektiven Libido, deren Übersetzung ins Leben fatal wäre. Cornells ROSE HOBART spricht also auch über die Notwendigkeit, den Faden der Erzählung niemals abzubrechen.

---

43 Und dies wäre auch die Nähe und Ferne zur ‹Ökonomie› des Surrealisten Bataille. Vgl. Peter Wiechens: *Bataille zur Einführung*. Hamburg 1995.

ERZÄHLEN UND ARCHIVIEREN

Christina Scherer

Coming HOME. Home movies und filmische Erinnerung

Das Home movie ist ein Erinnerungsmedium par excellence, seine Entstehung verdankt sich der bewussten Absicht des Filmenden, sich zu erinnern und das Vergängliche festzuhalten. Es ist vor allem durch seinen nicht professionellen, amateurhaften Gebrauch definiert, seine Unabhängigkeit von aufwändigem technischen Equipment und externen Mitarbeitern. Es entsteht in der Privatsphäre, im familiären Umfeld.[1] Familienbilder im Home movie sind es auch, die hier im Folgenden im Zentrum der Aufmerksamkeit stehen sollen (und dabei vor allem die Verwendung des Home movies oder seine Simulation innerhalb eines filmischen Textes). Filmgeschichtlich entwickelt sich das Home movie vor allem in den 1920er Jahren zu einer verbreiteten Form kultureller Erinnerungspraxis. Bereits seit 1897 ist es möglich, Filme im häuslichen Umfeld zu zeigen, die Heimprojektoren werden dabei vor allem mit kommerziell vorgefertigten 35 mm-Filmen bestückt. Der Amateurfilm beginnt 1898/99 mit 17,5 mm-Film (durch Halbierung des 35 mm-Formats). Von ihrem Sujet her könnte man schon die ersten Filme der Brüder Lumière zu den Home movies zählen, wenn sie Familienmitglieder beim Kartenspielen oder beim Füttern des Babys zeigen. Allerdings werden Home movies in der Regel nicht für die Öffentlichkeit gemacht, wobei einschränkend angemerkt werden muss, dass Fernsehformate wie AMERICA'S FUNNIEST HOME VIDEOS und ihre nationalen Äquivalente (PLEITEN, PECH UND PANNEN, BITTE LACHEN! etc.) dieses Prinzip in Frage stellen, weil sich durchaus vermuten lässt, dass bei einigen dieser Privatfilme die Verbreitung durch das Fernsehen die eigentliche Motivation ihrer Entstehung war.

In den 1920er Jahren wird vor allem auf 16 mm und 9,5 mm-Material gedreht. 1926 wird in New York die Amateur Cinema League gegründet, die ab 1930 jährlich die zehn besten Filme auswählt und auch öffentlich vorführt. In

---

[1] Zum Home movie vgl. Philipp Brunner: «Home Movie». In: Lexikon der Filmbegriffe (Online). Hg. v. Hans J. Wulff/Theo Bender. http://lexikon.bender-verlag.de. Stand: Lfg. 70–04; Walter Dehnert/Eckhard Schenke: «Amateurfilm». In: *Reclams Sachlexikon des Films*. Hg. v. Thomas Koebner. Stuttgart 2002, S. 21; Patricia R. Zimmermann: *Reel Families. A Social History of Amateur Film*. Bloomington/Ind. 1995; James M. Moran: *There's No Place Like Home Video*. Minneapolis 2002; Alexandra Schneider: *«Die Stars sind wir». Heimkino als filmische Praxis*. Marburg 2004; weiterhin hat die Zeitschrift *Film History* einen Band dem Thema «Small-gauge and amateur film» gewidmet: *Film History. An International Journal*, 15, (2003) Nr. 2.

den 1960er Jahren wird Super 8-Film verwendet, später Videofilm.[2] Heute wird weitgehend mit Digitalkameras gearbeitet. Der amateurhafte Gebrauch des Filmmediums wirkt sich auch auf die Form des Home movies aus: Die Protagonisten sind keine Schauspieler, sondern stammen aus dem häuslichen Umfeld (Familienmitglieder, Freunde). Wackelkamera, Fehlbelichtungen, Körnigkeit des Bildes, Streifen, Kratzer etc. sind formale Kennzeichen, die aus dem nicht professionellen Gebrauch herrühren und auch besonders gerne im Spielfilm imitiert werden, wenn das Filmbild rau, ‹dreckig›, dramatisch etc. wirken soll (wie z. B. in amerikanischen Serien wie 24 u. a.). Zunächst sind es eher herausragende Ereignisse im Leben der Familie: *rites de passage* wie Hochzeiten, Taufen etc., die festgehalten werden, auch im Jahresrhythmus wiederkehrende Feste und Ereignisse wie Weihnachten und Ostern, an denen sich die ganze Familie trifft, und vor allem die Ferien. Das Filmmaterial auf den Filmspulen begrenzte die Aufnahme zeitlich, der Film musste zur Entwicklung eingeschickt werden und man brauchte zur Vorführung Projektor und Leinwand. Mit der Einführung der Video- und Digitaltechnik änderte sich das: Das Home video ermöglicht nun wesentlich längere Aufnahmen, es braucht keine Zwischenschritte mehr, um sich das Gefilmte gleich auf dem häuslichen Fernseher bzw. bei den digitalen Techniken auf dem heimischen PC anschauen zu können. Sind die früheren Home movies auf Schmalspur und Super 8-Film Stummfilme, so ist mit dem Video die Tonaufzeichnung möglich und damit auch eine Kommentierung während der Aufnahme. Mit der Tonaufzeichnung ändern sich auch Inhalte: Es sind nun ebenso die eher beiläufigen Momente im Alltag, die festgehalten werden, das Alltägliche, und nicht mehr nur die herausragenden Ereignisse.

Das Home movie ist in einem privaten und familiären Zusammenhang situiert. Insofern ist eine seiner Funktionen, ein Bild von einem Zuhause zu zeichnen oder zu konstruieren, das den kognitiven und affektiven Grund bereitstellt, auf dem der Einzelne seinen Platz in der Welt hat[3], oder anders gesagt: Es ist der Ort der Konstruktion einer individuellen Heimat. Nicht zufällig spielt das Home movie sowohl im Spielfilm als auch im Non-fiction-Film besonders dort eine Rolle, wo es um das imaginierte wie tatsächliche Nachhausekommen geht, um den Ort der Kindheit. Kindheit ist im Home movie eines der wichtigsten kohärenzstiftenden Konzepte. Eine wichtige Funktion des Home movies ist die materielle Artikulation von Kontinuität der Generationen über die Zeit hinweg[4], und zwar auch dort, wo es sich nicht mehr um die Familie im

---

2   Home videos werden hier filmhistorisch und technisch unzulässig, aber der Einfachheit halber zum Genre des Home movies hinzugezählt.
3   Wie James Moran es sagt, an dem ich mich hier orientiere; vgl. J. Moran: *There's No Place Like Home Video* (wie Anm. 1), S. 61.
4   Vgl. ebd., S. 60.

engeren Sinne handelt. Durch die Film- oder Videoaufzeichnung kann so etwas wie eine Tradition entstehen, und zwar dann, wenn einzelne wiederkehrende Ereignisse in über Jahre aufeinander folgenden Aufzeichnungen zu diachronen Serien werden[5], ein Phänomen, das man schon von der Fotografie her kennt, wenn etwa der Familienvater jedes Jahr seine Lieben unterm Tannenbaum fotografiert und man beim Anschauen der Bilder das gleich bleibende Ritual genauso erkennt wie die Veränderung der Familienmitglieder und des Interieurs. James Moran hat das Home movie als eine Aufzeichnung und Organisation von Subjekten und Objekten in einem mnestischen System beschrieben, das nachfolgende Generationen beerben. Das eigene Leben wird auf diese Weise sowohl mit der Vergangenheit als auch mit der Zukunft verbunden. Das Home movie stellt, so Moran, ein narratives Format zur Verfügung, in dem familiäre Legenden und persönliche Geschichte kommuniziert werden können.[6] In jedem Home movie fängt die autobiografische Aufzeichnung zugleich einen überindividuellen ‹historischen› Moment ein, und jeder Entwurf eines Bildes personaler Identität ist verknüpft mit einem größeren kulturellen und konventionellen Rahmen, für den der Begriff ‹Familie› auch im Sinne eines pars pro toto eingesetzt werden könnte. Vor allem in experimentellen Filmen sind diese Spannungsverhältnisse zwischen individuellem und zeitgeschichtlichem Moment, Subjektivität und Konventionalität, erinnernder Aufzeichnung und Reflexion der ‹verlorenen Zeit› im autobiografischen Home movie-Modus reflektiert worden, klassische Beispiele sind Stan Brakhages SCENES FROM UNDER CHILDHOOD (1967–1970) und Jonas Mekas' LOST LOST LOST (1976). Das Home movie ist ein Ort, an dem sich Subjektivität radikal äußern kann. Brakhage versucht im Home movie-Gestus seiner Filme Kunst und alltägliches Leben zu integrieren und bezieht seine kreative Energie weitgehend aus dem häuslichen Raum (ähnlich wie es Bill Viola heute tut).

Erinnern, erzählen und das mediale Gedächtnis des Home movies

Wenn Moran erklärt, das Home movie stelle ein narratives Format für Lebensgeschichten dar, so ist dieses Format durch eine relativ schwache Strukturierung gekennzeichnet. Alexandra Schneider erkennt mit Roger Odin im Home movie eine schwache narrative Struktur bei gleichzeitig starker narrativer Funktion, wobei sie durchaus narrative Elemente vor allem in den Filmanfängen nachweist.[7] Die formalen Kennzeichen des Home movies: Zu lange oder zu kurze

---

5 Vgl. ebd.
6 Ebd., S. 61.
7 Vgl. Alexandra Schneider: «Die Ankunft von Tante Erika. Wie Familienfilme aus den dreißiger Jahren anfangen». In: Montage/av, 12/2/2003, S. 119–129.

Einstellungen, Sprunghaftigkeit, unvermittelter Abbruch der Aufnahme, fehlende Strukturierung durch eine erzählende Instanz, ermöglichen es dagegen dem Zuschauer, seine eigene Erinnerungserzählung an das Gesehene anzubinden, indem er es durch Kontextwissen, eigene Erinnerungen, Assoziationen, Gefühle und Deutungen vervollständigt, und zwar sowohl wenn er/sie am gefilmten Geschehen beteiligt war als auch als Nichtbeteiligte(r), im Wiedererkennen bestimmter (familien-)typischer Situationen. Für eine Beschreibung des Home movies als eine Form erzählenden Erinnerns soll nun zunächst kurz der Zusammenhang von Erinnern und Erzählen beleuchtet und das mediale Erinnern thematisiert werden, bevor einige konkrete Beispiele der Verwendung des Home movies (und seiner Simulation) als erinnernder Gestus im Film die Ausführungen abschließen.

Erinnerung und Erzählung sind konstruktive Prozesse, und beide gehören unmittelbar zusammen. Die Gedächtnisbildung ist ein Prozess, «der wenig mit Archivausgabe, erheblich mehr aber mit gestaltendem Erzählen zu tun hat», wie Siegfried J. Schmidt die neueren Ansichten der Kognitionspsychologie referiert[8] – Künstler und Literaten wissen das schon länger. Erzählschemata seien bereits bei der kognitiven Elaboration von Erinnerungen wirksam und nicht erst bei ihrer Versprachlichung. Die Prozesse von Wahrnehmungen und Erinnerungen verfahren parallel zu Erzählprozessen. Daraus ist zu schließen, dass wir der Narration nicht entkommen können, weil sie bereits eine Art kognitives Grundmuster darstellt: Wir konstruieren aus unseren Wahrnehmungen und Erinnerungen kohärente Erzählungen, erzählen uns die Welt immer dort, wo wir Sinn und Zusammenhänge erkennen. Auf der Seite der Wahrnehmungs-/Medienangebote gibt es selbstverständlich unterschiedliche ‹Ordnungsgrade› von Kohärenz innerhalb von Narrationen. Ein geringer Ordnungsgrad bzw. Versuche, narrative Ordnungen zu zerstören, fordert die kognitiven Sinnbildungsprozesse auf Seiten der Rezipienten in besonderer Weise heraus, setzt sie aber keineswegs außer Kraft. Organisation und Koordination von Erleben, Wahrnehmen und Erinnern sind, so referiert Schmidt die Position von Gebhard Rusch,

> mit den Schemata kohärenter Erzählungen (Geschichte) strukturell vergleichbar [...]. Erinnern und Erzählen folgen nach dieser These denselben Mustern kohärenter Konstruktion von Zusammenhängen zwischen Handlung und Handlungsresultat [...], wobei ein Hauptgewicht auf der Klärung kausaler und temporaler Relationen liegt. Anders gesagt: Erinnern und Erzählen koordinieren sich gegenseitig [...]. Die Ordnung des erzählten Geschehens ist weitgehend ei-

---

8 Siegfried J. Schmidt: «Gedächtnisforschungen: Positionen, Probleme, Perspektiven». In: Ders. (Hg.): *Gedächtnis. Probleme und Perspektiven der interdisziplinären Gedächtnisforschung.* Frankfurt/M. ²1992, S. 9–55, hier: S. 37.

ne Funktion des Erzählens, nicht der Ordnung des erzählten Geschehens. Im und durch Erzählen konstruieren wir die Identität der Prototypen wie die Identität des Erzählers.[9]

Die Lebens-Geschichte, durch die personale Identität gestiftet wird, ist eine Art Puzzle, das sich aus vielen verschiedenen Teilen zusammensetzt:

> Was wir als autobiographische Erinnerung erleben, wird aus den Informationen über Lebensperioden, allgemeine Ereignisse und spezifische Episoden konstruiert. Wenn wir alle diese Wissenselemente zusammenfügen, beginnen wir die Geschichte unseres Lebens zu erzählen. [...] Psychologen sind zu der Erkenntnis gelangt, dass die komplexe Mischung, die unser persönliches Wissen um unsere Vergangenheit darstellt, zu Lebensgeschichten und persönlichen Mythen verflochten werden. Dies sind die Biographien des Ichs, die mit einer erzählerischen Kontinuität Vergangenheit und Zukunft verknüpfen – ein Erinnerungsfundus, der Kern der persönlichen Identität ist.[10]

Das Home movie bietet nun einen solchen Erinnerungsfundus, eine Form, sich selbst und anderen das eigene Leben zu erzählen und dabei eine Lebensgeschichte zu konstruieren. In der Ansicht diachroner Serien wird jene Verbindung des Allgemeinen mit dem Spezifischen augenfällig, die auch jedes autobiografische Gedächtnis auszeichnet: die wiederkehrenden Rituale und Anlässe (Geburtstage, Ferien etc.) auf der einen Seite, der spezifische Zeit-Punkt in einem spezifischen Raum auf der anderen Seite. «Um als Erinnerung empfunden zu werden, muß sich die abgerufene Information in den Kontext einer bestimmten Zeit und eines bestimmten Ortes einordnen, und wir selbst müssen in der erinnerten Situation als Teilnehmer in Erscheinung treten», schreibt Schacter[11], und das Home movie lädt dazu ein, in die filmisch repräsentierte Erinnerung aus dem Blickwinkel eines Teilnehmenden einzutreten. Nun ist der Film ein durchaus prekäres Gedächtnismedium[12], ähnlich prekär wie überhaupt das Verhältnis

---

9   Ebd., S. 38. Ähnlich Dan McAdams: «Wie sich ein Leben entfaltet, offenbart sich eher durchs Erzählen als durch die erzählten konkreten Ereignisse. Geschichten sind keine ‹Chroniken›, nicht die Aufzeichnungen, die sich ein Schriftführer während einer Sitzung macht, um später genau darlegen zu können, was sich wann zugetragen hat. In Geschichten geht es weniger um Fakten als um Bedeutungen. Beim subjektiven und beschönigten Erzählen wird die Vergangenheit konstruiert – Geschichte wird hergestellt.» Dan McAdams zitiert nach Daniel L. Schacter: *Wir sind Erinnerung. Gedächtnis und Persönlichkeit.* Deutsch von Hainer Kober. Reinbek bei Hamburg 1999, S. 156.
10 Schacter: *Wir sind Erinnerung* (wie Anm. 9), S. 155 f.
11 Ebd., S. 40.
12 Vgl. die Diskussion der Gedächtnisfunktion von Medien in: Christina Scherer: *Ivens, Marker, Godard, Jarman. Erinnerung im Essayfilm.* München 2001.

des Gedächtnisses zur Vergangenheit, die es sich immer wieder neu erzählt. Erinnerung kann nicht als einfaches Speichern und Abrufen von Gedächtnisinhalten beschrieben werden. «Eine Vielzahl von Experimenten lässt vermuten», so wird der Gedächtnisforscher Karim Nader in einem Artikel der *FAZ am Sonntag* mit dem Titel «Ein Betrüger namens Gedächtnis» zitiert, «dass Gedächtnisinhalte bei ihrer Aktivierung komplett in das Arbeitsgedächtnis transferiert und dann jedes Mal von neuem abgespeichert werden müssen. Wir erinnern uns also meist an Erinnerungen an Erinnerungen des Erlebten.»[13] Für die medial gestützte Erinnerung, also beispielsweise mittels Fotos oder Filmen, kann das heißen, dass die medialen Bilder die mentalen Bilder überlagern oder ersetzen. Roland Barthes hat diesen Effekt in seinem Buch *Die helle Kammer* beschrieben: «Einmal sprachen Freunde über die Kindheitserinnerungen; sie besaßen solche; ich aber hatte gerade meine alten Photos angesehen und besaß keine mehr.»[14] Oder, wie der briefeschreibende Filmemacher in Chris Markers SANS SOLEIL (1982) sagt, er erinnere sich weniger an den Januar in Tokio, als vielmehr an die Bilder, die er im Januar in Tokio gefilmt habe: «Sie haben sich jetzt an die Stelle meines Gedächtnisses gesetzt.»

Prekär ist das Verhältnis des Gedächtnisses zu seinen Medien auch im Bereich der Pseudo-Erinnerungen bzw. fiktiven Erinnerungen. So ist es beispielsweise der Psychologin Elisabeth Loftus in ihren Experimenten zum Gedächtnis in den 1980er und 1990er Jahren gelungen, Probanden Pseudo-Erinnerungen sozusagen «einzupflanzen». Versuchspersonen akzeptierten darin Anekdoten aus ihrer Vergangenheit, die von engen Verwandten erzählt wurden, als eigene Erinnerungen, auch wenn sie fiktiv waren, und zwar vor allem dann, wenn die Erzählungen eine hohe Plausibilität aufwiesen. Diese Plausibilität ließ sich durch den Einsatz gefälschter Fotos erheblich steigern. Etwa die Hälfte der Versuchspersonen erinnerte sich dann wirklich an die auf den Fotos festgehaltenen Ereignisse.[15] Das kann man als Hinweis darauf nehmen, dass mentale Erinnerungsbilder und Medienbilder nicht nur metaphorisch miteinander verbunden sind, sondern dass mentale Bilder sich mit Medien-Bildern verknüpfen.

Erinnern als ‹Erinnerungen an Erinnerungen› zu verstehen bedeutet, dass man von einer beständigen Neukonstruktion von Gedächtnisinhalten im Erinnerungsakt ausgehen muss, wobei es eine Basis gibt, auf der diese Neukonstruktion stattfindet, Erinnerungen werden also nicht jedes Mal komplett neu

---

13 Georg Rüschemeier: «Ein Betrüger namens Gedächtnis». In: *Frankfurter Allgemeine Sonntagszeitung*, Nr. 37, 18. September 2005, S. 75.
14 Roland Barthes: *Die helle Kammer. Bemerkung zur Fotografie*. Frankfurt/M. 1989, S. 102.
15 Vgl. Rüschemeier: «Ein Betrüger namens Gedächtnis», siehe auch: Elizabeth F. Loftus/J. E. Pickrell: «The formation of false memories». In: *Psychiatric Annals*, 25, 1995, S. 720–725; Elizabeth F. Loftus/J. Feldman/R. Dashiell: «The reality of illusory memories». In: Daniel L. Schacter et al. (Hg.): *Memory distortion. How minds, brains and societies reconstruct the past*. Cambridge 1995, S. 47–68.

Abb. 1

erfunden. Medial repräsentierte Gedächtnisinhalte jedoch scheinen von dieser Konstruktionsarbeit nicht berührt zu sein: Fotos oder Home movies verändern sich ja nicht in der Zeit. Deswegen wird das Bild auch mit dem Tod assoziiert: Es fixiert und repräsentiert etwas Abwesendes. Barthes würde sagen: weil sich das Bild nicht wandeln kann, füllt es den Blick mit Gewalt aus.[16] Dagegen wäre einzuwenden, dass auch der aktuelle Wahrnehmungsakt einen lebendigen Konstruktionsaspekt besitzt: Bilder oder auch nur Teile davon können zu verschiedenen Zeiten und in verschiedenen Kontexten anders wahrgenommen werden. Details rücken in den Blick oder werden anders interpretiert. Im Home movie gibt das amateurhafte, das ‹schlecht Gemachte› den subjektiven Erinnerungen der Beteiligten Raum: Die formalen Leerstellen sind es dann, die verhindern, dass der Blick mit Gewalt ausgefüllt wird.

Verlorene Paradiese, wiedergefundene Zeit: Zwei Beispiele für Home movies im Film

Das Home movie steht im Zentrum der Frage nach einer aus der Geschichte heraus begründbaren Identität. Es verknüpft personale Identität und kollektive Erinnerung. Deutlich zeigen dies etwa Filme von Derek Jarman und Matthias Müller. Müller rahmt seinen Kurzfilm ALPSEE von 1994 mit zwei Home-movie-Sequenzen, die kaum eine halbe Minute lang sind und aus dem privaten Archiv seines Vaters stammen: Am Beginn handelt es sich wahrscheinlich um Szenen vom Hochzeitstag der Eltern, am Ende zeigt ein wackeliges, rötlich verfärbtes Bild aus der Ferne eine badende Frau im See (Abb. 1).

Dazwischen zeigt der Film häusliche Szenen mit einem Jungen und seiner Mutter in einem Interieur der frühen 1960er Jahre. Mit sparsamen Gesten, formal stark stilisiert und ohne Dialoge reflektiert der Film eine Kindheit in jener Zeit, in der Ausschnitte aus Fernsehserien und Hollywoodfilmen neben anderem einen Teil des kollektiven Gedächtnisses repräsentieren. Das rätselhafte und poetische Bild am Ende kann als Verweis darauf gesehen werden, dass nicht alle Bilder der Vergangenheit zu entschlüsseln sind: Vergangenheit bleibt

---

16 Vgl. Barthes: *Die helle Kammer* (wie Anm. 14), S. 102.

eine Imagination und das Filmmaterial selbst, das filmische Gedächtnis, ist vergänglich und im Zerfall begriffen.

Die Verknüpfung von individueller und kollektiver Geschichte lässt sich auch aus Jarmans THE LAST OF ENGLAND (1987) ablesen. Der ganze Film, der ein katastrophisches Bild der englischen Gegenwart zeichnet, ist durchsetzt mit Home-movie-Bildern, manchmal nur kurz aufscheinend, manchmal in längeren Sequenzen. Es sind Home movies von Jarmans Großvater aus den 1920er Jahren und spätere von seinem Vater, der bei der Royal Air Force diente und sowohl in der militärischen Wohnsiedlung als auch in den damaligen britischen Kolonien Home movies gedreht hat. Einige dieser kurzen Filme zeigen Derek Jarman als kleines Kind, das gerade Laufen gelernt hat, im Garten oder später ballspielend mit Mutter und Schwester (Abb. 2).

Abb. 2

Jarman sagt zum Home movie:

> The home movie is bedrock, it records the landscape of leisure: the beach, the garden, the swimming pool. In all home movies is a longing for paradise. How have the victims prepared for their brief immortality? Who smiles when they are told? Whose hair is brushed? Where is the serpent lurking? My grandfathers's films tells you more about the 1920s than many a film constructed in the studios.[17]

Zunächst einmal sind Home movies Dokumente ihrer Zeit mit dem Anspruch der Authentizität. Jarman versteht sie als privates Archiv, nicht von ungefähr sind einige Home-movie-Sequenzen in THE LAST OF ENGLAND durch Aufnahmen gerahmt, die den Filmemacher selbst zeigen, wie er ein Herbarium anlegt: Sammeln und archivieren betreffen beide, die materielle Welt und die Bilder der Vergangenheit. Dabei zieht Jarman den aktuellen Ton mit der filmischen Gegenwartsebene auch über Home-movie-Bilder hinweg, so dass mit Bild und Ton zwei Zeitebenen, Gegenwart und Vergangenheit, aufeinandertreffen.

Das Home movie bewahrt in den Landschaftsbildern, dem Interieur und der Kleidung ein kollektives, kulturelles Gedächtnis. Das paradiesische Moment, das Jarman hier beobachtet, die Orte der Freizeit, wird in seinem Film

---

17 Derek Jarman: *The Last of England*. Hg. v. David L. Hirst. London 1987, S. 54.

konfrontiert mit den Orten der Katastrophe. Sie verhalten sich aber nicht einfach nur wie Gegenbilder zueinander, sondern die katastrophische Gegenwart bricht in die Home-movie-Idylle ein, der Terror der Gegenwart ist bereits in der Vergangenheit angelegt. Dennoch bleibt ein Moment bestimmend für das in den Home movies repräsentierte Bild der vergangenen Kindheit – die Sehnsucht nach einem sicheren Ort in der Welt, die Rückkehr nach Hause: «I think why I like *The Wizard of Oz* so much is that at the end we return HOME, after hazardous adventures. There's no place like the HOME-movie.»[18]

Der Home-movie-Gestus im Spielfilm

Home movies sind weit verbreitet im Experimentalfilm und im Dokumentarfilm, wo sie zur Authentisierung beitragen. Mehr und mehr werden sie auch in Spielfilmen, in Fernsehserien und sogar in der Werbung simuliert. Beispiele für Home Movies im Spielfilm sind etwa Steven Soderberghs SEX, LIES AND VIDEOTAPE (1989), PHILADELPHIA von Jonathan Demme (1993), Atom Egoyans EXOTICA (1994), AMERICAN BEAUTY (1999) von Sam Mendes, M. Night Shyamalans THE SIXTH SENSE (1999), Steven Spielbergs MINORITY REPORT (2002) und viele andere mehr: Es lassen sich unzählige weitere Beispiele finden, der Home-movie-Gestus ist geradezu ubiquitär geworden.

Bei der Übernahme des Home-movie-Gestus' innerhalb von Spielfilmen wird die Perspektive des Rezipienten auf das im Film repräsentierte Geschehen gewissermaßen gedoppelt: Formale Merkmale wie Rasterung, Unschärfen usw. simulieren die Ästhetik des Home movies bzw. Home videos und lassen es als Bild im Bild erkennbar werden. Häufig wird die Home-movie-Simulation über eine «frame-within-a-frame»-Konfiguration eingeführt, blinkende «Record»-Signale und ähnliches simulieren den subjektiven Blick des Filmenden im Film. Das Home movie erscheint als Repräsentation oder Simulation innerhalb des Rahmens der narrativen Diegese. Während der Spielfilm in der Regel eine fiktionale Welt konstituiert, als würde sie autonom existieren und direkt präsentiert

---

18 Ebd., S. 108. Die Faszination für Home movies scheint der Ursprung für Jarmans erste Versuche mit Super 8-Filmmaterial zu sein, mit dem seine eigene Filmarbeit beginnt. In seinem Buch *Dancing Ledge* schreibt Jarman, bevor er über seine Super 8-Filme seit 1970 berichtet, über den Zauber der heimischen Kinovorführungen in der Kindheit: «The home movie' nights of my childhood were the most exciting. To watch Grandma Mimosa cutting up the Sunday chicken in 1929 seemed no less than a miracle […]. Thirty minutes of film would cover as many years […]. Half-way, in 1939, when my father took over the filming, everything broke out into the most brilliant colour – sequences of the World Fair in New York, of my parents driving to Scotland early in the war, Lossiemouth in a blaze of purples and oranges, mountains reflected perfectly in the lochs… The war: aerial shots of Wellington bombers and camouflaged RAF stations… And post-war Italy, orchards and picnics at Ostia.» Derek Jarman: *Dancing Ledge*. Hg. v. Shaun Allen. London 1991, S. 114.

Abb. 3   *Abb. 4*

werden, berichtet das Home movie innerhalb des Film über diese fiktionale Welt in der Form eines Zeugen oder Teilnehmenden.[19] Das Home movie funktioniert im filmischen Text wie ein subjektiver Point-of-view innerhalb der narrativen Objektivität. Merkmale des Home movies wie direkte Adressierung an die Kamera, schlechte Bildqualität u. a. wandern so in das Mainstream-Kino ein und kontrastieren dessen Konventionen. Sie simulieren eine Aura der Intimität und Authentizität, die den Zuschauer einbezieht, der eigene Erfahrungen mit dem Home-movie-Modus hat, ob als Praktizierender oder als Betrachter. Die Verwendung des Home movies im Spielfilmkontext wirkt in der Regel emotionalisierend auf die Rezipienten. Es kommt dabei natürlich auch auf die Inhalte an, sehr häufig wird es in Zusammenhang mit dem Tod oder einem schmerzlichen Verlust eingesetzt. Exotica, Minority Report, The Sixth Sense und Philadelphia sind Beispiele dafür. In diesen Filmen repräsentieren Home movies Erinnerung in einer Krisensituation und stehen für das Leiden an der Abwesenheit des vergangenen Glücks. In Minority Report schaut sich die Hauptfigur John Anderton alte Videoaufzeichnungen der Familie an, die seinen entführten und seither verschwundenen Sohn Danny zeigen. In Exotica versucht der Protagonist Francis, über die Ermordung seiner Tochter hinwegzukommen und sieht sich wieder und wieder ein Home movie mit ihr an, ähnlich wie in The Sixth Sense die Ehefrau des ermordeten Malcolm, der nicht weiß, dass er tot ist, die Hochzeitsvideos. Die Wiederholung markiert die Fixierung, das Nicht-loslassen-Können, das Home movie wird zum Index eines Traumas. Sehr oft ist es ein melancholisches Erinnerungsbild des Glücks, das mit dem Home movie gezeichnet wird. Philadelphia endet mit einem Home movie, das sich die Familienmitglieder während der Trauerfeierlichkeiten für den an Aids gestorbenen Andrew auf dem Fernsehschirm anschauen und das Familienszenen mit Andrew als Kind zeigt: In unscharfen, wackeligen, zum Teil un-

---

19 Vgl. zum Home movie bzw. Home video innerhalb des filmischen Textes Moran: *There's No Place Like Home Video* (wie Anm. 1), S. 163–203.

terbelichteten Bildern scheinen Szenen einer Kindheit im Kreis der Familie auf, die typische Ereignisse erinnern (Ferien am Meer, Halloween) – es sind diese Bilder des Glücks, die bleiben, sozusagen als Summe des Lebens des Protagonisten (Abb. 3 und Abb. 4)

Der Film feiert auf diese Weise die Familie als Ort des Zusammenhalts und der Geborgenheit, schon zuvor hatte der Film ein Home video simuliert, in dem der erwachsene Andrew anlässlich des vierzigsten Hochzeitstags seiner Eltern seine Familie vorstellt. In einer melancholischen und trauernden Haltung werden der Beginn und das Ende des Lebens des Protagonisten zu einer Kreisbewegung zusammengeschlossen.

Home movies erlauben in dieser Verwendungsweise zugleich Gefühlssteigerung und Distanz: Emotionalisierung und Distanz sind Kennzeichen der Melancholie. Home-movie-Bilder sind Bilder mit Vergangenheitsindex, sie zeigen etwas Vergangenes, das als vergangen wahrgenommen wird, das melancholische Moment darin wird häufig unterstützt durch eine entsprechende Musik. Der Zuschauer nimmt die Home-movie-Bilder sehr bewusst als *Bilder* wahr, als nicht-gegenwärtig und als Repräsentationen eines Abwesenden. Gleichzeitig erfahren diese Bilder durch den Home-Modus eine Authentisierung und Intimität, die sich auf den Entstehungskontext von Home movies stützt, auf die Zeugenschaft. So sagt Barthes über die Fotografie, ihr Unnachahmliches, ihr «Noema», bestehe darin, «daß jemand den Referenten *leibhaftig* oder gar *in persona* gesehen hat (auch wenn es sich um Gegenstände handelt)» und charakterisiert diesen Sachverhalt mit der wiederkehrenden Wendung «Es-ist-so-gewesen», die die Verbindung von aktueller Realität und Vergangenheit impliziert.[20] Das Home movie ist im Grunde das letzte Refugium dieser Verbindung im Bereich des Films. Längst ist die Realitätshaltigkeit von Medienbildern, auch wenn sie noch auf analogen fotografischen Abbildungstechniken beruhen, zur Disposition gestellt worden. Für die Bilder des Home movie können selbstverständlich alle kritischen Einwände gegen ein Verständnis des Bildes als Abbild von Realität ebenso gelten, doch hat es eine äußerst starke Appellfunktion an den Betrachter, es genau so zu verstehen: als authentisch, ungestellt, als Zeugnis eines Ereignisses, bei dem die Referenten, hier die Familienmitglieder, leibhaftig anwesend waren. Genau mit dieser Appellfunktion, die Authentisierungsstrategien mit einer Emotionalisierung des Zuschauers (Gefühlssteigerung) verbindet, arbeiten die Simulationen des Home movies im Hollywood-Kino.

Abschließend soll dies noch einmal an drei kurzen Beispielen illustriert werden. Das erste Beispiel stammt aus AMERICAN BEAUTY. Die Hauptfigur, Lester Burnham, ist ein allwissender Erzähler, der die Ereignisse des Films erinnert, aber aus der Perspektive des abgeschlossenen Lebens: Er ist, so lässt er den Zu-

---

20 Barthes: *Die helle Kammer* (wie Anm. 14), S. 89 (Herv. im Original).

schauer zu Beginn wissen, bereits tot. In dieser Geschichte gibt es einen jungen Mann, Ricky, der in der Nachbarschaft lebt und Home videos dreht. Er zeigt Lesters Tochter Jane das schönste Video, wie er sagt, dass er je gedreht hat. In diesem Video geht es nicht um die Familie. Vielmehr stellt es anhand des Bildes einer Plastiktüte, die im Wind tanzt, eine Reflexion über Schönheit und Vergänglichkeit dar, die in ihrer ganzen Haltung zutiefst melancholisch ist, in der Aufmerksamkeit für das Ephemere und in der Verbindung von Schönheit und Schmerz, die im Film von Ricky mit einigem Pathos vorgetragen wird:

> It was one of those days where it's a minute away from snowing. And there was this electricity in the air. You can almost hear it. Right? And this bag was just dancing with me, like a little kid begging me to play with it, for 15 minutes. That's the day I realized that there was this entire life behind things, and this incredibly benevolent force, that wanted me to know that there was no reason to be afraid ever. Video's a poor excuse, I know. But it helps me to remember. I need to remember. Sometimes there is so much beauty in the world. I feel like I can't take it and my heart is just going to cave in.

In diesem Moment verlässt der Film die äußere Erzählhandlung zugunsten einer reflexiven Haltung, die die Filmbilder auf ihre sinnliche Präsenz hin befragt. Wenn Ricky sagt, man könne die Luft beinahe knistern hören und sich selbst im Moment des Filmens als passiv beschreibt, geht es genau um diese Reflexion einer intensiven präsentischen Wahrnehmung. Die Sequenz illustriert sehr schön die gleichzeitige Entstehung der Narration und der Erinnerung aus der Wahrnehmung. Jeder beliebige profane Gegenstand kann zum Gegenstand einer Erzählung werden. Voraussetzung ist eine besondere Wahrnehmungshaltung, die diesem Gegenstand entgegengebracht wird. Diese Wahrnehmung ist auch als ästhetische Wahrnehmung zu bezeichnen: der Übergang von der ‹Alltagswahrnehmung› in den Modus der ästhetischen Wahrnehmung ist potenziell immer möglich, Voraussetzung dafür ist, dass die Wahrnehmung als Wahrnehmung wahrgenommen, also reflektiert wird. Die Reflexion der Wahrnehmung verweist das Wahrgenommene immer auf ein ihm Äußeres, auf ein ‹Als ob›. Insofern sind alle Wahrnehmungen, die der Zuschauer in und mit dem Medium des Films erfährt, mit dem Index der ästhetischen Wahrnehmung versehen, da der Zuschauer ja in jedem Moment weiß, dass er einen Film sieht. In der besprochenen Sequenz wird dies durch die Sehanordnung im Bild veranschaulicht, die den Blick verdoppelt: die Kamera schaut Ricky und Jane über die Schulter, die vor einem Bildschirm sitzen, auf dem das Home movie zu sehen ist, bis schließlich Video- und Filmbild zur Deckung kommen und Zuschauerblick und der Blick der beiden Protagonisten zu einer Perspektive verschmelzen (Abb. 5).

Christina Scherer

Abb. 5

Der Übergang von der Alltagswahrnehmung zur ästhetischen Wahrnehmung ist darin vollzogen, dass die Plastiktüte nun nicht mehr als ‹Abfall› und als totes Ding angesehen wird, sondern als ein lebendiges ästhetisches Objekt. Der Betrachter sieht also noch etwas anderes darin als es der nicht-ästhetisierende Blick zuließe, dieses ‹Mehr›, das Andere, das ‹Als ob› ist eine Eigenschaft bzw. ein Ergebnis der Wahrnehmungshaltung selbst, man könnte auch sagen: der Intentionalität (in) der Wahrnehmung.

Das Bild der Tüte wird am Ende des Films noch einmal aufgegriffen, im Moment des Todes von Lester, wo es mit anderen Bildern die Ansicht illustriert, im Moment des Todes laufe das Leben vor dem inneren Auge noch einmal ab. Lester kommentiert noch einmal das Motiv der Schönheit, die kaum zu ertragen oder zu erfassen sei, in dem Sinne, dass Schönheit am besten passiv und intentionslos erfahren werden kann. Das Home movie-Bild steht dann für eine kontemplative Haltung und fordern dazu auf, sich den sinnlichen Eindrücken zu überlassen. Insofern es Wahrnehmung reflektiert und intensiviert, verweist das Bild auf eine mentale Dimension.

Ein weiteres Beispiel, Jodie Fosters HOME FOR THE HOLIDAYS (1995), ist etwas anders gelagert. Hier geht es wieder um Familie und Familienkonflikte, die anlässlich eines Thanksgiving-Festes zum Vorschein kommen. Gegen Ende des Films steigt die erwachsene Tochter zu ihrem Vater in den Keller, der dort Home movies betrachtet. Der Vater denkt nun angesichts der Bilder der Vergangenheit über sein Leben nach und erzählt der Tochter eine Geschichte über einen einzelnen Augenblick in seinem Leben, 1969, mit einer Dauer von «höchstens 10 Sekunden». In diesem Augenblick, erzählt er ihr, hat er mit ihr am Rollfeld des Flughafens gestanden und den Start eines brandneuen Flugzeugs miterlebt – alle anderen Familienmitglieder, die dabei waren, hatten Angst, nur sie, die kleine Tochter, nicht. Ein großartiger Moment für den Vater: «Ich wünschte, ich hätte ihn auf Film.» Und genau das simuliert der Film dann am Ende: ein Home movie, das nie gedreht worden ist, eine Art Wunschprojektion, eine Imagination des Vergangenen (Abb. 6).

In die Sequenz werden neben den Bildern aus der Vergangenheit der Familie auch Bilder aus der Gegenwart eingefügt, die verschiedene Szenen des glücklichen Miteinanders in der Familie zeigen: Die Zeiten bestehen nun nebeneinander. Man könnte auch sagen: Das Home movie lässt auch die (filmische) Gegenwart zur Vergangenheit werden.

Abb. 6

Im Zusammenhang mit dem Tod erweist sich das Home movie noch einmal als der Ort der Heimkehr, wie schon in PHILADELPHIA. Ein letztes Beispiel entstammt Adrian Lynes JACOB'S LADDER (1990). Der Film erzählt die Geschichte eines Soldaten, der in Vietnam verwundet wird, traumatisiert heimkehrt und von Erinnerungen und Visionen gequält wird. So scheint es. Am Schluss des Films wird klar, dass diese Geschichte eine Imagination war: die Imagination eines Sterbenden über sein zukünftiges Leben, das er nie führen wird. Formal ist der Film so strukturiert, dass die Szenen aus Vietnam, die die eigentliche Gegenwartsebene in der Erzählung darstellen, zunächst als Ebene der Erinnerung rezipiert werden, wobei Erinnerungen wiederum mit Träumen und Visionen verschachtelt sind, so dass es beim Rezipienten immer wieder Irritationen darüber gibt, auf welcher Ebene der Erzählung er sich befindet. Das Gegenwartsbild wird beständigen Transformationen unterworfen, bis hin zum Ende des Films, in dem sich die Erzählebenen auf einen einzigen Moment zusammenziehen, den Moment des Todes. In diesem Moment verschmelzen Zukunft (das Leben, das Jacob nie führen wird), Gegenwart (das Militärlazarett in Vietnam) und Vergangenheit. Eines der wenigen ‹wirklichen› Erinnerungsbilder im Film (nach den vielen, die sich retrospektiv als Imaginationen des Zukünftigen erwiesen haben) ist repräsentiert durch ein Home movie

Abb. 7

Abb. 8

und kennzeichnet genau den Moment, in dem das Herz des verwundeten Jacob zu schlagen aufhört: Home-movie-Szenen mit Jacob, seiner Frau und seinen Kindern scheinen kurz zwischen Schwarzbildern auf, den Takt der Bildfolgen gibt der sich verzögernde Herzschlag (Abb. 7 und Abb. 8).

Dieser Moment markiert die Verabschiedung der Erinnerungen und des in die Zukunft gerichteten Wollens, die Jacob am Sterben gehindert haben: des Teiles, der das Leben nicht loslassen will, die Erinnerungen und Gefühle. Hier verschmilzt das Home movie mit der Perspektive eines filmischen Bewusstseins, das sich erinnert – und loslässt.

Matthias Steinle

Das Archivbild und seine ‹Geburt› als Wahrnehmungsphänomen in den 1950er Jahren

Ob man ins Kino geht oder durchs Programm zappt, Archivbilder, in welcher Form auch immer, sind aus Film und Fernsehen nicht wegzudenken. Und das nicht nur in dokumentarischen Formaten von TV-Nachrichten über Heinrich Breloer bis hin zum Dauerbeschuss aus der Knopp'schen «Clip-Schule vom Lerchenberg» (*Der Spiegel*). Auch in Spielfilmen wie LE FABULEUX DESTIN D'AMÉLIE POULAIN (DIE WUNDERBARE WELT DER AMÉLIE, 2001) kommen Bilder mit der Patina des Archivs zum Einsatz. Selbst Videoclips nutzen ausgiebig die visuelle Ressource aus der Vergangenheit: Von Michal Jackson, der Aufnahmen einer Atombombenexplosion in MAN IN THE MIRROR (1987) einbaut, über den kalkulierten Tabubruch mit Riefenstahls Olympiabildern im Rammstein-Clip STRIPPED (1998) bis zur Gruppe Incubus, die in MEGALOMANIAC (2004) den Führer in Eva Brauns Amateurbildern durchs Bild tanzen lässt. Und was sich im Netz jenseits der Präsentation von offiziellen Archivbeständen tummelt, entzieht sich sowieso jedwedem Überblick.

Archivbilder sind ein nachgefragter Artikel im Gemischtwarenladen der Audiovisionen, in dem mehr oder weniger Selbstbedienung zu herrschen scheint. Dabei handelt es sich nicht um ein aktuelles Phänomen im Zeitalter medialer Endlosverwertung: Eine Studie über die Darstellung des Nationalsozialismus im deutschen Spielfilm von 1945 bis 1955 konstatiert, dass der Einsatz von dokumentarischem Filmmaterial selbstverständlich sei und «kaum ein Spielfilm über die jüngste deutsche Vergangenheit auf die Einblendung von Filmdokumenten» verzichte.[1] Vor dem Hintergrund einer seit Jahrzehnten praktizierten Verwendung von Archivmaterial in den unterschiedlichsten Kontexten verwundert die geringe wissenschaftliche Beachtung dieses Phänomens, das fast ausschließlich im thematischen Zusammenhang von NS-Propaganda und Judenvernichtung problematisiert wird.[2]

---

1   Wolfgang Becker u. a. (Hg.): *Die Zeit des Nationalsozialismus im deutschen Spielfilm 1945 bis 1955. Abschlußbericht zum Forschungsprojekt der Stiftung Volkswagen.* 4 Bde., Osnabrück 1986, Bd. 1, S. 273.
2   Neben der – zumeist kritisch-ablehnenden – Auseinandersetzung mit der ZDF/Guido Knopp-Methode (vgl. die Diskussion in: *1999. Zeitschrift für Sozialgeschichte des 20. und 21. Jahr-*

Auf der Produktionsseite ist die Verwendung von Archivbildern vielfältig motiviert, wobei narrative, diskursive, ästhetische und ökonomische Gründe häufig miteinander verknüpft sind:

- In der Narration können Archivbilder selbst Thema und Ausgangspunkt der Handlung sein, wie z. B. in Peter Delpeuts Film THE FORBIDDEN QUEST (DIE VERBOTENEN SUCHE, 1993), in dem anhand des angeblichen Fundes von alten Filmen und mit diesen eine mysteriöse Polarexpedition präsentiert wird. Oder der Einsatz von Archivbildern kann die Handlung vorantreiben – und das nicht nur in dokumentarischen, sondern auch in fiktionalen Formen, wie z. B. der Amateurfilm von Kennedys Ermordung in Oliver Stones JFK (1991).
- Archivbilder schreiben sich ein in einen dokumentarisch-historischen Diskurs und legitimieren das Gezeigte als unhinterfragbares ‹So war es›.
- Die Wiederverwendung von Bildern kann aber auch deren inhärente Qualitäten oder Bekanntheit zur eigenen Aufwertung nutzen, sei es in Form einer Hommage wie im Rammstein-Clip, sei es als kritisch gemeinte Collage à la Incubus.
- Eine wichtige ästhetische Funktion besteht darin, für Zeitkolorit zu sorgen.
- In der Montage können Archivbilder eingesetzt werden, um Übergänge zu signalisieren, Anschlüsse zu schaffen und die raumzeitliche Orientierung zu erleichtern.
- Aus ökonomischer und produktionstechnischer Perspektive können bereits vorhandene Aufnahmen die einfachere und/oder preiswertere Lösung sein. So war beispielsweise das geringe Budget ein maßgeblicher Grund dafür, dass Frank Capra die WHY WE FIGHT-Reihe im Zweiten Weltkrieg hauptsächlich mit Fremdmaterial der Kriegsgegner herstellte.[3]

In der Verwendung evident, handelt es sich um ein heterogenes Ensemble audiovisueller Konstruktionen. Der geläufige Archivbild-Begriff soll hier als Konzept mit einer spezifisch diskursiven Funktion verstanden werden. Um sich dem zu nähern werden zunächst verschiedene Ansätze zur Beschreibung des Phänomens vorgestellt und darauf aufbauend ein semio-pragmatischer Zugriff entwickelt. Im Anschluss wird die historische Entwicklung des Archiv(bild)-Diskurses und der Fremdmaterial-Verwendung nachgezeichnet und damit das Titelversprechen von der ‹Geburt› des Archivbildes eingelöst. Dabei geht es weniger um eine genaue Datierung als vielmehr um den Prozess, aus dem das Archivbild als mediales

---

hunderts, 2/2002) ist bisher vor allem die Fotografie ausführlich untersucht worden: Cornelia Brink: *Ikonen der Vernichtung. Öffentlicher Gebrauch von Fotografien aus nationalsozialistischen Konzentrationslagern nach 1945.* Berlin 1998. Habbo Knoch: *Die Tat als Bild. Fotografien des Holocaust in der deutschen Erinnerungskultur.* Hamburg 2001.

3   Joseph McBride: *Frank Capra: The Catastrophe of Success.* New York u. a. 1993, S. 458.

Wahrnehmungsphänomen im heutigen Sinn resultiert. Am Ende steht ein kurzer Ausblick auf aktuelle Tendenzen und die Frage, inwieweit eine Veränderung in der Verwendung und Wahrnehmung von Archivbildern zu beobachten ist.

1. *Kompilation* als Methode, *Found Footage* als Quelle

Unter den Stichwörtern ‹Archivaufnahme› oder ‹Stock Shot› erklären Sachlexika, dass es sich dabei um bereits existierende Bilder handelt, die in einen neuen Zusammenhang montiert werden.⁴ Dazu verweisen die Nachschlagewerke einhellig auf den Kompilationsfilm. Als Jay Leyda 1963 einen Namen für Filme suchte, die am «Schneidetisch unter Verwendung von bereits vorhandenem Aufnahmematerial[, das] irgendwann in der Vergangenheit entstanden ist» basieren, fand er nur die Bezeichnung «Kompilationsfilm».⁵ Obwohl er selbst damit nicht zufrieden war, hat sich Leydas Vorschlag mittlerweile als Genrebezeichnung für Dokumentarfilme aus rekontextualisiertem Material durchgesetzt.⁶ Dabei ist die Abgrenzung zu anderen Formen und Formaten wie Montagefilm, TV-Dokumentation, Archivkunstfilm, Found Footage usw. problematisch.

Über den Kompilationsfilm als «Filmgattung»⁷ im Sinne Leydas lässt sich dem Phänomen ‹Archivbild› kaum näher kommen. Begreift man aber Kompilation von Vorgefundenem als methodischen Zugriff, lassen sich der Diskussion um den Kompilationsfilm Einsichten in mediale Zuschreibungen, den daraus resultierenden Status von Archivbildern und damit deren Funktion und Problematik entnehmen: Der Status des Vorgefundenen, bereits Existierenden und unabhängig vom Benutzer Entstandenen fördert die Illusion unmittelbarer und ungefilterter Wiedergabe von Geschichte bzw. vergangener Wirklichkeit. Das Kernproblem der kompilatorischen Methode besteht in der Frage nach dem Umgang mit der den Bildern eingeschriebenen Ästhetik und Ideologie: Bei Material beispielsweise aus dem ‹Dritten Reich› besteht die Gefahr, die Propaganda-Ästhetik der Bilder faszinativ fortzuschreiben.⁸ Ähnliches gilt aber auch oder gerade für ‹harmlose› Bilder wie beispielsweise Wochenschauberichte von Modenschauen oder Sportereignissen mit ihren Geschlechterstereotypen.⁹

---

4   James Monaco: *Film Verstehen*. Hamburg 1996, S. 542. Rainer Rother (Hg.): *Sachlexikon Film*. Hamburg 1997, S. 279.
5   Jay Leyda: *Filme aus Filmen – Eine Studie über den Kompilationsfilm*. Berlin 1967 [1963], S. 7.
6   Vgl. Rother: *Sachlexikon Film* (wie Anm. 4), S. 176 f. Thomas Koebner (Hg.): *Reclams Sachlexikon des Films*. Stuttgart 2002, S. 313 f.
7   Leyda: *Filme aus Filmen* (wie Anm. 5), S. 7, S. 39.
8   Heinz-B. Heller: «Vergangenheit im filmischen Präsens. Anmerkungen zum Verhältnis von Dokumentarfilm und Geschichte». In: Knut Hickethier/Eggo Müller/Rainer Rother (Hg.): *Der Film in der Geschichte*. Berlin 1997, S. 220–227, hier: S. 223 f.
9   Vgl. Uta Schwarz: *Wochenschau, westdeutsche Identität und Geschlecht in den fünfziger Jahren*. Frankfurt/M./New York 2002.

An der semantisch-medialen Präformierung bereits existierender Bilder als Quelle reibt sich der Found Footage-Film und versucht diese mit z. T. radikalen Mitteln zu unterlaufen: Neben dem ästhetischen Verfahren der Collage zählen dazu Eingriffe in den physischen Träger durch neue Farbgebung, Kratzen auf der Filmoberfläche, Braten in der Pfanne oder Kontakt mit Chemikalien, Algen und Bakterien.[10] Grob vereinfacht, steht im Found Footage-Film, der dem Avantgarde- und Experimentalfilm zugeordnet wird[11], weniger – wie beim Kompilationsfilm als Subgenre des Dokumentarfilms – der Inhalt der Bilder im Mittelpunkt, sondern deren Status als (Vor-)Gefundenes, häufig von der Gesellschaft Ausgesondertes. So sind Archivbilder für den Found Footage-Film als eine mögliche Quelle unter anderen nur der Ausgangspunkt für eine weitere Bearbeitung, während sie essenzieller Bestandteil der historischen Kompilation/Dokumentation sind.

2. Zur Funktion von Archivbildern

William C. Wees unterscheidet drei ‹Spielarten› von Found Footage, die er nach der Verwendungsart des vorgefundenen Materials differenziert: *Kompilation*, *Collage* und *Aneignung*. In diesem Raster favorisiert er die Collage, weil sie «die grundlegendsten und schärfsten Fragen an die Macht filmischer Darstellung stellt»[12]. Die Funktion von Archivbildern lässt sich in einem ähnlichen Schema fassen, das sich aber nicht am medienkritischen Potenzial der Methode, sondern an der medial-erinnerungskulturellen Funktion orientiert: Vorgefundene Bilder 1) als *Beweis* im Sinne eines zeithistorischen *Dokumentes*, 2) als *Verweis* auf etwas Vergangenes im Sinne eines *Monumentes* und 3) als *Illustration* ohne referenziellen Mehrwert. Die Begriffe Monument/Dokument werden unterschiedlich verwendet. Im Kontext visueller Überlieferung bietet sich die Definition von Ruggiero Romano an, der darauf hinweist, dass die Fotografie kein Dokument ist, «wenn Dokument Unterweisung meint (das aus dem lateinischen docere = unterrichten kommt). Die Fotografie ist ein Monument (aus dem lateinischen memini = Erinnern), das an Dinge erinnert.»[13]

Wie aber funktionieren ‹Archivbilder›? Scheinbar sind sie so einfach zu erkennen, dass die Frage nach den Prozessen, die zu einer entsprechenden Deko-

---

10 Willem de Greef: «Found Footage Film als eine Kunst der Reproduktion». In: Cecilia Hausheer/Christoph Settele (Hg.): *Found Footage Film*. Luzern 1992, S. 76–89, hier: S. 78 f.
11 Vgl. Peter Tscherkassy: «Die Analogien der Avantgarde». In: Hausherr/Settele (wie Anm. 10), S. 26–34.
12 William C. Wees: «Found Footage und Fragen der Repräsentation». In: Hausherr/Settele (wie Anm. 10), S. 36–53, hier: S. 38.
13 Interview mit Ruggiero Romano: «Fotografie-Geschichte – Geschichte der Fotografie». In: *Fotogeschichte*. 7. Jg. (1987), H. 25, S. 3–6, hier: S. 5.

dierung führen, nicht in den Blick gerät. Die Wahrnehmung als Zitat, also als direkte Wiedergabe von vorgefassten Inhalten, ist die *sine qua non* des Status' von Archivbildern. Die ohnehin spärliche Literatur zum ‹Filmzitat› hat sich dem Thema des direkten Zitats von Bildern nicht zugewandt. Stattdessen steht im Mittelpunkt des Interesses das indirekte Zitat, das mit der ‹Nouvelle Vague› als Spiel mit der Anspielung zu einem zentralen Aspekt von Selbstreflexivität im modernen Film wird.[14] Ähnlich dem Filmzitat gerät auch der Komplex ‹Film im Film› vor allem unter dem Aspekt filmischer Selbstreflexion in den Blick.[15] Unter diesen Vorzeichen wird das Spiel mit Archivbildern in einem *fake documentary* wie THE FORBIDDEN QUEST untersucht.[16] Oder aber das Material gerät unter Gesichtspunkten der Quellenkritik wie in JFK ins Zentrum der Aufmerksamkeit.[17] Die Vermittlungsleistung der Bilder als historische wird dabei immer vorausgesetzt.

Welche Form der Wahrnehmung aber garantiert, dass Archivbilder wie beispielsweise in AMÉLIE problemlos als authentische Zeitzeugnisse und damit dokumentarisch wahrgenommen werden, ohne den fiktionalen Charakter zu stören? Eine Antwort darauf ermöglicht der semio-pragmatische Ansatz, der im doppelten Prozess der Text-Produktion (einerseits im Raum der Herstellung und andererseits im Raum der Lektüre) das Kommunikationsangebot des Films an den Zuschauer in den Mittelpunkt stellt: Externe und binnenästhetische Hinweise sollen den Rezipienten zu einer bestimmten Lektüreform bewegen. Roger Odin differenziert verschiedene Modi der Sinn- und Affektproduktion: neben einem fiktionalisierenden und einem dokumentarisierenden Modus[18] einen spektakularisierenden, fabularisierenden, privaten, künstlerischen und ästhetischen Modus. Ein zentrales Unterscheidungskriterium ist die Konstruktion des «Enunziators», d. h. die Konstruktion der Äußerungsinstanz durch den Rezipienten.[19] Das Modell ließe sich erweitern um eine *historisierende Lektüre*, die die Wahrnehmung von Bildern *der* Vergangenheit – wie z. B. beim Historienfilm – ebenso steuert wie die Wahrnehmung von Bildern *aus der* Vergangenheit, d. h. Archivbilder. Dieser *historisierende Modus* zeichnet sich dadurch aus, dass

---

14 Vgl. Burkhard Röwekamp: «Ein Zitat ist ein *zitat* ist ein zITAT. Anmerkungen zum Filmzitat». In: Ders./Matthias Steinle: *Selbst/Reflexionen*. Marburg 2004, S. 113–126.
15 Vgl. Jürgen Felix: «Film im Film». In: Koebner: *Reclams Sachlexikon* (wie Anm. 6), S. 180–181.
16 Manfred Hattendorf: «Fingierter Dokumentarfilm: Peter Delpeuts THE FORBIDDEN QUEST». In: Ders. (Hg.): *Perspektiven des Dokumentarfilms*. München 1995, S. 191–211.
17 Linda Williams: «Spiegel ohne Gedächtnisse. Wahrheit, Geschichte und der neue Dokumentarfilm» (1999). In: Eva Hohenberger/Judith Keilbach (Hg.): *Die Gegenwart der Vergangenheit. Dokumentarfilm, Fernsehen und Geschichte*. Berlin 2003, S. 24–44, hier S. 26 ff.
18 Roger Odin: «Dokumentarischer Film – dokumentarisierende Lektüre». In: Christa Blümlinger (Hg.): *Sprung im Spiegel. Filmisches Wahrnehmen zwischen Fiktion und Wirklichkeit*. Wien 1990, S. 125–146.
19 Roger Odin: «Kunst und Ästhetik bei Film und Fernsehen. Elemente zu einem semio-pragmatischen Ansatz». In: *montage/av*. 11/2/02, S. 42–57, hier: S. 42 f.

er auf der Zeitleiste zurückweist und auf ‹die Geschichte› als realen Enunziator verweist. Im Falle von Archivbildern konkretisiert sich die Äußerungsinstanz zudem in der das Bildmaterial zur Verfügung stellenden Instanz: dem Archiv. Der *historisierende Modus* ist mit anderen Rezeptionsmodi auf unterschiedlichen Ebenen kombinierbar, so dass die Archivaufnahmen in AMÉLIE zwar als authentisch und damit dokumentarisch wahrgenommen werden, trotzdem aber eine ‹fiktionalisierende Lektüre› als dominanter Modus vorherrscht.

Zwar hat sich Gilles Deleuze in seinem Band *Zeit-Bild* nicht explizit mit Bildern aus vergangenen Zeiten auseinandergesetzt, dafür aber mit Darstellungsstrategien, die eine historisierende Lektüre mit der medialen Erinnerungsfunktion verknüpfen: So wird die Rückblende als «konventionelles und extrinsisches Verfahren» mit Markierungen wie einer Überblendung eingeführt und durch Überbelichtung gekennzeichnet, um «Achtung, Erinnerung!» zu signalisieren.[20] Diese Beschreibung lässt sich auf die gängige Repräsentationsstrategie zur Kennzeichnung von Archivmaterial übertragen, das zumeist bereits durch qualitative Differenzen (heute vor allem Schwarzweiß oder Alterungsmerkmale des Bildträgers) ‹Achtung, Vergangenheit!› signalisiert. Laut Deleuze bleibt die Rückblende eine «bequeme Konvention», wenn sie nicht anderswoher eine Rechtfertigung als «Erinnerungsbild» erhält.[21] Zudem sei die Rückblende nicht nur hinsichtlich des Erinnerungsbildes unzulänglich, «erst recht besteht eine Unzulänglichkeit des Erinnerungsbildes in Bezug auf die Vergangenheit.»[22] Deleuze' Kritik richtet sich vehement gegen das narrativ-ästhetische Verfahren eines Erinnerungs-Diskurses, der raumzeitliche Linearität und einen direkten Zugang zu einer vergangenen Wirklichkeit suggeriert. Gerade Archivbilder bieten sich aufgrund ihrer ‹historischen Aura› für diesen Unmittelbarkeits-Diskurs an, dessen zentrale Legitimationsinstanz *das Archiv* ist – unabhängig davon, ob das Material auch dort aufbewahrt worden ist.

3. Autorität Archiv(bild)

Die Tatsache des ‹Aufgehoben-› oder ‹Neu-entdeckt-worden-Seins› verdoppelt den apparativ erzeugten Glaubwürdigkeitseffekt der Fotografie. Billy Wilder verwendet in A FOREIGN AFFAIR (EINE AUSWÄRTIGE AFFÄRE, 1948) Archivbilder als Film im Film, die über ihre dramaturgische Funktion hinaus auch ein ironischer Kommentar bezüglich der Macht des Archivs, der Macht des Bildes und nicht zuletzt der des Archivbildes sind: Mittels einer NS-Wochenschau versucht die US-Kongress-Abgeordnete Phoebe Frost die Rolle der von Marlene Dietrich

---

20 Gilles Deleuze: *Das Zeit-Bild. Kino 2*. Frankfurt/M. 1991, S. 69.
21 Ebd., S. 163.
22 Ebd., S. 76.

gespielten Nachtclub-Sängerin Erika von Schlütow im NS-Staat zu klären. Die Bilder zeigen eingangs eine Rede von Goebbels mit Originalaufnahmen, gefolgt von einer Opernaufführung, bei der Erika/Marlene Dietrich sich mit dem Führer unterhält und sie zusammen lachen (Abb. 1–3).

Jetzt kann auch Erikas Geliebter Captain Pringle ihre Verstrickung ins System nicht mehr leugnen. Die Szene zeigt die Macht des ‹Archivdokuments›, das als scheinbar selbstevidenter Beweis keiner Kontextualisierung bedarf. Gleichzeitig geht Wilder ironisch-selbstreflexiv mit der Autorität des Archivbildes um: Trotz vorangegangenem ‹echten› Goebbels verweisen Hitler-Charge und Marlene Dietrich eindeutig auf die fiktionale Form und zeigen dabei deutlich, dass diese hier für den Zuschauer mögliche Unterscheidung auch nur eine Frage der Form ist. Das Archiv selbst wird in A FOREIGN AFFAIR zum Ort einer amourösen Verfolgungsjagd, weil der US-Offizier belastende Unterlagen verschwinden lassen will. Es ist der Raum, in dem Machtverhältnisse (US-Besatzung) und Herrschaftspraxis (Entnazifizierung) zum Ausdruck kommen.

Auf Jacques Derridas Diktum: «Es gibt keine politische Macht ohne Kontrolle über die Archive, ohne Kontrolle über das Gedächtnis» antwortet Aleida Assmann, dass es ohne Archiv auch «keine Öffentlichkeit und keine Kritik, [...] keine res publica und keine Republik» gäbe.[23] Wie auch immer man die Institution werten mag, als Autorität im Hintergrund verleiht sie dem Aufbe-

Abb. 1–3   A FOREIGN AFFAIR (Billy Wilder)

---

23   Aleida Assmann: *Erinnerungsräume. Formen und Wandlungen des kulturellen Gedächtnisses.* München 1999, S. 344.

wahrten Gewicht und authentisiert es, was für Akten ebenso wie für Bilder gilt – in den Worten von Thomas Fischer, Leiter der Redaktion Bildung und Zeitgeschehen beim SWR: «Archivbilder haben per se die Überzeugungskraft beglaubigter Dokumente.»[24] So schafft das Archivdispositiv den diskursiven Rahmen, der dem Monument Foto/Film Dokumentstatus verleiht. Aus der ‹Nobilitierung› zum Archivbild resultiert eine *dokument*arisierende Selbstevidenz, mit dem paradoxen Effekt einer *Monument*alisierung dieser Bildklasse zum historischen Artefakt, das mehr an Vergangenes erinnert als Konkretes bezeugt, ja für Vergangenheit per se steht. Gerade der scheinbar eindeutige Status bedingt die Offenheit sowohl in der Verwendung als auch in der Lektüre. Monument und Dokument sind dabei die funktionalen Pole, zwischen denen Archivbilder changieren.

Zusammenfassend lässt sich das ‹Archivbild› als Zeichenkomplex beschreiben, der aufgrund ästhetischer Markierungen zeitlich in der Vergangenheit und räumlich in einem anderen Ursprungskontext situiert wird. Es handelt sich um ein Wahrnehmungsphänomen, das sich erst im Kommunikationsakt zwischen filmischem Text und Zuschauer konstituiert. Aufgrund der Zuschreibung einer Aufbewahrung im Archiv sowie dem Akt der Wiederverwendung wird Archivbildern eine besondere Signifikanz zugesprochen. Analog zur Dokumentarfilmtheorie stellt sich somit nicht die Frage: ‹Was ist ein Archivbild?›, sondern: ‹Wann ist ein Archivbild?›, die sich über den Gebrauch und die Funktion beantwortet.[25] So kann alles zum Archivbild werden (neben fiktionalen und nichtfiktionalen Filmen auch abgefilmte Fotos, Dokumente, Akten, Gemälde, Statuen, Bauten etc.) unabhängig der konkreten Herkunft. Um die Bilder als ‹Archivbild› entziffern zu können, müssen eingeschliffene Genreerfahrungen vorhanden sein. Das Verständnis von dem, was Archivbilder sind, hat sich historisch entwickelt. Diese Entwicklung verlief entlang des Diskurses um den Quellenwert von Bildern und der Errichtung von Filmarchiven, beeinflusst von politischer Instrumentalisierung, ökonomischer Optimierung und erinnerungskulturellen Bedürfnissen.

4. Auf dem Weg zum filmischen Archivbild: Wissenschaft, Kommerz und Propaganda

Bereits 1898 sah der in Paris lebende polnische Kameramann Boleslas Matuszewski in den ‹lebenden Photographien› ein «Mittel, die Vergangenheit zu studieren» und regte aufgrund ihres Status› einer «bevorrechteten Quelle der Ge-

---

24 Thomas Fischer: «Geschichte als Ereignis. Das Format Zeitgeschichte im Fernsehen». In: Fabio Crivellari/Kay Kirchmann/Marcus Sandl/Rudolf Schlögl (Hg.): *Die Medien der Geschichte. Historizität und Medialität in interdisziplinärer Perspektive*. Konstanz 2004, S. 511–529, hier: S. 522.
25 Dirk Eitzen: «When is a Documentary? Documentary as a Mode of Reception». In: *Cinema Journal*. Vol. 35 (1995), Nr. 1, S. 81–102.

schichte» deren Archivierung an.[26] Sein Appell blieb lange Zeit ungehört. Obwohl Bibliotheken und Museen (z. B. Library of Congress, Imperial War Museum) Filme in ihre Sammlungen aufnahmen, kam es zur Gründung der ersten offiziellen Filmarchive erst nach der Erfindung des Tonfilms in den 1930er Jahren, und der *iconic turn* ließ noch ein bisschen länger auf sich warten.

Die späte Entwicklung ist erstaunlich, da es schon früh Projekte gab, mit dem Medium der Fotografie vom Verfall bedrohte Baudenkmäler[27] sowie vom Aussterben bedrohte Kulturen/Ethnien für kommende Generationen im Bild zu bewahren. In der Ethnografie, vor allem der *salvage ethnography*, spielte der ‹Rettungsgedanke› – zumeist unter kolonialistischen Vorzeichen – mit der Foto- und Filmkamera eine wichtige Rolle.[28] Felix-Louis Regnault (1863-1938) war nicht nur einer der ersten Anthropologen, der Film als positivistisches Werkzeug für seine Forschung einsetzte (und Film sogar dem Referenten vorzog), er konzeptualisierte auch die wissenschaftliche Funktion des anwachsenden Archivs bewegter ethnografischer Bilder.[29] Bereits 1900 schlug Regnault vor, dass alle Museen «moving artifacts» des menschlichen Verhaltens für Studien- und Ausstellungszwecke sammeln sollten.[30]

Um «ein für alle Mal sämtliche Aspekte der menschlichen Aktivität festzuhalten, deren fatales Verschwinden wahrscheinlich nur noch eine Frage der Zeit sei»[31], rief 1912 der französische Bankier und Mäzen Albert Kahn das Projekt der «Archives de la Planète» ins Leben. Es ging um nicht weniger, als mit den modernen Mitteln der Bildproduktion das visuelle Archiv des Planeten, eine «Humangeographie in Bildern»[32], zu erstellen. Zu diesem Zweck finanzierte Kahn Reisen von Fotografen und Kameraleuten in die ganze Welt. Bis 1931 das Projekt aufgrund der Pleite des Förderers abgebrochen werden musste, fanden sich in der Sammlung über 72.000 autochrome Aufnahmen (Farbfotografien auf Glasplatte), 4.000 Stereoskopien und 183.000 Meter Film aus 48 Ländern, wozu noch 17.000 Meter Wochenschauen kamen.[33] Erstmals wurde damit der Archiv-

---

26 Boleslas Matuszewski: «Eine neue Quelle für die Geschichte. Die Einrichtung einer Aufbewahrungsstätte für die historische Kinematographie» (1898). In: *montage/av*. 7/2/1998, S. 6–12, hier: S. 7, S. 10.
27 Siehe Anne de Mondenard: *La Mission héliographique: Cinq photographes parcourent la France en 1851*. Paris 2002.
28 Vgl. Fatimah Tobing Rony: *The third eye: race, cinema, and ethnographic spectacle*. Durham North Carolina, London 1996, S. 68 ff.
29 Ebd., S. 21 ff., S. 48.
30 Jay Ruby: «Visual Anthropology». In: David Levinson/Melvin Ember (Hg.): *Encyclopedia of Cultural Anthropology*. Bd. 4, New York 1996, S. 1345–1351, hier: S. 1347.
31 So das 1912 an den Projektleiter Jean Brunhes vermittelte Ziel. Zit. nach Iris Schröder: «Die Erde im Archiv: Das Projekt einer Humanbiografie in Bildern, 1911–1931». In: Dies./Sabin Höhler (Hg.): *Welt-Räume. Geschichte, Geographie und Globalisierung seit 1900*. Frankfurt/ M. 2005, S. 100–119, hier: S. 108.
32 Ebd., S. 101.
33 Paula Amad, «‹Cinema's sanctuary›: From pre-documentary to documentary film in Albert Kahn's *Archives de la Planète* (1908-1931)». In: *Film History*. Vol. 13 (2001), Nr. 2, S. 139-

gedanke für bewegte Bilder im Rahmen eines globalen, philantropischen Projektes realisiert. Waren die Themen sehr weit, ja «irritierend beliebig» gefasst[34], so gehorchte die Auswahl der Motive sowie die Archivierung Kriterien des Dokumentes. Archiviert wurde das Material nur nach geografischen Kriterien ohne weitere Klassifikation.[35] Die meisten Filme liegen ungeschnitten vor, was darauf verweist, dass im Zentrum des Projekts die Bewahrung stand. Zugänglich machte Kahn die Bilder ausschließlich persönlich seinen Gästen; darüber hinaus nutzte nur noch der Projektleiter, der Geograph Jean Brunhes, den Bestand für seine Vorträge am Collège de France.[36] Diese Form der Nutzung ist charakteristisch für den frühen wissenschaftlichen Umgang mit archivierten (Film-)Bildern, der sich im Bewahren und Bereithalten für die Forscher erschöpfte. Unter Umständen wurden sie auch in Kombination mit anderen Medien bei Vorträgen einem interessierten Publikum vorgeführt, blieben jedoch an die Präsenz des Experten in einem wissenschaftlichen Rahmen gebunden.

Diskursiv hatte sich noch kein Verständnis für das histori(ografi)sche Potenzial des Mediums im Sinne Matuszewskis entwickelt. Auch gab es noch keine publizistischen Konzepte für einen breitenwirksamen Einsatz. Zwar war der Umgang mit bereits existierenden Bildern in der Filmindustrie schon früh gang und gäbe, dieser gehorchte aber ausschließlich produktionsökonomischen Motiven, wie Jay Leyda vermerkt:

> Als mit dem Anwachsen des Rohmaterials sich auch die Profitmöglichkeiten vervielfachten, schossen Betriebe aus dem Boden und schneiderten an Filmen so lange herum, bis die Kameraleute von Edison oder Pathé ihre eigenen Erzeugnisse nicht einmal selbst mehr wiedererkannten.[37]

In den 1910er Jahren wurden Biografien über Künstler und Staatsmänner nach der kompilatorischen Methode erstellt und ab den 1920er Jahren kamen Jahresrückblicke hinzu.[38] Damit tauchten Filmformen auf, die sich genrespezifisch durch die Verwendung bereits bestehender Aufnahmen charakterisieren. Deren Funktion bestand primär im Verweis auf Vergangenes – wobei die Bilder der Jahresrückblicke durch die zeitliche Nähe nicht als Vergangenheit wahrgenom-

159, hier: S. 139. Vgl. Teresa Castro: «*Les Archives de la Planète*. A cinematographic atlas». In: *Jump Cut*. (Winter 2006), Nr. 48, http://www.ejumpcut.org/currentissue/KahnAtlas/index.html (20.4.2006).
34 Schröder: Die Erde im Archiv (wie Anm. 31), S. 111.
35 Sam Rohdie: «Geography, Photography, The Cinema. Les Archives de la Planète» (1998). In: http://www.haussite.net/haus.0/SCRIPT/txt2000/01/geoall.HTML (20.4.2006).
36 Schröder: Die Erde im Archiv (wie Anm. 31), S. 101, S. 116. Vgl. Rony: *The third eye* (wie Anm. 28), S. 80 ff.
37 Leyda: *Filme aus Filmen* (wie Anm. 5), S. 11.
38 Ebd., S. 20 f.

men wurden –, ohne dass ihr Dokumentstatus oder der Aspekt der Aufbewahrung eine diskursive Rolle spielte.

Zu den zunächst primär wirtschaftlichen Motiven der Materialwiederverwendung gesellten sich im Ersten Weltkrieg auch propagandistische und es gab erste Stimmen, die den Dokumentwert der bewegten Kriegsbilder hervorhoben.[39] Im Weltkriegsfilm spielte «die Echtheit und Authentizität der Aufnahmen in der Rezeption auch vollständig fiktionaler Filme eine Rolle wie sonst in keinem anderen Genre».[40] Der Katastrophe Krieg kommt in der Entwicklung der Wahrnehmung gerade bezüglich des Wertes von Archivbildern eine Schlüsselrolle zu und wenn in den 1920er Jahren das dokumentarische Potenzial von Wochenschaubildern diskutiert wurde, so war die Referenz häufig der Erste Weltkrieg.[41] In der Praxis wurden in den nach 1918 produzierten Weltkriegsfilmen zahlreiche der im Krieg gedrehten Sequenzen integriert, um einen realistischen Effekt zu erzielen bzw. das Material zu authentifizieren oder um kostengünstiger zu produzieren.[42] Darüber hinaus entstand durch die Mischung fiktionaler und dokumentarischer Teile eine neue semidokumentarische Form, in der ein spezifischer Wahrheitsanspruch zum Ausdruck kommt: So durchdringen sich in der «realen Erzählung» («récit réel») im FILM DU POILU ([FILM DES SOLDATEN], 1928) dokumentarische und fiktionale Ratio wechselseitig, weil sie die gleiche Idee von der Geschichte als gemeinsames Schicksal teilen.[43] Dementsprechend waren Genrecharakteristika (fiktional/nicht-fiktional) ebenso wie die Herkunft der Bilder (historisch/rekonstruiert) nicht die entscheidenden Parameter für Glaubwürdigkeit, sondern das glaubwürdig vermittelte Geschichtsbild: Die Wahrnehmung von Wahrheit lag in der Angemessenheit der Darstellung und nicht in der Materialität bzw. Autorität der Bilder begründet.

Esther (Esfir) Schub war die Erste, die im professionellen Umgang mit ‹Chroniken› (alten Wochenschauen) ein Verständnis für deren «geschichtlichen Wert», der «mit jedem Jahr zunehmen mußte»[44], entwickelte und diesen zum tra-

39 Laurent Véray: «Le cinéma d'actualité témoin de l'histoire ou, selon Germaine Dulac le *Cinéma au service de L'Histoire* (1935)». In: Tami Williams (Hg.): Germaine Dulac, au-delà des impressions. *1895*, hors série, juin 2006, S. 205–230, hier: S. 211.
40 Rainer Rother: «Zur Definition des ‹nationalsozialistischen Films›. Fiktionale und dokumentarische Formen». In: Peter Zimmermann/Kay Hoffmann (Hg.): *Geschichte des dokumentarischen Films in Deutschland: ‹Drittes Reich› 1933-1945.* Stuttgart 2005, Bd. 3, S. 574–589, hier: S. 587 f.
41 Véray: Le cinéma d'actualité (wie Anm. 39), S. 211. Siehe die ebd. zitierte Äußerung von Ricciotto Canudo, der als «films historiques, dans le sens pur et émouvant du mot» nur die Aktualitäten gelten lässt, wobei die tragischsten die «documentaires de la guerre» sind (*Paris-Midi*, 27.1.1923).
42 Vgl. Uli Jung: «Nicht-fiktionale Filmaufnahmen aus dem Kaiserreich in Kompilationsfilmen und Fernsehsendungen». In: Ders./Martin Loiperdinger (Hg.): *Geschichte des dokumentarischen Films in Deutschland: Kaiserreich 1895-1918.* Stuttgart 2005, Bd. 1, S. 486–496, hier: S. 489.
43 Véray: Le cinéma d'actualité (wie Anm. 39), S. 213.
44 Schub in einem Interview (1927), zit. nach Leyda: *Filme aus Filmen* (wie Anm. 5), S. 28.

genden Konzept ihrer Arbeit machte. Für ihren Debütfilm über die Zarenzeit, PADENIJE DINASTII ROMANOWYCH (DER FALL DER ROMANOW-DYNASTIE, 1927) sammelte und identifizierte sie zunächst altes, ungeordnet vorliegendes Filmmaterial, um es dann in der Montage «auf seine dokumentarische Bedeutung hin» auszuwerten.[45] Für ihr Verständnis vom Wert des ‹Archivbildes› spricht die Tatsache, dass sie nie Originale verwandte, sondern nur umkopiertes Material.[46] Ihre Strategie, möglichst lange Einstellungen zu verwenden und nicht in den syntaktischen Aufbau der Originalsequenzen einzugreifen, wurde später zum «Tabu des Kompilationsfilms – nämlich die Unantastbarkeit der historischen Quellen»[47] – wobei Schub der Methode in späteren Filmen wie SEVODNYA (HEUTE, 1929) nicht treu blieb.

Nicht nur durch ihre Filmpraxis, die den Quellenwert historischer Aufnahmen dem Publikum vor Augen führte, auch in der theoretischen Reflexion ging Schub über Matuszewskis Gedanken hinaus, indem sie forderte, mit dem Drehen von «Nichtspielfilm»-Material aktiv Dokumente für eine zukünftige Verwendung zu schaffen.[48] Dieser Gedanke war ein zentrales Argument der Künstlergruppe Lef in Abgrenzung zu Dziga Vertov, dem vorgeworfen wurde, durch seine subjektiv-spontane Aneignung dem Wochenschaumaterial die Seele – «it's documentary quality» – zu nehmen und die Filmarchive in «piles of broken film» zu verwandeln.[49] Als Gegenentwurf entwickelten Lef-Theoretiker wie Ossip Brik und Viktor Shklovsky ein Modell, systematisch Archivbilder für die Zukunft zu schaffen: Zunächst sollte so viel visuelles Material wie möglich gesammelt, zentral katalogisiert und archiviert werden, um dann als ‹second hand›-Material von einem Cutter-Regisseur bearbeitet zu werden.[50] Die arbeitsteilige Filmherstellung im ‹Film Fabrik-Archiv› korrespondierte mit tayloristischen Produktionsmethoden und galt durch die raumzeitliche Entkoppelung von Dokumentproduzent und -verwender als Garant von Authentizität und Objektivität. Die Lef-Utopie, den historischen Fortschritt in filmischer Form für eine zukünftige Repräsentation zu archivieren, sich in der Gegenwart ein Gedächtnis zu bilden «um sich seiner in der Zukunft zu bedienen, wenn das

---

45 Esther (Esfir) Schub: *Krupnym plaom.* Moskau 1959, zit. nach Leyda: *Filme aus Filmen* (wie Anm. 5), S. 28.
46 Leyda: *Filme aus Filmen* (wie Anm. 5), S. 32.
47 Wolfgang M. Hamdorf: «*Madrid* – oder Das Schweigen der alten Bilder. Basilio Martín Pationo und der Kompilationsfilm». In: Hans-Arthur Marsiske (Hg.): *Zeitmaschine Kino: Darstellung von Geschichte im Film.* Marburg 1992, S. 94–115, hier: S. 101.
48 Esther (Esfir) Schub: «Der Nichtspielfilm» (1929). In: Wolfgang Klaue/Manfred Lichtenstein (Red.): *Sowjetischer Dokumentarfilm.* Berlin 1967, S. 131–135.
49 Viktor Shklovsky: «Where is Dziga Vertov Striding?» (1926). In: Richard Taylor/Ian Christie (Hg.): *The Film Factory: Russian and Soviet Cinema in Documents 1896-1939.* Cambridge 1988, S. 151–152, hier: S. 151.
50 Mikhail Yampolsky: «Reality at Second Hand». In: *Historical Journal of Film, Radio and Television.* Vol. 11 (1991), Nr. 2, S. 161–171, hier: S. 163 f.

Gegenwärtige vergangen sein wird»[51], stellt eine Form aktiver Vergangenheitspolitik dar. Es handelt sich dabei um ein erstes Beispiel für eine «produktionsseitige Funktionalisierung»[52] von Archivbildern zur Bildung eines kollektiven Gedächtnisses. Für das Scheitern des Projektes war letztlich nicht nur der Stalinismus verantwortlich, sondern auch die Fetischisierung des Dokumentarfilms und der Fakten, was Schub rückblickend als größte Fehler erkannte.[53] Mit ihrem Namen aber sind nicht nur, wie sie es selbst sah, «die ersten großen historischen Dokumentarfilme verbunden»[54], sondern auch erste Konzepte, die dispositiv die Institution des Archivs mit der ideologischen Funktion von Bildern koppeln und pragmatisch ein gegenwartsbezogenes Modell zur Umsetzung eines auf die Zukunft gerichteten Vergangenheitsdiskurses entwickeln.

Ähnlich wie Esther (Esfir) Schub erkannte Germaine Dulac, eine Protagonistin der französischen Avantgarde, das Potenzial alter Wochenschaubilder dank ihrer Filmpraxis. Wie Vertov war sie von der technischen Überlegenheit des Kameraauges ebenso überzeugt wie von der sozialen und pädagogischen Qualität der Wochenschau und lobte deren Vorteile gegenüber dem Spielfilm.[55] Von 1932 bis 1934 leitete sie die Wochenschauproduktion von Gaumont und realisierte 1935 mit LE CINÉMA AU SERVICE DE L'HISTOIRE (DER FILM IM DIENST DER GESCHICHTE) eine Kompilation aus Wochenschauaufnahmen, die die Zeit vom Anfang des Jahrhunderts bis in die 1930er Jahre zeitlich und thematisch gegliedert präsentiert. Ein Schrifttitel am Anfang verkündet, dass der Filme ein Monument der Zeitgeschichte sei («Ce film est un monument de l'Histoire contemporaine»). Dabei versteht Dulac die Bilder als Dokumente, deren Qualität mehr die historische Verfasstheit und weniger ästhetische Charakteristika ausmachen, wie die Entschuldigung im Vorspann für die von der Zeit verursachten Mängel im Material verdeutlicht. Es ging Dulac um mehr als die Vermittlung von Wissen über die Vergangenheit und eine Aneinanderreihung historischer Schlüsselbilder: Vielmehr galt es diese zu durchdringen und, z. B. mittels verwirrender Tonmontagen, zu deuten.[56] Es ist eine Reflexion über die Erfahrung von Geschichte mit Bildern, wie mit filmspezifischen Mitteln Geschichte gedacht werden kann. Laurent Véray sieht darin den Übergang von der filmischen Widergabe eines Ereignisses zu dessen Befragung in einem Prozess, in

---

51 Deleuze: *Zeit-Bild* (wie Anm. 20)a, S. 74 f.
52 Astrid Erll: «Medium des kollektiven Gedächtnisses: Ein (erinnerungs-)kulturwissenschaftlicher Kompaktbegriff». In: Dies./Ansgar Nünning (Hg.): *Medien des kollektiven Gedächtnisses. Konstruktivität – Historizität – Kulturspezifität*. Berlin 2004, S. 4–22, hier: S. 17.
53 Esther (Esfir Schub): «Fehler des Dokumentarismus» (1936). In: Klaue/Lichtenstein: *Sowjetischer Dokumentarfilm* (wie Anm. 48), S. 138–139.
54 Esther (Esfir) Schub: «Der Weg, den wir zurückgelegt haben» (1934). In: Klaue/Lichtenstein: *Sowjetischer Dokumentarfilm* (wie Anm. 48), S. 137–138, hier: S. 137.
55 Germaine Dulac: «La portée éducative et sociale des actualités» (1934). In: Prosper Hillairet (Hg.): *Germaine Dulac. Écrits sur le cinéma (1919–1937)*. Paris 1994, S. 203–207, hier: S. 204.
56 Vgl. die ausführliche Analyse von Véray: Le cinéma d'actualité (wie Anm. 39), S. 215 ff.

dem jede Einstellung sowohl eine Spur der Vergangenheit als auch ein Zeichen zur Formung der Geschichte ist.[57] Auch den Wert des Archivs erkannte Dulac, den sie nicht nur in den aufbewahrten fertigen Filmen sah, sondern gerade auch in den nichtverwendeten Aufnahmen: «im Geheimen unserer Kinematheken verschließen wir, glauben Sie es, das wahre moderne Leben».[58]

Im Gegensatz zu Dulacs euphorischem Konzept sowohl vom Wochenschau-Genre als auch vom Filmarchiv standen die kritisch-experimentellen Filme des Belgiers Henri Storck, der in SUR LES BORDS DE LA CAMÉRA ([AM RAND DER KAMERA], 1928) die reduzierte soziale Wahrnehmung der Wochenschauen anprangerte und in HISTOIRE DU SOLDAT INCONNU (DIE GESCHICHTE DES UNBEKANNTEN SOLDATEN, 1932) zwischen offizielle Kriegsbilder die Aufnahmen von Kriegsversehrten, Skeletten und demonstrierenden Kriegsgegnern schnitt. Im Spielfilm unternahm Orson Welles in CITIZEN KANE (1941) eine der ersten selbstreflexiv-kritischen Auseinandersetzungen mit dem geschichtsmanipulativen Potenzial von Wochenschaubildern: Nach dem Tod der fiktiven Hauptperson zeigt Welles die Rolle der öffentlichen Person Kane mit gefakten Wochenschaubildern im Stil der Magazin-Reihe THE MARCH OF TIME (1935-1951), in denen dieser u. a. Adolf Hitler trifft. Bezeichnenderweise ist es eine Fiktion, die auf der Suche nach einer komplexen Wahrheit die inhärente Ideologie, die Manipulierbarkeit und die kontextabhängige Aussagekraft «des Archivs von heute, das die Gegenwart von gestern ist» vorführt.[59]

1939 produzierte Germaine Dulac den knapp fünfminütigen Wochenschaubeitrag CE QU'IL A DIT, CE QU'IL A FAIT [WAS ER GESAGT HAT, WAS ER GETAN HAT], in dem sie Hitlers Versprechen nach der Machtübernahme seine Taten nach der Machtkonsolidierung im Filmbild gegenüberstellt. Kennzeichnend für diesen dekuvrierenden Umgang mit den Bildern der Vergangenheit ist, ähnlich wie bei Storck, ihre politische Gegenwartsbezogenheit. So sind die Bilder nicht Schlüssel zum Begreifen des Damals, sondern des Jetzt und werden dementsprechend als zur Gegenwart gehörig begriffen. Dieser Diskurs und die Methode, alte Wochenschauaufnahmen mit aktuellem Material zu mischen, charakterisieren auch zahlreiche politische Filme der Weimarer Republik, ob von links wie der im Auftrag der KPD hergestellte Film WELTWENDE (1928) oder von rechts BLUTENDES DEUTSCHLAND (1932). Gerade solche Filme dienten wiederum der NS-Propaganda als Materialbasis zur Abrechnung mit der ‹Systemzeit›: Die in Streifen wie TERROR ODER AUFBAU (1933) und AUFSTIEG ZUR WELTMACHT (1935) entwickelte ‚Vorher-Nachher-Struktur› dominierte noch

---

57 Ebd., S. 222 f.
58 Germaine Dulac: «Les actualités ne sont pas toujours ce qu'elles devraient être» (1934). In: Hillairet: *Germaine Dulac*, S. 201–202, hier: S. 202 [Übers. MS].
59 François Niney: *L'Épreuve du réel à l'écran. Essai sur le principe de réalité documentaire*. Bruxelles 2000, S. 33, S. 254.

deutlicher jene Filme, die nach Überwindung der Arbeitslosigkeit die Erfolge des NS-Systems priesen wie beispielsweise DEUTSCHLAND GESTERN UND HEUTE (1936).[60] Die Bilder der Vergangenheit stehen hier als Verweis für eine überkommene Zeit, die es zu überwinden gilt bzw. die überwunden ist, was sowohl die Demokratie wie auch deren Bilderhaushalt betrifft. Ihnen geht es darum, die Gegenwart mit den Bildern der Vergangenheit zu (v)erklären und zu legitimieren sowie im Zuge einer mythologischen Überführung von «Geschichte in Natur»[61] die Vergangenheit als politische Kategorie zu verabschieden.

Dafür sollten, ähnlich der Lef-Konzeption, Dokumente der ‹neuen Zeit› im Hinblick auf zukünftige Wahrnehmung geschaffen werden: Explizit sagt dies ein Schrifttitel im Vorspann von FEUERTAUFE. DER FILM VOM EINSATZ DER DEUTSCHEN LUFTWAFFE IN POLEN (1940): «Als Beitrag zur Geschichte des größten Freiheitskampfes soll dieser Film lebenden und kommenden Geschlechtern ein Dokument sein.» Die medial in die Zukunft projizierte Vergangenheitspolitik brachte Goebbels 1945 in einem Appell an den Durchhaltewillen seiner Offiziere auf den Punkt:

> Meine Herren, in hundert Jahren wird man einen schönen Farbfilm über die schrecklichen Tage zeigen, die wir durchleben. Möchten Sie nicht in diesem Film eine Rolle spielen? Halten Sie jetzt durch, damit die Zuschauer in hundert Jahren nicht johlen und pfeifen, wenn Sie auf der Leinwand erscheinen.[62]

Mit Ausnahme, dass der Propagandaminister sich um 40 Jahre verschätzte, zeigt ein Film wie DER UNTERGANG (2004) seine erfolgreiche Erinnerungspolitik – und das nicht nur im Spielfilm. Lässt sich doch beim Betrachten der Wirkungsgeschichte der nationalsozialistischen Bildproduktion zugespitzt feststellen, dass der ‹wahre Triumph der Bilder› nach 1945 einsetzte und zwar zunächst vor allem in Form von den zu Archivbildern geronnenen Kriegswochenschauen und Propagandafilmen, auf denen die großen Kompilationsfilme der 1960er Jahre aufbauten.[63]

Die NS-Propaganda arbeitete auch ausschließlich für das Archiv, indem z. B. so genannte «Archivfilme» vom Autobahnbau[64] hergestellt wurden oder

---

60 Vgl. Peter Zimmermann: «GEBT MIR VIER JAHRE ZEIT. Erfolgsbilanz der NS-Propaganda». In: Ders./Hoffmann: *Geschichte des dokumentarischen Films* (wie Anm. 40), S. 530–553, hier: S. 535.
61 Roland Barthes: *Mythen des Alltags*. Frankfurt/M. 1996 [1957], S. 113.
62 Zit. nach Erwin Leiser: ‹*Deutschland erwache!*› *Propaganda im Film des Dritten Reichs*. Reinbek bei Hamburg 1968, S. 114.
63 Peter Zimmermann: «Kontinuitäten und Wandlungen im Zeichen von ‹Entnazifizierung› und ‹Reeducation›». In: Ders./Hoffmann: *Geschichte des dokumentarischen Films* (wie Anm. 40), S. 691–709, hier: S. 710.
64 Karlheinz Hofmann: «‹Straßen der Zukunft›. Die Reichsautobahnen». In: Ebd., S. 277–286, hier: S. 280 f.

eine Sammlung von Portraits von Persönlichkeiten aus Kultur, Wirtschaft und Politik für kommende Generationen produziert wurde[65]. Im Frühjahr 1941 sprach Hitler mit Leni Riefenstahl über ein anzulegendes «Filmarchiv des Nationalsozialismus», das «Jahrhunderte haltbar sein» sollte.[66] Auch der ethnografische Rettungsgedanke findet sich pervertiert im NS-Archiv wieder: Laut der schöngefärbten Erinnerung Fritz Hipplers hatte Goebbels diesem am 8. Oktober 1939 befohlen:

> Lassen Sie Filmaufnahmen vom Leben in den polnischen Ghettos machen. [...] Wir müssen das alles an diesen Ursprungsstätten aufnehmen, denn bald werden hier keine Juden mehr sein. Der Führer will sie alle aussiedeln, nach Madagaskar oder in andere Gebiete. Deshalb brauchen wir diese Filmdokumente für unsere Archive.[67]

Die so entstandenen Aufnahmen wurden für DER EWIGE JUDE (1940) verwendet, der daneben die unterschiedlichsten filmischen und nichtfilmischen Bildquellen willfährig in den Dienst des antisemitischen Diskurses stellt. Ist der faktische Umgang mit dem Material auch haarsträubend, gestaltet sich der mediale Zugriff z. T. äußerst innovativ. So legt DER EWIGE JUDE auf Spielfilmmaterial, das explizit als solches kenntlich gemacht wird, eine dokumentarisierende Lektüre in doppelter Hinsicht an: Ein Ausschnitt aus der US-amerikanischen Produktion THE HOUSE OF ROTHSCHILD (1934) soll zum einen die Geschichte jüdischen Bankwesens vermitteln; zum anderen wird die überspitzt-komödiantische fiktionale Darstellung zum authentischen Dokument jüdischer Selbstdarstellung umgedeutet. Wird der originalsprachliche Ausschnitt auch durch die deutschen Untertitel bewusst verfälscht, so ist doch die Idee, Spielfilme als dokumentarische Belege für zeithistorische Wahrnehmungsmuster zu lesen, neu und strategisch geschickt. Die westdeutsche Geschichtswissenschaft etwa nahm Spielfilme erst ab den 1970er Jahren wahr bzw. ernst.

Der Zweite Weltkrieg förderte die Produktion propagandistischer Kompilationsfilme, in denen ausgiebig Archivmaterial der Gegner verwandt wurde. Bereits 1941 hatte Alberto Cavalcanti in YELLOW CESAR (DER FEIGE CÄSAR) Mussolinis Biografie mit alten Wochenschaubildern rekonstruiert und die Theatralik seiner im Bild festgehaltenen Selbstinszenierung mit beißendem Spott demontiert. Auch die deutsche Propaganda antwortete mit der Waffe ‹umgedrehter› Wochenschaubilder aus dem Archiv, die in RUND UM DIE FREIHEITSSTATUE. EIN SPAZIERGANG DURCH DIE USA (1941) und HERR ROOSEVELT PLAU-

---

65 Boguslaw Drewniak: *Der deutsche Film 1938-1945. Ein Gesamtüberblick.* Düsseldorf 1987, S. 411 f.
66 Jürgen Trimborn: *Riefenstahl. Eine deutsche Karriere.* Berlin 2002, S. 308 f.
67 Fritz Hippler: *Die Verstrickung.* Düsseldorf 1981, S. 187.

DERT (1943) die Widersprüche der US-Gesellschaft mit rassistischen Untertönen vorführten.[68]

War Frank Capra auch nicht der Erfinder der propagandistischen Kriegskompilation, in der die Bilder des Feindes neuinterpretiert gegen den Urheber gewendet werden, so perfektionierte die unter seiner Leitung entstandene WHY WE FIGHT-Reihe (1943-1945) die Methode als ideologische Waffe. Dabei waren jedes Mittel und jede Bildquelle recht, was ein Mitarbeiter Capras folgendermaßen auf den Punkt brachte: «We took whatever we could find; the footage only illustrated our message. That's all you can do in war.»[69] Die ideologische Instrumentalisierung von Fremdmaterial à la Capra ist nicht ohne gravierende methodische Widersprüche: Je nach Bedürfnis wird dem gegnerischen Material an einer Stelle zugesprochen, authentisch die Wahrheit abzubilden, um dann an anderer Stelle wieder als Propaganda entlarvt zu werden, wobei eine rein illustrative Verwendung dominiert. Den Bildern wird so eine Dokumentfunktion zugesprochen, wobei sie – bestenfalls – wie Monumente behandelt werden.

Wenn Capra in seiner Autobiografie neben den Verdiensten seiner Arbeit für die US-Armee die Authentizität der Filme lobend hervorhebt[70], mag dies angesichts des willkürlichen Umgangs mit dem heterogenen Material – selbst gröbste Klischeebilder aus Gangster-Filmen werden dokumentarisch präsentiert – naiv oder zynisch erscheinen. Dahinter steht aber auch ein Wahrheitsbegriff, wie er bei den Ersten-Weltkriegsfilmen zu beobachten ist, dessen Maßstab ein korrektes Weltbild und nicht eine korrekte Bilderwelt ist. Zudem hatte sich in den 1930er Jahren eine dokumentarische Tradition entwickelt, die mit der Inszenierung und Rekonstruktion von Ereignissen arbeitete (beispielsweise MARCH OF TIME und Dokumentaristen wie Joris Ivens, Pare Lorentz, Robert Flaherty).[71]

Die Gräuelpropaganda des Ersten Weltkriegs hatte dazu geführt, dass die Berichte von der Befreiung der KZs am Ende des Zweiten Weltkriegs zunächst mit Zweifel aufgenommen wurden. Die Bildmedien sollten der Welt den unwiderlegbaren Beweis für die deutschen Verbrechen liefern. Die so entstandenen *atrocity pictures*, die die Gegenwart der Lager nach der Befreiung 1944/45 zeigten, prägen die Wahrnehmung der NS-Zeit bis heute. Für den Archivbilddiskurs spielt die ‹Tat als Bild› in mehrfacher Hinsicht eine zentrale Rolle: Die Fotografen und Kameramänner sollten eine «visuelle Beweisaufnahme der Tatorte» leisten, um dokumentarische Glaubwürdigkeit und juristische Verwertbarkeit sicherzustellen.[72] Dementsprechend wurden für die Herstellung Richt-

---

68 Tobias Nagl: «‹Von fremder Rasse durchsetzt›. Stereotype in Schwarz-Weiß». In: Zimmermann/Hoffmann: *Geschichte des dokumentarischen Films* (wie Anm. 40), S. 420–430, hier: S. 429.
69 Gottfried Reinhardt, Produktionsleiter von HERE IS GERMANY (1945), zit. nach: McBride: *Frank Capra* (wie Anm. 3), S. 481.
70 Frank Capra: *Autobiographie*. Zürich 1992 [1971], S. 633 f., S. 648.
71 McBride: *Frank Capra* (wie Anm. 3), S. 481.
72 Knoch: *Die Tat als Bild* (wie Anm. 2), S. 126 f.

linien aufgestellt, was wie zu filmen sei. Informationskampagnen und Wochenschauen präsentierten die Bilder mit moralischem Anspruch als selbstevidente Beweise, die dank der Kamera als unbeteiligtem Augenzeugen eine unmittelbare Repräsentation des Dargestellten boten.[73] Dieser Diskurs wurde bei der Wiederentdeckung der KZ-Bilder über ein Jahrzehnt später übernommen und durch die Autorität des Archivs zur unhinterfragbaren Wahrheit.

5. ‹Geburt› des Archivbildes in den 1950er Jahren

Nach der ersten punitiven Phase der Besatzungspolitik verschwanden die Dokumente des NS-Terrors recht schnell im Archiv. Die ersten westdeutschen Kompilationsfilme über die NS-Zeit BIS 5 NACH 12 (1953) und SO WAR DER DEUTSCHE LANDSER (1955) verwendeten hauptsächlich NS-Wochenschaumaterial, das – auch wenn die Nazis bzw. Hitler angeklagt wurden – im besten Fall unreflektiert auf seine Schauwerte hin ausgeschlachtet wurde.

Auf dem Weg zum Archivbild im heutigen Verständnis spielt die DDR-Produktion DU UND MANCHER KAMERAD (1956) eine Schlüsselrolle: Im Laufe der Recherchen für das aufwändige DEFA-Projekt wurden über eineinhalb Millionen Meter Film in Archiven der ganzen Welt gesichtet, teilweise restauriert und erstmals auf breiter Basis das nazistische Filmerbe ausgewertet. DU UND MANCHER KAMERAD entwirft das SED-Geschichtsbild in einer ausgefeilten Bild-Text-Argumentation, die den Einsatz von Archivbildern als tragendes legitimatorisches Prinzip entwickelt und mit einer Enthüllungsrhetorik versieht.

Dem Archiv kommt dabei die Rolle zu, Herrschaftspraxis aufzudecken, spektakuläre Ansichten zu bieten und neue Einsichten zu ermöglichen: Beispielsweise indem Bilder aus dem Warschauer Ghetto gezeigt werden und der Off-Kommentar betont, dass diese Aufnahmen dem Volk vorenthalten wurden und jetzt erstmals zu sehen sind.[74] So funktionieren Teile des Films im Sinne des Dokuments, wobei die meisten Bilder Verweischarakter haben und deren Auswahl propagandistischen Prämissen unterliegt.

Damit begründete DU UND MANCHER KAMERAD die Tradition des «Archivfilms»[75] in der DDR, mit stilbildendem Einfluss auf die DEFA. Darüber hinaus diente er auch europäischen Dokumentaristen als Vorlage, wie z. B. Paul Rotha und Erwin Leiser. Das erschlossene Archivmaterial aus dem ‹Dritten Reich› lieferte der DDR-Propaganda in der Auseinandersetzung mit der Bun-

---

73 Brink: *Ikonen der Vernichtung* (wie Anm. 2), S. 9, S. 79 ff.
74 Vgl. Matthias Steinle: *Vom Feindbild zum Fremdbild. Die gegenseitige Darstellung von BRD und DDR im Dokumentarfilm.* Konstanz 2003, S. 113 ff.
75 Hermann Herlinghaus: «Annelie und Andrew Thorndike». In: Institut für Filmwissenschaft (Hg.): *Filmdokumentaristen der DDR.* Berlin 1969, S. 11–103, hier: S. 30.

desrepublik neue Nahrung und wurde der Öffentlichkeit unter dem Reihentitel ARCHIVE SAGEN AUS (ab 1957) präsentiert. Dazu wurde ein eigener Vorspann geschaffen, der eine Kamerafahrt durch ein Filmarchiv zeigt, unterlegt mit Tonfetzen bekannter Reden und Musik aus dem Zweiten Weltkrieg. So vermittelt der Vorspann effektheischend das Versprechen, das audiovisuelle Gedächtnis einer Epoche zu bergen und Spektakuläres zu enthüllen, was bisher in den gezeigten Filmbüchsen schlummerte (Abb. 4–5).[76]

Die propagandistische Instrumentalisierung des Archivmaterials steht in der Tradition kompilatorischer Filme aus dem Zweiten Weltkrieg. Nun aber werden die Bilder nicht nur als Dokumente präsentiert um als Monument oder Illustration zu funktionieren, sondern in Ansätzen innerdiegetisch auf ihren dokumentarischen Wert hin befragt. Zudem wird das Archiv explizit als realer Enunziator in Szene gesetzt.

Abb. 4–5 ARCHIVE SAGEN AUS

Neben dieser propagandistischen Instrumentalisierung im Kalten Krieg entwickelt sich ebenfalls ein cineastisches Interesse für die Bilder der Vergangenheit sowie für das Archiv, wofür vor allem der Name Alain Resnais steht: In NUIT ET BROUILLARD (NACHT UND NEBEL, 1955) präsentierte Resnais erstmals in den 1950er Jahren einem breiten Publikum im Kino KZ-Bilder. Er folgt aber nicht einer Rhetorik der Evidenz, mit der die Bilder 1945 gedreht und gezeigt worden waren. Stattdessen thematisiert Resnais im Dialog mit den vorgefundenen Überresten die Gedächtnisbilder in ihrer Fragilität. Die Archivbilder sind dabei nicht Beweis für die Verbrechen, sondern nur Verweis auf die Erinnerung an diese. So ist der Film eine Kritik am Archivbild als selbstevidentes Fenster zur Vergangenheit *avant la lettre*; im Urteil von Deleuze: «*Nuit et brouillard* kann als die Summe der Möglichkeiten gelten, der Rückblende und der falschen Pietät des Erinnerungsbildes zu entkommen.»[77]

---

76 Steinle: *Feindbild zum Fremdbild* (wie Anm. 74), S. 136 f.
77 Deleuze: *Zeit-Bild* (wie Anm. 20), S. 163.

Mit Toute la mémoire du monde (Alles Gedächtnis der Welt) drehte Resnais 1956 eine Hommage an das größte Archiv Frankreichs, die Bibliothèque nationale. Rückblickend wird deutlich, wie die Diskussion um die Wertung des Archivs als Ort autoritärer Macht und Kontrolle im Derridaschen Sinne oder als Garant demokratischer Partizipation nach Aleida Assmann in die Struktur und Bilder von Toute la mémoire du monde eingeschrieben ist: Auf der einen Seite durchziehen Gefängnis-Metaphern, wie z. B. Bilder von sequestrierten Büchern, den Film mit visuellen Parallelen zum KZ-Universum von Nuit et brouillard. Auf der anderen Seite stehen lichtdurchflutete Aufnahmen vom Lesesaal und der Verfügbarkeit des gesammelten Wissens für die Menschen.

Resnais thematisiert in seinen Filmen die Gedächtnisproblematik im Zusammenhang mit Wahrnehmungs- und Machtdispositiven. Dabei führt er das Archivbild als Element der medialen Rhetorik vor, das wie in Nuit et brouillard eben keinen direkten Zugang zur Vergangenheit ermöglicht.[78] Vollständig untergräbt er dessen Autorität in Hiroshima mon amour (1959), laut Marguerite Duras ein «falscher Dokumentarfilm»[79], in dem authentische, zeithistorische Dokumente von inszenierten kaum zu unterscheiden sind.

Dieses ‹Gewahrwerden› des Archivs und seiner Inhalte in den 1950er Jahren läutete am Ende des Jahrzehnts die Epoche der großen Kompilationsfilme ein, die sich samt und sonders mit dem Nationalsozialismus beschäftigten: angefangen bei Ernst Leisers Den blodigen tagen (Mein Kampf, 1960) über die 15-teilige Fernsehreihe des SWR von Heinz Huber Das Dritte Reich (1960/61), Frédéric Rossifs Le temps du ghetto (Die Zeit des Ghettos, 1961), Paul Rothas Das Leben Adolf Hitlers (1962), die achtteilige Reihe des französischen Fernsehens Trente ans d'Histoire ([Dreissig Jahre Geschichte], 1964/65) bis hin zu Michail Romms Obyknovennyy fashizm (Der gewöhnliche Faschismus, 1965).

Im Vorspann des DEFA-Films Du und mancher Kamerad kündigt ein Schrifttitel einen «Tatsachenbericht» an und versichert «Jede Aufnahme ist ein historisch nachprüfbares Dokument» – was wohlweißlich der Praxis nachinszenierter Szenen und der Verwendung von Spielfilmausschnitten nicht widerspricht, wovon der Film mehrere enthält. Das wurde bei der Herstellung von den Verantwortlichen wohl auch nicht als Problem wahrgenommen, da das Programmheft drei Nachinszenierungen aufführte. Mit dem sich entwickelnden Archivbild-Diskurs aber wurde diese Praxis als «Fehler» wahrgenommen.[80] Erwin Leiser garantiert im Vorspann von Mein Kampf: «Jedes Bild in diesem Film ist authentisch. Alles, was hier gezeigt wird, ist geschehen.» Damit setzt er

---

78 Cyril Neyrat sieht in den Kurzfilmen sogar die Vorwegnahme der *Ausnahmezustand*-Thesen von Giorgio Agamben. Cyril Neyrat: «Horreur/bonheur: métamorphose». In: Positif (Hg.): *Alain Resnais*. Paris 2004, S. 47–54, hier: S. 50.
79 Marguerite Duras: *Hiroshima mon amour. Scénario et dialogue*. Paris 1984, S. 12.
80 Leyda: *Filme aus Filmen* (wie Anm. 5), S. 111.

nicht nur die Ebene des Faktischen mit jener der Bilder gleich, sondern attestiert darüber hinaus auch noch der NS-Propaganda Authentizität. Im Gegensatz zu diesem – Schule machenden – Abbildrealismus führt Michail Romm die Herkunft der Bilder aus den unterschiedlichen Archiven auf und thematisiert Leerstellen und Lücken in diesen, wie beispielsweise, dass es kaum Aufnahmen vom Zivilleben im ‹Dritten Reich› gibt. So wird die monumentale Führer-Inszenierung zum Dokument dieser Abwesenheit.[81]

Ein medienreflexiver Umgang wie der von Romm (dessen Film nicht weniger ideologisch von den Verwerfungen des Kalten Krieges geprägt ist) blieb die Ausnahme in der nun breiten Verwendung von Archivbildern. Zu dieser hat auch das junge Fernsehen beigetragen: Einerseits indem jetzt ein breites, nicht primär an Geschichte oder Film interessiertes Publikum erreicht wurde und an die Form, Ästhetik und Methoden der Verwendung von Archivbildern gewöhnt wurde.[82] Andererseits indem das Fernsehen mit aufwändigen Projekten wie z. B. in der BRD der 15-teiligen Reihe Das dritte Reich (1961) als «Agentur der Erinnerungsarbeit»[83] fungierte. Darüber hinaus wurden z. T. Historiker zu Rate gezogen und für die deutsch-französische Koproduktion La Grande Guerre / 1914-1918 / Der Erste Weltkrieg (1964) war mit Marc Ferro ein Historiker als Autor verantwortlich, der den Authentizitäts-Effekt der Archivbilder zusätzlich mit den Weihen akademischer Sorgfaltspflicht versah.

6. Archivbild und kulturelle Erinnerung

Das Archivbild hat sich seit den 1950er Jahren als Wahrnehmungsphänomen mit Bildern etabliert, die die Erinnerung an die Zeitgeschichte im westlichen Kulturkreis mitgeprägt haben. Angesichts der Dominanz des Themas Krieg und vor allem Nationalsozialismus mit dessen Verbrechen stellt sich die Frage, ob bzw. wie dies mit der ‹Genese des Archivbildes› zusammenhängt. Die diesbezüglichen Bilder sind wichtige Elemente nationaler Erinnerungskultur(en): Nach den traumatischen Erfahrungen des Krieges haben Bilder und mit diesen verbundene Erinnerungen den Weg vom «Speichergedächtnis» ins «Funktionsgedächtnis» genommen. Damit lief der Transfer umgekehrt zum sonst üblichen Prozess, bei dem Erfahrung vom gelebten aktiven Erinnern des «Funktionsgedächtnisses» ins materiell aufgezeichnete und archivierte «Speichergedächtnis»

---

81 Zum Vergleich Resnais-Leiser-Romm siehe Judith Keilbach: «‹Neue Bilder› im Geschichtsfernsehen. Über Einsatz und Verwertung von Laufbildern aus der Zeit des Nationalsozialismus». In: Crivellari u. a.: *Medien der Geschichte* (wie Anm. 24), S. 543–568, hier: S. 548 ff.
82 Vgl. das Kapitel «Kleine Bildfläche – größeres Publikum» in: Leyda: *Filme aus Filmen* (wie Anm. 5).
83 Knut Hickethier: «Der Krieg, der Film und das mediale Gedächtnis». In: Waltraud ‹Wara› Wende (Hg.): *Krieg & Gedächtnis. Ein Ausnahmezustand im Spannungsfeld politischer, literarischer und filmischer Sinnkonstruktion*. Würzburg 2005, S. 347–365, hier: S. 349.

überführt wird.⁸⁴ Das Archiv hat so die Voraussetzungen für eine Belebung des kollektiven Gedächtnisses geschaffen, was die Massenmedien Film und Fernsehen mit der nötigen Breitenwirkung vermitteln konnten.

Filme werden dabei selbst zum Ort des Erinnerns, zum «Gedächtnisort»⁸⁵: Nirgendwo kann *die* NS-Propaganda so anschaulich nachvollzogen werden wie in TRIUMPH DES WILLENS (1935), *der* Résistance so heroisch gedacht werden wie mit LA BATAILLE DU RAIL (SCHIENENSCHLACHT, 1945) und *das* KZ so eindringlich besichtigt werden wie in NUIT ET BROUILLARD. Im Prozess der Wiederverwendung einiger weniger Schlüsselbilder aus diesen Filmen als Archivbild, gleich ob in Dokumentation oder Spielfilm, sind diese zu «Superzeichen»⁸⁶ geronnen, die vom eigentlichen Kontext losgelöst durch die Medien vagabundieren. Dabei führen die Bilder ein Eigenleben, sind wie die Gedächtnisorte «Orte des Überschusses»⁸⁷: immer zugleich über- und unterdeterminiert. Ihr Sinngehalt wird durch die Zirkulation und die Geschichte ihrer Zirkulation entscheidend mitbestimmt.⁸⁸ So lassen sich Archivbilder analog zu den sie verwendenden Erinnerungskulturen als «dynamische Palimpseste»⁸⁹ beschreiben.

Das Palimpsest-Konzept greift jeweils auf den beiden von Odin unterschiedenen Ebenen der Herstellung und der Lektüre. Bereits der Produktionsprozess stellt keine ‹black box› dar, sondern wird von Sylvie Lindeperg als «Filmpalimpsest» beschrieben: Dieses beinhaltet die verschiedenen Entstehungsschichten, zu denen Briefverkehr, Skizzen, Drehbuchfassungen bis hin zu Zensurkarten zählen.⁹⁰ Ist der fertige Film ein Palimpsest auf der Produktionsebene, erfolgen neue Schichten der Sinnzuschreibung auf der Ebene der Gebrauchsgeschichte. In diesem Prozess kann es dazu kommen, dass «das, was das Bild dokumentiert, das Gegenteil dessen [ist], was es symbolisiert»⁹¹. Ein Beispiel dafür sind die Aufnahmen von Bulldozer und Leichenbergen im KZ Bergen-Belsen, die – nicht zuletzt durch die Verwendung im Film NUIT ET BROUILLARD – zu metonymischen Bildern des Genozid wurden, als Ersatz für die Spur des Unsichtbaren.⁹² So ste-

---

84 Assmann: *Erinnerungsräume* (wie Anm. 23), S. 409.
85 Pierre Nora: *Zwischen Geschichte und Gedächtnis*. Frankfurt/M. 1998, S. 11.
86 Manuel Köppen: «Von Effekten des Authentischen – Schindlers Liste: Film und Holocaust». In: Ders./Klaus R. Scherpe (Hg.): *Bilder des Holocaust. Literatur – Film – Bildende Kunst*. Köln u. a. 1997, S. 145–170, hier: S. 146.
87 Nora: *Zwischen Geschichte und Gedächtnis* (wie Anm. 85), S. 40.
88 Vgl. Willi Goetschel: «Zur Sprachlosigkeit der Bilder». In: Köppen/Scherpe: *Bilder des Holocaust* (wie Anm. 86), S. 131–144, hier: S. 134.
89 Knoch: *Die Tat als Bild* (wie Anm. 72), S. 22 f.
90 Sylvie Lindeperg: «Spuren, Dokumente, Monumente. Filmische Verwendung von Geschichte. Historische Verwendung des Films». In: Hohenberger/Keilbach: *Gegenwart der Vergangenheit* (wie Anm. 17), S. 65–81, hier: S. 66.
91 Nicole Wiedenmann: «‹So ist das, was das Bild dokumentiert, das Gegenteil dessen, was es symbolisiert.› Holocaustfotografie im Spannungsfeld zwischen Geschichtswissenschaft und Kulturellem Gedächtnis». In: Crivellari u. a.: *Medien der Geschichte* (wie Anm. 24), S. 317–349, hier: S. 324 f.
92 Sylvie Lindeperg: *Clio de 5 à 7. Les actualités filmées de la Libération : archives du futur*. Paris 2000, S. 183 ff.

hen Bilder aus dem Westen, die die chaotischen Folgen der letzten Kriegsphase zeigen, stellvertretend für die industrialisierte Vernichtung im Osten. Guido Knopp rechtfertigt den Einsatz relativ beliebig austauschbarer «Symbolbilder» offensiv mit dem Argument, dass Holocaust-Bilder keiner Kommentierung bedürften, da sie «für sich» sprächen.[93] So naiv solch Selbstevidenz-Verständnis einerseits ist, argumentiert er damit andererseits durchaus auf der Höhe aktueller Forschung zum kulturellen Gedächtnis: Dieses operiere demzufolge in erster Linie mit Monumenten, so dass es weniger auf den dokumentarischen Wert der Bilder ankomme, als vielmehr auf den Wert der durch die Bilder hervorgerufenen Erinnerungsleistung.[94] So kommen Archivbilder im ZDF zu ihrem Ausdruck als Monument, nicht aber zu ihrem Recht als Dokument.

7. Ausblick

Die stereotype Verwendung eines bestimmten Bildfundus' hat zu der Herausbildung begrenzter Ikonografien maßgeblich beigetragen. Die Monumentalisierung zu Symbolbildern hat gleichzeitig auch zu ihrer ‹Abnutzung› geführt, so dass seit den 1990er Jahren ‹unverbrauchte› Bilder gesucht wurden.[95] In Form von Amateuraufnahmen und/oder Farbbildern wurden ‹neue› Archivbilder gefunden und es setzte eine Welle von *XY in Farbe*-Filmen ein, in denen die Geschichte bis zur Karikatur auf die Ereignisse im zugänglichen Farbmaterial reduziert wird. Aber auch diese Ressource ist begrenzt. So ist die Kategorie der Archivbilder selbst in Bewegung geraten und das Sortiment wird erweitert, nicht zuletzt durch die Möglichkeit der neuen Medien, wie beispielsweise. in der britischen Produktion THE SECRET PLOT TO KILL HITLER (2004; DIE VERSCHWÖRUNG, RTL2: 20.7.2005) über das Attentat vom 20. Juli 1944: Für den «Virtual History»-Film wurden die Gesichter der historischen Akteure (Hitler, Churchill, Roosevelt, Stauffenberg) mittels digitaler Bildbearbeitung mit denen von Schauspielern ‹verschmolzen› und diese Aufnahmen stilistisch zeitgenössischen Quellen angepasst – d. h. ruckeliger Rhythmus, ausgeblichene Farben, Kratzer.[96]

Es können aber auch neue Archivbild-Kategorien eingeführt werden, was exemplarisch DER UNTERGANG vorführt. Bernd Eichingers Produktion präsentiert nach 1945 entstandene Zeitzeugeninterviews über die NS-Zeit nicht als Zeugnisse der Erinnerungsgeschichte, sondern als Dokumente der Zeit selbst: Am Anfang und Ende vom UNTERGANG stehen Ausschnitte aus André Hellers und Othmar Schmiderers Interviewfilm mit Traudl Junge IM TOTEN WINKEL –

---

93 «Die Botschaft muß ankommen». In: *Der Spiegel* (1998), Nr. 19, S. 60–64.
94 Wiedenmann: So ist das, was das Bild dokumentiert (wie Anm. 91), S. 328.
95 Vgl. Keilbach: Neue Bilder (wie Anm. 81), S. 563 ff.
96 Christian Buss: «Hitler lebt!». In: *taz*. 20.7.2005.

Matthias Steinle

HITLERS SEKRETÄRIN (2002). Damit instrumentalisiert die Fiktion die Funktion der Zeitzeugin, die die fiktionalen Bilder authentisiert (ohne dass sie filmintern oder -extern widersprechen kann, da Junge 2002 verstarb). Wo die Dokumentation die «Unzulänglichkeit des Erinnerungsbildes in bezug auf die Vergangenheit»[97] thematisiert, indem Junge ihre Aussagen bei wiederholtem Sehen im Interview korrigiert, besetzen Oliver Hirschbiegels Bilder diese Erinnerungen mit der Rhetorik des ‹So war es› einer möglichst realistischen Inszenierung. Die Zeitzeugen-Erinnerung, die ansonsten neben Archivbildern für die ‹Gegenwart der Vergangenheit› steht, wird hier zum die Vergangenheit vor 1945 repräsentierenden Archivbild erhoben (Abb. 6–8).[98]

In den Archivbildkanon ist Bewegung gekommen, weniger in den Archivbilddiskurs, der nach wie vor mit dem durch die Prädikate ‹historisch› und ‹dokumentarisch› gedoppelten Realismuseffekt ‹Geschichte pur› verspricht. Allein die – notwendige – quellenkritische Prüfung nach Maßgaben des Dokumentes wird weder der komplexen Entstehungs- und Verwendungsgeschichte noch der erinnerungskulturellen Dimension von Archivbildern gerecht. Neben dem Offenlegen der (Um-) Deutungen und Festschreibungen durch den Gebrauch gilt es, «jenen konstanten und immer wieder umkehrbaren Wandel von Monument zu Dokument aufzudecken»[99]. Gerade im diskursiven Prozess der Funktionszuweisung von Archivbildern werden kulturelle Wahrnehmungsmuster ebenso deutlich wie das Potenzial der Bilder in Hinblick auf ihren historischen Erkenntniswert.

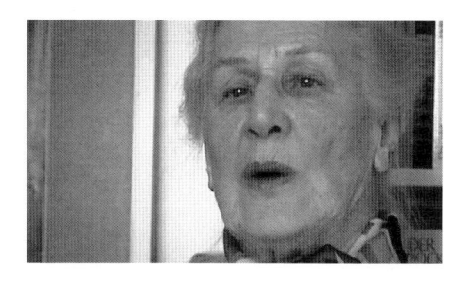

Abb. 6–8 DER UNTERGANG

---

97 Deleuze: *Zeit-Bild* (wie Anm. 20), S. 76.
98 Vgl. Michael Wildt: «‹Der Untergang›: Ein Film inszeniert sich als Quelle». In: *Zeithistorische Forschungen*: Online-Ausgabe, 2. Jg. (2005), H. 1, http://www.zeithistorische-forschungen.de/16126041-Wildt-1-2005 (20.6.2006).
99 Lindeperg: Spuren, Dokumente, Monumente (wie Anm. 90), S. 80 f.

Wolfgang Kabatek

Lasten und Listen im Umgang mit anthropologischer Fotografie

Sammeln, (Er)Zählen, Doku-Montage, Archiv

Der Ausdifferenzierungsschub der verschiedenen Wissenschaften im 19. Jahrhundert mit seiner Verselbstständigung wissenschaftlicher Einzeldisziplinen führte zu einem bis dato nicht gekannten Wissenszuwachs.[1] Der beschleunigte Zugewinn an Erkenntnissen geht einher mit einem Prozess, der bestimmt ist «durch Instrumente, Apparaturen, technische Verfahrensweisen, vorhandene Materialien und Objekte auf der einen, lokale Fähigkeiten, Forschungstraditionen und Interessen auf der anderen Seite.»[2] Insbesondere technische Bildmedien spielen in diesem Prozess eine zunehmend bedeutsamere Rolle, da sich im wissenschaftlichen Umgang mit den Entitäten oftmals die Frage nach deren Gegebenheits- und Repräsentationsmodalitäten stellt. Das Forschungsfeld der Wissensformen ist somit nicht ausschließlich an eine *histoire* theoretischer Problemkonstellationen gekoppelt, die bis in die 1960er Jahre das Forschungsdesign bestimmt. Dieses Feld lässt sich gleichermaßen auch als eine «Geschichte von Dingen»[3] auffassen, in der deren epistemische Aspekte fortwährend mit komplexeren Wissenschaftssystemen kalibriert werden. Die historische Mentalität[4] der beteiligten, forschenden Akteure ist hierbei eng an die materiellen Spezifika der von ihnen eingesetzten Medien gekoppelt. Diese medientechnische Materialität[5] erweist sich in konkreten, in den verschiedenen Disziplinen je-

---

1 «Eine fast unübersehbare Masse einzelner Beschreibungen und Beobachtungen hat sich gesammelt, und unermüdet werden immer neue Formen, immer verwickeltere Erscheinungen aufgesucht.» Carl Gustav Carus zit. n. Anke te Heesen/E. C. Spary: «Sammeln als Wissen». In: Dies. (Hg.): *Sammeln als Wissen. Das Sammeln und seine wissenschaftsgeschichtliche Bedeutung*. Göttingen 2001, S. 7–21, hier: S. 18.
2 Michael Hagner/Hans-Jörg Rheinberger/Bettina Wahrig-Schmidt: «Objekte, Differenzen und Konjunkturen». In: Dies. (Hg.): *Objekte, Differenzen und Konjunkturen. Experimentalsysteme im historischen Kontext*. Berlin 1994, S. 7–21, hier: S. 7.
3 Ebd.
4 Vgl. dazu auch Michael Hagner: «Mikro-Anthropologie und Fotografie. Gustav Fritschs Haarspaltereien und die Klassifizierung der Rassen». In: Peter Geimer (Hg.): *Ordnungen der Sichtbarkeit. Fotografie in Wissenschaft, Kunst und Technologie*. Frankfurt/M. 2002, S. 252–284, hier: S. 254. Hagner versteht unter der Mentalität des Wissenschaftlers «ein historisch variables Ensemble von expliziten und impliziten Fähigkeiten, Gewohnheiten und Vorlieben sowie sein gestisches und perzeptorisches Repertoire.»
5 So weist Hagner darauf hin, dass «die materiellen Repräsentationsformen der wissenschaftlichen Gegenstände und Phänomene – Bilder, Fotografien, Tabellen, Statistiken, grafische Ver-

weils recht unterschiedlich konfigurierten Forschungsinteressen oftmals als widerständig.

Der Konnex von Medien- und Wissenschaftsgeschichte wird im Folgenden exemplarisch anhand der anthropologischen Fotografie rekonstruiert, da sich Fotografie und Anthropologie hinsichtlich ihrer «Praxis, als auch was ihre Aneignungsmetaphern betrifft, als Gebiete mit parallelen, sich gegenseitig stützenden Geschichten sehen»[6] lassen. Die Debatten um den wissenschaftlichen Einsatz des neuen, apparativen Bildmediums lassen Problemfelder erkennen, die in vielen fotografiegeschichtlichen Untersuchungen zum 19. Jahrhundert weitgehend oder völlig ignoriert werden. Besonders im wissenschaftspraktischen Umgang mit dem fotografischen Aufzeichnungsverfahren zeigt sich in den Reibungsverlusten zwischen den forschungsseitlich erhobenen Ansprüchen und der medientechnisch defizitären Realität die Widerständigkeit des Apparats, die eine – lediglich ästhetisch verankerte – teleologische Argumentationsfigur[7] korrekturbedürftig erscheinen lässt.

Im Umgang mit den Einschreibungen des Lichts auf der zweidimensionalen Oberfläche der lichtempfindlichen Silberschicht werden in der wissenschaftlichen Praxis mit dem qualitativ neuen apparativen Bildmedium jedoch zugleich Probleme mit dem Aufzeichnungsverfahren verhandelt: Unter welchen Bedingungen kann der Naturwissenschaftler mittels der Fotografie in der «Wildnis des Besonderen»[8] Übersicht herstellen? Resultiert daraus ein Überblicken *sensu stricto* oder übersieht dieses Blicken vielmehr, als das es orientiert? Welche Umgangsweisen sind nötig, um aus den in der Konstituierungsphase der Anthropologie als wissenschaftlicher Disziplin ungeordnet zusammengetragenen Fotografien nicht ein Sammelsurium, sondern ein Archiv werden zu lassen? Wie würde es möglich sein, zukünftigen Forschern Wissensräume und Entitäten be-

---

fahren usw. – eine erhebliche Aufwertung erfahren» haben. Michael Hagner: «Ansichten der Wissenschaftsgeschichte». In: Ders. (Hg.): *Ansichten der Wissenschaftsgeschichte*. Frankfurt/ M. 2001, S. 7–39, hier: S. 21. Zur Diskussion in der einflussreichen *Berliner Gesellschaft für Anthropologie, Ethnologie und Urgeschichte (BGAEU)* siehe beispielsweise Gustav Fritsch: «Die graphischen Methoden. In: Verhandlungen der BGAEU». In: *Zeitschrift für Ethnologie* (1895), Nr. 2, S. 172.

6   Elizabeth Edwards: «Andere ordnen. Fotografie, Anthropologie und Taxonomien». In: Herta Wolf (Hg.): *Diskurse der Fotografie*. Frankfurt/M. 2003, S. 335–355, hier: S. 335.

7   Vgl. dazu exemplarisch: Petr Tausk: *Die Geschichte der Fotografie im 20. Jahrhundert. Von der Kunstfotografie bis zum Bildjournalismus*. Köln 1977, Beaumont Newhall: *Geschichte der Photographie*, München 1989. Dieser Argumentation zufolge habe sich das fotografische Verfahren rasant und erfolgreich in allen Bereichen durchgesetzt und dabei besonders auf dem Gebiet der Wissenschaften andere, vordem eingesetzte Aufzeichnungsverfahren nachhaltig verdrängt. Im Verhältnis zu diesem verhältnismäßig unilinearen Geschichtsverständnis geht man für die Medienentwicklung seit der Wende zum 20. Jahrhundert gemeinhin von dynamisch expansiven, sich permanent neu konfigurierenden Ensembles aus.

8   John Herschel zit. n. Wolfgang Hagen: «Die Entropie der Fotografie. Skizzen zu einer Genealogie der digital-elektronischen Bildaufzeichnung». In: Herta Wolf (Hg.): *Paradigma Fotografie*. Frankfurt/M. 2002, S. 195–235, hier: S. 201.

reitzustellen, mit denen sich die im 19. Jahrhundert so enthusiasmiert verfolgte große Erzählung vom Ursprung der Rassen weiter tradieren ließe? Nachdem das chemo-optische, fotografische Aufzeichnungsverfahren als Daguerrotypie[9] am 19. August 1839 durch den Observatoriumsdirektor und Parlamentarier Dominique François Arago vor den versammelten Akademien der Wissenschaften und der Schönen Künste feierlich inauguriert wurde, drängte die von diesem Verfahren ausgehende, überwältigende Faszination zunächst kritische Töne in der Debatte um die neue Medientechnik weitgehend in den Hintergrund. Der flüchtiges Licht materialisierende[10] Apparat schien den damaligen Betrachtern einen Abdruck der Natur zu erzeugen, der das auf diese Weise generierte Bild gewissermaßen mit dem Objekt verschweißen ließ.[11] Dabei wird der von der *Ähnlichkeit* zwischen dem fotografischen Bild und seinem Referenten ausgehende *effet de réel* nicht nur von technisch unkundigen Zeitgenossen des 19. Jahrhunderts «als objektives ‹Analogon› der Wirklichkeit wahrgenommen»[12], wie der Fotografiehistoriker Philippe Dubois behauptet. So fasst Oliver Wendell Holmes in seinem einflussreichen Essay *Das Stereoskop und der Stereograph* von 1859 die mächtige Suggestion einer imaginären Verfügbarkeit über die Welt folgendermaßen zusammen. «In einen Augenblick wechsle ich von den Ufern des Charles-River [in Boston] an die Furt des Jordan und verlasse meinen Lehnstuhl zu Hause, während ich im Geist auf Jerusalem vom Ölberg herabschaue»[13]. Wenngleich Holmes' Aussage auf Stereoskopien referiert, die mit ihrer illusionären Dreidimensionalität den Realitätseindruck fotografischer Bilder noch überbieten, so lässt sich hiermit dennoch deutlich zeigen, wie Raum, Zeit oder der Modus sinnlicher Wahrnehmung durch Medien transformiert werden können.

---

9 Die Daguerrotypie muss als direktes Positiv-Verfahren, dessen chemo-optisch generierten Bilder Unikate bleiben, grundlegend von den wenig später erfundenen Negativ-Positiv-Verfahren unterschieden werden. Dennoch erfüllt dieses Verfahren eine basale Beschreibung fotografischer Techniken, bei denen mit Hilfe von optischen Verfahren ein Lichtbild auf ein lichtempfindliches Medium projiziert und dort dauerhaft gespeichert wird.
10 Vgl. dazu Freuds Ausführungen zur fotografischen Kamera. «In der photographischen Kamera hat er [der Mensch, W.K.] ein Instrument geschaffen, das die flüchtigen Seheindrücke festhält […].» Freud versteht dieses mediengenerierte Vermögen als ‹Materialisation› des menschlichen Gedächtnisses und der Erinnerung. In der dominierenden kulturkritischen Perspektive seiner Studie *Das Unbehagen in der Kultur* wird diese Technisierung zum Signum einer Entwicklung, die den Menschen zwar zu «einer Art Prothesengott» werden lässt, diesen aber auch «gelegentlich noch viel zu schaffen» machen wird.» Sigmund Freud: Das Unbehagen in der Kultur (1930). In: Ders.: *Gesammelte Werke*, Bd. XIV: 1923-1931. Frankfurt/M. 1991, S. 419–506, hier: S. 450 f.
11 Vgl. dazu auch das von Peter Galison angeführte Beispiel. Peter Galison: «Urteil gegen Objektivität». In: Herta Wolf (Hg.): *Diskurse der Fotografie*. Frankfurt/M. 2003, S. 384–426, hier: S. 391 f.
12 Philippe Dubois: *Der fotografische Akt*. Hg. v. *Herta Wolf*, Dresden/Basel 1998 (Schriftenreihe zur Geschichte und Theorie der Fotografie, Bd. 1), S. 30.
13 Oliver Wendell Holmes: «Das Stereoskop und der Stereograph (1859)». In: Wolfgang Kemp (Hg.): *Theorie der Fotografie I. 1839-1912 (1980)*. München 1999, S. 114–121, hier: S. 119.

Die Lobreden folgten dabei dem positivistischen Ideal der Zeit und attribuieren dem mechanisch erzeugten Bild zunächst die Fähigkeit, die physische Welt ‹objektiv› zu inventarisieren. Das dominante Wissenschaftsverständnis war dabei gleichermaßen dem Maschinenideal einer neuen Wissenschaftsethik wie einer – die Epoche kennzeichnenden – «Epistemologie des Sammelns»[14] verpflichtet. Im Vergleich zur vom Genie-Kult des Idealismus inspirierten Wissenschaftsauffassung, der zufolge sich die Wahrheit der Natur «erst durch massive künstlerische und wissenschaftliche Intervention eines genialen Naturphilosophen»[15] enthüllen lässt, strebte man nunmehr gemäß «den Abbildungsidealen einer mechanischen Objektivität»[16] an, die Natur gleichsam *für sich selbst sprechen* zu lassen. Objektivität kann jedoch mit Peter Galison als historische Kategorie verstanden werden, «die mit der Abbildung von Objekten verbunden ist»[17]. In den Aussagen zum wissenschaftlichen Einsatz der Fotografie seit Mitte des 19. Jahrhunderts lassen sich oftmals Formulierungen finden, in denen «Realismus, Genauigkeit und Zuverlässigkeit insgesamt mit dem Fotografischen gleichgesetzt»[18] wird.

Die der Fotografie zugesprochenen Qualitäten trafen auf ein weit verbreitetes Misstrauen vieler Anthropologen gegen die eigenhändig oder mit Hilfe von Zeichnern angefertigten Illustrationen. Mit dem neuen, als Produkt von Wissenschaft und Technik verstandenen Aufzeichnungs- und Visualisierungsapparat glaubte man mehrheitlich über ein verlässliches Mittel zur Spurensicherung zu verfügen, mit dessen Hilfe sich eine mimetische Reproduktion des Wirklichen ohne die Dazwischenkunft einer schöpferischen – und damit interpretierenden – Hand herstellen ließe. Die mediale Fähigkeit zur Sichtbarmachung des «prozedural erzeugten»[19] Bildes wurde als eine automatische, «sequenzierte Übertragung homomorpher Bilder vom Untersuchungsobjekt»[20] aufgefasst. Das so gewonnene Bild erschien als ‹reine› Registratur, so als habe ein «Spiegel die Eindrücke bewahrt […], die sich in ihm spiegeln»[21], wie es

14 Sverker Sörlin: «Opfer für einen Sammler». In: Annesofie Becker/Willie Flindt/Arno V. Nielsen (Hg.): *Wunderkammer des Abendlandes. Museum und Sammlung im Spiegel der Zeit.* Bonn 1994, S. 150–158, hier: S. 155.
15 Vgl. Galison: Urteil (wie Anm. 11), S. 385.
16 Ebd., S. 405.
17 Ebd.
18 Ebd., S. 392 f. Galison erwähnt als Beispiel für das Überleben des Wissenschaftsideals mechanischer Objektivität den Hirnphysiologen Henry Alsop Riley, der in seinem Atlas der Basalganglien, des Hirnstamms und des Rückenmarks von 1960 den Vorteil der Fotografie gegenüber einer Zeichnung betont und vom Foto als dem ‹tatsächlichen Schnitt› spricht. Galison: Urteil (wie Anm. 11), S. 391 f.
19 Ebd., S. 392.
20 Ebd. «Die Fotografie zählte *zu* diesen Technologien der Homomorphie; ihre Bedeutung bestand in der Beglaubigung der Identität von Abbildung und Abgebildetem.» Galison: Urteil (wie Anm. 11), S. 393.
21 Jules Janin: «Der Daguerreotyp (1839)». In: Wolfgang Kemp (Hg.): *Theorie der Fotografie I. 1839-1912 (1980).* München 1999, S. 46-51, hier: S. 49.

Jules Janin mit Blick auf die Daguerrotypie formuliert. Erstmals ließen sich die Emanationen von den Oberflächen der Körper fixieren – gibt beispielsweise Holmes zu verstehen – und damit die philosophiegeschichtlich[22] «als Inbegriff des Unbeständigsten und Unwirklichen» geltenden «sichtbare[n] Häutchen oder filmartige[n] exuviae»[23] dauerhaft speichern. In Aragos Inaugurationsbericht erschien selbst der Griff zu den Sternen nicht zu kühn, wurde es doch vorstellbar, dass der Astrophysiker mittels fotografischer Aufnahmen «zur Messung absoluter Intensität»[24] celestrischer Körper gelangen könne. Mit Blick auf die bei der Herstellung fotografischer Aufnahmen wirkenden «Regeln der Geometrie», fantasiert dieser weiter, könne «mit Hilfe einer gegebenen Größe die genauen Abmessungen»[25] fotografisch fixierter Gegenstände rekonstruiert werden.[26]

Vordergründig geht das Versprechen also auf reines Wissen und autografischen Wert, abseits jeglicher Interpretation. Nicht mehr Fakten im Sinne des Gemachten, sondern Daten im Sinne des Gegebenen sollten nunmehr die epistemische Basis der wissenschaftlichen Praxis sein. Bei genauerer Betrachtung sind die Brüche jedoch bereits in die begeisterten Aussagen eingeschrieben. Hierfür sei ein Beispiel angeführt: So betont der Reisende und Populärschriftsteller C. G. Schillings in der Vorrede seiner reich illustrierten Studie *Mit Blitzlicht und Büchse* (1907), mit nur einer Ausnahme seien alle 302 Bilder ohne Retusche unverändert oder ‹verbessert› «genau so reproduziert, wie sie die Originalnegative ergaben»[27]. Folgerichtig spart der Verfasser dann auch nicht mit kritischen Bemerkungen an den Verfälschungen der älteren visuellen Anthropologie und Zoologie und bringt dagegen «*photographische* Aufnahmen als un-

---

22 Die auf Demokrit von Abdera zurückgehende Vorstellung aus *De natura rerum* wird am Ende des fotochemischen Zeitalters von Roland Barthes in *Die helle Kammer* wieder aufgenommen und indexikalisch präzisiert.
23 Holmes: Stereoskop (wie Anm. 13), S. 115. Holmes spricht in diesem Zusammenhang vom chemo-optischen «Triumph menschlichen Scharfsinns».
24 Dominque François Arago: «Bericht über den Daguerreotyp (1839)». In: Wolfgang Kemp (Hg.): *Theorie der Fotografie* (wie Anm. 21), S. 51–55, hier: S. 54.
25 Ebd., S. 52.
26 Das Problem der exakten Vermessbarkeit fotografischer Aufnahmen wurde in Preußen systematisch mit der 1885 von Albrecht Meydenbauer gegründeten *Königlich Preußischen Messbildanstalt* gelöst, die in der von Schinkel errichtete Bauakademie in der Berliner Matthäikirchstraße 19 ihren Sitz hatte. [Vgl. hierzu Herta Wolf: «Das Denkmälerarchiv Fotografie». In: Dies. (Hg.): *Paradigma Fotografie*, Frankfurt/M. 2002, S. 349–375; Wolfgang Ernst: *Im Namen von Geschichte. Sammeln – Speicher – Er/Zählen. Infrastrukturelle Konfigurationen des deutschen Gedächtnisses.* München 2003, S. 950–994 und Lev Manovich: «Modern Surveillance Machines. Perspective, Radar, 3-D Computer Graphics, and Computer Vision». In: Thomas Y. Levin/Ursula Frohne (Hg.): *CTRL (Space). Rhetorics of Surveillance from Bentham to Big Brother.* Cambridge/Massachusetts 2002, S. 382–395.]
27 C. G. Schillings: *Mit Blitzlicht und Büchse. Neue Beobachtungen und Erlebnisse in der Wildnis inmitten der Tierwelt von Äquatorial-Ostafrika. Mit 302 urkundtreu in Autotypie wiedergegebenen photographischen Original-Tag- u. Nacht-Aufnahmen des Verfassers.* Leipzig 1907, S. XI.

trügliche Dokumente» in Stellung. Mit dieser Kritik befindet er sich in guter Gesellschaft. So unterstreichen Paul und Fritz Sarasin die Objektivität ihrer hochgeschätzten umfangreichen Studie zu den *Weddas von Ceylon und die sie umgebenden Völkerschaften* mit dem Hinweis, dass hier «keine einzige Linie auf irgend eine Weise verändert worden» sei und es sich bei den abgebildeten Bildern «um ungefälschte Wiedergaben der Natur»[28] handele. In derselben Eloge auf die Objektivität dieses Auszeichnungsverfahrens betont Schillings jedoch, dass erst seine puristisch-dokumentarische Einstellung seine Aufnahmen zu «*absolut naturwahre[n]* Urkunden in *Bildform*»[29] haben werden lassen. Nicht nur die fotografisch erzeugten, anthropologischen Körperbilder werden deshalb im Metaphernfeld des Juridischen verhandelt[30], sondern auch die Person des Forschers *haftet* kraft wissenschaftlicher Autorität für die Fotografien zugesprochene mechanische Objektivität. Die Argumentationsfigur findet sich auch in dem aufwändig gestalteten Album *Ägyptische Volkstypen der Jetztzeit* des Physiologen und Anthropologen Gustav Fritsch. Der prominenteste Verfechter fotografischer Abbildungsverfahren in der *Berliner Gesellschaft für Anthropologie, Ethnologie und Urgeschichte* betont in diesem späten Werk von 1904, dass es nicht sein Ziel gewesen sei, möglichst viele Fotografien zeitgenössischer *Ägypter* anzufertigen. Zu Beginn seines Vorworts unterstreicht er, dass die Anthropologie in «hohem Maße Erfahrungswissenschaft»[31] sei. Wenngleich die ‹lebendige Sinnlichkeit› fotografischer Aufnahmen von ihm – und anderen – immer gegen die ‹toten Zahlen› ausgespielt wird, ist die wissenschaftlich bedeutsame Aufnahme auch nicht ohne Kalkül zu haben. Ohne entziffernde, diskretisierende Vorauswahl drohe die «Mannigfaltigkeit [der Aufnahmen, W.K.] einen sinnverwirrenden Eindruck»[32] hervorzurufen. Die Erfassung einer Typologie sei dementsprechend nur durch Verfahren Erfolg versprechend, «wo der Vorgang solcher Durchschnittsberechnung schon vorher von dem Aufnehmenden gleichsam optisch ausgeführt» werde. Die Bedenken gegen ein solches Vorgehen zerstreut Fritsch mit dem Hinweis auf das «Urteil und die Beobachtungsgabe des Anthropologen».[33]

Erfahrungsgeleitetes Beobachten, die Schulung des Blicks im vergleichenden Sehen, mithin gelehrtes Urteil und bewertendes Auswählen im Umgang mit ap-

---

28 Paul Sarasin/Fritz Sarasin: *Die Weddas von Ceylon und die sie umgebenden Völkerschaften. Ein Versuch, die in der Phylogenie des Menschen ruhenden Räthsel der Lösung näher zu bringen*. Wiesbaden 1892–1893, S. 85.
29 Schillings: *Mit Blitzlicht* (wie Anm. 27), S. 23.
30 Vgl. dazu Michel Frizot: «Der Körper als Beweisstück. Eine Ethnografie der Unterschiede». In: Ders. (Hg.): *Neue Geschichte der Fotografie*. Köln 1998, S. 259–271.
31 Gustav Fritsch: *Ägyptische Volkstypen der Jetztzeit. Nach anthropologischen Grundsätzen aufgenommene Aktstudien*. Wiesbaden 1904 (UT: Mit 9 Abb., 52 Lichtdrucktaf. nebst 52 zugehörigen Liniierungen der Körperverhältnisse auf 13 lith. Taf.), S. III.
32 Ebd., S. 13.
33 Ebd.

parativ erzeugten Bildern lassen sich in der wissenschaftlichen Praxis also – zumindest in den Wissenschaften vom Menschen (also Anthropologie, Kriminologie) – bereits in den Dezennien um 1900 nachweisen. Methodisch reflektiert oder gar elaboriert als Ausdruck eines neuen epistemischen Regimes des *interpretierten Bildes*, das Peter Galison um 1950 ansetzt, wird diese Korrektur der Objektivitätsdoktrin aber noch nicht.[34] Der durch den Bildenthusiasmus Ende des 19. Jahrhunderts ausgelöste Dokumentationsfuror lässt im Vergleich zu vorangegangenen Epochen nicht einfach nur quantitativ mehr Bilder entstehen, sondern erzeugt durch die in den sammelnden Institutionen daraufhin beständig neu eintreffenden Objekte auch einen konstanten Materialdruck, dem mit einem ganzen Set von Instrumentarien und Beobachtungspraktiken begegnet wird. Mit deren Hilfe strebt man an, einen Zustand der Unordnung, des Inkonsistenten wieder in prozessualisierbare Bahnen zu lenken und somit epistemisch überhaupt erst relevant zu machen. Das von Susan Sontag monierte entfesselte «akquisitive[...] Verhältnis zur Welt»[35], das so reichhaltige ‹Belege› akkumulierte, musste gewissermaßen taxonomisch gebändigt werden, wenn nicht die Lust am visuellen Dokument unter dem Druck der angesammelten Fülle zur Last der Dokumente umschlagen sollte.

Im letzten Dezennium vor der Wende zum 20. Jahrhundert stellt sich – wie oben angedeutet – unter dem Aspekt der Vergleichbarkeit inventarisierter Fotografien diese Problemkonstellation insbesondere in der Anthropologie sowie in der Kriminologie. Beide Wissenschaftsbereiche waren nicht nur durch vielfältige personelle Verbindungen, sondern insbesondere aufgrund ihrer sehr ähnlich konzipierten Erkenntnisinteressen zur Vermessung des Menschen miteinander verknüpft. Auf diesen Wissensfeldern wird der Mensch zum Gegenstand eines ganzen Bündels von historisch variierender, oftmals narrativ strukturierter Thematisierungsweisen.[36]

Welche Rolle spielt dabei der Umgang mit dem fotografischen Aufzeichnungsverfahren angesichts der beabsichtigten Archivierung des sowohl quantitativ als auch qualitativ neuen Bilderpools? Den Konvergenzpunkt dieser Fragen bildet hierbei die zunächst paradox anmutende Gefahr eines Erinnerungsverlustes der Archive. Zunehmend wird insbesondere den mit archivarischen Prozessen[37] und den damit einhergehenden Problemen befassten wissenschaft-

---

34 Was diesen Teilaspekt angeht, wäre Galisons Studie zum Paradigma bildlicher Objektivität am Beispiel der Physik und Astronomie also zu korrigieren. Vgl. hierzu Galison: Urteil (wie Anm. 11), S. 394.
35 Susan Sontag: *Über Fotografie (1977)*. Frankfurt/M. 1995, S. 109.
36 Vgl. dazu beispielsweise auch Joseph Vogl: «Einleitung». In: Ders. (Hg.): *Poetologien des Wissens um 1800*. München 1999a, S. 7–16, hier: S. 11.
37 Zu Taxonomie/Klassifikation, Verzeichnungstechniken, Adressierung, Kollationierung/Reihung, Lokalisierung/Relokalisierung, Anschreibung/Retrieval, etc. der von Hedwig Pompe und Leander Scholz herausgegebene Sammelband mit einigen instruktiven Texten. Hedwig Pompe/Leander Scholz (Hg.): *Archivprozesse. Die Kommunikation der Aufbewahrung*. Köln 2002.

lichen Akteuren deutlich, dass das dem Archiv Gegebene – also gewissermaßen das visuelle *datum* (oder wenn man will auch *donum*) – sich nurmehr mit einem ganzen Fächer unterschiedlich ansetzender Disziplinierungsstrategien auch tradieren lasse. Angesichts beschleunigt anwachsender Wissensbestände und einem gleichzeitigen Verschwinden ganzer Kulturen durch die Entwicklung der Moderne[38] drohten die als *lieux de mémoire*[39] konzipierten Sammlungen zu Orten der Amnesie zu werden. Das anschwellende informatorische Rauschen im Umgang mit den heterogenen und mehrheitlich unstrukturierbaren Materialien der wissenschaftlichen Fotografie führte zur Suche nach Strategien, das Ausmaß dieser Störung zurückzudrängen. Der zu Beginn verstärkter Agglomerationsbestrebungen einzelner wissenschaftlicher Fachgesellschaften mehrheitlich geteilte visuelle Enthusiasmus kühlte sich im Laufe eines mehrere Jahrzehnte währenden Kalibrierungsprozesses zunehmend ab, schaffte jedoch damit auch Einsichten in die medien-und kulturtechnischen Aspekte der Wissensgenerierung.

In Deutschland kam in dem soeben skizzierten Kalibrierungsprozess ein wichtiger Impuls von Rudolf Virchow. Dieser hatte unter Hinweis auf die epistemische Aussagekraft visuellen Materials im Verhältnis zur lediglich textbasierten anthropologischen Repräsentation bereits kurz nach der Gründung der *Berliner Gesellschaft für Anthropologie, Ethnologie und Urgeschichte* im Jahr 1869 den besonderen Wert illustrierter Publikationen in der *Zeitschrift für Ethnologie* – dem Publikationsorgan der Gesellschaft – hervorgehoben, da es «überaus schwer ist, aus blossen Beschreibungen sich ein ausreichendes Bild von der Natur der Gegenstände zu machen […], während eine Abbildung, selbst wenn die Beschreibung defekt ist, gestattet, mit Präzision Schlüsse zu ziehen.»[40] Auch wenn es – wie sich im mühevollen Einsatz der fotografischen Technik schnell herausstellte – um die erhoffte/begehrte Präzision oftmals schlecht bestellt war, suchte man in den Debatten der Fachgesellschaften nach pragmatischen Standards und war mit unterschiedlichen Strategien[41] bestrebt, diese fortlaufend zu verbessern. Ungeachtet dieser Problemlage sind die Argumentationen jedoch geleitet von der Überzeugung, fotografische Aufnahmen würden frei von menschlicher Imagination objektive, gleichsam ‹unmittelbare›, ‹szientifisch› präzise Aufzeichnungen des Sichtbaren mit einer bis dato unbekannten Detailgenauigkeit und sinnlichen Präsenz liefern.

38 «So ist […] viel zu fixieren, was der große Strom der Geschichte schnell hinweg schwemmen dürfte; ja man kann dreist behaupten, dass Vieles unrettbar verloren sein würde, wenn die gegenwärtige Generation nicht wenigstens die Erinnerung daran sicher stellt.» Virchow zit. n. te Heesen/Spary: «Sammeln als Wissen» (wie Anm. 1), S. 19.
39 Pierre Nora: *Les lieux de mémoire*. Paris 1984 (Bibliothèque illustrée des histoires).
40 Rudolf Virchow: «Verwaltungs-Bericht für das verflossene Geschäftsjahr». In: *Zeitschrift für Ethnologie [=Verhandlungen der BGAEU]* (1875), S. 268–272, hier: S. 270.
41 Zu nennen wären beispielsweise Preisausschreiben, Zusammenarbeit mit Manufakturen, Versuche der Modularisierung des fotografischen Apparats, ausführliche Diskussionen der Schwierigkeiten im Feldeinsatz, etc.

Dennoch, von einem unbestrittenen Siegeszug des neuen Apparats kann mitnichten gesprochen werden. Ob nun die geometrische Zeichnung, beispielsweise mit dem Lucaeschen Apparat, oder die Fotografie das geeignetere Aufzeichnungsverfahren in der Anthropologie sei, darüber gab es in Fachkreisen im letzten Viertel des 19. Jahrhunderts kontroverse Diskussionen. In der Frühzeit des Aufzeichnungsverfahrens war die Normierung der fotografischen Aufnahmesituation im Hinblick auf Brennweite, Bildhintergrund sowie Körperposition und Bekleidung der Abgelichteten die einzige Möglichkeit, ungeachtet der optischen Effekte einer Vielzahl technisch bedingter Abbildungsfehler[42], anthropologisch verwertbare – d. h. vergleichbare – Aufnahmen zu erhalten.[43]

Werde die Normierung in einer Aufnahmeserie beachtet, so die Lehrmeinung, dann ergebe die Betrachtung von Fotografien den «zugleich als einen in die Augen springenden Vortheil, dass die ganze Reihe der Abbildungen mit demselben Objektiv, in derselben Entfernung aufgenommen, sofortige Vergleichung unter sich erlaubt, da die Perspektive in allen ganz in gleicher Weise wirken musste.»[44] Da dieser Versuch zur Standardisierung der Aufnahmesituation nur im Verhältnis zum Format der aufzeichnenden Kamera sinnvoll ist, wird in den der Fotografie aufgeschlossenen Kreisen der Anthropologie lebhaft nach einer idealen Reisekamera gesucht, die die Formatfrage und damit das Problem bestmöglicher Vergleichbarkeit mit dem Ziel taxonomischer Einteilung mittels eines vom *Photographischen Verein Berlin* ausgelobten Preises zu lösen sucht.[45] Ungeachtet dieser Bemühungen muss sich die fotografische Aufzeichnungstechnik innerhalb der Anthropologie jedoch auch weiterhin der Konkurrenz mit unterschiedlichen ‹orthographischen› Zeichenapparaturen[46] stellen. Die Befürworter der Fotografie betonen die Unterlegenheit dieses Apparats, indem sie darauf verweisen, dass dieser vornehmlich bei der Erfassung ‹leben-

---

42 Insbesondere der Astigmatismus – eine strichförmig, perspektivisch verzerrte Abbildung von Punkten – damaliger aplanatischer Objektive wog schwer als Argument gegen die anthropologische Beurteilung des Abgebildeten, die einzig auf eine fotografische Aufnahme referierte. Neben der astigmatischen Verzeichnung sind die sphärische und chromatische Aberration zu nennen.

43 Im Prozess der Kalibrierung der jeweilig vorhandenen fotografischen Apparate an die speziellen Bedürfnisse der Anthropologie, besonders im Reiseeinsatz, galt schon frühzeitig dem Umgang mit dem fotografischen Objektiv besondere Aufmerksamkeit. Neben der Qualität des Schliffs waren Brennweite und Öffnungswinkel des Objektivs Gegenstand der Erörterung in den Fachzeitschriften. Zum Kalibrierungsprozess vgl. Hagner: Mikro-Anthropologie (wie Anm. 4), S. 254.

44 Gustav Fritsch: «o. T. [= Die Fortschritte der neueren Anthropologie]». In: *Zeitschrift für Ethnologie. Organ der Berliner Gesellschaft für Anthropologie, Ethnologie und Urgeschichte [=Verhandlungen der BGAEU]* (1870), S. 172–174, hier: S. 173.

45 Vgl. dazu anonym: «Bericht der Jury des photographischen Vereins zu Berlin über die zur Preisbewertung eingesendeten Reiseausrüstungen, Reisecameras, Objective und Momentverschlüsse». In: *Photographisches Wochenblatt* (1885) Nr. 12, 13, 14, S. 89–93, 98–102, 105–108.

46 Oftmals handelte es sich hierbei – wie beispielsweise bei dem schon erwähnten Lucaeschen Apparat – gewissermaßen um Perspektivhilfsapparate («perspective aid devices»), wie Lev Manovich feststellt. Vgl. Manovich: Modern Surveillance Machines (wie Anm. 26), S. 387.

der Objekte› kompliziert zu handhaben sei, die Detailtiefe reduziere und besonders unter dem Zeitdruck der Feldsituation die Gefahr ungenauer Aufzeichnungen berge.[47] Daneben wird moniert, dass eine solche Zeichnung nicht dem «Bild der natürlichen Wahrnehmung» entspreche, sondern eher einer «grafisch dargestellte[n] Zahlentabelle»[48] gleiche, die in ihrer Ausführung immer noch einzig der subjektiven Interpretation des Zeichners im Feld unterliege. So begründet Gustav Fritsch den Einsatz der Fotografie während seiner Studien in Südafrika:

> Die Ueberzeugung der Unzulänglichkeit, welche mich beim Durchstudiren selbst der besten nach Handzeichnungen dargestellten Portraits fremder Völker stets erfasste, bildete die erste Veranlassung, trotz der entgegenstehenden Schwierigkeiten den Plan zu verfolgen, *mit Hülfe der Photographie Vorlagen zu schaffen*, um so das fast unvermeidliche Zurückfallen der Zeichner in europäische Formen auf ein controllirbares Maass zurückzuführen.[49]

In einem Grundlagenaufsatz zur Anthropologie aus dem frühen 20. Jahrhundert wird der jahrzehntelang erhobene Vorwurf gegen die von Hand angefertigten Zeichnungen anschaulich illustriert. Dabei wird eine Illustration aus James Cowles Prichards anthropologischem Standardwerk *Researches into the Physical History of Mankind* (1837) einer Fotografie der gleichen Ethnie gegenübergestellt. Obgleich dem damaligen Standard anthropologischer Praxis entsprechend, lägen hier lediglich «schön ausgetuscht[e]» Karikaturen und nicht etwa Eingeborenen-Porträts vor, «deren Naivität hart an die Lächerlichkeit streift».[50] Erst die Fotografie habe aus dem «unendlichen Wirrsal falscher Vorstellungen»[51] geleitet und liefere nun «die vorher so schmerzlich vermißten *Dokumente*, deren Prüfung jedem Zweifler freisteht» und ermögliche «die *Ausführung exakter Messungen*, welche die flüchtige Zeit sonst sicher nicht hätte gestattet auszuführen und verewigt Daten, welche der Forscher an Ort und Stelle *vielleicht selbst noch nicht erkannt hatte*».[52]

47 Vgl. dazu Theodor Landzert: «Welche bildliche Darstellung braucht der Naturforscher?» In: *Archiv für Anthropologie,* Jg. 2 (1867), S. 1–16, hier: S. 3 f.
48 Fritsch: o. T. = Fortschritte (wie Anm. 44), S. 173. Vgl. zur Diskussion um Sinnlichkeiten fotografischer Aufnahmen auch Hagner: Mikro-Anthropologie (wie Anm. 4).
49 Gustav Fritsch: *Die Eingeborenen Süd-Afrika's. Ethnographisch u. anatomisch beschrieben v. Gustav Fritsch, nebst e. Atlas, enthaltend dreissig Tafeln Racentypen. Sechzig Portraits, von vorn und von der Seite aufgenommen, nach Original-Photographien des Verfassers in Kupfer radirt von Professor Hugo Bürckner*. Breslau 1872, S. 3.
50 Gustav Fritsch: «Anthropologie». In: Konrad W. Wolf-Czapek (Hg.): *Angewandte Photographie in Wissenschaft und Technik*; Bd. 4: Die Photographie im Dienste sozialer Aufgaben. Berlin 1911, S. 17–34, hier: S. 18.
51 Ebd.
52 Ebd., S. 19.

Wenn die Fotografie in der Logik des im 19. Jahrhundert vorherrschenden epistemischen Regimes aufgrund ihres «natürlicheren Eindruck[s]»[53] für einige Forscher schließlich sogar wissenschaftliche Entitäten «*für sich selbst sprechen*»[54] lässt, verwandelt sie den Anthropologen – wie Elisabeth Edwards ausführt – in einen «virtuellen Zeugen von wissenschaftlichen Fakten»[55]. Die im Bild wiedergegebenen Fakten (dieser Logik zufolge also die Fakten selbst) verlagern deren Beurteilung von der Autorität des einzelnen Beobachters auf die der *scientific community*. Das neue Bildmedium ermöglicht dem (wissenschaftlichen) Betrachter, die Eindrücke der ‹Natur› – das Licht der Erscheinungen, ‹gezwungen durch chemische Kunst› (A. v. Humboldt) – in der chemo-technischen Bilderwelt in Form der apparativ erfassten ‹Naturdinge› für die große Wissenschaftserzählung der naturgeschichtlichen Ursprünge taxonomierend neu zu reihen und kreativ zu bewerten. «Die eigene Ordnung als jene der Welt, die Verfügbarkeit der Bilder als Verfügung über deren Objekt»[56], so beschreibt Timm Starl diese Phantasma einer naturgeschichtlichen Erschließung des Kosmos. Die in einzelne Fotografien eingeschriebenen Informationen und Erfahrungen werden somit in andere Interpretationsumgebungen transferiert, «ohne daß die ursprüngliche Wiedergabe irgendwie übersetzt oder transkribiert würde.»[57] Mit Bruno Latour lässt sich diese Funktion der Fotografie als «unveränderlich Bewegliches [*immutable mobile*]»[58] verstehen und damit als spezifische Form einer raumzeitlichen Übertragung bestimmen.

Darüber hinaus prägen verschiedene medientechnische und archivalische Parameter den fortwährenden Bedeutungswandel zirkulierender (anthropologischer) Fotografien. Beispielsweise bot die Qualität der fotografischen Reproduktionsvorlagen aufgrund widriger klimatischer oder logistischer Umstände oder ungenügender technischer Versiertheit der Reisenden auf dem Feld der Expeditionsfotografie wiederholt berechtigten Anlass zur Klage. Der deplorable medienpraktische Ausbildungsstand vieler Forschungsreisender war eng mit den sich um 1900 rasch wandelnden Standards drucktechnischer Vervielfältigungsverfahren verbunden. «Die neuen, noch nicht vollkommen durchgebildeten Methoden aber, wie Lichtdruck, liefern zwar dauerhafte Copien, verlangen aber vor allen Dingen gleichmäßige und tadellose Negative.»[59] Darüber hinaus wirkten sich die kontinuierlich verändernden Kriterien taxonomischer

53 Fritsch: o. T. = Fortschritte (wie Anm. 44).
54 Vgl. dazu Galison: Urteil (wie 11), S. 386 [Kursiv im Original, W.K.].
55 Edwards: Andere ordnen (wie Anm. 6), S. 342.
56 Timm Starl: «Fortschritt und Phantasma. Zur Entstehung der photographischen Bildwelt». In: Bodo von Dewitz/Reinhard Matz (Hg.): *Silber und Salz. Zur Frühzeit der Photographie im deutschen Sprachraum 1839-1860*. Köln. Heidelberg 1989, S. 80–87, hier: S. 87.
57 Edwards: Andere ordnen (wie Anm. 6), S. 342.
58 Bruno Latour: «Visualization and Cognition. *Thinking with Eyes and Hands*». In: *Knowledge and Society*, (1986) Nr. 6, S. 1–40, zit. n. Edwards: Andere ordnen (wie Anm. 6), S. 342.
59 Fritsch: *Die Eingeborenen Süd-Afrika's* (wie Anm. 49), S. 4.

Materialerfassung, die Zugangsregularien der Sammlungen sowie die noch unzureichend reflektierten konservatorischen Aufbewahrungsbedingungen auf diesen Prozess aus. So wurde aus wissenschaftlicher Perspektive beanstandet, «dass unsere gebräuchliche Art und Weise der Vervielfältigung keine Garantie für die Dauerhaftigkeit der gewonnenen Copien bietet.»[60] Die wichtigsten Akteure der wissenschaftlichen Fotografie mahnen immer wieder an, man möge archivpraktische und technische Faktoren des Sammelprojekts kontinuierlich weiterentwickeln, um dieses nicht zu gefährden.

In der zeitgenössischen, medienpragmatischen Problemdiskussion der jeweiligen an der Wissenschaftsfotografie interessierten Disziplinen werden medientechnische Argumente mit rezeptionsästhetischen Überlegungen gekoppelt.

> Die Lösung dieser Fragen [der eindeutigen Identifizierung, W.K.] wird jedoch erschwert, wenn Abweichungen zwischen den Bildern stattfinden und eines derselben ein Erkennungszeichen hat, welches sich auf dem anderen Bilde nicht vorfindet. Manchmal ist ein durch das Objektiv festgehaltenes Merkmal nur eine vorübergehende Verletzung, welche man in der Photographie irrthümlich für ein unfehlbares Erkennungszeichen hält. Andererseits wissen alle Photographen, dass Flecke im Negativ oder auf der positiven Copie (eine Verletzung in der Gelatineschicht zum Beispiel) sehr leicht mit Pigmentflecken in der Haut verwechselt werden können. Die Vergleichung beider Bilder (en face und Profil), das Vorhandensein derselben Anomalien auf beiden Bildern gibt uns die Gewissheit, dass kein Irrthum vorliegen kann.[61]

In ähnlicher Weise wie der Kriminologe Alphonse Bertillon für jeweils zwei von einem Delinquenten anzufertigende Aufnahmen – *en face* und *en profile* – in der kriminalistischen Fotografie plädiert, stellt Fritsch heraus, dass es – wie ihn Beobachtungen gelehrt haben – «keineswegs allen Personen leicht wird, Photographien richtig zu sehen».[62] Ungeachtet der immer wieder als universell verständliche Sprache gelobten Fotografie ist also die Einübung eines identifizierenden Blicks gefordert, der – korrespondierend zur normierten fotografischen Aufnahmeanordnung – Bedeutendes von Unbedeutendem zu unterscheiden vermag. Bertillon fordert vom versierten Fahndungsbeamten in die-

---

60 Ebd.
61 Alphonse Bertillon: *Die gerichtliche Photographie. Mit einem Anhange über die anthropometrische Classification und Identificirung*. Halle (Saale) 1895b, S. 29.
62 Fritsch: *Die Eingeborenen Süd-Afrika's* (wie Anm. 49), S. 4.

sem rastergeleiteten Lektüreverfahren, ein «Bild zu zerlegen».[63] «Das Auge erblickt in den Gegenständen nur das, was es anschaut, und es schaut nur das an, was bereits in der Vorstellung vorhanden ist.»[64]

Was mit der Dokumentation der ethnischen Unterschiede im angestrebten universalen Katalog des Menschen in der ‹großen Wissenschaftserzählung› vom Ursprung der Rassen begründet wurde, führte zumindest bei den professionell angefertigten anthropometrischen Fotografien gleichermaßen zur Homogenisierung und Auslöschung der Differenz, wie es die Differenz des auf diese Weise archivarisch Inventarisierten bestätigte. Gleichzeitig ist in den unterschiedlichen Disziplinen ein Objektivierungsdruck beobachtbar, der aufgrund des kontinuierlichen Zustroms neuen Materials zu einer Vielzahl von Anleitungskompendien zum wissenschaftlichen Arbeiten auf Reisen führte. An dieser Ratgeberliteratur, mit der wissenschaftliche Amateure zur Datenaufnahme in fremden Kulturen angehalten wurden, lässt sich die Verquickung der Wissenschaften vom Menschen mit den Kolonialinstitutionen deutlich ablesen.

So tritt in dem ersten bedeutenden Kompendium dieser Art – der von Georg von Neumayer edierten *Anleitung zum wissenschaftlichen Beobachten auf Reisen* – diese Verbindung noch deutlich im Titelzusatz «*mit besonderer Rücksicht auf die Bedürfnisse der kaiserlichen Marine*» offen zu Tage. Im Interesse des wissenschaftlichen Fortschritts – der sich jedoch oftmals in der schieren Anhäufung von Daten erschöpfte – sollte zum anderen der Reisende idealiter zu einer mit allen Sinnen und Medien agierenden Beobachtungsapparatur werden, die das wissenschaftlich diskursive Wissen vom Anderen vermehrt. Die in diesen Anleitungen versammelten fachwissenschaftlichen Unterweisungen treten gegenüber dem Reisenden als kollektive Forschungsautorität auf und haben das Ziel, den Informationsgehalt des gesammelten Materials zu steigern. Darüber hinaus lassen sich an den hier gewissermaßen als konzertierte Aktion einer Vielzahl von Disziplinen auftretenden Fachbeiträgen interdiskursive Austauschprozesse zur Kodifizierung der Datenaufnahme in verschiedenen medialen Aufschreibesystemen ablesen. Letztlich wird in der Anleitungsliteratur der Versuch unternommen, den Reisebericht mittels eines vorgegebenen Erhebungsrasters gewissermaßen zu einem, den Forschungsrastern gemäßen, inventarisierbaren Datenprotokoll zu reduzieren.

In einem bis dahin ungeahnten Ausmaß durchläuft das neue apparative Bildherstellungsprogramm Fotografie die Erde, indem es «überall prächtige Gegenstände zum Studium der Künstler und Gelehrten sucht und findet»[65] – wie

---

63 Alphonse Bertillon: *Das anthropometrische Signalement. Zweite vermehrte Auflage mit einem Album*, 2 Bde. Bern/Leipzig 1895a, XII.
64 Ebd.
65 Ernest Lacan zit. n. Wolfgang Baier: *Quellendarstellungen zur Geschichte der Fotografie (1965, 1977)*. München ²1980, S. 458.

von dessen leidenschaftlichsten Befürwortern schon gegen Mitte des 19. Jahrhunderts prophetisch herbeigesehnt wird. Angestrebt wird eine Welt, auf der es bald keinen Winkel mehr gäbe, der nicht von diesem Bildgebungsverfahren ‹ausgebeutet›[66] und nicht von dessen visuellem Raster überzogen würde.

Die Tendenz zur visuellen Inventarisierung[67] der außereuropäischen Welt mittels der Fotografie, zu der Gustav Fritsch in seinem Beitrag zur *Anleitung zum wissenschaftlichen Beobachten auf Reisen* ausdrücklich aufruft[68], ist gleichermaßen kennzeichnend für die ‹heroische› Phase der frühen Fotografie im Allgemeinen wie für deren Einsatz in der Anthropologie im Speziellen. So kann noch ungebrochen von einer medienreflexiven Problematisierung beispielsweise in der letzten Hälfte des 19. Jahrhunderts ein besitzergreifendes fotografisches Programm gepriesen werden, in dem der industrialisierte Blick ‹voir› (Sehen), ‹savoir› (Wissen) und ‹pouvoir› (Können/Macht) gleichsam zur Deckung bringt. Die auf die Zusammenstellung eines visuellen Bestandsregisters zielende anthropologische Fotografie folgt einer Forderung an das ethnologische Sammeln, mit den zusammengetragenen Ethnographica eines erforschten Volkes «gewissermaßen ein Inventar des gesamten Kulturbesitzes [einer untersuchten Ethnie, W.K.] aufzunehmen»[69]. Im ersten Dezennium nach der Gründung der *Berliner Gesellschaft für Anthropologie, Ethnologie und Urgeschichte* glaubte man, wie deren Chronist anlässlich des Zentenariums ausführte, «das *gesamte* Wissen über den Menschen und seine Geschichte sammeln zu können.»[70]

Diese ‹piktorialen Hoheitsgebiete› über das Fremde können sich erst in und mit Hilfe fotografischer Archive etablieren und sind wirkungsmächtig am Prozess des ‹Othering› beteiligt, mit dem das Andere zugleich distanziert wie objektiviert wird. Das in der Reise- und Expeditionsfotografie manifeste Bildprogramm verweist somit auf einen umgekehrten Sehvorgang, der weniger Eindruck als Ausdruck ist: der fotografische Blick auch als Projektion und Komposition, das daraus resultierende Bild als Ansicht (Rosalind Krauss). «Die Photographie materialisiert und bestätigt den subjektgebundenen Blick, bestätigt damit aber zugleich dessen objektivistische Verkehrung. Jede Photographie scheint zu be-

---

66 Vgl. ebd.
67 Vgl. dazu Sontag: *Fotografie* (wie Anm. 35), S. 27 f. Sontag verknüpft den gegen die Fotografie vorgebrachten Vorwurf zur Inventarisierung mit der Kritik an der durch diese geförderten nominalistischen Perspektive der gesellschaftlichen Realität.
68 Vgl. Gustav Fritsch: «Practische Gesichtspunkte für die Verwendung zweier Hilfsmittel. Das Mikroskop und der photographische Apparat». In: Georg von Neumayer (Hg.): *Anleitung zum wissenschaftlichen Beobachten auf Reisen mit besonderer Rücksicht auf die Bedürfnisse der kaiserlichen Marine*; Bd. 2: Landeskunde, Statistik, Heilkunde, Landwirtschaft, Pflanzengeographie, Linguistik, Zoologie, Ethnographie, das Mikroskop und der photographische Apparat. Berlin 1875, S. 591–625, hier: S. 612.
69 B. Ankermann: *Anleitung zum ethnologischen Beobachten und Sammeln.* Berlin 1914, S. 9.
70 Christian Andree: «Geschichte der BGAEU. 1869 bis 1969». In: Hermann Pohl/Gustav Mahr (Hg.): *Hundert Jahre Berliner Gesellschaft für Anthropologie, Ethnologie und Urgeschichte 1869-1969*; Bd. 1: Fachhistorische Beiträge. Berlin 1969, S. 9–140, hier: S. 27.

haupten, ich bin nichts, das Objekt ist alles.»[71] Wenn – wie um 1900 immer wieder behauptet – eine Fotografie lediglich Realität reflektiert und dokumentiert, dann katalogisieren fotografische Archive dieser Denkfigur folgend nur das Ensemble dieser ‹Dokumente› und naturalisieren mit diesem Vorgang – den Roland Barthes als zentral für den fotografischen Diskurs ansieht[72] – das Kulturelle.

Die archivarische Rubrizierung der Bilder bewirkt gleichermaßen deren Atomisierung und Homogenisierung. Das komplexe Ineinander diachroner und synchroner Ordnungsprinzipien führt bei dieser Form der Wissensorganisation dazu, dass man zwischen Narration und Kategorisierung, zwischen Chronologie und Inventarverzeichnis hin- und hergerissen ist.[73] Solchermaßen etablierte globale Archive folgen Modellen, die denen von Bibliotheken, Enzyklopädien, zoologischen und botanischen Gärten, Museen, polizeilichen Akten und Banken gleichen. Deren epistemologische Basis ziele, wie der Fotografietheoretiker Allan Sekula ausführt, auf eine universelle Auflistung aller Erscheinungen. «Archival projects typically manifest a compulsive desire for completeness, a faith in an ultimate coherence imposed by the sheer quantity of acquisitions. In practice, knowledge of these sort can only be organized according to bureaucratic means.»[74] Bürokratische Verwaltung und das Steuerungswissen der Moderne – die Statistik – gingen im Verlauf des 19. Jahrhunderts enge Verbindungen ein und führten sukzessive von einer Diskursivierung zu einer zunehmenden Numerisierung des Wissens.[75]

An den Arbeiten Gustav Fritschs lassen sich Teile dieses Prozesses anhand der von ihm forcierten Amalgamierung kunsthistorischer Verfahren mit der anthropologischen Fotografie rekonstruieren. Die Standardisierung des Aufnahmeverfahrens ist dabei die Voraussetzung des von Fritsch auf Millimeterpapier grafisch konstruierten Kanons. Dabei orientiert er sich in seiner Studie *Ägyptischen Volkstypen der Jetztzeit* offen «an den klassischen Figuren der besten Zeiten griechischer Kunst».[76] Die aufwändig gestaltete wissenschaftliche Publikation gliedert sich nach einer ausführlichen methodologischen Einleitung in vier Teile, in denen das Zusammenspiel der Kulturtechniken von Bild, Schrift und Zahl deutlich wird. Zunächst werden die anthropologisch erfassten Per-

---

71 Reinhard Matz: «Akkommodationen – Zur Veränderung des Blicks durch die Photographie». In: Bodo von Dewitz / Reinhard Matz. (Hg.): *Silber und Salz* (wie Anm. 56), S. 574–583, hier: S. 580.
72 Vgl. Roland Barthes: Rhetorik des Bildes (1964). In: Ders.: *Der entgegenkommende und der stumpfe Sinn*. Frankfurt/M. 1993, S. 28–46.
73 Allan Sekula: «Reading an Archive». In: Brian Wallis (Hg.): *Blasted Allegories. An anthology of writings by contemporary artists*. Cambridge/Massachusetts 1991, S. 114–127, hier: S. 118.
74 Allan Sekula, zit. n. George Baker: «Photography between Narrativity and Stasis. August Sander, Degeneration, and the Decay of the Portrait». In: *October* (1996) Nr. 76, S. 73–113, hier: S. 83.
75 Vgl. Ernst: *Im Namen von Geschichte* (wie Anm. 26), S. 997.
76 Gustav Fritsch: *Ägyptische Volkstypen* (wie Anm. 31), S. 12.

sonen in einer Serie von zweiundfünfzig deskriptiven Porträts ausführlich beschrieben. Als Gelenkstelle zwischen diesen ‹portraits parlés› und den dazugehörigen, im kostspieligen Lichtdruckverfahren reproduzierten, fotografischen Aufnahmen im großzügigen Tafelformat fungiert eine tabellarische Übersicht dieser Personen. In einem letzten Schritt wird «das bunte Gewimmel der auf den Tafeln dargestellten Figuren»[77] auf Schemata reduziert, die mittels der an der Chiffrierung des Körpers sich orientierenden «Liniierungen der Körperverhältnisse» – so der erklärende Untertitel der Publikation – die Regelmäßigkeit im scheinbar Unübersichtlichen, Zufälligen sichtbar und damit erkennbar werden lässt. Erklärtes Ziel ist es, anhand dieser Schemata «*gleichzeitig das Soll und Haben der Figuren in betreff ihrer Körperverhältnisse darzustellen*»[78].

Die Verbindung von Ethnologie und Fotografie gehört in Deutschland zur Gründungskonstellation der anthropologischen Gesellschaften. Der Herausgeber der *Zeitschrift für Ethnologie*, Adolf Bastian, stellt 1872 mit Blick auf die Gründung der *Berliner Gesellschaft für Anthropologie, Ethnologie und Urgeschichte* fest, dass es für die sichere «Fundamentirung der neu entstehenden Wissenschaft der Ethnologie unumgängliche Vorbedingung sein würde, Reihen photographischer Darstellungen aus den verschiedenen Menschenracen in grösserer Zahl zu erhalten und zu sammeln»[79]. Der fotografische Fundus der *BGAEU*, in den seit ihrer Gründung «von allen Seiten anthropologische und ethnographische Aufnahmen zusammenströmten»[80], entwickelte sich dank Rudolf Virchows und Adolf Bastians früher Unterstützung der Fotografie «im Laufe der Jahre zu einem kostbaren Besitz»[81]. Mit einem oftmals an Schatzsuche und Abenteuertum gemahnenden Sammelfuror beabsichtigen Forschungsreisende und Anthropologen um 1900, einen «Thesaurus für wissenschaftliche Forschung»[82] zusammenzutragen, um eine möglichst vollständige Übersicht besonders über die Völker der Erde zu gewinnen, deren Lebensweise im Zuge des Imperialismus und der eigenen anthropologischen Forschungstätigkeit als bedroht angesehen wurde. Dieser Entwicklung der Moderne wurde von Seiten der Forschung mit einer katechontischen[83] Haltung begegnet, die als bedeutender

---

77 Ebd., S. 71.
78 Ebd., S. 12.
79 Adolf Bastian: «o. T.» In: *Zeitschrift für Ethnologie [=Miscellen und Bücherschau]* (1872), S. 392.
80 Richard Neuhauss: «Die Neuordnung der Photographiesammlung der Berliner Anthropologischen Gesellschaft». In: *Zeitschrift für Ethnologie [=Verhandlungen der BGAEU]* (1908), S. 95–100, hier: S. 97.
81 Abraham Lissauer: «Ansprache des Vorsitzenden der Berliner Anthropologischen Gesellschaft». In: *Zeitschrift für Ethnologie* (1905), S. 234–236, hier: S. 235.
82 Adolf Bastian: «Die Aufgaben der Ethnologie. Vortrag, gehalten in der Batavischen Gesellschaft für Künste und Wissenschaften, December 1897». In: Ders.: *Zur heutigen Sachlage der Ethnologie in nationaler und socialer Bedeutung*. Berlin 1899, S. 29–56, hier: S. 47 f.
83 Vgl. hierzu Wolfgang Ernst: *Das Rumoren der Archive. Ordnung aus Unordnung*. Berlin 2002, S. 74 ff.

Faktor archivischer Akkumulation gelten kann und eine Dokumentationswut entfachte, die in Anlehnung an Lichtenbergs Diktum zur Physiognomie als anthropologisch-fotografische Raserei bezeichnet werden könnte. Aufgrund vielfältiger Verwertungszusammenhänge der in anthropologischen Archiven angesammelten Fotografien konstituiert sich auf diese Weise eine wirkungsmächtige Imagerie. Im Französischen umfasst das weit gefasste semantische Feld der Imagerie gleichermaßen die Bilderfabrikation, den Bilderhandel, aber auch die Sammlung von Bildern und erstreckt sich somit auf die Herstellung, Zirkulation und Akkumulation piktorialer Repräsentationen. Der Gebrauch der Fotografien als verfügbare Illustration für unterschiedliche Beweisführungen bestimmt dabei die jeweilige Bildaussage.

Wenngleich Vollständigkeit als Ideal des Wissens ein zentrales Movens der Sammeltätigkeit ist, so erfolgt die Materialakquise dennoch nicht nach einem «übersichtliche[n] Plan des Wissens und seiner Kategorien»[84], sondern gleicht eher einer Anhäufung denn einer enzyklopädischen Ordnungspraxis. Wie sich mit Blick auf die Neuordnung der schnell anwachsenden Fotosammlung der *Berliner Gesellschaft für Anthropologie, Ethnologie und Urgeschichte* rekonstruieren ließe, wird erst um 1900 zunehmend reflektiert, dass es lediglich mit Hilfe elaborierter Archivtechniken auch zukünftigen Forschergenerationen gelingen würde, Erkenntnisse aus den Sammlungen zu ziehen.[85]

Die reiche Kamerabeute des fotografischen Archivs der *BGAEU* wurde ungeachtet erheblicher logistischer Probleme zusammengetragen und markiert den Beginn einer bis dahin ungekannten visuellen Kartierung der Welt und insbesondere des menschlichen Körpers. Diese Kartierung mittels der als «neue Netzhaut des Forschers»[86] gepriesenen fotografischen Platten stellte die Anthropologie jedoch auch vor ein epistemologisches Problem. Offensichtlich drohte in der archivalischen Praxis jeglicher Umgang mit der Unzahl aus heterogenen Sammelzusammenhängen stammenden Lichtbilder zu einem weißen Rauschen zu geraten, bei dem – in Anlehnung an Walter Benjamin – gewissermaßen lediglich *Alles*, aber eben keine Wissen formierende Differenz mehr wahrgenommen werden konnte.

---

84 te Heesen/Spary: Sammeln als Wissen (wie Anm. 1), S. 18.
85 Vgl. dazu beispielsweise Richard Neuhauss: Neuordnung (wie Anm. 80), S. 99; Max Bartels «Bericht über die Photosammlung». In: *Zeitschrift für Ethnologie [=Verhandlungen der BGAEU]* (1901), S. 446; Christian Andree: Geschichte der BGAEU (wie Anm. 69), S. 112.
86 Hans Groß: *Handbuch für Untersuchungsrichter als System der Kriminalistik*, 2 Bde. München ⁴1904, Bd. 1, S. 253.

Verena Kuni

Was vom Tage übrig bleibt.
Netz-Kunst-Geschichte(n) –
Beschreiben und Erzählen als Basis des Archivs?

vita brevis, ars longa? Ob Kunst von Dauer ist, hängt wesentlich von ihren Medien ab – voran von denen ihrer Produktion, aber auch von jenen, die zu ihrer Vermittlung und Archivierung zur Verfügung stehen. Letztere wiederum bestimmen ihre Einschreibung in die Kunstgeschichte und das kulturelle Gedächtnis auf durchaus entscheidende Weise mit – und sie gewinnen um so mehr an Gewicht, wenn ein künstlerisches Werk oder ein künstlerischer Akt selbst nicht mehr erhalten oder per se nicht zu erhalten ist.

Ausgerechnet jene Kunst, die ihre Entstehung den Entwicklungen im Bereich der Informations- und Speichermedien verdankt, steht hier vor einem doppelten Dilemma: Künstlerische Arbeiten, die nicht nur im World Wide Web präsentiert werden, sondern das Netz auch als Kontextsystem nutzen, sind von vornherein mit dem Problem konfrontiert, mit, in und für hochgradig instabile(n) Medien geschaffen worden zu sein, so dass sie auf Dauer kaum konservierbar sind. Umso schwerer wiegt, dass auch ihre Vermittlung und selbst die Archivierung von Sekundärinformationen nach wie vor ein Desiderat darstellen.

Zahlreiche der Projekte, die seit Anfang/Mitte der 1990er Jahre ins WWW gestellt wurden, sind mittlerweile wortwörtlich spurlos verschwunden oder bestehen nur mehr als Ruinen fort – nicht nur, weil Hardware- und Software-Voraussetzungen bzw. -Applikationen ihrer Entstehungszeit mit den aktuellen Anwendungen nicht mehr kompatibel sind, sondern auch, weil sich der Kontext, auf den sie referieren, verändert hat oder weggebrochen ist: Sei es, dass zu aktivierende Hyperlinks, die genuiner Bestandteil einer Arbeit waren, nicht mehr existieren, sei es, dass sich mediale Bezugspunkte wie die Eigenheiten von Programmen verändert haben. Zuweilen sind sogar die Basisdaten zu den Projekten nicht überliefert und auch kaum mehr einzuholen – ihre systematische Erfassung ist bis heute ein Desiderat. Was bleibt, sind – bestenfalls – ‹Beschreibungen› und ‹Erzählungen›, die oftmals lückenhaft und selbst im Zuge eingehender Recherchen kaum mehr am Gegenstand zu überprüfen sind – und zudem zu Teilen ihrerseits ausschließlich im instabilen Medium des Netzes kursieren.

Was bedeutet dies für künftige Medienkulturen und das kulturelle Gedächtnis, aus dem sie schöpfen können? Wie sollen Medien- und Kunstgeschichte mit dem Wissen umgehen, dass weite Teile dieser künstlerischen Praxis weder zu konservieren noch zu archivieren sind – und in vielen Fällen auch valide Dokumentationen fehlen?

Zu fragen ist also nicht nur, welche Daten sich (noch) erfassen und/oder rekonstruieren lassen und mit welchen Sekundärmaterialien Archive zu bestücken wären. Für den Fall, dass ‹Beschreiben› und ‹Erzählen› bestimmende Optionen für eine Überlieferung darstellen, muss vielmehr auch interessieren, wie mit diesen Optionen umzugehen ist.

1. Beschreiben und Erzählen

Im Gegensatz zum ‹Beschreiben›, das in den Kunstwissenschaften als etablierte Methode der Gegenstandserfassung mit großer Selbstverständlichkeit praktiziert wird, kommt dem ‹Erzählen› gemeinhin ein gänzlich anderer Status zu. Dass Letzteres als wichtige Kulturtechnik gilt und als solche auch zu den etablierten Gegenständen der wissenschaftliche Forschung zählt[1], ist eine Seite der Medaille. Auf der anderen steht ein ebenso breit etabliertes Misstrauen der Wissenschaft gegenüber der Erzählung als Überlieferungsformat. Anders als etwa in den Vereinigten Staaten haben in Europa und namentlich im deutschsprachigen Raum weder Impulse aus einzelnen Disziplinen, die Etablierung von narrativen Methoden in der Sozialwissenschaft etwa oder Importe ganzer Orientierungen wie im Fall der Cultural Studies etwas daran ändern können, dass das Erzählen innerhalb wissenschaftlicher Literatur eigentlich keinen rechten Ort besitzt.

Schon Beschreibungen dessen, wie man an seinen Gegenstand gekommen ist, seine persönliche Position zu ihm entwickelt hat, sind – anders als im angloamerikanischen Sprachraum – nach wie vor nur selten anzutreffen, ein erzählender Schreibduktus ist in wissenschaftlichen Texten nachgerade verpönt.[2] Dies hat nicht zuletzt mit der Selbstpositionierung der Wissenschaften und der WissenschaftlerInnen zu tun: So sehr man sich auch der Anfechtbarkeit behaupteter Objektivität bewusst sein mag, gilt es den Anspruch auf diese doch mindestens über Referenzen zu verankern – auf die wissenschaftliche Gemeinschaft, vor allem aber auf das, was sich wortwörtlich ‹objektiv› nachweisen, nämlich am Gegenstand überprüfen lässt. Angesichts des stets vorhandenen fiktionalen

---

1 Vgl. Gérard Genette: *Die Erzählung*. Stuttgart 1998; Matias Martinez/Michael Scheffel: *Einführung in die Erzähltheorie*. München ²2003.
2 Dies war durchaus nicht immer so, wie ein Blick auf die wissenschaftliche Literatur noch bis in die 1950er Jahre hinein zeigen kann.

Anteils ihrer Gegenstände haben die Geistes- und so auch speziell die Kunstwissenschaften allerdings ohnehin genug damit zu tun, eine solche Überprüfbarkeit überhaupt reklamieren zu können.

Umso schwieriger wird die Lage, wenn der Gegenstand per se nicht oder nicht mehr zu greifen, schlimmstenfalls schlecht oder nicht dokumentiert ist, also Primär- und Sekundärquellen rar sind oder gänzlich fehlen. Im Umgang mit solchen Gegenständen – um ein Beispiel aus der jüngeren Kunstgeschichte herauszugreifen: etwa aus dem Bereich der Performance – scheint es zwar geboten, auch auf das zurückzugreifen, was man als ‹Augen›- oder ‹Zeitzeugenberichte› bezeichnet. Gerade einem Fach wie der Kunstwissenschaft, in dem eine kritische methodologische Reflexion zu Recht auf die Probleme verwiesen hat, die der eigenen Wissenschaftsgeschichte etwa durch die anhaltende Sanktionierung tradierter ‹Meisterschaftserzählungen› eingetragen worden sind[3] und das auch allgemein nur zu gut um die Entstehung von Wissenschaft aus Sprache heraus weiß, fällt dies alles andere als leicht. Wenn erzählt und/oder auf Erzählungen anderer rekurriert wird, gilt es nicht nur die Voraussetzungen für eine solche Praxis, ihren methodischen Ort zu klären und mit zu kommunizieren. Es will auch wohl erwogen sein, ob überhaupt, wie und unter welchen Vorzeichen das Erzählen in die wissenschaftliche Praxis integriert werden kann.

Dass im Folgenden nicht nur über das Erzählen und seine potenzielle Bedeutung für eine wissenschaftliche Beschäftigung mit webbasierter Kunst nachgedacht, sondern auch *erzählt* wird, hat einen konkreten Grund, der seinerseits ebenfalls eng mit der zu diskutierenden Problematik zusammenhängt: Von wenigen Ausnahmen abgesehen wird webbasierte Kunst im deutschsprachigen Raum bislang kaum eingehender wissenschaftlich behandelt; sowohl in den Kunst- als auch in den Medienwissenschaften mögen zwar die Namen einiger weniger Protagonisten (z. B. jodi) kursieren – von einer breiten Kenntnis dieses Feldes und seiner historischen Entwicklung kann jedoch kaum die Rede sein. Dies führt – und man kann angesichts eines Bereiches der Medienkultur, der erstens mittlerweile mehr als zehn Jahre produktiv ist und zweitens, worauf noch näher einzugehen sein wird, bereits erhebliche Erosionen gewärtigt – zu der an sich nicht unbedingt glücklichen Notwendigkeit, wieder und wieder zunächst einmal in dieses Feld einführen zu müssen, bevor Einzelprobleme einer spezifischeren Betrachtung unterzogen werden können.

---

[3] Noch immer grundlegend ist in diesem Kontext die 1934 vorgelegte Studie von Ernst Kris/Otto Kurz: *Die Legende vom Künstler. Ein geschichtlicher Versuch.* Frankfurt/M. 1980; im hier angesprochenen Zusammenhang sei nicht zuletzt auf den Aspekt der ‹Legende› (von lat. ‹legenda›, die zu lesenden [Texte] als Schriftform im Gegensatz zur ursprünglich mündlichen Überlieferung des ‹Mythos› verwiesen.

2. Eine Erzählung

Tatsächlich möchte ich meine Überlegungen zum Status des Beschreibens und Erzählens für die – oder vielleicht sollte es treffender heißen: *eine* noch zu schreibende Geschichte der webbasierten Kunst mit einer Erzählung beginnen. Schließlich sind es auch in der Wissenschaft oft persönliche Erfahrungen, die uns auf Probleme aufmerksam machen und zu einer weitergehenden Auseinandersetzung mit einem Thema führen. Nicht anders war es in diesem Fall.

Der Beginn meiner eigenen systematischen Beschäftigung mit webbasierter Kunst – also Kunst, die das World Wide Web als Plattform, als Medium und als Kontextsystem nutzt und idealerweise auch nur im World Wide Web existiert[4], liegt mittlerweile mehr als zehn Jahre zurück. Da ich Anfang der 1990er Jahre im zunächst noch als BBS-System funktionierenden Kunst-Netzwerk *The Thing* aktiv gewesen war[5], durfte ich die von großem Enthusiasmus getragene Erschließung dieses Feldes durch internationale KünstlerInnen ebenso erleben wie die ersten Probleme, mit denen dieser Bereich künstlerischer Produktion im Grunde bereits von diesem Zeitpunkt an konfrontiert gewesen ist. Allem voran waren dies Probleme, die mit der Ungleichzeitigkeit des Zugangs zu den Technologien, zu Software und Hardware sowie zum Netz als solchem zu tun hatten.

Zwar wuchs das WWW exponentiell und mit ihm sprossen auch die künstlerischen Arbeiten im Netz. Aber insbesondere in Europa blieb das Interesse an dieser Kunstform lange mehr als mäßig und die generelle Skepsis groß; Bereitschaft und Geduld, sich intensiver mit webbasierter Kunst auseinander zu setzen, schienen denkbar gering. Damals war es noch keineswegs selbstverständlich, daheim einen Computer mit Netzanbindung zu haben, geschweige denn über eine Ausstattung zu verfügen, die einen schnellen Seitenaufbau gestattet hätte. Und natürlich merkten auch die KünstlerInnen ihrerseits, dass sie es nicht nur mit einem Feld zu tun hatten, in dem sich schon früh abzeichnete, was zeitweilig zum so genannten ‹dot.com-Boom› führen sollte – also mit einem Feld, das vor allem anderen als eines kommerzieller Interessen wahrgenommen wurde. Sondern auch, dass sie es mit einem Medium zu tun hatten, dessen professionelle Bearbeitung einerseits spezielle Fähigkeiten verlangte (wie z. B. Programmierkenntnisse) und das sich andererseits sozusagen von Be-

---

4 Vgl. hierzu Verena Kuni: «Das Netz, die Kunst, der kleine Punkt und seine Liebhaber». In: Dies./Institut für Moderne Kunst Nürnberg (Hg.): *netz.kunst. Jahrbuch '98/'99*. Nürnberg 1999, S. 6–17; Tilman Baumgärtel: *[net.art]. Materialien zur Netzkunst*. Nürnberg 1999; ders.: *[net.art 2.0]. Neue Materialien zur Netzkunst*. Nürnberg 2001.

5 Eine Reminiszenz an die Zeit des BBS (= Bulletin Board System) stellt noch immer die URL von *The Thing New York*, dem ältesten Netzknoten, dar, vgl. http://bbs.thing.net [letzter Zugriff: 07/2006]. Weitere Knoten hatte das BBS-System bis Mitte der 1990er Jahre in Köln/Düsseldorf, Berlin, Frankfurt/M. und Wien, kurzzeitig auch in Basel, Rom und Stockholm. Im WWW überlebten nur die Knoten New York, Wien (mittlerweile ebenfalls eingestellt), Frankfurt und Berlin.

ginn an als ein hochgradig instabiles Medium erwies.[6] Ein Medium, das sich kontinuierlich verändert und das als Medium nur sehr bedingt kontrollierbar ist. Letzteres gilt sowohl für Produktions- als auch die Rezeptionsbedingungen aufgrund von Hardware- und Software-Updates, die nämlich beinahe unvermeidlich teilweise ungleichzeitig stattfinden: Zum einen aufgrund individueller Einstellungen, die dabei vorgenommen werden; zum anderen beziehungsweise vordem noch davon, welches Betriebssystem gefahren wird, wie leistungsfähig Prozessor, Grafikkarte und Arbeitsspeicher des genutzten Rechners sind, welcher Browser benutzt wird und welche Browserversion; welche Plug.Ins vorhanden sind und in welchen Versionen; welche Netzanbindung genutzt wird, wie schnell und wie stabil sie ist usw. – um nur einige Faktoren anzuführen.

Darüber hinaus ist das WWW wortwörtlich selbst jeden Tag ein anderes, weil neue Seiten hinzukommen, andere sich in Aussehen, Struktur und/oder Inhalten verändern, und einige bereits verfallen, während andere gerade erst im Aufbau begriffen sind.

Alle diese Faktoren waren von Beginn an für webbasierte Kunst relevant, aber höchst unterschiedlich im Bewusstsein von RezipientInnen und ProduzentInnen verankert. Immerhin schien sich in der zweiten Hälfte der 1990er Jahre so etwas wie ein gesteigertes Interesse an dieser Kunstform abzuzeichnen – und zwar auch im allgemeinen Kunstbetrieb. 1995 hatte zunächst die *Ars Electronica* als ältestes internationales Festival für elektronische Kunst im deutschsprachigen Raum sich mit dem Motto ‹Welcome to the Wired World› auch für die webbasierte Kunst geöffnet und eine entsprechende Preiskategorie eingeführt[7]; zwei Jahre später (1997) gab es in der von Catherine David kuratierten *documenta X* einen ganzen Bereich, der ihr gewidmet war[8] – so dass man den Eindruck gewinnen konnte, webbasierte Kunst sei nun endgültig in der Kunstwelt angekommen. Dass dies bestenfalls sehr bedingt der Fall war, soll hier nun zunächst nicht weiter zur Debatte stehen. Wohl aber das bedenkenswerte Fak-

---

6   Der Begriff instabile Medien bzw. unstable media ist möglicherweise nicht ganz zufällig bislang vornehmlich von Menschen gebraucht worden, die sich mit deren kreativen u. kulturellen Aspekten beschäftigen. Bereits Mitte der 1980er Jahre von der Medieninitiative V2 geprägt, kursiert er ab den 1990er Jahren also mit Beginn der Popularisierung des Internets für elektronische Medien; vgl. das «MANIFEST VOOR DE INSTABIELE MEDIA». In: Club Moral [Annemie van Kerckhoven/Danny Devos] (Hg.): *Force Mental*, H. 15, Winter 1987/1988, S. 542–543 sowie das *V2 Institute for Unstable Media* in Rotterdam, http://www.v2.nl/ [letzter Zugriff: 07/2006]; die Agentur *fork unstable media*, um 1995 existierte zeitweise in Berlin ein *Förderverein für instabile Medien e.V.*
7   Vgl. Karl Gerbel/Peter Weibel (Hg.): *Mythos Information. Welcome to the Wired World. ars electronica '95*. Wien/New York 1995; Hannes Leopoldseder/Christine Schöpf (Hg.): *Prix Ars Electronica '95*. Wien/New York 1995. Zur *Ars Electronica* u. ihrer Geschichte allgemein vgl. http://www.aec.at [letzter Zugriff: 07/2006].
8   Zum gegenwärtigen Zeitpunkt ist das online-Archiv unter http://www.documenta12.de/archiv/dx/ zugänglich. Da die Seiten bereits mehrfach verschoben wurden, sei auch die Hauptadresse der *documenta* genannt, http://www.documenta.de [letzter Zugriff: 07/2006].

tum, dass zu diesem Zeitpunkt die ersten Arbeiten, die dieses Feld mit geprägt hatten, schon wieder zu verfallen und zu verschwinden begannen.

Um einen konkreten Fall herauszugreifen: Im Winter 1997/1998 war ich damit befasst, zwei Vorträge zum Thema Cyberfeminismus für die Drucklegung zu bearbeiten, in denen auch verschiedene webbasierte Projekte von Künstlerinnen vorgestellt wurden.[9] Als ich – wie in diesem Fall üblich – im letzten Durchgang die Netzadressen aller diskutierten Arbeiten überprüfte, stieß ich bei einer von ihnen ins Leere: Akke Wagenaars *Radikal.Playgirls*[10]

Nun war es zu dieser Zeit gerade bei künstlerischen Projekten durchaus üblich, dass sie von einer Adresse zu einer anderen migrierten. Beispielsweise weil diejenige, auf der sie eingerichtet waren, schlechtere Konditionen bot als eine andere, weil sich der Künstler/die Künstlerin eine eigene Heimseite einrichten oder die bestehende überarbeiten wollte.

Zudem schien in Akke Wagenaars Fall sicher, dass ihr Projekt nicht sang- und klanglos verschwinden würde – schließlich handelte es sich nicht nur um eine professionell ausgebildete Künstlerin, sondern um eine, die fest in die so genannte ‹Medienkunstszene› eingebunden schien. Regelmäßig war sie mit ihren Arbeiten bei Festivals wie der *Mediale*[11] und vor allem bei der *Ars Electronica* präsent gewesen. *Zur Digitalen Stad Amsterdam*[12] bestanden Verbindungen, als ‹artist-in-residence› hatte sie am von Peter Weibel und Kasper König begründeten Frankfurter Institut für Neue Medien (INM)[13] gearbeitet und war im Anschluss an die Kunsthochschule für Medien (KHM)[14] Köln gegangen.

Als nach einiger Zeit der Server *err.org* wieder ansprechbar war, blieben die *Radikal.Playgirls* jedoch verschwunden, und mit ihnen auch alle anderen Projekte Wagenaars, die auf diesem Server angelegt gewesen waren. Doch was war der Grund für ihr Verschwinden? Daran, dass sie unter neueren Browsern nicht mehr funktionierten und einer technischen Überholung bedurft hätten – ein gängiges Problem bereits in den ersten Jahren des «Web-Booms» – konnte es in

---

9 Vgl. Verena Kuni: «The Future is Femail. Some Thoughts on the Aesthetics and Politics of Cyberfeminism». In: Old Boys Network (Hg.): *First Cyberfeminist International. A Reader*. Hamburg 1998, S. 13–18; dies.: «Die Flaneurin im Datennetz. Wege und Fragen zum Cyberfeminismus». In: Sigrid Schade-Tholen/Georg Christoph Tholen (Hg.): *Konfigurationen. Zwischen Kunst und Medien*. München 1999, S. 467–485.
10 Damals: http://err.org/akke/radikalplaygirls [Adresse seit ca. Ende 1997 bis dato ungültig].
11 Bevor das 1989 gegründete Zentrum für Kunst und Medientechnologie Karlsruhe (ZKM) seine heutigen Räume in der ehemaligen Munitionsfabrik Lorenzstrasse beziehen konnte, hat es in einer Interims-Bleibe in der Innenstadt mehrfach ein temporäres Medienfestival (Ausstellung u. Tagung), die *Mediale*, ausgerichtet.
12 Die 1994 begründete *Digitale Stad* war die erste alternative Netzcommunity. Sie wurde 2001 von einer Firma aufgekauft und existiert heute als Provider weiter; vgl. http://www.dds.nl [letzter Zugriff: 07/2006].
13 Das Institut existiert zwar noch; der ehem. Arbeitsschwerpunkt Medienkultur, Forschung, Kunst liegt jedoch weitgehend brach. Über seine Heimseite ist eine Dokumentation der früheren Aktivitäten zugänglich; vgl. http://www.inm.de [letzter Zugriff: 07/2006].
14 Gegr. 1990; vgl. http://www.khm.de [letzter Zugriff: 07/2006].

diesem Fall kaum gelegen haben, insbesondere nicht bei den *Radikal.Playgirls*: Es hatte sich um einfache, statische html-Seiten gehandelt, auf denen mit Tabellen-Tags Textzitate und Bilder kombiniert und in die einfache Weblinks integriert worden waren.

Potenziell problematisch waren hier wohl eher die Inhalte: Die Textzitate stammten aus Hakim Beys Text *T.A.Z. Temporäre Autonome Zone*[15] und aus George Batailles *Histoire de l'oeil*.[16] Während Beys Buch in der Originalausgabe vollständig im Netz steht und mit ‹Anti-Copyright› gekennzeichnet ist[17], sieht das im Fall von Batailles Text anders aus: Auf ihm liegen Autoren- und Verlagsrechte und er gilt, obzwar er zweifellos zum literarischen Kulturgut zählt, als pornografische Literatur. Bei den Bildern, die Wagenaar verwendet hatte, handelte es sich um Pornofotos, die ebenfalls Urheberrechten unterliegen; von ihnen aus führten Links einerseits zu cyberfeministischen Webseiten[18], andererseits zu Online-Pornoseiten, also ebenfalls indiziertem Material. Genau diese Adressierung ‹problematischer› Zonen war natürlich der Kern des Projekts gewesen. Im Verlauf der zweiten Hälfte der 1990er Jahre war jedoch auch das Risiko, das KünstlerInnen eingingen, wenn sie mit entsprechenden Materialien und Verknüpfungen arbeiteten, exponentiell gestiegen. Hatte sich anfangs noch kaum jemand darum gekümmert, was eigentlich im Netz zu finden war, wurde nun zunehmend penibel nach etwaigen Urheberrechtsverletzungen gefahndet und in den betreffenden Fällen wurden Abmahnungen verschickt. Mindestens ebenso problematisch war die Verknüpfung mit Porno-Seiten, ganz zu schweigen von der Publikation pornografischen Materials.

Kurzum: Das WWW war längst keine ‹Temporäre Autonome Zone› mehr, sondern hatte sich in mehrfacher Hinsicht zu einer ‹contested zone› entwickelt, die von den unterschiedlichsten kommerziellen Interessen bestimmt wurde und zunehmend juristisch durchreguliert war.[19] Genau diese Entwicklung hatte Wagenaars Projekt thematisiert und eben weil dem so war, schien durchaus plausibel, dass es ihr anschließend zum Opfer gefallen war. Hatte die Künstlerin die Seiten vom Netz nehmen müssen?

1998/1999 forschte ich auf verschiedenen Wegen noch eine Zeitlang nach dem Verbleib des Projekts – mit weniger als mäßigem Erfolg.[20] Bis heute sind,

---

15 Hakim Bey: *T.A.Z. The Temporary Autonomous Zone. Ontological Anarchy, Poetic Terrorism.* New York 1991.
16 George Bataille: *Histoire de l'oeil*. Paris 1928. Wagenaar verwendete den Text einer englischen Übersetzung.
17 Vgl. http://www.hermetic.com/bey/taz_cont.html [letzter Zugriff: 07/2006].
18 Vgl. hierzu im Kontext Verena Kuni: The Future is Femail; dies.: Die Flaneurin (wie Anm. 9).
19 Vgl. Kay Schaffer: «The Contested Zone. Cybernetics, Feminism and Representation» (1996). Online-Publikation, http://www.lamp.ac.uk/oz/schaffer.html [letzter Zugriff: 07/2006].
20 Persönliche E-Mails an die letzte bekannte Adresse der Künstlerin blieben unbeantwortet; auf eine anschließende Suchanfrage in ihrem professionellen Umfeld hin erhielt ich den Hinweis, sie sei aus der Szene ausgestiegen und habe sich anderen Beschäftigungen zugewandt.

von ‹toten Links› abgesehen, die einzigen im Netz verbliebenen Hinweise auf das Projekt eben jene Beschreibungen aus meinen Vorträgen von 1997[21] sowie ein E-Mail-Interview, das der Künstler Ricardo Dominguez 1997 mit Wagenaar führte und das nach wie vor über das Archiv von *The Thing N.Y.* zugänglich ist.[22]

3. Ein weites Feld

Die Frage ist nun: Wie sollte die Kunstgeschichte in Forschung, Lehre und Vermittlung mit webbasierten Kunstprojekten verfahren, die bereits wenige Jahre nach ihrer Entstehung schon wieder verschwunden oder sichtlich im Verfall begriffen sind?

Sicherlich mag der ‹Fall *Radikal.Playgirls*› ein Extrem darstellen, bei dem viele Faktoren zusammenkommen, allen voran wohl die Entscheidung der Künstlerin, sich weitgehend aus dem Kunstbetrieb zurückzuziehen. Generell sind von der Problematik des «digital decay»[23] jedoch unzählige webbasierte Projekte betroffen, darunter auch einige, die für die Entwicklung der Netzkultur und der webbasierten Kunst unbestritten von zentraler Bedeutung waren.

Bereits Ende der 1990er Jahre verschwanden beispielsweise mit der *Internationalen Stadt Berlin*[24] eine ganze Reihe früher webbasierter Kunstprojekte

21 Neben einer pdf-Fassung von Verena Kuni: «The Future is Femail» (http://kuni.org/v/obn/vk_cfr_01.pdf sowie im online-Reading Room des *Old Boys Network*, s. http://www.obn.org) in der Dissertation von Anette Seelinger-Leyh: *Ästhetische Konstellationen. Zur Konzeption kritisch-ästhetischer Bildung in der medien-technologischen Gesellschaft.* TU Darmstadt 2001, Kap. 6, S. 409–410 (s. http://elib.tu-darmstadt.de/diss/000108/Seelinger_9_-_Kapitel_6.pdf), die an dieser Stelle allerdings direkt Passagen aus Verena Kuni: Die Flaneurin (wie Anm. 9) im Wortlaut übernommen hat. Alle angeführten URLs: [letzter Zugriff: 07/2006].
22 Vgl. http://old.thing.net/ttreview/janrev97.06.html [letzter Zugriff: 07/2006]. Tatsächlich schien just während der Arbeit an der Druckfassung des vorliegenden Aufsatzes das Blatt zu wenden; unter der Adresse http://err.org.ngathiefall.nl/akke/index.html [letzter Zugriff: 07/2006] waren temporär Teile von Wagneraars alten Seiten als partielle, nicht navigierbare Rekonstruktion wieder zugänglich, nicht jedoch *Radikal.Playgirls*. Auch erstere sind mittlerweile wieder verschwunden.
23 Deutsch: ‹Digitaler Verfall›. Diesen Ausdruck verwendet prominent z. B. der Science Fiction-Autor und Medienkulturtheoretiker Bruce Sterling, der sich seit einiger Zeit mit diesem Thema beschäftigt und u. a. das *Dead Media Project* mitbegründet hat; vgl. http://www.deadmedia.org [letzter Zugriff: 07/2006]. Mittlerweile gibt es sogar einen Font dieses Namens, der eine zerrüttete Pixelschrift simuliert.
24 Urspr. http://www.icf.de [unter dieser Adresse erscheint seit ca. 2000 bei Aufruf die Mitteilung des Berliner Projekts *orangorang.net*, dass der Server gehackt worden sei]; zur Geschichte vgl. Joachim Blank/Karlheinz Jeron: «Internationale Stadt Berlin (1994–1998). Ein Rückblick». In: Kuni/Institut für Moderne Kunst Nürnberg: *netz.kunst* (wie Anm. 4), S. 144–149; online unter: http://www.sero.org/sero/various/documents/is-jahrbuch98170400.pdf [letzter Zugriff: 07/2006]. Über das Archiv des Projekts *Digital Craft* (ehem. am Museum für Angewandte Kunst Frankfurt/ M.) sind immerhin noch die Basis-Seiten erhalten, die einen Einblick in den Aufbau geben; vgl. http://archiv.digitalcraft.org/is-berlin/isb/inner_kunst/index.html [letzter Zugriff: 07/2006].

aus dem Netz; etwa Eva Grubingers *C@ – Computer Aided Curating* (1994)[25] und mit ihm sämtliche Arbeiten, die für diese Plattform entstanden waren. Nun mag man sich zwar zu Recht fragen, ob es nicht möglich wäre, alle diese Projekte einfach auf einem anderen Server wieder ins Web zu stellen.

Doch ganz so einfach verhält es sich im Fall webbasierter Kunst in den meisten Fällen leider nicht. Um zunächst einmal beim Beispiel *Computer Aided Curating* zu bleiben: Selbst wenn sich alle beteiligten KünstlerInnen dazu bereit fänden, was die Voraussetzung für eine Restauration und Reinstallation von *C@C* wäre, und – was leider nicht der Fall ist – alle Originaldaten und Originalskripts noch vorhanden wären, bedürfte es doch einer kompletten Neuadaptation der so genannten «Atelier-Tools», die seinerzeit ein entscheidender Teil des Projekts gewesen waren[26], an die neuen Versionen von Browsern und Betriebssystemen. Dies würde eine komplette Neuprogrammierung der ‹Tools› erfordern, was nicht nur einen erheblichen finanziellen Aufwand bedeuten, sondern im Ergebnis vermutlich auch zu einer gänzlich anderen Lösung führen würde. In diesem Fall käme die beabsichtigte Rekonstruktion der partiellen Generation einer neuen Arbeit gleich – eben eines virtuellen Ateliers im ersten Jahrzehnt des 21. Jahrhunderts, das sich von seinem historischen ‹Vorläufer› möglicherweise auch funktional auf signifikante Weise unterschiede. Doch selbst eine Wiederherstellung des Präsentationsteils allein wäre schon ein Problem: Wer von uns hat noch alle Dokumente, die er oder sie zwischen 1994 und 1998 erstellt und dann im Zuge der Realisierung eines Projekts an eine andere Stelle überantwortet hat, in einer mit den aktuellen Betriebssystemen und Programmen kompatiblen Dateiversion auf seinem oder ihrem eigenen Rechner oder einem anderen, noch lesbaren Speichermedium bewahrt?

Mitunter können Projekte natürlich auch vor der Zeit verloren scheinen, während sie es in Wirklichkeit gar nicht sind. So gibt es unter den im Rahmen der *documenta X* 1997 präsentierten Online-Projekten einerseits zwar solche, die in der Tat nicht mehr existieren – der Zugang zur *Internationalen Stadt* etwa ist verschlossen und nur noch ein Standbild.[27] Anders als der *d X*-Webbereich vergangenen Sommer suggerierte, der bei einem Klick auf den entsprechenden Link lediglich ein leeres Javascript-Fenster präsentierte, bestand Holger Frieses *unendlich, fast* (1995) zu diesem Zeitpunkt nach wie vor unter seiner angestammten Adresse[28] – wie man im Übrigen, selbst ohne die direkte URL zu

25 Urspr. http://www.icf.de/CAC [Adresse seit 1998 ungültig].
26 Es handelte sich um Programme und Programmelemente bzw. Skripts, die KünstlerInnen auch solchen, die bis dahin nur wenige Erfahrungen mit der Entwicklung webbasierter Projekte hatten den Zugang zu und die Arbeit in bzw. mit diesem Medium erleichtern sollten.
27 Abrufbar über http://www.documenta12.de/archiv/dx/english/frm_city.htm [letzter Zugriff: 07/2006].
28 Vgl. für die Originaladresse: http://www.thing.at/shows/ende.html [Adresse z. Zt. oder dauerhaft ungültig]; auf den *documenta*-Seiten über den Bereich surfaces , http://www.documen-

kennen, unschwer feststellen konnte, wenn man auf Vuc Cosics 1:1-‹Raubkopie› der *documenta*-Webseiten, *documenta done* (1997) ging.[29]

Als im Sommer 2005 die Seiten der *documenta12* eingerichtet wurden, hatte man auf dem Server einige Dateien verschoben und damit die Navigation torpediert; mittlerweile ist das Malheur allerdings wieder behoben. Angenommen, die auf dem *documenta*-Server abgelegten Daten wären bei der Migration verloren gegangen – ein Schicksal, das in der Vergangenheit so manchem ambitionierten Webprojekt widerfahren ist: In diesem Fall hätte uns Cosics Kopie in der Tat einen nahezu vollwertigen Ersatz für den Verlust bieten können. Es wäre nicht das erste Mal in der Kunstgeschichte gewesen, dass eine Kopie das Original überlebt und auf diese Weise wichtige Daten erhält, wenngleich dies bei *documenta done* natürlich nur die Primärdaten und -strukturen der Plattform betrifft, nicht die künstlerischen Arbeiten selbst. Das Portal zur *Internationalen Stadt* etwa ist auch bei Cosic nurmehr als statisches ‹Poster› zu betrachten.

Und auch sonst kann der Konjunktiv, in dem diese Sätze zum Zeitpunkt ihrer Niederschrift noch formuliert werden können, jederzeit in den Indikativ kippen: Konnte im Oktober 2005 noch auf Frieses funktionierendes Projekt an seiner originalen URL verwiesen werden, führt diese knapp ein Jahr später, hoffentlich nur temporär, nun selbst ins Leere. Eingerichtet worden war das Projekt, wie viele deutsche und österreichische ‹Netzkunst›-Arbeiten der ersten Stunde, auf *thing.at*, dem seinerseits längst stillgelegten österreichischen Koten des Kunstnetzwerks *The Thing*, und dessen Serverplatz wurde bis dato von der Netzkultur-Plattform *t0 Public Netbase* offeriert.[30] In Frühjahr 2006 musste *t0* jedoch nach jahrzehntelanger engagierter Medien-Kulturarbeit aufgeben – das Land Österreich hat die Fördergelder eingestellt.

Nun könnte man bis hierher den Eindruck gewinnen, mit ein bisschen Disziplin aller Beteiligten – KünstlerInnen, KuratorInnen, Institutionen – in Sachen Sicherungspolitik und Objektpflege, idealer Weise dazu der Bereitstellung einiger Finanzmittel, hätte man die bereits eingetretenen Verluste für ei-

ta12.de/archiv/dx/english/frm_surf.htm bzw. im Frame: http://www.documenta12.de/archiv/dx/english/surfaces/infinite.htm öffnet sich bei Abruf ein Javascript-Fenster (ohne Browserzeile) ‹auf› die Arbeit, das freilich auf diese Weise den eigentlichen Kern der Arbeit ohnehin verbirgt bzw. dieses über die Präsentation ad absurdum führt. Beide *documenta*-Seiten [letzter Zugriff: 07/2006]

29 Vgl. http://www.ljudmila.org/~vuk/dx/ [letzter Zugriff: 07/2006]. Mit seiner 1:1-Kopie wollte Cosic seinerzeit den Umgang der *documenta X* bzw. des für diesen Bereichs zuständigen Kurators Simon Lamunière mit webbasierten Arbeiten kritisieren, zu dessen Konzept es ursprünglich auch gehört hatte, die Webseiten nach Laufzeit der Ausstellung vom Netz zu nehmen und stattdessen (quasi als Katalog-Dokumentation) auf CD-ROM zu vertreiben. Das Kopieren ganzer Projekte war in der zweiten Hälfte der 1990er Jahre eine durchaus gängige Praxis, um den institutionellen Umgang mit Netzkultur zu unterlaufen heute ist dies aufgrund serverseitig getroffener Schutzmaßnahmen und dynamischer Applikationen nicht mehr so ohne weiteres möglich.

30 Vgl. http://www.netbase.org/t0 [letzter Zugriff: 07/2006].

ne Kunstgeschichte der webbasierten Kunst wenn nicht vermeiden, so doch in engen Grenzen halten können. In Einzelfällen mag das zutreffen – dann nämlich, wenn ein Projekt tatsächlich nur auf einfachem html und möglichst wenigen, möglichst einfach emulierbaren, also an neuere Hard- und Softwareumgebungen adaptierbaren Skripts basiert.

Aber selbst Projekte, auf die diese Kriterien zutreffen, etwa Akke Wagenaars *Quite a Portrait* (1996)[31] oder Stefan Becks *A Message for Edward R. McCracken* (1995)[32], sind heute Ruinen, und zwar gerade deshalb, weil sie zu ihrer Zeit eines der wichtigsten Kriterien für webbasierte Kunst offensiv ernst nahmen: Nämlich mit dem WWW als ‹Kontextsystem› zu arbeiten.[33] Während die Basisskripts bis heute einwandfrei funktionieren, existiert der für das Projekt relevante Kontext so nicht mehr.

Im Fall von Becks Projekt mag man sich vielleicht noch denken können, was auf der verlinkten Seite zu sehen war, an deren Stelle nunmehr nur noch eine der üblichen Fehlermeldungen erscheint. Dort etwa, wo der Autor des E-Mail-Briefs an Edward McCracken dem ‹Chief Executive Office› der Firma *Silicon Graphics*, die damals einen der leistungsfähigsten und insofern für KünstlerInnen äußerst begehrenswerten, gleichwohl aber unerschwinglichen Rechner herstellte, seinen Herzenswunsch mitteilt, war eine *Iris Indigo* zu sehen, einschließlich Leistungskatalog und Preisangabe. Für Rekonstruktion des Kontextes als solchem kann man natürlich die üblichen Hilfsmittel der historischen Wissenschaften bemühen – ob das Firmenarchiv von Silicon Graphics über die Datensätze zu der in den 1990er Jahren produzierten Hardware hinaus auch die Webseiten aufbewahrt, auf denen für diese geworben wurde, ist freilich fraglich. Wollte man einen vollständigen Eindruck von Becks Projekt gewinnen oder dieses gar, in welcher Form auch immer, für Dokumentationszwecke rekonstruieren, müsste man nämlich in der Tat eben diese Seite zur Verfügung haben: Schließlich funktioniert auch eine webbasierte künstlerische Arbeit unter anderem über ihre Visualität.

Immerhin kann man sein Glück alternativ auch noch über die *Waybackmachine* der Initiave *archive.org* versuchen, die sich seit 1996 um eine dynamische, d. h. auch Veränderungen der Seiten berücksichtigende Dokumentation des WWW bemüht.[34] Die Voraussetzung für eine solche Dokumentation bzw. Archivierung ist jedoch, dass die jeweiligen Seiten, Verzeichnisse und Unterver-

---

31 Derzeit (noch) erreichbar unter: http://www.sphere.ad.jp/mcmogatk/1996/dem2gwk/index.html [letzter Zugriff: 07/2006].
32 Vgl. http://old.thing.net/html/stefanb/intro01.html; Zugang über http://bbs.thing.net [letzter Zugriff: 07/2006].
33 Vgl. Joachim Blank: «What is net.art ;-)» (1997), Online-Text, mittlerweile unter http://www.hgb-leipzig.de/index.php?a=person&b=mitarb&c=&d=&p=322& abrufbar [letzter Zugriff: 07/2006].
34 Vgl. http://www.archive.org bzw. http://www.archive.org/web/web.php [letzter Zugriff: 07/2006].

zeichnisse serverseitig für einen entsprechenden Zugriff freigegeben sind. Eben dies ist jedoch, gerade bei kommerziellen Webangeboten, oftmals nicht der Fall. Dann geht auch eine Anfrage bei der *Waybackmachine* ins Leere.

Halten wir also fest: Webbasierte Kunst lässt sich nur bedingt konservieren, und sie lässt sich auch nur unter bestimmten Bedingungen erhalten, die weder von den AutorInnen noch von KuratorInnen, KustodInnen oder anderen, die ein Projekt vor der Erosion bewahren wollen, zur Gänze kontrolliert werden können.

4. Aktive Archive

Was also tun? Das fragen sich seit einiger Zeit nicht nur eine Reihe von ExpertInnen und Institutionen im Rahmen einschlägiger Projekte – etwa *Aktive Archive*[35], *Archiving the Avant-Garde*[36], *Capturing Unstable Media*[37], *Packed*[38] oder *Variable Media Network*[39], um nur einige prominentere herauszugreifen –, sondern auch natürlich auch die KünstlerInnen selbst, denn sie sind es, die als allererste und an denkbar empfindlicher Stelle von den Folgen des «digital decay» betroffen sind.[40] Webseiten in Stein zu hauen, wie dies Joachim Blank und Karlheinz Jeron 1999 anlässlich der Ausstellung *net_condition* für Natalie Bookchins und Alexej Shulgins *Introduction to net.art* (1994-1999) getan haben[41], dürfte freilich kaum die beste Lösung sein.

Führen wir uns daher vor Augen, was normalerweise die Schritte bzw. Maßnahmen einer Objektsicherung sind:

Zunächst die Objekterfassung und Objektsicherung (Dokumentation); nach Möglichkeit die Erhaltung/Konservierung; wenn notwendig und möglich eine Restaurierung; gegebenenfalls eine technische Emulation und, insbesondere wenn sich letztere als schwierig erweist, eine konzeptuelle Emulation – das wäre die Neuerstellung des Objekts bzw. sämtlicher Datensätze bei Beibehaltung des ursprünglichen Konzepts. Allerdings stellt sich vor dem Hintergrund der bis hierher vorgestellten Projekte bzw. Probleme sofort die Frage: Was würde alles dies für eine webbasierte Arbeit bedeuten? Inwieweit sind diese Schritte überhaupt anwendbar?

---

35 Vgl. http://www.aktivearchive.ch [letzter Zugriff: 07/2006].
36 Vgl. http://www.bampfa.berkeley.edu/about_bampfa/avantgarde.html [letzter Zugriff: 07/2006].
37 http:// capturing.projects.v2.nl [letzter Zugriff: 07/2006].
38 http://www.packed.be [letzter Zugriff: 07/2006].
39 Vgl. http://www.variablemedia.net [letzter Zugriff: 07/2006].
40 Die KünstlerInnen sind allein schon insofern kaum in der Lage dazu, geeignete Gegenmaßnahmen zu treffen, als diese einen zum Teil erheblichen logistischen und finanziellen Aufwand bedeuten, wie im Folgenden wenigstens stichwortartig darzulegen sein wird.
41 Vgl. http://www.easylife.org/netart/ (inkl. Photos aus der Ausstellung) [letzter Zugriff: 07/2006]; sowie Timothy Druckrey, Peter Weibel (Hg.): *net condition*. Cambridge/Ms. 2000.

Betrachten wir allein die Liste der Daten, die erfasst und dokumentiert, idealerweise als Basis-Bestandteile sogar erhalten werden müssten, lässt sich leicht erahnen, wie anspruchsvoll und aufwändig diese Arbeitsschritte ausfallen können: Seitens des Objekts wären dies sowohl alle Dokumente bzw. Dateien (.html, .gif, .jpg, .mpg, .mov usw.), auf denen es basiert, als auch sämtliche Sripts und Programmierungen (inklusive etwaiger java- und/oder flash-Elemente); seitens der Applikationsumgebung sämtliche für das Funktionieren der Arbeit notwendige Hard- und Softwarekomponenten, inklusive des Betriebssystems und der Browserversionen, etwaig verwendeter Plug.Ins; dazu serverseitig ebenfalls Hard- und Software (bei Datenbankanwendungen ebenfalls spezielle Serverskripts); dann die URL bzw. der Domainname; fernerhin seitens der Kontextumgebung sämtliche ggf. mit der Arbeit statisch verknüpften oder dynamisch verknüpfbaren Seiten, für die im Prinzip natürlich ebenfalls entsprechende Maßnahmen getroffen werden müssten, was ein solches Projekt spätestens an seine Grenzen stoßen lässt.

Doch selbst wenn man entsprechende Bemühungen allein auf die Bereiche beschränkt, auf die man prinzipell direkten oder mittelbaren Zugriff haben sollte, bleibt – wie aus der Aufzählung unschwer ersichtlich – mehr als genug zu tun. Die Zeit, die technischen und finanziellen Mittel, die für solch umfängliche erforderlich sind, können KünstlerInnen freilich in den seltensten Fällen selbst aufbringen, selbst Institutionen sind hier in der Regel überfordert; und so verwundert es nicht, dass bislang erst sehr wenige Projekte wie Shu Lea Cheangs *The Brandon Project* (1996–1999) durch das Guggenheim Museum New York[42] oder verschiedene kleinere Netzarbeiten auf dem mit Schweizer Bundesmitteln geförderten Netzkunst-Server *xcult.ch*[43] in den Genuss einer solchen Restaurierung kamen.

Aber dies ist längst nicht die einzige Crux, wie ein weiteres Beispiel aus diesem Bereich zeigen kann: Im Rahmen der bereits erwähnten Initiative *Aktive Archive*, eines Schweizer Pilotprojekts, das der Erforschung von Erhaltungsmaßnahmen mit bzw. in so genannten «instabilen Medien» (Film, Video, Internet) generiertem Kulturgut gewidmet ist[44], wurde eine gesamte Online-Ausstellung mit hohem Aufwand auf CD gesichert – so weit das überhaupt möglich war, denn auch hier bezog eines der Projekte dynamisch das WWW als Kon-

---

42 Vgl. http://brandon.guggenheim.org [letzter Zugriff: 07/2006]; Verena Kuni: «Gendernauts im Netz». In: Dies./Institut für Moderne Kunst Nürnberg (Hg.): *urtux. Kein Ort, überall – Utopien der Kunst. Jahrbuch 01/02*. Nürnberg 2002, S. 262-295. Das Projekt war zwischenzeitlich über lange Phasen offline bzw. seitens des Museums vom Netz genommen worden, ohne dass Klarheit über eine eventuelle Rückkehr bestand.
43 Vgl. http://www.xcult.ch [letzter Zugriff: 07/2006]. Hier wurden beispielsweise 2005 diverse Werke aus dem Jahr 1999, die in der html-Layertechnik für eine ältere Browsergeneration realisiert worden waren u. von jüngeren Versionen nicht mehr dargestellt werden konnten, nach der Vorlage des Originaldesigns in flash-Technik nachgebaut.
44 Vgl. http://www.aktivearchive.ch [letzter Zugriff: 07/2006].

textsystem mit ein.⁴⁵ In diesem Zuge wurden unter anderem sogar Videoaufzeichnungen der dynamischen Interaktionen mit einer der webbasierten Arbeiten angelegt. Dies nun ist ein Verfahren, das – mindestens für die bekanntlich sehr beschränkte Lebensdauer einer CD und die mutmaßlich ebenfalls begrenzte Kompatibilität der Programme auf der CD mit denjenigen der späteren BenutzerInnen – immerhin eine gesamte Arbeit in ihrer dynamischen Funktionalität im Kontextsystem wenn nicht erhält, so doch dokumentiert. Zusammen mit schriftlichen Aufzeichnungen und gegebenenfalls weiteren Dokumentationsmaterialien wäre, so könnte man meinen, auf diese Weise ein Optimum an Informationen über eine Arbeit zu bewahren, wenn diese selbst schon nicht erhalten werden kann.

Einen ähnlichen Qualitätssprung in der Dokumentation konnte man seinerzeit auch im Bereich der Performance gewärtigen, als die Videoaufzeichnung erschwinglich wurde. Allerdings dürften bereits die wenigen Verweise auf verwandte Archivierungsprobleme, die Datenträger wie CD ROMs und Software betreffen, deutlich machen, dass viele Probleme auf diese Weise lediglich verschoben, aber nicht behoben werden können. Der ‹digital decay› betrifft *alle* digitalen Daten, nicht nur diejenigen im World Wide Web.⁴⁶

Auch haben uns die Erfahrungen im Bereich Performance lehren können, dass Film- und Videoaufzeichnungen oft nur schwer zugänglich sind, sodass man es außerhalb von Forschungsprojekten meist eben doch allein mit Fotografien bzw. fotografischen Reproduktionen in Büchern zu tun hat, auf denen sich lediglich monoperspektivisch statische Ausschnitte aus einem mehrdimensional konfigurierten Prozess festgehalten finden.⁴⁷ Dass hinter der nach wie vor noch viel zu häufig angenommenen ‹Objektivität› solcher Dokumente letztlich nichts andres als eine – im Vergleich zur verbalen beziehungsweise schriftlichen

---

45 Für das Ausstellungsprojekt *shrink to fit* (1999) auf *xcult.ch* (ebd. über den Bereich Projekte zu erreichen); vgl. zu den getroffenen Maßnahmen den Bericht unter http://www.aktivearchive.ch/content/teilprojekte.php?pid=2 [letzter Zugriff: 07/2006].

46 Vgl. hierzu in medienübergreifender Perspektive neben den bereits angeführten Initiativen etwa das Projekt *404 Objekt not found*, s. http://www.404project.net [letzter Zugriff: 07/2006]; sowie speziell für den Bereich Video das Projekt *40 Jahre Videokunst in Deutschland*, s. http://www.40jahrevideokunst.de [letzter Zugriff: 07/2006]; sowie den begleitenden Ausstellungskatalog, Rudolf Frieling/Wulf Herzogrrath (Hg.): *40JAHREVIDEOKUNST.DE. Digitales Erbe. Videokunst in Deutschland von 1963 bis heute*. Ostfildern-Ruit 2006. Dass die aus dem Projekt hervorgegangene Studienedition mit restaurierten Arbeiten aus Rechtsgründen nur an Institutionen verkauft werden darf, macht einen weiteren Aspekt der Problematik deutlich: Oft ist es schon die Rechtslage, die eine mitunter rettende Kopie verunmöglicht bzw. bisweilen auch den archivalischen Zugriff erschwert.

47 Weiterführenden Überlegungen, welche Konsequenzen aus diesen Erfahrungen zu ziehen wären bzw. inwieweit aus diesem Bereich Anregungen für den Umgang mit der hier diskutierten Problematik zu gewinnen wären, widmet sich mein zeitnah für die Tagung *downdate #1* (Osnabrück, Mai 2006) verfasster Vortrag bzw. Aufsatz, Re-Enactments aus dem RAM? Reflexionen über die Arbeit in den Ruinen eines virtuellen Museums und zur Zukunft der Kunstgeschichte webbasierter Kunst , dessen Drucklegung (in engl. Sprache) derzeit in Vorbereitung ist.

Narration im Übrigen kaum weniger suggestive, häufig aber weit weniger detailreiche – Erzählung steckt, sei dabei nur am Rande bemerkt. Zudem sind nicht wenige der Aufzeichnungen früher Performances heute bereits selbst verfallen, weil sie nicht rechtzeitig restauriert oder emuliert bzw. digitalisiert wurden. Vor allem aber wissen wir aus dem Bereich Performance nur allzu gut, wie wenig Wesentliches solche Aufzeichnungen zu transportieren vermögen: Die Dichte einer Atmosphäre im Raum, körperliche Präsenz, alles das, was die ZuschauerInnen einer Performance oft sehr direkt erfahren, einschließlich der Erfordernisse einer individuellen Rezeptionshaltung und gegebenenfalls in die Arbeit integrierter Interaktionen – kurzum: Vieles von dem, was diese Kunstform eigentlich ausmacht, bleibt ausgeklammert.

Nicht anders im Fall der webbasierten Kunst. Wie unschwer nachzuvollziehen sein dürfte, kann eine per Video abgefilmte Dokumentation nie und nimmer das in vielen Arbeiten durchaus zentrale Moment einer individuellen, intuitiven Navigation berücksichtigen – zumal für Letztere in der Regel kein ‹Königsweg› vorgesehen ist. Und dass bei komplexeren Arbeiten – um nur das einfachste und nächstliegende Beispiel zu bemühen: etwa solchen, die auf Hypertext-Elementen im klassischen Sinne basieren – auf diese Weise allenfalls eine (oder wenige) von unzähligen Optionen der Rezeption festgehalten werden können, liegt ebenfalls auf der Hand.

Kurzum: Selbst eine äußerst aufwändige Dokumentation – wie sie perspektivisch wohl nicht einmal einem Bruchteil der seit Mitte der 1990er entstandenen webbasierten Arbeiten ins Haus stehen dürfte – vermag Kernelemente dieser Kunstform nicht zu erfassen.

5. Beschreiben und Erzählen, encore une fois

Nun soll hier kein Kaddisch für eine moribunde Kunstform angestimmt werden, die ohnehin nicht mehr zu retten sei[48] – und vor allem anderen ist es auch nicht die Absicht, eben jene Initiativen für überflüssig zu erklären, die sich der Suche nach Lösungen für ihre Erhaltung und Dokumentation verschrieben und um diese auch bereits verdient gemacht haben.

Wie eingangs bereits bemerkt, geht es um die sehr viel grundsätzlichere Frage, welcher Status vor diesem Hintergrund Verfahren wie dem ‹Beschreiben› und dem ‹Erzählen› zukommen kann – und ob mit diesen Verfahren ein Beitrag

---

48 Tatsächlich erfreuten sich innerhalb der Szene bereits ab 1997 ‹Totenreden› auf die so genannte net.art großer Beliebtheit seinerzeit hatte man hier allerdings deren Institutionalisierung im Blick. Als diese Totenreden um 2000 dann von publizistischer Seite zunehmend bereitwillig zitiert, übernommen und multipliziert wurden, ging es nunmehr allerdings eher darum, einen ganzen Bereich künstlerischer Produktion zu verabschieden, weil er sich angeblich ‹tot gelaufen› habe. Vgl. Gerrit Gohlke/Künstlerhaus Bethanien (Hg.): *ESC. Ein Reader*. Berlin 2003.

zur ‹Netz-Kunst-Geschichte› geleistet zu werden vermag, der möglicherweise auch unter wissenschaftlichen Gesichtspunkten vertretbar ist.

Was das ‹Beschreiben› betrifft, dürfte die Beantwortung dieser Frage vergleichsweise wenig strittig sein und vergleichsweise einfach ausfallen können: Zwar ist auf dem Feld der webbasierten Kunst bereits die Erfassung grundlegender Datensätze in einem eklatanten Maße Mangelware. Mit diesen allein kommt man, selbst wenn sie von mehreren oder gar nur einem Screenshot begleitet werden, jedoch noch immer nicht sehr weit, will man sich wirklich eine Vorstellung von einer Arbeit machen oder anderen eine solche vermitteln. Sicher darf dabei nicht vergessen werden, dass eine Beschreibung – wie minutiös auch immer sie ausfallen mag – die subjektive Wahrnehmung des oder der Beschreibenden wiedergibt. Prominente Beispiele wie jene Beschreibungen von Kunstwerken, die sich in Vasaris *Viten* finden[49], haben jedoch zweierlei gelehrt: Wenngleich die Forschung nachweisen konnte, dass Vasaris Beschreibungen nicht nur häufig keineswegs auf eigener Anschauung basierten, sondern mitunter erheblich von der Phantasie ihres Autors angereichert waren, ließ sich dies doch nur dadurch feststellen, dass man sie mit dem beschriebenen Werk und/oder anderen Beschreibungen dieses Werkes bzw. entsprechenden an anderer Stelle überlieferten Daten abglich. Freilich hätte man in einigen Fällen *ohne* Vasaris Beschreibungen weder das Werk noch andere Quellen zu diesem gesucht bzw. gefunden – insofern seine Texte ganz entscheidenden Anteil an der dauerhaften Wertschätzung des jeweiligen Œuvres durch die Kunstgeschichte hatten.

Anders und kurz gesagt: Selbst eine noch so subjektive Beschreibung hat ihren Wert; umso besser natürlich, wenn es mehr als eine Beschreibung einer künstlerischen Arbeit gibt. Das wiederum mag trivial klingen – wie wenig selbstverständlich es im hier diskutierten Feld, also der webbasierten Kunst ist, dürfte jedoch schon ein oberflächlicher Blick in die ohnehin schon spärliche Literaturlage zeigen.

Die mehr als mangelhafte Kenntnisnahme und das damit zusammenhängende Dilemma einer weitgehenden Marginalisierung eines ganzen Bereiches künstlerischer Produktivität, das durch postume Verklärung lediglich auf die Spitze getrieben werden kann, wäre durch seine breitere und gründlichere Rezeption seitens Kunstkritik und Kunstwissenschaft wenn nicht vermeidbar, so doch in historischer Perspektive entscheidend abzufedern gewesen. Mag man ersterer, also der Kunstkritik noch konzedieren, dass sie den Gesetzen des

---

49 Vgl. Giorgio Vasari: *Die Lebensbeschreibungen der berühmtesten Architekten, Bildhauer und Maler*. Hg. v. A. Gottschewski/G. Gronau/E. Jaschke. 7 Bde. Strassburg (Übs. n. d. Ausgabe Florenz 1568). Zu Vasari vgl. in diesem Zusammenhang neben Kris/Kurz: *Die Legende vom Künstler* (wie Anm. 3) u. a. Paul Barolsky: *Warum lächelt Mona Lisa? Vasaris Erfindungen*. Berlin 1995.

Kunstmarktes unterliegt – was nicht entschuldigt, aber immerhin erklärt, dass eine auf diesem Markt praktisch nicht absetzbare Kunstform wenig bis keine Beachtung findet –, so ist die weitgehende Ignoranz einer Kunstgeschichte, die sich im entsprechenden Zeitraum längst mit großem Enthusiasmus der Gegenwartskunst zugewandt hatte, nachgerade als skandalös zu bezeichnen. Hier herrscht, wie eingangs bereits angedeutet, nach wie vor ein erheblicher Nachholbedarf, denn die zahlreichen Studien, die mittlerweile prominenteren Arbeiten bzw. KünstlerInnen aus dem Bereich der Arbeit mit Video gewidmet werden, oder Initiativen wie Hans-Dieter Hubers schon seit Anfang/Mitte der 1990er Jahre systematisch betriebene Forschung und Lehre auf diesem Gebiet[50] sollten nicht darüber hinwegtäuschen, dass das Feld der elektronischen Künste insgesamt allenfalls rudimentär bearbeitet wird – und innerhalb dieses Feldes die webbasierte Kunst, etwa im Vergleich zu Videoarbeiten oder so genannten ‹interaktiven Installationen›, wohl noch immer zu den am wenigsten mit wissenschaftlicher Aufmerksamkeit bedachten Feldern zählt. Das hat zur Konsequenz, dass hier nicht einmal die Basisarbeit in die Fachroutinen aufgenommen worden ist; weder kann von einer Selbstverständlichkeit der Beobachtung dieses Feldes die Rede sein, noch von einer breiteren Ausübung, demzufolge ganz zu schweigen von einer methodischen Weiterentwicklung wissenschaftlicher Beschreibungspraxis.

Wie sieht es nun mit dem Erzählen aus? Auf den ersten Blick – und insbesondere mit Blick auf das äußerst überschaubare Gebiet deutschsprachiger Literatur zum Thema – wird man zwar feststellen können, dass viele der greifbaren Texte zur webbasierten Kunst tatsächlich im weitesten Sinne ‹Erzählungen› sind. Mag man jene Beiträge im 1999 erschienenen Sammelband *netz.kunst*, in denen Künstlerinnen und Künstlern ihre eigenen Arbeiten vorstellen, vielleicht nur bedingt dieser Gattung zurechnen[51], so handelt es sich im Fall der beiden vergleichsweise breit rezipierten Überblicksbände, die Tilman Baumgärtel 1999 und 2001 zum Thema herausgegeben hat, durchweg um Interviews, in denen die befragten KünstlerInnen und KünstlerInnen-Gruppen über ihre Arbeiten erzählen.[52]

Ist nicht genau diese Art der Erzählung eben jene, die ich aus guten Gründen schon in den einleitenden Abschnitten meiner Überlegung als vergleichsweise problematisch bezeichnet habe – also eine Textform, bei deren Behandlung als ‹Quelle› Vorsicht geboten ist, und zwar gerade vor dem Hintergrund der Er-

---

50 Vgl. für eine Überschau die 1996 von Huber begründete Plattform *ARTNINE*, über die neben Vorlesungsskripten, Gesprächsdokumentationen u. v. m. auch einen Gutteil von Hubers andernorts in Buchform publizierten Aufsätzen zum Thema zugänglich sind, s. http://www.hgb-leipzig.de/ARTNINE/ [letzter Zugriff: 07/2006].
51 Vgl. Kuni/Institut für Moderne Kunst (Hg.): *netz.kunst. Jahrbuch '98/'99* (wie Anm. 4).
52 Vgl. Tilman Baumgärtel: *[net.art]. Materialien zur Netzkunst*. Nürnberg 1999; ders.: *[net.art 2.0]. Neue Materialien zur Netzkunst*. Nürnberg 2001.

fahrungen, die man in der Kunstgeschichte mit der Überbewertung und unkritischen Rezeption solcher Aussagen erster Hand sattsam sammeln konnte? Sicherlich. Auch die Bemerkung, dass man angesichts einer insgesamt denkbar desolaten Quellen- und Literaturlage für jede noch so vage Information dankbar sein muss, dürfte sich an dieser Stelle wohl erübrigen.

Der Umstand allerdings, dass bereits zum gegenwärtigen Zeitpunkt die Gegenstände einer noch zu schreibenden Netzkunstgeschichte in Erosion begriffen oder sogar schon wieder verschwunden sind und sich darüber hinaus weder derzeit noch perspektivisch geeignete Maßnahmen benennen lassen, wie diesem Verfallsprozess Einhalt zu gebieten wäre, macht nicht nur ein allgemeines Nachdenken über Verfahren der Vermittlung notwendig. Wenn – wie im Vorausgegangenen argumentiert – zentrale oder mindestens relevante Aspekte einer künstlerischen Arbeit in Bereichen der individuellen ‹Interaktion› mit dieser Arbeit oder, um einen zwar vagen, gleichwohl jedoch weniger problematischen Begriff zu bemühen, in der individuellen Erfahrung einer Arbeit zu verorten sind, dann spricht viel dafür, dass ‹Erzählen› ein durchaus angemessener Modus der Vermittlung und damit auch der Überlieferung von Informationen über diese Arbeit sein kann.

Dies sollte nun weder als Plädoyer für eine Kunstgeschichte missverstanden werden, die sich auf das Niveau einer ansonsten weitgehend ausgestorbenen, emotional gefärbten Schwärmerei oder einer auf die Werke übertragenen Form der Künstler-Anekdote begibt, noch als Freibrief für frei flottierende Narrationen, die sich um schnödes ‹Beiwerk› wie Datensätze zu einer Arbeit nicht weiter bemühen. Es kann – à propos Künstler-Anekdoten – auch nicht das Ziel sein, Vasaris Modell der biografischen Narration zu revitalisieren, um die in der Kunstgeschichte ohnehin zu lange und noch immer allzu gern auf das entsprechende Konstrukt eines ‹Netzkünstlers› umzuschreiben.[53] Und es sollte natürlich auch nicht einfach darum gehen, aus einer Not eine Tugend zu machen. Sondern vielmehr darum, das Potenzial des Erzählens als einer kulturgeschichtlich tradierten und damit auch immer als solche reflektierbaren Form der Vermittlung für vergängliche und in mehrfacher Hinsicht kaum in einem hinreichenden Masse konservierbare Kulturproduktionen anzuerkennen, zu kultivieren und weiterzuentwickeln. Ein Bild, das mir in diesem Zusammenhang vor Augen steht und auf das ich in verwandten Diskussionskontexten schon häufiger verwiesen habe[54], ist jenes Schlussbild, mit dem uns François Truffaut in

---

53 Vgl. zu dieser Problematik ausf. Verena Kuni: Die Legende vom Netzkünstler. In: AG Borderline (Hg.): *Borderline. Strategien und Taktiken für Kunst und soziale Praxis*. Wiesbaden 2002, S. 87–108 sowie dies: «Why have there been no great cyberfeminist artists? Nutzen und Nachteil der Legende von der ‹cyberfeministischen Netzkünstlerin›. In: Susanne von Falkenhausen et al . (Hg.): *Medien der Kunst. Geschlecht – Metapher – Code*. Marburg 2004, S. 41–51.

54 Vgl. für einen Text, der insofern Schnittstellen zur hier verhandelten Problematik verfügt, als dort die Frage nach dem Netz, d. h. Internet und WWW als ‹Kulturspeicher› im Mittelpunkt

seiner Verfilmung von Ray Bradburys Erzählung *451° Fahrenheit* verabschiedet:[55] In einer Gesellschaft, in der das Lesen verboten ist und in der die meisten Bücher systematisch vernichtet worden sind, hat das Erzählen auf spezifische Weise an Bedeutung gewonnen. Versteckt im Wald überlebt die Weltliteratur, wortwörtlich verkörpert von jenen Menschen, die sie lieben und die an die Stelle ihrer tradierten Trägermedien getreten sind. Ein jeder von ihnen hat ein Buch auswendig gelernt, anstatt zu lesen, erzählt man die Romane, Gedichte, die Werke von Immanuel Kant und Karl Marx einander, und wenn ein Mensch dem Tode nahe ist, so muss er ‹sein› Buch zuvor einem anderen erzählt haben, damit es nicht mit ihm stirbt.

Dieses wunderbare, melancholisch stimmende Bild lässt kaum Zweifel darüber, wie fragil und – gleicht man die poetische Fiktion mit dem Realitätskoeffizienten ab – inhärent problematisch dieses Verfahren der Überlieferung ist. Aber wer würde dies nicht in Kauf nehmen angesichts eines drohenden Verlustes, der ungleich größer wäre als Transformationen, die durch subjektive Wahrnehmung und Wiedergabe, Ungenauigkeiten und Erinnerungslücken und so weiter entstehen?

Natürlich steht außer Zweifel, dass sich dieses Bild nur bedingt auf die hier zur Debatte stehenden Fragen übertragen lässt: Allem voran, insofern Literatur als sequentieller Text schon im Hinblick auf die Memorierbarkeit schwerlich mit einer möglicherweise multimedialen, höchst wahrscheinlich non-linear aufgebauten, gegebenenfalls – wie oben an einschlägigen Beispielen geschildert – obendrein externe Elemente integrierenden webbasierten Arbeit verglichen werden kann. Tatsächlich wäre es wohl eine absurde, an posthumanistische Science Fiction-Projektionen erinnernde oder im besten Fall einfach amüsante Phantasie, den Mensch als alternatives Speichermedium für webbasierte Kunst zu imaginieren. Als ein sowohl die grundständige Datenerfassung, die Beschreibung wie auch weitere Formen der Überlieferung, der Vermittlung, Interpretation, Kommentierung und Kritik ergänzendes Verfahren und zudem als eines, das sich in Bereichen, die von jenen schwer oder nicht erfasst werden können, auf seine Weise bewähren mag – dürfte das Erzählen von ‹Netz-Kunst-Geschichte(n)› in Zukunft jedoch durchaus auch für Kunst- und Medienwissenschaften von Bedeutung sein.

---

steht. Exemplarisch fokussiert wird dabei allerdings ein anderer Bereich, nämlich Literatur. Vgl. Verena Kuni: «‹Abfall für alle›? Einige Gedanken zum Netz als digitalem Archiv der Wissens- und Kulturproduktion». In: Michael Stolz/Lucas Marco Gisi/Jan Loop (Hg.): *Literatur und Literaturwissenschaft auf dem Weg zu den neuen Medien. Eine Standortbestimmung.* Bern (Druckfassung in Vb.), online-Publikation 2005 unter: http://www.germanistik.ch/publikation.php?id=Abfall_fuer_alle [letzter Zugriff: 07/2006].

55 Vgl. Ray Bradbury: *Fahrenheit 451.* New York 1953; dtsch. Übs.: Zürich 1955; Verfilmung: FAHRENHEIT 451, GB 1966, 115 min., R: François Truffaut, B: François Truffaut u. Jean-Louis Richard, K: Nicolas Roeg.

Autorinnen und Autoren

Andreas Blödorn ist wissenschaftlicher Assistent am Lehrstuhl für Allgemeine Literaturwissenschaft und Neuere deutsche Literaturgeschichte der Bergischen Universität Wuppertal. Mitglied des Nachwuchsnetzwerkes am Zentrum für interdisziplinäre Forschung (ZiF) der Universität Bielefeld. Arbeitsschwerpunkte: Literatur des 18.–20. Jahrhunderts, Narratologie und Erzählverfahren in der Moderne, Kriminalliteratur und Kriminalfilm. Letzte Publikationen: *Zwischen den Sprachen. Modelle transkultureller Literatur bei Christian Levin Sander und Adam Oehlenschläger* (2004); *Metaphysik und Moderne. Von Wilhelm Raabe bis Thomas Mann* (Mithg., 2006); *Stimme(n) im Text. Narratologische Positionsbestimmungen* (Mithg., 2006).

Heinz-B. Heller ist seit 1987 Professor für Medienästhetik und Mediengeschichte an der Philipps-Universität Marburg; Gastprofessuren in Austin/TX, Kairo und Moskau. Zahlreiche Veröffentlichungen v. a. zur deutschen und internationalen Filmgeschichte, zum Dokumentarismus in Film und Fernsehen, zu Problemen und Aspekten der Drehbuchpraxis, zum Komplex ‹Intermedialität›. Jüngste Buchveröffentlichung: *Filmgenres: Komödie,* (Hg. mit Matthias Steinle, Stuttgart 2005). Mail: heller@staff.uni-marburg.de.

Knut Hickethier ist seit 1994 Professor für Medienwissenschaft an der Universität Hamburg. Lehrtätigkeit an den Universitäten in Berlin, Bremen, Gießen, Marburg, Osnabrück, Siegen (hier auch Teilprojektleiter im DFG-Sonderforschungsbereich *Bildschirmmedien*), Tübingen. 1990–1994: Fernseh-, Film- und Radiokritiker. Arbeitsschwerpunkte: neben zahlreichen Aufsätzen zur Medienanalyse, Medientheorie und Mediengeschichte Bücher u. a.: *Film- und Fernsehanalyse* (1993, 3. Aufl. 2001); *Geschichte des deutschen Fernsehens* (1998); *Einführung in die Medienwissenschaft* (2003); *Filmgenres: Kriminalfilm* (Hg. 2004).

Elke Huwiler ist Assistant Professor für Deutsche Sprache und Kultur an der Universität van Amsterdam und forscht an der Amsterdam School for Cultural Analysis. Promotion 2004 in Feiburg/CH zur Narrativität von Hörspielen. Arbeitsschwerpunkte: Literatur und Hörspiel, intermediale und kognitive Narratologie, Medientheorie, Adaptationstheorie, Semiotik, Cultural Analysis. Publikationen u. a. *Erzähl-Ströme im Hörspiel. Zur Narratologie der elektroakus-*

tischen Kunst (Paderborn 2005); «Storytelling by Sound. A Theoretical Frame for Radio Drama Analysis». In: *Radio Journal. International Studies in Broadcast and Audio Media* 1 (2005); «80 Jahre Hörspiel. Die Entwicklung des Genres zu einer eigenständigen Kunstform». In: *Neophilologus* 1 (2005).

Wolfgang Kabatek war 2000–2006 wiss. Assistent am Lehrstuhl für NDL, Literatur- u. Kulturwissenschaft/Medien der HU zu Berlin. Arbeitsschwerpunkte und Veröffentlichungen zu: Intermedialität, Medienreflexivität; Filmgeschichte der Weimarer Republik, des *Neuen Deutschen Films* sowie des *film noir*; Wahrnehmungsmodi des Anderen in den Medien, Lesbarkeitskonzepte in den Wissenschaften. Arbeitet an seinem Habilitationsprojekt *Informierte Oberflächen* an der HU zu Berlin. Publikationen u. a.: *Imagerie des Anderen im Weimarer Kino* (Bielefeld 2003); «Berlin – Ein Widerstreit (UA 1933)». In: Manuel Köppen/Erhard Schütz (Hg.): *Kunst der Propaganda. Der Film im Dritten Reich.* Bern [u. a.] 2007, S. 137–158.

Jürgen Kasten, Promotion an der FU Berlin, Habilitation an der Humboldt-Universität zu Berlin. Lehrtätigkeit dort sowie an der HFF Potsdam, UdK Berlin, Universität Hamburg, Universität Zürich u. a.; 1988–2005 Geschäftsführer des Verbands Deutscher Drehbuchautoren. Buchpublikationen: *Der expressionistische Film*, Münster 1990; *Film Schreiben. Eine Geschichte des Drehbuchs.* Wien 1990; *Carl Mayer: Filmpoet.* Berlin 1994; *Drehbuchautoren: Script Guide.* Berlin 1990–2002 (Hg.-Red.); *Richard Oswald. Kino zwischen Aufklärung, Spektakel und Unterhaltung.* Wien 2005 (Hg. zus. m. Armin Loacker); *Erna Morena: Filmdiva.* München 2006 (zus. m. Ursula von Keitz u. a.).

Markus Kuhn ist Lehrbeauftragter am Institut für Medien und Kommunikation der Universität Hamburg und promoviert zurzeit zur intermedialen Narratologie mit Schwerpunkt Erzählen im Medium Film. Studium der Germanistik, Medienkultur, Kunstgeschichte und Publizistik in Göttingen und Hamburg. Arbeit als freier Journalist für verschiedene Print- und Onlinemedien. Seine Magisterarbeit mit dem Titel «Erzählsituationen in Literatur und Film. Der Roman *Berlin Alexanderplatz* und seine filmischen Adaptionen. Ein medienübergreifender narratologischer Vergleich» wurde mit dem Karl H. Ditze-Preis für herausragende Examensarbeiten ausgezeichnet.

Verena Kuni ist Kunst- und Medienwissenschaftlerin und Kunstkritikerin. Sie war von 1996–2005 wissenschaftliche Mitarbeiterin bzw. Assistentin an Hochschulen in Deutschland und der Schweiz; seit 1997 zudem zahlreiche Lehraufträge und Forschungskooperationen im In- und Ausland; seit 1989 Autorin für internationale Kunst- u. Kulturzeitschriften. 1995-1999 Kuratorin für das Kasseler Dokumentarfilm & Videofest; seit 1999 ebd. Leitung der <interfiction>-Tagung für Kunst, Medien- und Netzkultur. Informationen zu Forschung, Lehre, Projekte und Publikationen unter: www.kuni.org/v

Jan Christoph Meister ist Professor für «Neuere deutsche Literatur mit dem Schwerpunkt Theorie der Literatur und Methodologie der Textanalyse einschließlich der Computerphilologie» im Department Sprache, Literatur, Medien I der Fakultät für Geisteswissenschaften an der Universität Hamburg seit 2006. Zuvor Tätigkeiten als Professor an der Ludwig-Maximilians-Universität München, als Projektleiter und Mitarbeiter in einem DFG-Forschungsprojekt an der Universität Hamburg und als Associate Professor an der University of the Witwatersrand, Johannesburg.

Christine Mielke ist Angestellte am Zentrum für Angewandte Kulturwissenschaft der Universität Karlsruhe (TH) und Lehrbeauftragte für medienorientierte Forschung am Institut für Soziologie, Medien- und Kulturwissenschaft derselben Universität. Studium der Germanistik, Soziologie, Geschichte und Kulturwissenschaft. 2001–2003 Promotionsstipendiatin des Landes Baden-Württemberg. Publikationen u. a.: *Zyklisch-serielle Narration. Erzähltes Erzählen von 1001 Nacht bis zur TV-Serie*. Berlin/New York 2006. «Von der letzten Ölung zur Krankenhausserie. Historische Rekonstruktion des Sterbens zwischen religiöser Gemeinschaft, gesellschaftlicher Institution und medialer Simulation.» In: Klaus Reichert/Christian Hoffstadt (Hg.): *Zeichen Sprache Medizin. Semiotische Analysen und Interpretationen*. Bochum/Freiburg 2004, S. 109–134; «Still-Stand-Bild. Zur Beziehung von Standbild und Fotografie im Kontext bewegter Bilder.» In: Andreas Böhn (Hg.): *Formzitat und Intermedialität*. St. Ingbert 2003, S. 105–144.

Corinna Müller ist Privatdozentin für Medienwissenschaft in Hamburg. Publikationen u. a.: *Frühe deutsche Kinematographie. Formale, wirtschaftliche und kulturelle Entwicklungen 1907–1912*. (1994). *Die Modellierung des Kinofilms. Zur Geschichte des Kinoprogramms zwischen Kurzfilm und Langfilm 1905/06-1918* (= Mediengeschichte des Films Bd. 2, Hg. mit Harro Segeberg). *Vom Stummfilm zum Tonfilm* (2003).

Dorit Müller ist wissenschaftliche Mitarbeiterin am Zentrum für Literatur- und Kulturforschung in Berlin. Studium der Germanistik und Kulturwissenschaft in Berlin, 2002 Promotion in Neuerer deutscher Literatur, 2002–2005 Mitarbeit am Forschungsprojekt «Zum Wissenschaftsverständnis der Literaturwissenschaften 1890–2000» und seit 2006 am Projekt «Populäres Wissen im Medienwandel: Verbreitung naturwissenschaftlichen Wissens im nichtfiktionalen Film

1920–1950». Lehraufträge im Fachbereich Neuere deutsche Literatur an der Humboldt-Universität Berlin; Publikationen: *Gefährliche Fahrten. Das Automobil in Literatur und Film um 1900.* Würzburg 2004; Aufsätze zur Geschichte der Literaturwissenschaft und zur Wissensvermittlung im Kulturfilm.

Irina Scheidgen ist wissenschaftliche Mitarbeiterin im DFG-Projekt «Medialität und Modernität im NS-Kino. Regionale Fallstudien zur Geschichte von Kino und Kinoprogramm (am Beispiel Hamburgs)»; Studium der Deutschen Sprache und Literatur (Schwerpunkt Theater und Medien), Geschichte und Journalistik in Hamburg und Bordeaux; zurzeit Promotion über das Thema «Frauenbilder im Spielfilm, Kulturfilm und in der Wochenschau des ‹Dritten Reichs›»; Lehrbeauftragte am Institut für Medien und Kommunikation an der Universität Hamburg; Vorträge und Veröffentlichungen über Film im ‹Dritten Reich›, Nachkriegsfilm, Literaturverfilmungen.

Christina Scherer studierte Neuere deutsche Literatur und Medien, Kunstgeschichte und Grafik und Malerei in Marburg. Promotion 1999 mit der Arbeit *Ivens, Marker, Godard, Jarman: Erinnerung im Essayfilm.* Forschungsschwerpunkte im Bereich Zeit/Gedächtnis und Medien, Intermedialität, mediale Selbstreflexivität. Veröffentlichungen zu film- und fernsehwissenschaftlichen Themen, zuletzt: «Zeit/Räume der Melancholie. Reflexionen des melancholischen Zeitbewusstseins im Film». In: *Kunst der Schatten. Zur melancholischen Grundstimmung des Kinos.* Arnoldshainer Filmgespräche, Band 23: Marburg 2006. Zurzeit Arbeit an einem Projekt über mentale Bilder in den audiovisuellen Medien. Langjährige Lehrbeauftragte am Institut für deutsche Philologie an der LMU München.

Norbert M. Schmitz ist Professor für Ästhetik an der Muthesius-Kunsthochschule in Kiel, Kunst- und Medienwissenschaftler. Lehrtätigkeiten an Universitäten und Kunsthochschulen in Wuppertal, Bochum, Linz und Zürich. Arbeiten zu Fragen der Intermedialität von bildender Kunst und Film, Ikonologie der alten und neuen Medien, Diskursgeschichte des Kunstsystems und Methodik der moderner Bildwissenschaft. Publikationen u. a.: *Kunst und Wissenschaft im Zeichen der Moderne* (Weimar: 1994). «Bewegung als symbolische Form.» In: H. B. Heller u. a. (Hg.): *Über Bilder Sprechen. Positionen und Perspektiven der Medienwissenschaften* (Marburg, 2000, S. 79–98); «Der Film der klassischen Avantgarde oder die gescheiterte Autonomie des Kinos.» In: H. L. Arnold (Hg.): *Aufbruch ins 20. Jahrhundert. Über Avantgarden.* Sonderband Text + Kritik, IX/01. München 2001, S. 138–154); «Medialität als ästhetische Strategie der Moderne – Zur Diskursgeschichte der Medienkunst.» In: P. Gendolla/N. M. Schmitz/I. Schneider/P. Spangenberg (Hg.): *Formen interaktiver Me-*

dienkunst. Frankfurt/M. 2001, S. 95–135; «Die Biologie der Mimesis als Diskurs der Moderne – Evolutionstheoretische Voraussetzungen gegenständlicher Wahrnehmung.» In: Sellmer/H. J. Wulff (Hg.): *Film und Psychologie – nach der kognitiven Phase* (Schriftenreihe der GFM). Marburg 2002.

Matthias Steinle ist seit 2001 wissenschaftlicher Mitarbeiter am Institut für Medienwissenschaft der Universität Marburg; Studium der Medienwissenschaft, Germanistik und Geschichte in Marburg und Paris. Veröffentlichungen: *Vom Feindbild zum Fremdbild. Die gegenseitige Darstellung von BRD und DDR im Dokumentarfilm* (Konstanz 2003); *Selbst/Reflexionen*, hg. mit Burkhard Röwekamp (Marburg 2004); *Filmgenres Komödie*, hg. mit Heinz-B. Heller (Stuttgart 2005). Mail: matthiassteinle@yahoo.com.

Jan-Noël Thon studiert Germanistik, Anglistik und Medienkultur in Hamburg. Mitglied der DFG-Forschergruppe Narratologie und der AG Games der GfM. Vorträge und Veröffentlichungen zur Theorie und Ästhetik des Computerspiels (insbesondere zu den Aspekten Raum, Interaktion, Narration, Kommunikation und Immersion).

Thomas Weber ist wissenschaftlicher Mitarbeiter an der Humboldt-Universität zu Berlin und leitet nebenberuflich den medien- und kulturwissenschaftlich ausgerichteten AVINUS Verlag. Zu seinen Publikationsschwerpunkten zählen interkulturelle Analysen von Mediensystemen im deutsch-französischen Kontext und Arbeiten zu einer kulturwissenschaftlich ausgerichteten Medienwissenschaft (Mediologie).

Filmstudien

Margrit Tröhler
Offene Welten ohne Helden
Plurale Figurenkonstellationen
im Film
604 S., einige Abb., Klappbr.,
€ 34,- /SFr 57,-
ISBN 978-3-89472-515-0

Filme ohne einzelne Hauptfiguren
sind in den 1990er Jahren zu einem
transkulturellen Phänomen geworden. In Ensemble- und Mosaikkonstellationen entwerfen sie Welten
ohne eigentliche Helden, erproben
neue expressive Ausdrucksformen
und (schwach) narrative Dynamiken.
Zugleich verschieben sie die Grenzen
zwischen Fiktion und Chronik – und
erlauben so auch eine Konfrontation
mit dem kulturellen Anderen.

Universitätsstr. 55 · D-35037 Marburg
Fon 06421/63084 · Fax 06421/681190
www.schueren-verlag.de

Filmstudien

Simon Spiegel
**Die Konstitution des Wunderbaren.
Zu einer Poetik des Science-Fiction-Films**
396 S, viele tw. farb. Abb.
€ 24,90/SFr 47,50
ISBN 978-3-89472-516-7

Der Autor analysiert SF primär aus
formaler und erzählerischer Sicht.
Anhand eines Korpus von rund 300
Filmen wird ein theoretisches Gerüst
entwickelt, das den SF-Film vor allem
als filmische Erscheinung analysiert.
Im Vordergrund steht dabei weniger
die interpretierende Lektüre einzelner Filme, sondern vielmehr das
Offenlegen formal-medialer Eigenheiten, die Frage, was die filmische
Erscheinung der SF auszeichnet.

Universitätsstr. 55 · D-35037 Marburg
Fon 06421/63084 · Fax 06421/681190
www.schueren-verlag.de

Kino zum Lesen

Georg Seeßlen
David Lynch und seine Filme
6. erw. Auflage
288 S., Pb., zahlr. Abb.
€ 19,90/SFr 33,80 (EVP)
ISBN 978-3-89472-437-5

David Lynch ist einer der erfolgreichsten, aber auch irritierendsten Filmregisseure der Gegenwart. Mit INLAND EMPIRE hat er erneut eine rätselhafte Traumgeschichte inszeniert, die den Zuschauer in doppelsinnige Bilderwelten zieht. Durch konsequente Nutzung der digitalen Bildaufnahme zeigt er in technischer und ästhetischer Hinsicht neue faszinierende Möglichkeiten des Filmens.
„Ein kompetentes, gut lesbares Werk"
Medienwissenschaft

Universitätsstr. 55 · D-35037 Marburg
Fon 06421/63084 · Fax 06421/681190
www.schueren-verlag.de

Kino zum Lesen

Lars Dammann
Kino im Aufbruch
New Hollywood 1967-1976
376 S. · € 24,90/SFr 41,70 (EVP)
ISBN 978-3-89472-435-1

Das Buch lenkt den Blick auf die Jahre zwischen 1967 und 1976, in denen junge Filmemacher alternative Wege des Filmemachens erforschten. In *Easy Rider, Catch 22, Taxi Driver, Apocalypse Now* und vielen anderen bekannten Filmen spiegeln sich die jugendlichen Gegen- und Protestkulturen sowie Vietnamkrieg und Watergate-Affäre in einer turbulenten Ära der US-amerikanischen Geschichte.
„Ein längst überfälliges Werk [...] Der Band hat das Zeug zum Standardwerk." *Celluloid*

Universitätsstr. 55 · D-35037 Marburg
Fon 06421/63084 · Fax 06421/681190
www.schueren-verlag.de

Kino zum Lesen

Pier Paolo Pasolini
Der heilige Paulus
Mit einem Vorwort von Dacia Maraini
Hg. von Reinhold Zwick
und Dagmar Reichardt
192 S., Klappbr., € 19,90/SFr 33,80
ISBN 978-3-89472-495-5

**Erstmals auf deutsch:
Pasolinis unverfilmtes Drehbuch**
Eine kommentierte und mit einem ausführlicheren Nachwort versehene deutsche Übersetzung von Pasolinis Drehbuch zu seinem nicht mehr realisierten Filmprojekt über den heiligen Paulus. Das für Pasolinis Oeuvre außerordentlich wichtige Drehbuch ist in Deutschland noch weitgehend unbekannt und in der Pasolini-Rezeption weithin unbeachtet geblieben.

Universitätsstr. 55 · D-35037 Marburg
Fon 06421/63084 · Fax 06421/681190
www.schueren-verlag.de

Kino zum Lesen

Astrid Ofner (Hrsg.)
Agnes Varda/Jacques Demy
Eine Retrospektive der Viennale und des österreichischen Filmmuseums
200 S., zahlr. Abb., € 12/SFr21
ISBN 978-3-89472-433-7

Dieser Katalog der Viennale 2006 ist Agnes Varda und Jacques Demy gewidmet. Die beiden Filmemacher waren denkbar gegensätzlich und doch über viele Jahrzehnte hinweg ein Paar. Ihre filmische Arbeit hat sich im Praktischen nur punktuell berührt und dennoch ist sie auf vielfältige, oft gar nicht offensichtliche Weise miteinander verbunden.

„ein wunderbares Buch"
Film & TV Kameramann

Universitätsstr. 55 · D-35037 Marburg
Fon 06421/63084 · Fax 06421/681190
www.schueren-verlag.de

Kino zum Lesen

Esther Quetting (Hg.)
Kino Frauen Experimente
192 S., Pb., € 19,90/SFr 33,80
ISBN 978-3-89472-494-8

Eine längst fällige Rekonstruktion der Geschichte eines ungewöhnlichen Frauenkinoprojekts in der Schweiz: die nationalen Frauenfilmtage. Ab 1989 etablierte sich ein feministischer nationaler Kino- und Kulturanlass, der KinobesucherInnen während 15 Jahren einen umfassenden Einblick in das Filmschaffen von Frauen ermöglichte. Statt ein zentral organisiertes Frauenfilmfestival wie in anderen Ländern, organisierten die Schweizer Kinofrauen die Frauenfilmtage zeitgleich in Städten und ländlichen Ortschaften der vier Sprachregionen der Schweiz.

Universitätsstr. 55 · D-35037 Marburg
Fon 06421/63084 · Fax 06421/681190
www.schueren-verlag.de

Kino zum Lesen

Cinema 52: Sicherheit
208 S., teilw. farbig, Klappbr.,
€ 24,-/SFr 34,-,
ISBN 978-3-89472-603-4

Fühlen wir uns nicht sicher und behütet, wenn im beruhigenden Dunkel des Kinosaals auf der Leinwand der Mörder schließlich gefasst wird, sich das Paar endlich in die Arme fallen kann, bei Katastrophen ein Held für die Rettung der Welt einsteht? Die emotionale Geborgenheit kann jederzeit in ihr aufregendes Gegenteil umschlagen, ins Zweideutige, ins Unmögliche, ins Abenteuerliche und in die Gefahr. Deswegen ist CINEMA 52 den unsicheren Momenten im Kino gewidmet.

Universitätsstr. 55 · D-35037 Marburg
Fon 06421/63084 · Fax 06421/681190
www.schueren-verlag.de